商场超市
全流程管理
工具箱

陈明星◎著

中国铁道出版社有限公司
CHINA RAILWAY PUBLISHING HOUSE CO., LTD.

图书在版编目（CIP）数据

商场超市全流程管理工具箱 / 陈明星著. -- 北京：中国铁道出版社有限公司，2024.11. -- ISBN 978-7-113-31556-6

Ⅰ. F717

中国国家版本馆CIP数据核字第2024UE4198号

书　　名：商场超市全流程管理工具箱
　　　　　SHANGCHANG CHAOSHI QUANLIUCHENG GUANLI GONGJUXIANG
作　　者：陈明星

责任编辑：吕　茇　　　编辑部电话：（010）51873035　　　电子邮箱：181729035@qq.com
封面设计：宿　萌
责任校对：刘　畅
责任印制：赵星辰

出版发行：中国铁道出版社有限公司（100054，北京市西城区右安门西街8号）
网　　址：https://www.tdpress.com
印　　刷：北京联兴盛业印刷股份有限公司
版　　次：2024 年 11 月第 1 版　2024 年 11 月第 1 次印刷
开　　本：710 mm×1 000 mm　1/16　印张：25.25　字数：429千
书　　号：ISBN 978-7-113-31556-6
定　　价：88.00元

前　　言

新零售让商场超市企业发展迎来新机遇。

新零售模式打破了线上和线下各自封闭的状态，线上线下得以相互融合、取长补短且相互依赖，线上更多履行交易与支付的职能，线下通常作为筛选与体验的平台，高效物流则将线上线下相连接并与其共同作用形成商业闭环。

在新零售与消费升级的市场趋势下，商场超市消费群的消费习惯发生了根本性的变化，新零售消费主要表现如下四个方面的消费特点。

1. 新的零售生态。新零售嵌入购物、娱乐、阅读、学习等多元化功能，提高线下体验可以使消费者对购物过程便利性与舒适性的要求得到更好的满足，并由此增加用户黏性。

2. 消费场景多元化。新零售消费者的购物入口变得非常分散、灵活、可变与多元，人们可以在任意时间、地点以任意可能的方式，通过诸如实体店铺、网上商城、自媒体平台等丰富多样的渠道，购买商场超市企业的商品和服务。

3. 消费更趋个性化。新零售的存在，正是满足了消费者对购物过程中个性化、即时化、便利化、互动化、精准化、碎片化等要求。消费者可以任意畅游在智能、高效、快捷、平价、愉悦的购物环境之中，购物体验获得大幅提升，年轻群体对消费升级的强烈意愿也由此得到较好的满足。

4. 更看重购物体验。购物体验的好坏将愈发成为决定消费者是否进行买单的关键性因素。现实生活中，人们对某个品牌的认知和理解往往会更多地来源于线下的实地体验或感受，而"体验式"的经营方式就是通过利用线下实体店面，将产品嵌入所创设的各种真实生活场景之中，赋予消费者全面深入了解商品和服务的直接机会。

商场超市企业比以往更关注消费者的消费体验，这给商场超市管理者带来不小的挑战，如何满足顾客越来越高要求的购物体验，成为当下管理者的重要课题。事实上，这个课题的核心问题是商场超市如何提高流程化、精细化管理水平，它是提升消费者购物体验的关键核心环节。本书紧紧围绕商场超市流程化、精细化管理这个主题，全面深入阐述商场超市如何进行全流程精细化管理。

本书共分为六章，以商场超市各个职能部门流程化管理为线索，内容翔实，侧重可操作性。

第1章　人力资源部日常工作内容管理，主要阐述了商场超市在员工招聘、员工培训培养、日常管理等方面如何进行全流程精细化管理，让人力资源管理更高效。

第2章　运营部日常工作内容管理，主要阐述了运营部在行政管理、门店管理、卖场运营管理、蔬果区管理、水产区管理、熟食区管理及在售商品的管理等方面的全流程精细化管理。让运营部各个环节管理更专业，提升顾客购物体验。

第3章　业务部日常工作内容管理，主要阐述了业务部在日常业务管理、采购计划与商品标准管理、采购管理、招商管理、供应商管理、商品经营管理等业务部各工作环节的流程化精细化管理的内容，提高员工的工作技能与专业水平。

第4章　营销策划部日常工作内容管理，主要阐述了营销策划部各岗位工作的内容管理、日常工作管理、促销工作管理、广播媒体管理、顾客服务管理、售后与维修管理、商铺维修与业态分布管理等方面，以提高各工作环节的流程化、精细化水平。

第5章　财务部日常工作内容管理，主要阐述了商场超市财务部各岗位工作管理、财务日常工作管理、供应商账款结算管理、收银工作管理、商超信息数据管理等工作环节的流程化、精细化管理的内容，以提高商场超市企业财务管理能力。

第6章　物业部日常工作内容管理，主要阐述了商场超市物业部在日常工作管理、商超物资管理、商超资产管理、商超各区域卫生管理、商超保洁管理、商超电气设备维修管理、商超治安安全管理、商超消防安全管理等方面内容，旨在提高商超的物业流程化、精细化管理水平。

本书希望将商场超市管理的每项工作都进行流程化、精细化阐述，并将实用性的内容与即查即用的阅读方式完美结合，为广大商场超市企业同仁提供一套切实可行的全流程精细化管理的工作指导范本。

陈明星

目　录

第6章 物业部日常工作内容管理 303

第 1 章
人力资源部日常工作内容管理

　　人力资源部是商超企业内部管理部门，是关系到企业正常运转的重要部门。如果说企业是一个高速运转的机器，那么人力资源部的工作就是维护机器正常运转的"润滑剂"。本章以流程化管理为主题，详细讲述人力资源流程化管理。

1.1 人事日常行政管理

1.1.1 考勤工作管理规定描述

考勤工作管理规定描述，如表 1-1-1 所示。

表 1-1-1　考勤工作管理规定描述表

序号	规范内容
1	各部门选派人员担任考勤员，并将名单上报人力资源部
2	（1）考勤员负责逐日如实登记本部门员工的出勤情况，准确详细地记录员工到、离岗时间和休假日期。 （2）月底逐日做出考勤汇总，填写考勤汇总表。 （3）将各种假条单，本月班次情况、考勤卡，经考勤员签字、部门经理审核签字后，于每月底固定日期准时递交人力资源部。 （4）员工到、离岗时间以打卡时间为准
3	（1）对于员工加班情况各部门应严格控制。 （2）节假日确需加班的应如实、准确地做好记录，并月末随考勤汇总上报
4	（1）凡申请轮休的人员，需提前一天提出申请。 （2）公司办公区员工：经理级以下人员由部门经理批准，经理级人员由分管副总经理批准。 （3）副总经理请假，由总经理批准并送人力资源部备案。 （4）驻外机构若无经理级（含经理级）以上领导，可由主管级负责人代行审批权
5	员工轮休原则上应为 1 天，特殊情况需连续轮休超过 1 天的，由人力资源部经理特批
6	月末各部门上交的考勤表应明确记录员工轮休日，并如实冲抵加班
7	未提前申请或未经批准而休假的，一概视为旷工
8	人力资源部负责全公司所有员工考勤的审核、汇总工作，有权随时对各分店、部门考勤情况进行检查、核对，并负责考勤工作的监督管理
9	考勤员应认真负责，凡有谎报、虚报、漏报、错报、迟报或不报的，一经查出，对考勤员做出 50 元 / 次的罚款，情节严重者予以开除

1.1.2 员工请假办理工作流程描述

员工请假办理工作流程描述，如表 1-1-2 所示。

表 1-1-2　员工请假办理工作流程描述表

项目	规范内容
上报审批	员工填写请假单，按批假权限由单位负责人决定签署意见，假期 3 天以上需报上级部门经理审批，超过单位负责人批假权限（7 天）的请假，申请提交人力资源经理审批、备案

续表

项目	规范内容
旷工或超时休假	（1）员工未请假或未经批准、超时休假，所在部门需立即通告人力资源部。 （2）由人力资源部根据情况做出处理决定（罚款、调离、除名）。 （3）将处理决定通知所在部门和员工本人
统计	（1）人力资源部将请假单汇总，做工资时与考勤核对并存档。 （2）每月 1 日、15 日各部门按考勤制度扣减员工缺勤工资和奖金

1.1.3　公章、合同章使用细节描述

公章、合同章使用细节描述，如表 1-1-3 所示。

表 1-1-3　公章、合同章使用细节描述表

项目	规范内容
填写用章申请表	印章使用人填写用章申请表，要明确填写申请盖章的文件名及份数
审核用章申请表	（1）申请用章部门负责人，应核对需用章文本内容份数与申请表的符合性。 （2）申请用合同章的文本必须经法务人员审核及签字确认
印章使用审核	印章保管人及总裁办、总经办主任审核用章文本与申请的符合性，审核签批人授权的符合性，然后在申请表上签字
用章	印章保管人留存用章申请表，并按时间排序。合同、协议文本超过一页的需加盖骑缝章，内容有修改的地方须盖章确认
其他	（1）严禁在审核手续不完备的文本上加盖印章。 （2）严禁在各类空白合同、介绍信、证明上盖章

1.1.4　档案管理工作流程描述

档案管理工作流程描述，如表 1-1-4 所示。

表 1-1-4　档案管理工作流程描述表

项目	规范内容
分类	（1）建立档案目录明细，分类管理。 （2）可分为正式员工类、试用期员工类及促销类（应聘人员类暂存 3 个月），按类别编目、统计分别保管
查借	查档、借档时需有关部门领导批准，办理查、借手续时经办人签名备案，按期限归还
员工档案	（1）试用期员工档案按上岗期存放。 （2）试用期转正员工要在每月 30 日归入正式员工档案柜中，按姓氏存放。 （3）促销员档案按所在店、部门排序
上报	月底对各类人员档案存放做工作总结，报人力资源经理

1.2 员工招聘管理

1.2.1 员工招聘工作流程描述

员工招聘工作流程描述，如表 1-2-1 所示。

表 1-2-1 员工招聘工作流程描述表

项目	规范内容
拟订招聘计划	人力资源部根据公司所属各部门的用人需要和所缺岗位任职标准起草招聘启事，上报总经理审批后，与企划部联系刊登招聘广告或到人才市场定点招聘。统一收集应聘人员资料，按应聘部门和岗位分类并负责做好招聘准备工作
初步筛选	人力资源部人事负责从应聘人员资料中挑选优秀应聘人员通知其携带身份证、毕业证、技术等级证等相关证件及两张一寸彩色照片进行初试
初试	行政人事专员负责引导应聘人员填写应聘人员登记表，由人力资源部的面试官负责应聘人员的初试，并附带面试意见从中挑选合格人才进行复试
复试	用人部门负责人对其部门应聘人员进行复试，并将合格人员名单转交人事专员
入职	（1）人事专员负责通知复试合格人员参加岗前培训的时间地点等信息。 （2）培训考核合格者方可办理入职手续，领取工牌、工服等。 （3）将上岗入职人员名单上报人力资源部经理

1.2.2 员工招聘计划审批细节描述

员工招聘计划审批细节描述，如表 1-2-2 所示。

表 1-2-2 员工招聘计划审批细节描述表

序号	规范内容
1	公司依据企业的经营特点、规模等，由人力资源部拟订各部门及编制计划，经总经理审批并按招聘程序办理
2	公司或部门业务扩展（如增设部门、增加营业项目等）需增加新岗位或定岗定员之外增员，由人力资源部或用人部门将增员原因或用人报告报总经理审核批准
3	部门工作需要补充新员工，由用人部门将用人申请表报人力资源部审核，人力资源部按公司给各部门定岗定员人数，在保持部门总人数不超员的情况下，经总经理审核、批准方可进行招聘
4	公司因自营或联营所需营业员、收银员，由人力资源部根据经营具体情况和要求，确定人员招聘人数及编制招聘计划

1.2.3 促销员（长期）招聘工作流程描述

促销员（长期）招聘工作流程描述，如表 1-2-3 所示。

表 1-2-3　促销员（长期）招聘工作流程描述表

项目	规范内容
招聘	店面根据需求进行招聘
录用	由所在厂家进行面试，不合格不予录用；合格者到公司前台填写促销员申请表、促销员誓约书
办理手续	人力资源部审验促销员申请表、盖有厂家公章及业务人员签字的促销员誓约书、身份证原件。不合格补全所需手续；合格交纳建档费、服装胸卡费、培训费
上岗	参加人力资源部组织的岗前培训，培训考核不合格，退回厂家不予录用；合格发合格证，上岗

1.2.4　办理人才引进工作流程描述

办理人才引进工作流程描述，如表 1-2-4 所示。

表 1-2-4　办理人才引进工作流程描述表

项目	规范内容
统计	根据需要引进人员，并按公司规定填写工作申请表
评定	（1）根据引进目标，安排其到基层挂职，人力资源部通过基层考核意见，进行综合评定。 （2）不合格，退回基层继续实践。 （3）合格，则按竞岗的程序进行竞岗
上岗	合格者上岗，并办理相应手续

1.2.5　办理补充员工工作流程描述

办理补充员工工作流程描述，如表 1-2-5 所示。

表 1-2-5　办理补充员工工作流程描述表

项目	规范内容
申请	用人部门以书面形式申请补充员工
审核	人力资源部根据该申请部门的编制和实际需要进行审核
审批	报总经理审批，并获通过
确定员工来源	一般员工的来源包括：①确定员工来源；②各类学校；③人才交流中心；④职业介绍中心；⑤推荐；⑥招聘洽谈会；⑦其他途径
筛选	筛选合适的应聘人员资料
发面试通知	在通知上写清楚面试的时间、地点及需带材料
接待面试	初步确定人选。 （1）填写"应聘人员情况表"。 （2）用人部门经理及人力资源经理进行面试。 （3）考核语言能力、业务知识、专业技能

项目	规范内容
后续处理	体检（市卫生防疫站）
录用	通知录用、办理报到

1.3 员工岗位流动管理

1.3.1 员工报到及工作分配流程描述

员工报到及工作分配流程描述，如表1-3-1所示。

表 1-3-1　员工报到及工作分配流程描述表

项目	规范内容
收取（留存）各类凭证	人力资源部负责留存所录用员工身份证、失业证、照片四张、养老保险手册、养老保险转移单（依特定情况而定）、公积金转移单等
办理入职手续	填写员工登记表，签订培训合同，领用工牌、餐卡、员工手册，进行上岗前培训
分配入职员工	（1）领取工服 （2）行政部，安排宿舍、领用工柜钥匙
上岗	上岗培训、分配、报到

1.3.2 员工录用手续办理工作流程描述

员工录用手续办理工作流程描述，如表1-3-2所示。

表 1-3-2　员工录用手续办理工作流程描述表

项目	规范内容
确定录用方式	录用员工一般有三种形式：公司内部调动、校园招聘、社会招聘和中介机构推荐等
确定录用渠道	不同层次的人才有不同的录用渠道，主要有两种： （1）专业技术人员一般通过人才交流中心可以招聘到，此类人才需要提交资料包括毕业生协议书、报到证、落户证明等。 （2）一般人员通过各类职业介绍机构可以招聘到，需要相关机构提交该类人员的资料，包括劳动合同、花名册等
办理入职手续	确定录用人员，办理录用手续，提取员工档案

1.3.3　新员工入职工作流程描述

新员工入职工作流程描述，如表 1-3-3 所示。

表 1-3-3　新员工入职工作流程描述表

序号	规范内容
1	人力资源部经对应聘人员初试、复试合格后，与培训中心协商入职培训时间
2	人力资源部负责通知新员工入职培训时间、地点
3	人力资源部向培训中心递交新聘员工入职培训通知和新聘员工资料一览表
4	培训中心安排新聘员工的培训内容，并编写培训考题内容
5	培训结束后进行闭卷考试。考试成绩在 75 分以上者为合格；不合格者，视卷面知识掌握情况，或安排补考，或取消入职资格
6	培训中心将考试结果及补考、取消新聘员工入职资格的意见向人力资源部汇报
7	培训中心负责向培训合格的新员工下发新员工入职培训上岗通知单
8	新员工持新员工入职培训上岗通知单到人力资源部办理入职上岗手续

1.3.4　员工转岗办理工作流程描述

员工转岗办理工作流程描述，如表 1-3-4 所示。

表 1-3-4　员工转岗办理工作流程描述表

序号	规范内容
1	人力资源部向培训中心递交转岗人员培训通知或矫正培训通知书
2	培训中心安排培训时间、地点及内容
3	培训中心经考核后将培训结果交人力资源部，作转岗（升职）人员、矫正人员留岗的依据

1.3.5　试工工作办理细节描述

试工工作办理细节描述，如表 1-3-5 所示。

表 1-3-5　试工工作办理细节描述表

序号	规范内容
1	通知新员工参加岗前培训，进行集中岗前培训
2	下达培训单，并通知培训单位，安排代培人。培训单位根据岗位类别，安排新员工上岗培训，代培人进行培训，考核并填表

序号	规范内容
3	培训单位将 10 天的考核单交给人力资源部，培训结束后，新员工到人力资源部门参加培训考核
4	人力资源部审核培训内容和新员工培训考试成绩，根据考核意见和考试成绩，安排新员工正式上岗，办理相关手续。不合格者，安排其补考或根据情况不予录用

1.3.6　员工竞岗实施工作流程描述

员工竞岗实施工作流程描述，如表 1-3-6 所示。

表 1-3-6　员工竞岗实施工作流程描述表

项目	规范内容
通知	人力资源部发出竞岗时间、内容
评比	（1）参加竞岗人员报名、演讲。 （2）竞选失败，回原岗位，接受再培训。 （3）竞选成功，岗位储备
期限考核	上岗考核期限：总经理为 9 个月，副总经理为 6 个月，店长及各部门经理 3 个月，店内部门主管为 1 个月
报告	期满作述职报告

1.3.7　办理员工上岗工作流程描述

办理员工上岗工作流程描述，如表 1-3-7 所示。

表 1-3-7　办理员工上岗工作流程描述表

项目	规范内容
报到	岗前培训考试合格的新员工到人力资源部报到，并向人力资源部出具相关资料，包括实习员工反馈表、实习期总结
上岗	（1）签订试用期劳动合同。 （2）人力资源部开具派遣单。 （3）新员工持派遣单到岗。 （4）领取工牌、员工手册、工服。 （5）用人单位安排员工到岗，代培人在试用期进行考核

1.3.8　办理员工试用期考核及转正工作细节描述

办理员工试用期考核及转正工作细节描述，如表 1-3-8 所示。

表 1-3-8　办理员工试用期考核及转正工作流程描述表

项目	规范内容
试用期时间	40 天至 3 个月
试用期考核	指定代培人辅导并考核，代培单位及人力资源部进行阶段（月）考核
考核成绩评定	员工考核未达到标准，办理中止试用合同；员工提出辞职，按规定办理离职手续
工作考核	（1）合格：到人力资源部签订正式劳动合同，并退还置装费，交纳社保金，参加福利基金，办理养老保险； （2）不合格：终止试用，办理离职手续。 （3）延长试用期（最长 1 个月），通知本人及所在部门，试用期二次考核
其他	试用期间，新员工可提出转正申请，试用单位出具新员工考核结论、意见，经理签发转正通知

1.3.9　员工内部调动办理工作流程描述

员工内部调动办理工作流程描述，如表 1-3-9 所示。

表 1-3-9　员工内部调动办理工作流程描述表

项目	规范内容
填表	（1）因工作需要员工调换部门，申请调岗的部门提出申请，并逐项填写人员调动申请表。 （2）员工个人申请调岗，申请调岗的人员提出申请，并逐项填写人员调动申请表
审批	由相应调出和调入部门负责人签字认可
任命	（1）人力资源部负责与相关的部门进行了解和协调，由人力资源部签署内部调动意见并开具调令。 （2）主管级以上人员的调动需经相关上级批准（收银、管账调动需由相关部门协调），人力资源部正式签发任命决定
交接	调动双方按期办理交接手续
上岗	调动双方到新岗位报到

1.3.10　促销员流动管理工作流程描述

促销员流动管理工作流程描述，如表 1-3-10 所示。

表 1-3-10　促销员流动管理工作流程描述表

项目	规范内容
上报	厂家提前两天通知相关店面及部门经理，店面及时通知分公司人力资源部
统计	人力资源部适时做出调整，并开具转移单。转移单传真至店面，店面派专人统计每月促销员流动汇总表，并于每月 10 日前送回人力资源部
上岗	促销员持转移单到新店办公室报到，同时将转移单交至新店专人进行统计

1.4　员工福利管理

1.4.1　员工工资管理细节描述

员工工资管理细节描述，如表 1-4-1 所示。

表 1-4-1　员工工资管理细节描述表

序号	规范内容
1	依据考勤制度核算员工工资。办公区由人力资源部进行核算，其他部门由财务指定人员进行核算，统一交至人力资源部，由薪酬主管对已完成的工资表进行审核并签字
2	月末前交至总经理办公室，由总经理审核并签字，工资单一份交财务部，一份由人力资源部存档，以备员工核对
3	由财务部下发发放工资指令，由财务提款，人力资源部发放，核发中如有问题，由单位负责人向人力资源部查询并负责向员工解释

1.4.2　员工工资发放工作流程描述

员工工资发放工作流程描述，如表 1-4-2 所示。

表 1-4-2　员工工资发放工作流程描述表

项目	规范内容
统计	各部门考勤员根据考勤打卡记录情况统计员工出勤天数
做工资表	按上述方法做出本月本部门员工工资表（电子表）
审批	将电子版员工工资表交所属分公司人力资源部薪酬主管审核，审核合格后交人力资源经理审批、分析。人力资源经理将工资单及分析报告报分公司总经理审阅、签字
上报	人力资源部薪酬主管将工资单报分公司财务部，并将总额报总公司人力资源部备查

项目	规范内容
发放	（1）财务部电话通知各部门负责人领取现金工资，或财务部传真通知各部门财务支取现金工资。 （2）财务部将每人的工资打入指定银行。各部门负责人或指定人按工资表发放到个人，并于 5 日内将签名后的工资表交回财务部备存

1.4.3 员工提成奖金发放工作流程描述

员工提成奖金发放工作流程描述，如表 1-4-3 所示。

表 1-4-3 员工提成奖金发放工作流程描述表

项目	规范内容
统计制表	每月 5 日前，各部门经理按照财务部相关文件，统计上月本部门人员（含促销员）提成金额并制表
部门审核	财务审核、签字，报分公司财务部
上报	（1）每月 5 日前，各部门将上月提成制表上报财务部，人力资源部将各部门奖金表送至财务部 （2）每月 8 日前，财务部将填写提成的奖金表发给各部门负责人
财务审核	财务部专人对各部门的提成报表核对、确认，登录在奖金表提成栏内

1.4.4 员工临时性奖金发放工作流程描述

员工临时性奖金发放工作流程描述，如表 1-4-4 所示。

表 1-4-4 员工临时性奖金发放工作流程描述表

项目	规范内容
策划	各部门对某些需突击完成或有难度的工作制定临时性奖励政策
审核	每月 5 日前，相关工作人员将上月完成额度统计制表，与财务部核对、签字
上报	该表上报本文签发人（或指定责任人）审批、签字
发放	负责人或指定专人按表发放临时性奖金

1.4.5 特别奖金发放工作流程描述

特别奖金发放工作流程描述，如表 1-4-5 所示。

表 1-4-5　特别奖金发放工作流程描述表

项目	规范内容
上报	突发事件当事人的直接上级以书面形式报本部门直属上级
审批	当事人提交报告及奖金申领单到本部门负责人处审批、签字
发放	当事人（受奖人）持申领单到财务部领奖金，并在奖金卡上注明受奖金额

1.4.6　专项奖发放工作流程描述

专项奖发放工作流程描述，如表 1-4-6 所示。

表 1-4-6　专项奖发放工作流程描述表

项目	规范内容
策划	总公司下达文件，并有指定执行人
上报	当事人完成规定的工作,报直属上级或专项责任人审核、签字,并持签字后的批件填写申领单，由直属上级报公司总经理或董事长审批、签字
发放	直属上级发放奖金，并登记个人年度奖金单

1.4.7　社会保险办理工作流程描述

社会保险办理工作流程描述，如表 1-4-7 所示。

表 1-4-7　社会保险办理工作流程描述表

项目	规范内容
核定当月人数	（1）增加人员，转入或新进人员开户。 （2）减少人员，转出或终止、封存
上报审批	将人员变更情况、保险应交费总额测算情况等报总经理审批、财务审核后，领取支票
办理社会保险	按规定时间到社会保险事业处办理各种保险的变更、核批、交费手续

1.4.8　员工社会保险缴纳工作流程描述

员工社会保险缴纳工作流程描述，如表 1-4-8 所示。

表 1-4-8　员工社会保险缴纳工作流程描述表

项目	规范内容
统计	统计参保人员名单，原单位有社会保险的，由原社保中心开具社会保险转移单
核对	参保人员的资格认证（身份证、姓名、号码、上缴年限等）。不合格，重新提供；合格，按规定核算员工社会保险的缴纳金额
上报	薪酬主管制作社会保险单，28 日—30 日交至社保中心。不合格，重新修改确认；合格，交由财务部进行确认，公司统一缴纳金额，并入账、转账
存档	编入员工的社会保险基金账户

1.4.9　员工体检管理细节描述

员工体检管理细节描述，如表 1-4-9 所示。

表 1-4-9　员工体检管理细节描述表

项目	规范内容
员工常规健康检查	（1）核准人数：核实当年需体检员工人数。 （2）确定体检时间：与卫生防疫部门联系体检时间。 （3）带队体检。 （4）取回健康证。 （5）后续处理：正常者，健康证明归档；体检异常者，及时通知部门调离一线岗位或安排治疗
新员工入职体检	（1）发通知：通知要明确告知体检的时间、地点、需带物品和注意事项。 （2）检查身体：员工到市卫生防疫站检查身体。 （3）后续处理：将检查身体结果交回人力资源部处理

1.4.10　员工休假管理细节

员工休假管理细节描述，如表 1-4-10 所示。

表 1-4-10　员工休假管理细节描述表

项目	规范内容
年休假	（1）员工在公司连续工作满一年以后，每年享有 5 天带薪休假，休假期间将支付基本工资、奖金和补贴。 （2）年休假不能累积或推至下一年度。 （3）员工在未经部门领导同意的情况下不得自行以年休假为理由离开工作岗位。 （4）为保证部门的日常有效运作，部门负责人将提前为每一位员工计划和安排年休假日程

项目	规范内容
法定休假日	（1）员工每年应享有下述共 11 天的法定休假日： ①元旦一天；②春节三天；③清明节一天；④端午节一天；⑤劳动节一天；⑥中秋节一天； ⑦国庆节三天。 （2）为保证部门的正常运作，可要求员工于法定休假日进行工作，并按有关法律、员工手册与劳动合同的规定支付加班工资
病假	（1）员工每月有一天带薪病假。 （2）员工该月未休病假，则不能累积，也无任何补偿。若员工该月的病假超过一天，则按相应的规定扣除其超出期间的工资、奖金和其他补贴。 （3）员工应于病后 24 小时内凭医院出具的医疗证明向部门负责人申请休病假并取得批准，否则将视为未经许可的缺勤，即为旷工。 （4）员工如反复请病假，本部门可以要求员工到指定的医院进行体检
婚假	（1）员工结婚时可以享有 3 天带薪婚假，晚婚（男员工晚于 25 周岁，女员工晚于 23 周岁，或晚于政府规定的年龄）员工另外享有 7 天的婚假。如到外地（指配偶工作所在地，不含旅行结婚）结婚的，根据在途往返时间核给路程假。 （2）婚假时间只能在结婚日前或后一个月内。 （3）试用期的员工不享有婚假
产假	（1）产假，是在职妇女产期前后的休假待遇，一般从分娩前半个月至产后两个半月。职业女性在休产假期间，用人单位不得降低其工资、辞退或者以其他形式解除劳动合同。 （2）女职工生育享受 98 天产假，其中产前可以休假 15 天；难产的，应增加产假 15 天；生育多胞胎的，每多生育 1 个婴儿，可增加产假 15 天。女职工怀孕未满 4 个月流产的，享受 15 天产假；怀孕满 4 个月流产的，享受 42 天产假。 （3）女职工产假期间的生育津贴，对已经参加生育保险的，按照用人单位上年度职工月平均工资的标准由生育保险基金支付；对未参加生育保险的，按照女职工产假前工资的标准由用人单位支付。 （4）女职工生育或者流产的医疗费用，按照生育保险规定的项目和标准，对已经参加生育保险的，由生育保险基金支付；对未参加生育保险的，由用人单位支付
丧假	（1）如员工的直系亲属去世，可给予 3 天左右的丧假，员工到外地办理丧事，可根据实际路程所需时间，另给路程假。 （2）如员工家中有丧事，应当立即通知人事部门

1.4.11 办理员工晋升降职工作流程描述

办理员工晋升降职工作流程描述，如表 1-4-11 所示。

表 1-4-11　办理员工晋升降职工作流程描述表

项目	规范内容
组长	（1）用人部门提议推荐。 （2）人力资源部按照连锁零售企业组织机构限定名额确定并考核。 （3）通知部门合格人员
主管以上管理人员	（1）部门或总经理办公研究提名。 （2）人力资源部考核总经理审批。 （3）后续处理： ①任命下达次日薪金调整。 ②更换制服。 ③员工被提职后，若因工作不胜任该职或犯有过失，连锁零售企业可视情节轻重做出降职或免职决定，薪金调整当日执行

1.5　员工培训管理

1.5.1　新员工岗位培训工作流程描述

新员工岗位培训工作流程描述，如表 1-5-1 所示。

表 1-5-1　新员工岗位培训工作流程描述表

项目	规范内容
岗前培训	培训主任负责实施： （1）参观公司内部办公环境及相关门店。 （2）岗前综合培训。其包括企业简介、企业运行情况、各项规章制度、员工福利政策、安全管理制度、员工行为规范、员工奖罚条例等
工作部门培训	部门负责人实施：向新员工介绍本部门规章制度、工作操作规范、服务或工作质量标准等
考核	针对相关培训进行考核
后续处理	（1）向合格者颁发岗位资格培训合格证书。 （2）不合格者，另行处理

1.5.2　新员工入职培训工作细节描述

新员工入职培训工作细节描述，如表 1-5-2 所示。

表 1-5-2　新员工入职培训工作细节描述表

项目	规范内容
对象	（1）所有新进的营业员（含厂聘员工）、收银员、保安员、物业工人等非管理人员。 （2）所有新进的管理人员、技术人员

续表

项目	规范内容
培训实施	由培训中心针对不同对象制订相关培训计划实施培训。 新进营业员： （1）军训。 （2）公司概况及文化理念。 （3）员工手册主要规定。 （4）营业员手册中重要内容：①服务观念；②岗位职责；③上下班工作流程；④成交五步骤；⑤商品管理；⑥退货规定；⑦处理顾客投诉；⑧销售单强化训练；⑨零售安全；⑩礼仪培训。 收银员： （1）军训。 （2）公司概况、文化理念。 （3）员工手册主要规定。 （4）收银员手册中有关规定：①岗位职责；②职业道德；③收银工作程序；④优质顾客服务。 保安员、物业工作、礼仪小姐、电梯工等非管理人员： （1）军训。 （2）公司概况。 （3）公司文化理念。 （4）员工手册主要规定
培训考核	（1）所有培训对象培训后必须参加统一考核。 （2）考核合格后持培训中心颁发的员工入职（转岗）培训合格证到人事部报到上岗。 （3）考核不合格者允许补考一次。 （4）补考合格发证上岗，仍不合格者不予录用或退回原岗位或降级使用

1.5.3　员工岗前培训工作流程描述

员工岗前培训工作流程描述，如表1-5-3所示。

表1-5-3　员工岗前培训工作流程描述表

项目	规范内容
统计	人力资源部招聘主管提供新员工名单
准备工作	确认培训人数、岗位、培训科目、培训时间及地点。培训主管通知授课人及相关部门配合准备培训资料，如教材、笔和记录纸、考试题等
报到	所有新员工按时到指定地点签到
培训	按新员工岗前培训课程大纲对新员工进行培训
评估	填写培训记录，对培训效果进行评估

1.5.4　员工转岗培训工作流程描述

员工转岗培训工作流程描述，如表1-5-4所示。

表 1-5-4　员工转岗培训工作流程描述表

项目	规范内容
调查	汇总部门转岗人员名单，调查转岗人员的基础状况及所在岗位资格要求
确定培训计划	会同有关部门，确定培训目标，制订培训计划
实施培训	针对员工岗位资格要求标准进行相关工作流程培训
考核	考核成绩记入员工转岗培训考核评估表： （1）向考核合格者颁发岗位资格培训合格证书。 （2）不合格者，另行处理

1.5.5　员工离岗培训工作流程描述

员工离岗培训工作流程描述，如表 1-5-5 所示。

表 1-5-5　员工离岗培训工作流程描述表

项目	规范内容
上报审批	将培训计划上报主管领导审批
制订培训计划	根据各部门提出、报总经理审批的离岗培训申报表，明确培训要求，制订培训计划
实施培训	员工手册、职业道德等培训由人力资源部负责实施；岗位专业知识、岗位技能操作培训及思想工作由离岗人员所在的部门负责实施
考核	培训人员负责考核与评估，成绩填入员工离岗培训考核评估表。合格者，安排工作；不合格者，另行处理

1.5.6　员工外出培训工作流程描述

员工外出培训工作流程描述，如表 1-5-6 所示。

表 1-5-6　员工外出培训工作流程描述表

项目	规范内容
统计	总经理下达指标，部门或个人提出申请
确定培训对象	与有关部门商定培训名单，填写登记表，提出意见
请示领导	研究、分析、提出具体意见，请示主管领导
调查、确定培训单位	按领导的指示对培训单位进行调查其办学能力和课程设置等情况，确定培训单位

续表

项目	规范内容
草拟培训协议	培训协议内容有培训要求、学时、经费、考核发证及经济赔偿责任等条款
培训	由公司领导审批，学员参加培训
考核	将学员考核成绩填入员工培训考核表，计入岗位提高培训学时，学员自我小结并备案

1.5.7　接受委托培训工作流程描述

接受委托培训工作流程描述，如表1-5-7所示。

表 1-5-7　接受委托培训工作流程描述表

项目	规范内容
拟定合作协议	接受委托单位委托，与委托单位草拟培训协议，培训协议内容有培训要求、培训时间、对象、人数、课程设置、考核发证及培训费用等条款，并上报主管领导审批
实施培训	（1）人力资源部负责岗前常规培训，内容有员工手册、职业道德和其他内容的培训。 （2）管理人员的岗位专业知识、管理技能培训和专人带教，挂职轮岗实习由部门负责实施。 （3）技术人员、服务员的岗位专业知识和技能操作由部门负责实施，并落实专人带教
做好委托前的准备工作	（1）制订培训计划，培训计划内容有培训目标、内容、考核办法和日程安排，并交委托单位审定。 （2）与有关部门落实代培训人员的岗位实习方案和办理受训入店手续等有关事项
考核	所在部门或带教老师进行考核评估，并将学员的考核评估情况填入委托培训鉴定表反馈于委托方
存档	总结、汇报、存档

1.5.8　员工培训计划制订细节描述

员工培训计划制订细节描述，如表1-5-8所示。

表 1-5-8　员工培训计划制订细节描述表

项目	规范内容
总结	查阅上年度培训计划执行情况及意见反馈，对各部门进行调研并听取对培训工作的意见，做总结
预算	根据公司对本年度培训策略及计划的要求，制定培训纲要、制定培训费用的预算报告
上报	（1）预算报告上报总经理。 （2）上报培训计划并附实施说明，根据公司意见，对培训计划、预算进行修改和补充
审批	经审批后，由培训主管负责按计划执行

1.5.9　岗位技能提高培训工作流程描述

岗位技能提高培训工作流程描述，如表 1-5-9 所示。

表 1-5-9　岗位技能提高培训工作流程描述表

项目	规范内容
制订培训计划	培训主任制订年度岗位提高培训目标和计划
审批	确定培训课程，按报批程序上报领导审批
下发通知	通知培训对象，填写报名单。汇总参加培训的人员名单，进行分组，制订培训进程，并下发各参加培训人员
实施培训	培训的方式主要有以下几种： （1）参加社会组织的培训班。 （2）参加总经理组织的培训班。 （3）由公司内部组织的培训。 （4）员工按指定教材自学
培训考核	年终统计岗位提高培训人员完成学时、考核成绩，填入岗位提高培训证书与人员培训考核。每三年检查学时完成情况，对未完成规定的学时者，提出处理意见

1.5.10　培训中心组织培训工作流程描述

培训中心组织培训工作流程描述，如表 1-5-10 所示。

表 1-5-10　培训中心组织培训工作流程描述表

序号	规范内容
1	由有培训需求的部门到培训中心领取并填写培训办班审批表
2	经培训中心经理审批后，由培训主管安排培训专员协调排班、时间、地点等相关工作
3	培训中心将培训安排计划通知需求部门
4	培训需求部门负责落实人员参加培训
5	实施培训
6	培训中心反馈培训情况

1.5.11　各部门自行组织培训工作流程描述

各部门自行组织培训工作流程描述，如表 1-5-11 所示。

表 1-5-11　各部门自行组织培训工作流程描述表

序号	规范内容
1	由有培训需求部门向培训中心提交培训安排及教案

序号	规范内容
2	培训中心审查培训安排、教案，如有补充修改意见，及时与该部门负责人或培训负责人协商修正
3	由培训部门填写各部门在职培训登记表，如需借用培训中心教具，填报培训教具使用审核表
4	培训考试结束后，培训部门将考试成绩列表交培训中心
5	培训中心负责对培训情况进行抽查、跟进等工作
6	培训中心针对各部门在职培训登记表上的信息进行评估后，并请主办者确认签字
7	培训中心将培训方案、教案、考试成绩等资料，连同各部门在职培训登记表一并装订、存档

1.5.12 培训课程设计细节描述

培训课程设计细节描述，如表 1-5-12 所示。

表 1-5-12 培训课程设计细节描述表

项目	规范内容
总结	对上一年度的培训结果和顾客投诉等进行调研、编写案例
预算	（1）培训主管了解本年度的经营发展目标，统计员工的基本素质比例。 （2）培训专员对各单位进行调研，了解需求。 （3）对培训需求进行评估（可能性、发展性、实用性），对课程费用进行预算
审批	（1）报总经理，如审批通过，进行课程设计。 （2）不批准，则重新按流程设计课程

1.5.13 培训课程准备细节描述

培训课程准备细节描述，如表 1-5-13 所示。

表 1-5-13 培训课程准备细节描述表

项目	规范内容
准备工作	培训主管下发培训通知，确认培训人数。准备培训教案、培训资料、培训设备及培训场地。培训主管与授课人交流，授课人提前到达培训地点落实、检查
考勤	培训专员进行签到，严肃出勤纪律
评估	培训主管与专员做培训效果调研并进行评估

1.5.14 培训课程反馈工作流程描述

培训课程反馈工作流程描述，如表 1-5-14 所示。

表 1-5-14　培训课程反馈工作流程描述表

项目	规范内容
统计	培训课结束前发放培训课程反馈表，讲解填表的重要性及填写方法，被培训人员填写反馈表
总结	培训主管仔细阅读反馈表，对意见进行汇总分析，并组织授课人共同讨论
存档	培训部门修改培训计划及教案，将课程反馈存档

1.5.15　培训资料及教具管理细节描述

培训资料及教具管理细节描述，如表 1-5-15 所示。

表 1-5-15　培训资料及教具管理细节描述表

序号	规范内容
1	需使用培训教室的部门，应提前三天由培训员或部门文员持已批的培训办班审批表交培训中心文员，由其统一安排
2	公司集中培训与部门培训在使用培训教室时间矛盾时，以公司集中培训为主
3	培训教具：摄像机、电视机、幻灯机、投影仪、白板、活页板、扩音器等一切教具均由培训中心文员保管。任何部门、任何人未经培训中心经理许可不得擅自开启，使用者必须填写培训中心教具使用审批表，经培训中心经理签字，报分管副总经理审批后，培训中心文员方可执行
4	对培训教具必须爱惜，培训者不会使用时必须由培训中心文员帮助使用。原则上谁损坏，谁负责；若不能明确责任时，由教具保管员酌情赔偿
5	所有的培训资料含录音音频、摄录视频、书籍、报纸剪贴、境内外培训资料、公司自编资料、公司有关材料等均由培训中心文员分门别类妥善保管
6	借阅资料须向文员出具借条，当日下班前所借资料必须归还
7	公司培训资料未经分管副总经理同意一律不准复制，凡违反者或资料遗失者按《中华人民共和国知识产权法》有关规定处理

1.5.16　培训考核实施细节描述

培训考核实施细节描述，如表 1-5-16 所示。

表 1-5-16　培训考核实施细节描述表

项目	规范内容
考核原则	（1）考核试题内容应根据培训内容进行编定，分数结构应为卷面、课堂讨论及模拟发言、实际操作各占考核总分数的三分之一。 （2）考核形式可采取闭卷、开卷、实地操作等多种形式

续表

项目	规范内容
考核试卷 卷面内容	a. 考核科目或专业。 b. 考试形式（闭卷或开卷）。 c. 考试时间长短。 d. 应考人姓名。 e. 考试分数。 f. 出卷审批人。 g. 考试具体内容
要求	（1）每一次考核必出两套标准试题，即 A、B 卷供审阅者抽卷；每份试题必附标准答案及评分标准。 （2）操作、模拟及面试考核必须提出两套考核方案供审批者选择，内容包括以下几方面： a. 考核内容。 b. 考核方法。 c. 评分标准及方法。 d. 主考人员。 e. 考核可行性分析
考核试卷 审批方法	培训中心主持的考核必须由编写考题的专员在考核前三天将试卷送培训中心经理审批并在"试卷审批人"一栏签字后执行；其他部门主持的考核必须由编写考题的专员将试卷交本部门经理审批，并在"出卷审批人"一栏签字后，报培训中心经理审阅并在"试卷审批人"一栏签字方可执行
考核成绩 处理	（1）公司集中培训的考核由培训专员在考核一周内完成阅卷、登分工作，并填写一式两份"员工培训成绩单"，一份留培训中心入受训人档案，一份送交受训人所在部门经理。凡考核不合格者，必须在考核成绩送交部门经理当天由其上司通知其不能上岗，并由培训中心对其补课，进行补考，补考合格方能上岗。 （2）受训人经培训考核补考后不及格者，无特殊情况未达到培训时间或未完成课程者，在培训中表现不良者，公司将给予相应处理。 （3）相关处理办法：无资格参加评优、评星、晋升、加薪等，管理人员（含组长）给予降级，一线员工（含保安、礼仪人员等）解除劳动合同。 （4）考核成绩优秀者部门应予以鼓励。无论公司还是部门培训考核结束后，必须对考核情况及问题做出统计分析报告，并提出改进意见和相应措施

1.5.17　员工考试管理细节描述

员工考试管理细节描述，如表 1-5-17 所示。

表 1-5-17　员工考试管理细节描述表

项目	规范内容
指导思想	（1）员工培训是公司培训人才参与市场竞争的战略任务。培训后考试是检验员工培训工作好坏的重要手段之一，也是员工巩固培训成果的方法之一。 （2）要把员工培训考试当作重要任务来完成，因此必须严肃考风、考纪，提高考试质量

续表

项目	规范内容
考试形式	公司的培训考试可视不同培训对象、不同培训内容选择以下一种或几种形式进行如闭卷考试、开卷考试、现场考试、模拟考试等
考试纪律	（1）参考人员提前 10 分钟进入考场。 （2）进场后须将书本、资料放到指定地点，发现夹带者、舞弊者，监考人员没收试卷，考分为零并记较严重过失一次。 （3）参考人员独立完成试卷内容，不得交头接耳、传递纸条，违者没收双方当事人的试卷，考分为零并处以轻度过失一次。 （4）任何人不得以变相方法相互提示，违者参照第（3）条方法处理。 （5）参考人不能替代他人代考，违者双方试卷作废并记较严重过失一次。 （6）参考人员交卷后不得借口翻自己的试卷做修改。 （7）对看不清楚的试卷必须举手提问
考试成绩的反馈	考试成绩的反馈等除按"培训中心培训制度"执行外，还应分别采取以下反馈方式： （1）向参考人员所在部门通报。 （2）在经理办公会上通报。 （3）在员工告示栏通报
其他	（1）凡对监考人员管理有不满者可通过公司正常渠道向上反映。 （2）凡对本人考分有怀疑者可向培训中心提出，经培训中心经理同意后方可查卷

1.5.18　培训成果评估与跟进规范细节描述

培训成果评估与跟进规范细节描述，如表 1-5-18 所示。

表 1-5-18　培训成果评估与跟进规范细节描述表

项目	规范内容
原则	各类型培训结束一周后，培训考核部门负责人必须对培训者及受训者的培训效果进行追踪评估
评估分析的途径和方法	（1）每次培训结束，由学员填写培训意见调查表。 （2）由受训人部门负责人填写员工培训效果反馈表，写明评估分析及培训效果。 （3）根据学员培训前后的工作表现及业绩对比评估分析培训效果
跟进	培训中心在培训结束 15 个工作日后到各工作现场检查、指导、跟进并写出跟进成果报告

1.5.19　培训人员组织管理细节描述

培训人员组织管理细节描述，如表 1-5-19 所示。

表 1-5-19　培训人员组织管理细节描述表

序号	规范内容
1	参加公司统一培训的学员由部门经理根据员工培训通知要求及本部门的工作实际情况，指派员工参加培训

序号	规范内容
2	受训人持本部门培训通知回执在规定时间内向培训中心文员报到，由培训中心统一管理
3	各部门自行培训的学员则由部门高级文员通知受训人上司，受训人向部门高级文员报到后，由其统一管理

1.5.20 培训调研管理细节描述

培训调研管理细节描述，如表 1-5-20 所示。

表 1-5-20 培训调研管理细节描述表

序号	规范内容
1	培训员在接受培训主管布置的工作任务后，应认真查阅资料，了解培训要求和培训对象，认真准备培训教案
2	培训中心在培训计划批准后第二天组织一次教研活动，共同讨论如何培训，培训重点、难点及如何组织活动等业务课题
3	培训中心经理在培训前三天必须检查培训员的教案，提出改进意见
4	培训员必须按培训计划备课、授课、组织活动、指导实践、批阅作业并按规定做好记录
5	培训中心经理本人或带领本部门人员必须对每个培训班至少听一次课并在此后进行讲评
6	每次培训结束后三天，培训中心必须对本次培训的培训员进行评估讨论，由培训员写出书面小结，由培训中心经理签字后留档作为培训员考核依据

1.5.21 培训班辅导员工作流程描述

培训班辅导员工作流程描述，如表 1-5-21 所示。

表 1-5-21 培训班辅导员工作流程描述表

序号	规范内容
1	培训班辅导员必须在正式培训前做好一式两份花名册，一份培训班留存，一份交培训中心存档
2	对较长时间（十天以上）培训，培训辅导员负责挑选班干部成立班委会
3	辅导员必须在上课十分钟前到培训教室，检查教室清洁卫生及学员出勤情况，并在每天培训结束后填写培训日志
4	辅导员要做好学员培训期间的思想工作，了解学员对培训员及培训内容的意见要求
5	培训学员必须按培训通知的时间按时报到，并遵守培训中心一切规章制度
6	培训中心经理要深入培训现场了解学员培训意见及要求

序号	规范内容
7	（1）培训结束后一周，辅导员应对学员在培训期的表现、成绩、出勤等情况进行综合评定。 （2）在员工培训成绩单上写出书面意见，经部门经理认可加盖培训中心公章后送交学员所在部门作为部门考勤、奖惩、晋升、加薪等依据

1.5.22　兼职培训员管理细节描述

兼职培训员管理细节描述，如表 1-5-22 所示。

表 1-5-22　兼职培训员管理细节描述表

项目	规范内容
兼职培训员来源	根据有关专题培训的实际需求，从公司员工中挑选在某个领域、部门具有丰富实践经验的各级管理人员或具有一技之长的一线员工担任该专题兼职培训员
教案审查	兼职培训员撰写教案，部门经理对教案涉及的业务进行审查，培训中心对教案主题、范围、逻辑结构、语言表述等进行审查，公司总经理室负责全面审定
试讲	对于新授课内容，教案一经审定，一律由培训中心组织试讲。兼职培训员经试讲合格后方可正式授课
评估	（1）每一专题授课结束时，由培训中心向受训学员发培训意见反馈表，对培训员的培训绩效进行评估、记录。 （2）教案打印存档

1.6　员工离职与劳动合同管理

1.6.1　劳动合同签订工作流程描述

劳动合同签订工作流程描述，如表 1-6-1 所示。

表 1-6-1　劳动合同签订工作流程描述表

项目	规范内容
审核	新进员工，人力资源部提出期限报总经理核准
签订合同	人力资源部向员工解释合同条款内容，双方签字、盖章。一份员工保存（签收），一份存入员工档案
续签或终止合同	合同到期前两个月发征询意见书到部门及员工本人，人力资源部提出是否续签合同及期限，若终止合同，需要提前一个月通知员工并提出终止意见，并将决断结果报总经理核准
存档	（1）双方签字、盖章。 （2）一份员工保存（签收），一份存入员工档案

1.6.2 员工合同解除工作办理细节描述

员工合同解除工作办理细节描述，如表 1-6-2 所示。

表 1-6-2 员工合同解除工作办理细节描述表

项目	规范内容
解除合同	若合同期内有一方提出解除合同，须提前一个月书面通知对方（试用期内除外）。员工要求解除合同，应支付违约金与执行其他赔偿条款。公司要求解除合同，应按合同约定与有关规定办理。 （1）除名、辞退、开除。部门提出申请，人力资源部调查核实提出处理意见，并听取工会意见，公布决定。 （2）退休。本人书面申请，人力资源部按照相关规定办理手续呈报。（携带有关资料到社会保险事业处退休科审批。） （3）在职死亡。因工死亡，按政策和有关规定会同有关部门处理；因病或非因工死亡，按劳动法规条例处理
审批	所在部门、人力资源部审批，公司领导审批，办理离职手续
劳动争议处理	（1）双方协商解决。 （2）一方或双方向单位所在地仲裁机关申请仲裁。 （3）不服仲裁方可在 15 日内向法院诉讼

1.6.3 办理员工离职工作流程描述

办理员工离职工作流程描述，如表 1-6-3 所示。

表 1-6-3 办理员工离职工作流程描述表

项目	规范内容
申请	员工提出离职申请
审批	（1）部门经理审批签署意见。 ①如不批准，则申请退回，员工应继续在公司工作或视具体情况做内部调动； ②如批准，报人力资源部，了解情况，签署意见； ③如未经批准离岗，则按旷工处理。 （2）将结果上报总经理审批
办理离职手续	（1）员工归还工服、工牌和其他领用物品。 （2）员工将离职单交到人力资源部，于 30 日后到人力资源部办理工资结算、押金返还手续。 （3）员工持未结工单及其他相关单据到财务部领取工资和其他相关款项
后续工作处理	（1）人力资源部：办理停交各种保险或转移，向人才交流中心、职业介绍机构或有关单位移送人事档案，为员工办理失业等手续。 （2）行政部：办理员工住房公积金转移业务

项目	规范内容
存档	员工正式离职后人力资源部将该员工资料归档

1.6.4　办理员工失业工作流程描述

办理员工失业工作流程描述，如表 1-6-4 所示。

表 1-6-4　办理员工失业工作流程描述表

项目	规范内容
确定合约解除	合约解除包括合同终止及解除劳动合同
办理职工失业手续	人力资源部携带相关资料到市劳动服务公司办理职工失业手续
发通知书	劳动服务公司开具失业职工参加集中教育通知书
领取失业证和失业保险金	失业职工按通知要求参加学习并办理失业登记，领取失业证和失业保险金。若有要求办理挂靠档案手续的失业职工，可到劳动事务代理所办理手续

1.7　人力资源管理

1.7.1　岗位效益工资分配工作流程描述

岗位效益工资分配工作流程描述，如表 1-7-1 所示。

表 1-7-1　岗位效益工资分配工作流程描述表

项目	规范内容
定岗定薪	人力资源部对新进人员定岗定薪，对各类人员岗位及工资做变动调整
测算	人力资源部根据各部门当月岗位工资发放人数测算总发放金额
财务部	根据各项收入测算出各部门按效益提取工资额
核定	核定当月提取工资总额
审批	报上级领导审批
后续处理	（1）工资原始资料、审批原件存档。 （2）财务部编制工资发放表

1.7.2　质量检查督导工作流程描述

质量检查督导工作流程描述，如表 1-7-2 所示。

表 1-7-2　质量检查督导工作流程描述表

项目	规范内容
查找问题	主要从以下五个方面来提高服务工作质量，即服务态度和仪容仪表，设施完好程度，材料供应（包括信息材料）的保证，服务方法（包括服务方式、程序、技能技巧等）及环境（各门店营业环境及工作环境）
填表	根据检查内容，填写检查日报表
分析问题原因	问题发生的因素主要包括人的因素、设施因素、环境因素、方法因素、材料因素等
制订解决问题的措施计划	（1）为什么制定这项措施？ （2）解决什么问题，达到什么目的？ （3）在什么地方采取这一措施？ （4）由谁或哪个部门执行？ （5）每项措施开始及完成时间。 （6）执行和完成措施的方式
执行计划并总结经验	（1）严格执行计划，检查计划执行情况。 （2）总结经验，实行标准化。好的规章制度要坚持，总结提高，加以推广。 （3）失败的规章制度及时修订改正，防止同样问题再次发生
拟订计划方案	提出遗留问题，做出下阶段改正计划方案

1.7.3　人力资源开发细节描述

人力资源开发细节描述，如表 1-7-3 所示。

表 1-7-3　人力资源开发细节描述表

项目	规范内容
确定人才标准	（1）要明确衡量人才的基本要素。现代企业对人员的考核可概括为"德、智、体、能、绩"五个方面，德即思想品质，智即智力水平，体即身体素质，能即工作能力，绩即工作成绩。 （2）要注意人才标准的层次性和岗位区别，因为不同层次和岗位需要不同类型的人才。 （3）要注意人才标准的动态性，环境的变迁对企业的每一个岗位都会提出新的要求，人才标准也就不能一成不变
确定识别人才的方法	识别人才是一件困难的事，但却最为重要，对战略威胁最大的莫过于对人才识别上的失误。人们在长期的探索中已形成了多种识别人才的途径和办法，主要有以下八种。

续表

项目	规范内容
确定识别人才的方法	（1）相面法，即通过人的脸部形象、表情、神态、精神面貌等来识别人。 （2）背景法，即通过考察人的家庭出身来识别人。 （3）考试法，即通过考试的办法来识别人。 （4）观察法，即通过长期的观察或委以一定的工作任务看其工作状况来对此人进行判别。 （5）刺激法，即通过外部的刺激来观察人的情感任何反应，从中可以看出人的本性。 （6）资历法，即凭年龄、经历、学历来评判人才。 （7）调查法，即通过调查人的经历和社会背景来识别人。 （8）实验法，即通过模拟实验来识别人
确定选择人才的方式	我国很早就有"不拘一格选人才"的提法，即广开才源、广招人才。目前常用的方式有以下四种： （1）推荐选才，即用推荐的方式发掘人才。 （2）广告选才，即通过传播媒体将企业的人才需求信息广而告之，从应聘者中选择合适的人才。 （3）业绩选才，即以绩效为依据择优选择人才。 （4）分等选才，即建立不同系列（如行政和技术）的等级标准，并明确规定各种等级所适合的工作岗位，在此基础上，对全体员工进行定期或不定期的考核，从而确定每一位员工的级别。当超级市场的某些岗位出现缺额时，应从相应级别的内部员工中选择合适的人才

1.7.4　人力资源使用细节描述

人力资源使用细节描述，如表 1-7-4 所示。

表 1-7-4　人力资源使用细节描述表

项目	规范内容
人尽其才，人适其所	管理者在用人的过程中首先要树立"人才适用"观念，把人才放到能发挥其聪明才智的岗位上，把工作任务分配给合适的人去完成
用人所长	人的知识和才能，由于天赋、实践、地位的不同而有所差异，同时由于时间和精力的限制，人总是"有所为"，也"有所不为"，长于此而薄于彼。因此，用人的关键是要扬长避短，要善于识别人的最佳才能，使用人的精华部分，智者尽其谋，勇者竭其力，仁者播其惠，信者效其忠
协调好人与人之间的关系	协调好人与人之间的关系是管理的基础，也是用人艺术的一个重要方面。公司内部处理人际关系应把握以下原则： （1）平等原则，即要求管理者在处理人际关系时，要在人格平等基础上处理各类管理事务，尊重员工的人格。

项目	规范内容
协调好人与人之间的关系	（2）宽恕原则，即要求管理者要善于容忍他人的小过与缺陷，不要小题大做，对人求全责备。 （3）信任原则，即要求管理者树立信誉，对人信任。 （4）互利原则，即要求各类人员的劳动贡献与其所得能保持基本平衡，并善于运用精神力量来平衡因物质短缺而引起的各种失衡心态。 （5）谦逊原则，即管理者无论地位、知识如何，都必须谦虚待人，要客观地肯定他人的成绩与才智，而不要夸大自己的功绩和贡献，更不能夺走他人的功劳。 （6）合作原则，即要求加强人与人之间的紧密配合，培养"团队精神"。 （7）沟通原则。其包括两个方面的内容：一是通信息；二是通人性。人际交往的过程实际上就是互通信息的过程，信息与人际关系像一对孪生兄弟，联系紧密。人际关系的开拓有利于汇集信息，掌握的信息量越大就越有利于吸引人，从而拓宽人际关系网络

第 2 章
运营部日常工作内容管理

运营部是直接面向广大消费者的部门，是实现商品最终销售、实现最终盈利的部门，也是消费者感受企业形象与文化的最直观的地方。做好运营管理，加强对销售人员的素质提升、货品的专业摆放等工作，至关重要。

2.1 运营部日常行政管理

2.1.1 锁匙管理细节描述

锁匙管理细节描述，如表 2-1-1 所示。

表 2-1-1　锁匙管理细节描述表

项目	规范内容
锁匙种类	门店现有的锁匙有：卷闸门锁匙、后门锁匙、仓库门锁匙、紧急出口门锁匙、保险柜锁匙及备用锁匙、POS 机钱箱锁匙、烟酒柜锁匙、工衣柜锁匙等其他必备锁匙
锁匙保管	（1）对店面的出、入口卷闸门锁匙（大门及后区门），应加装两套门锁，锁匙由店长（值班经理）与防损主管各持一套。早上开门前或晚班下班清场后，由防损值班员与值班经理分别锁上各自门锁。 （2）理货区后门锁匙、仓库门锁匙、紧急出口锁匙由防损主管保管。若防损主管调岗、辞退时，所管钥匙应全部转交新的防损主管，新防损主管应及时将全部钥匙更换。 （3）保险柜锁匙由收银主管保管，锁匙不得配制，保险柜备用锁匙应及时交总部财务部出纳保管，在保险柜锁匙遗失或保险柜电压不足时方可领用。收银主管应经常更换保险柜密码，收银主管调岗、辞退时，必须交回保险柜锁匙，同时，新收银主管应及时更换保险柜密码。POS 机钱箱锁匙由收银主管单独保管，在电脑系统出现短暂故障、停电、POS 机钱箱打不开时由收银主管操作使用。 （4）烟酒柜锁匙在营业时间内由专柜营业员保管，营业结束后交由收银主管放入保险柜保存
锁匙报失	门店锁匙丢失后应立即上报店长，更换新的门锁，严禁私自配备钥匙
锁匙保管责任	锁匙的保管遵循"谁保管，谁负责"的原则，对保管不善或遗失锁匙而造成公司财产损失的，视情节严重给予保管人以处罚；锁匙责任人调离岗位时应全部更换锁匙

2.1.2 证照管理细节描述

证照管理细节描述，如表 2-1-2 所示。

表 2-1-2　证照管理细节描述表

项目	规范内容
证照办理	（1）门店正常营业所需的各种执照的办理均由总经理办公室统一申请办理。办妥后交由店面悬挂于办公室内，需年审、变更、补办时交回总经理办公室代办。 （2）营业人员所需证件由个人自行办理，按公司福利制度可给予适度报销；若因无该类证件，导致相关部门扣留、罚款的个人，一切后果自负。 （3）合作经营单位及其工作人员同样要求具备以上条款
证照保管	（1）营业所需的各种执照通常是悬挂在办公室醒目的地方，健康证、卫生知识合格证交给所在门店的收银主管或行政文员保管，过期后需重新办理，调岗或离职时方可取回。 （2）门店收到各监督部门、市级以上的部门颁发的荣誉称号和荣誉证书，可悬挂于营业场所醒目位置

续表

项目	规范内容
证照使用	需要使用各种证照原件办理业务的,必须由经手人办理借用手续
证照报失	(1)发现各种证照遗失,必须立即上报公司领导和有关部门。 (2)公司依据具体情况对遗失证照及时进行申明作废等处理通报
证照管理责任	各种证照遵循"谁掌管,谁负责"的原则,店面管理人员调离岗位时认真做好交接工作,由于保管、鉴用不善或遗失而造成公司损失的,将追究相关责任人的相应责任

2.1.3　门店员工入职工作流程描述

门店员工入职工作流程描述,如表 2-1-3 所示。

表 2-1-3　门店员工入职工作流程描述表

项目	规范内容
入职	入职所辖门店的新员工需携人力资源部开具的新员工调入通知到店经理处报到
培训	店经理有指导所辖区域员工的责任
考核	店经理负责所辖门店员工的日常考核,店经理对所辖门店员工的任免、晋升、奖惩、调动、辞退有建议权

2.1.4　门店员工调动／离职工作管理细节描述

门店员工调动／离职工作管理细节描述,如表 2-1-4 所示。

表 2-1-4　门店员工调动／离职工作管理细节描述表

项目	规范内容
员工调动	(1)员工应服从公司的安排,凡不能按规定报到或不服从安排的,按自动离职或解除聘用处理。 (2)任何部门、门店或个人,未经人力资源部同意不得允许员工在本公司内部部门／门店之间自行流动,更不得违反本规定擅自录用人员。 (3)储备干部以下员工在本公司内部流动,应由本人提出申请,经调出、调入双方单位同意,区域经理签署意见,经人力资源部批准下发调令方可执行。主管以上干部的调动,报店长、总监签署意见,由人力资源部再报总经理批准后,由人力资源部下发调令,方可办理有关调动手续
员工辞工	员工辞工需提前 30 天填写离职申请表,然后逐级上报审批。门店储备干部以下员工由店长签署意见后,报人力资源部批准,下发批复。主管、助理级干部报店长、部门总监签署意见,由人力资源部审批,下发批复。店长级以上员工辞工须报总经理批准,由人力资源部下发批复,方可办理辞工手续。手续完备后,即可计发工资

项目	规范内容
员工的辞退及开除	（1）门店主管级以下员工在本公司任职期间，已符合公司辞退或开除条件的由店长写出辞退或开除申请报总监签署意见后，报人力资源部审批，并下发通知执行。店长助理以上和总部助理以上员工给予辞退、开除报总监签署意见再报总经理批准，由人力资源部下发通知执行。总部一般文员辞退、开除由各部门总监向人力资源部写出申请，审批后下发通知执行。 （2）凡开除、自动离职者，不计发当月任何员工福利
员工职务任免	（1）员工职务的任免权限：门店主管、店长助理、店长、总部经理助理、主任以上干部由总经理决定任免（聘任或解雇）。 （2）门店的后备干部、储备干部由店长推荐报人力资源部由部门总监签署意见，人力资源部考核审批
其他	凡员工调动、辞工、辞退、开除、离岗之前，必须办理离职手续登记，将手续办完备后，方可离岗，否则不计发工资。

2.1.5　门店员工请假管理细节描述

门店员工请假管理细节描述，如表 2-1-5 所示。

表 2-1-5　门店员工请假管理细节描述表

项目	规范内容
员工请假	门店员工请假，应在门店行政文员处填写请假单，填写后报主管、店长审批。员工休假后到行政文员处销假、存档，并在月底考勤表上反映
请假审批权限	（1）店长助理以下的员工请假由店长审批。 （2）总部助理以下的员工请假由总监 / 经理审批。 （3）店长、主任、经理请假由总监审批。 （4）凡员工请假 15 天以上，须由总经理审批；8~14 天由部门总监审批；1~7 天由店长 / 经理审批

2.1.6　长期促销员上岗规范描述

长期促销员上岗规范描述，如表 2-1-6 所示。

表 2-1-6　长期促销员上岗规范描述表

序号	规范内容
1	向门店部门经理和店长提出申请并通过面试
2	经过门店业务、服务考核
3	填写促销员申请表及誓约担保书
4	携带相关证件至公司人力资源部

序号	规范内容
5	办理工服、工牌等手续
6	凭以上手续回门店办公室办理上岗手续

2.1.7　临时促销员上岗规范描述

临时促销员上岗规范描述，如表 2-1-7 所示。

表 2-1-7　临时促销员上岗规范描述表

序号	规范内容
1	临时促销员需经过店长面试合格后方可办理相关的临时促销的上岗手续
2	厂家临时促销员上岗前须由同一厂家长期驻店促销进行担保，担保人对被担保人在公司工作期间的一切行为负责
3	临时促销员在上岗前须向所在门店交纳十元（具体金额依实际情况而定）岗位责任金换取门店临时促销工卡，在临时促销结束时凭卡退还本人
4	临时促销员必须严格遵守店内一切规章制度，违规者视情节轻重给予相应处罚
5	临时促销员工作期间门店每天收取管理费两元（具体金额依实际情况而定），由门店开具收据
6	临时促销员不能开具发票，只能在店内单纯进行协助售卖

2.1.8　营业员服务规范描述

营业员服务规范描述，如表 2-1-8 所示。

表 2-1-8　营业员服务规范描述表

序号	规范内容
1	顾客进入门店时，所有营业员应向顾客问好："欢迎光临！"当顾客到某货架前，营业员要立即停止手头上的工作，向顾客致意问好："您好！"并上前询问顾客有什么需要帮助。营业员应热情、积极、主动地为顾客服务，帮助顾客选购商品，恰当地推荐商品
2	当有顾客走到货柜时，营业员要立即停止手头上的工作，以饱满的热情迎接顾客的光临
3	（1）当顾客在选购商品时，营业员要保证和顾客保持"一米距离"的工作标准。 （2）让顾客能切身感受到我们的服务。 （3）要求每位营业员在与顾客距离一米时，应注视着他的眼睛，问他是否需要你的帮助。 （4）如果遇到有些顾客不喜欢在选购商品时跟着他，这时应向顾客点头并微笑着说："如果有需要请随时告诉我。" （5）然后和他保持三米的距离，让他知道你很乐意为他服务并尊重他。这就是我们的"三米微笑"原则

序号	规范内容
4	当营业员已经在招呼顾客的时候，又来了一位顾客，这时应向来的这位顾客说："对不起！请随便选，有需要就请告诉我，我随时乐意来为您服务或帮助。"
5	如顾客购物较多时，营业员应主动帮助提、拿、送商品
6	归位整理商品：经顾客挑选后，货架上的商品容易发生错位现象，营业员须按型号和类别进行分类归位
7	配对管理商品：有些成双配对的商品，如拖鞋、袜子等，营业员要随时检查、清查，保持左右相符，大小型号相同，色泽一致，式样一样
8	折叠整理商品：有些挑选性强的商品，如毛巾、内衣、内裤等，往往会因顾客挑选而乱堆乱放，营业员要及时进行折叠、整理，摆放好
9	挑选整理商品：有些熟食小吃易混合，被顾客随意丢放，如熟食小吃、奶制品等，营业员要勤检查，随时将腐烂变质的商品清理出去，但要注意分类归位
10	添补商品的要求：在营业过程中，营业员要及时检查货架已卖缺的商品，将商品从仓库提出后进行整理，并摆在原来放这种商品的地方。同时要保持货架上的商品陈列丰满，不能让货架出现空档，影响顾客的购物情绪
11	拆包和分装商品的要求：营业员要经常检查需要进行分装、分包的商品，对已售完的商品或在营业前准备得不够的商品，应在营业空隙或忙闲交替周期较长的时间里，组织好力量进行拆包和分装，以保证销售中断
12	检查商品价格标签的要求：商品价格标签应随时注意检查。在销售过程中，商品和商品价格标签经常会被拿乱放乱，应予以及时检查，随时发现随时归位，以免给顾客造成错觉，引起不必要的误会
13	实行明码标价：必须做到价签价目齐全，标价准确，字迹清晰，货签对位，一货一签，标示醒目，价格变动时应及时更换，商品价格一律使用阿拉伯数码标明人民币金额
14	商品标价签应包括品名、产地、规格、计价单位、零售价等主要内容
15	销售商品中不同品名或同品名的商品有下列情况之一者，必须实行一价一签：①产地不同；②规格型号（款式）不同；③等级不同；④材质不同；⑤商标不同
16	标价签或价目表中标明人民币金额必须采用元、角为单位；削价处理商品必须公开标出商品的原、现价，以区别于正常商品价格

2.1.9 运营部员工标准化服务规范描述

运营部员工标准化服务规范描述，如表 2-1-9 所示。

表 2-1-9 运营部员工标准化服务规范描述表

项目	规范内容
仪容仪表	（1）头发：上班时间头发必须梳理整齐，不允许染除黑色以外颜色的头发；男员工不得过耳部，不准留胡须；女员工在上班期间不允许披发，上班期间长头发必须扎起。 （2）化妆：女员工不允许化浓妆，不允许涂指甲油和留长指甲，不准戴有色眼镜上班，口红

项目	规范内容
仪容仪表	不能过于鲜艳，必须淡妆上岗。 （3）口：上班时，口腔不能有异味，不准在当班期间吃葱、蒜等有刺激性口味的食品，确保口腔卫生。 （4）穿着：上班期间必须穿工服且保持工服干净整洁，工牌佩戴端正；男员工不允许穿短裤、背心、拖鞋上班；女员工不允许穿裙子、高跟鞋、拖鞋、凉鞋、松糕鞋上班，不允许不穿袜子，袜子不可穿过于鲜艳的颜色，不准穿奇装异服。 （5）站姿：站立姿势要端正、大方，站立一般要以迎宾方式站立，不得背向顾客，不允许叉腰、双手插于裤兜和抱肩，严禁勾肩搭背。 （6）首饰：首饰佩戴要适度，只允许戴一条项链或一枚戒指。 （7）语言：必须使用文明用语，不准用不文明用语对公司和领导进行诽谤，绝对不允许对顾客出言不逊，与顾客吵架、骂顾客者一律辞退
行为原则	一个需要：一切以顾客利益、公司信誉为第一需要。 三个作风：守时、守信、高效率。 六个意识： 　A. 待客如宾的顾客意识。 　B. 争分夺秒的时间意识。 　C. 不与他人勾结、非法图利意识。 　D. 不接受贿赂的意识。 　E. 增收节支的成本意识。 　F. 优胜劣汰的意识
行为规范	（1）员工上下班必须走员工通道，禁止从超市出入口出入。 （2）不得迟到、早退、旷工，请假必须提前填写请假卡，禁止上下班代签到、代刷卡。 （3）上班期间不允许购物，禁止购（代）买半（特）价商品或藏匿给他人。 （4）禁止在卖场内串岗、脱岗、扎堆聊天。 （5）禁止倚靠货架、地堆、端架等卖场设备，不准玩弄叉车和购物车。 （6）禁止在卖场内吃喝任何东西（包括口香糖）。 （7）禁止在工作期间接听手提电话和打私人电话。 （8）禁止将任何私人用品带入卖场（包括水杯）。 （9）禁止将商品、赠品和不相关的物品私自携出卖场，如若发现，视同内盗。 （10）禁止以任何理由威胁供应商和促销员索要礼品、赠品或其他东西，一经发现，立即辞退。 （11）禁止上班时间看书、报等。 （12）禁止上班时间在货架、柜台内存放私人物品。 （13）禁止与同事发生争吵、打架等行为。 （14）禁止在上班时间喝酒、吸烟、赌博，一经发现，立即辞退。 （15）不允许私自换班（直属上级同意除外）。 （16）不允许阻碍、影响他人工作。 （17）不允许上班时间私人会客。 （18）禁止在更衣柜内存放私人购买的商品，下班购物后必须及时带回。 （19）禁止各种单据、工具刀、抹布或其他非卖品放置于货架上。 （20）禁止与顾客使用不文明用语。 （21）禁止与顾客发生争吵、打架，一经发现，立即解雇。

项目	规范内容
行为规范	（22）禁止与促销员发生争执、吵闹。 （23）禁止欺骗顾客和对顾客进行虚假承诺，一经发现，立即辞退。 （24）禁止对顾客不理不睬、反应冷淡。 （25）禁止在卖场内对顾客品头论足、指手画脚。 （26）禁止在工作时间打瞌睡、挖耳、挖鼻孔、剔牙。 （27）禁止与顾客谈话时抓耳、挠头、抱胸、东张西望。 （28）禁止在卖场内高声谈论、嬉笑打闹。 （29）禁止利用工作之便假公济私，谋取私利，一经发现，立即辞退。 （30）禁止在上班或下班时间对内、对外有损害公司声誉的言行举止，一经发现，立即辞退。 （31）禁止向竞争对手泄露任何公司机密，一经发现，立即辞退。 （32）禁止无工作理由而在库房逗留、闲聊、打闹、玩耍。 （33）不准在遇到顾客吸烟、偷吃、偷喝、偷盗商品时置之不理
标准化服务	（1）及时进行商品补货，保证货架排面商品饱满，不允许库区内有商品而排面缺货；补货时以不影响顾客购物、不堵塞通道为原则，补货完毕后，及时将叉车、栈板归位，将纸箱包装扔到指定地点。 （2）及时进行商品理货工作，保证排面商品整齐，不允许货架内有孤儿商品、残次、破包商品，理货时以服务顾客为第一选择。 （3）保证商品质量，坚持进行商品保质期的"日检、周检、月检"，杜绝出售"三无商品、假冒伪劣商品"。 （4）为顾客提供干净、整洁的购物环境，及时进行商品、货架、设备及地面的清洁工作。 （5）随时检查货架、商品、地堆的安全性，保证顾客购物安全。 （6）商品进行陈列时选择易看、易拿取的陈列方式，方便顾客购物。 （7）及时更换商品价签、POP，保证为顾客提供真实、准确的商品信息；保证价签、广告促销品的放置位置正确，与商品一一对应。 （8）保证商品条码准确无误，促销活动应及时通过"促销快讯"广播等形式传达给顾客。 （9）每日进行迎、送宾时应站姿正确、面带微笑，不允许嬉笑打闹。 （10）遵循"三米微笑"原则，见到顾客时应面带微笑、主动打招呼，使用文明用语，如"您好""再见""欢迎下次光临"等。 （11）员工应熟练掌握有关商品知识，主动、热情为顾客介绍商品，积极进行商品促销。 （12）帮助顾客解决购物方面的问题，将购物车、筐放到便于顾客拿取的地方，方便顾客使用；如遇到顾客没有购物车、筐，选购商品过多而无法拿走，找不到要选购的商品等问题时，主动为顾客提供帮助

2.1.10 门店经营目标管理细节描述

门店经营目标管理细节描述，如表 2-1-10 所示。

表 2-1-10 门店经营目标管理细节描述表

序号	规范内容
1	门店根据运营部下达的年度/月度计划，细化成"进度表"分解到柜组/个人，逐周/月落实

续表

序号	规范内容
2	根据目标管理完成情况，门店于每月 2 日前将上月完成目标管理执行情况反馈至运营部（用书面形式），以备运营部对门店／个人进行考评
3	目标管理上交或下发时间安排： （1）运营部目标管理卡于每月 28 日前下发至各门店。 （2）门店目标管理卡于每月 1 日上交／上传至运营部。 （3）门店工作月报于每月 2 日上交／上传至运营部。 （4）各柜组目标管理卡于每月 28 日上交至店长处。 （5）各值班班经理（柜组主管）工作周报于每周一下午上交至店长处，同时建立相应的周报簿。 （6）各值班班经理（柜组主管）工作月报于每月 3 日上交至店长处，同时建立相应的月报簿
4	各店务必依时上交，若因特殊情况而未能上交者，必须尽快通知区域经理，否则将对有关责任人作出处罚

2.1.11　运营部与业务部合作规范描述

运营部与业务部合作规范描述，如表 2-1-11 所示。

表 2-1-11　运营部与业务部合作规范描述表

项目	规范内容
两部门合作	界定两部门在各自工作岗位中所担当的角色，使双方了解各自的权限和责任，了解双方共同的目标与前提，以满足客户一次性购足为目标，以保证公司整体利益为前提
门店的基本工作	（1）商品的续订货。 （2）商品的陈列与组合。 （3）销售业绩的追踪。 （4）商品库存数的盘点及控制损耗。 （5）快讯、惊爆商品的促销。 （6）店内促销的品项选择及计划。 （7）商圈内的市场调查分析。 （8）人员的掌控与管理、培训
采购的基本工作	（1）提供给门店合适的商品组合。 （2）提供给门店的该地区具有竞争力（性价比高）的商品：中高的品质要求，中低的销售价格。 （3）合理的商品品质及包装要求。 （4）正确的供应商基本资料信息：账期、最小订货量、退换货条件。 （5）提供给门店专业的知识培训计划。 （6）提供给门店促销计划及惊爆的销售价格。 （7）对商品进行清楚地核价及合理地杀价。 （8）新品的引进、滞销商品的清退。 （9）商品价格的确定。 （10）端架、地堆费用的收取。

项目	规范内容
采购的基本工作	（11）门店广告位的销售。 （12）门店损耗较大商品的补损
双方沟通事项	（1）采购与门店： ①商品包装规格。 ②供应商供货的状况。 ③商品最小的订货量。 ④供应商品送货行程表。 ⑤商品缺货的提前通知。 ⑥商品退换货的约定。 ⑦商品促销计划通知。 ⑧商品价格的制定。 ⑨退／换、转货的通知。 ⑩提供门店专业知识的协助训练。 ⑪门店端架、地堆商品陈列的通知（每 14 天为一周期）。 （2）门店与采购： ①提供新商品引进品项建议。 ②商品价格变更请求。 ③商品促销的方式建议。 ④市场调查的汇总及反馈。 ⑤供应商特殊状况的通知。 ⑥商品缺货的通知。 ⑦损耗较大商品补损请求。 ⑧端架、地堆商品销售情况反馈及建议。 ⑨新商品及滞销商品销售情况反馈及建议。 ⑩快讯商品销售情况反馈及建议
沟通的方式	（1）通过固定格式，在每周固定时间以沟通文件方式发送。 （2）通过每周采购巡店和采购、营运沟通会议传达。 （3）在以口头方式沟通后，以书面形式补充通知。 （4）以建设性意见代替负面批评，以及时解决问题为目的。 （5）要第一时间沟通，内容尽量量化、数据化、表格化
双方合作中的基本要求	（1）采购确定的商品品项，门店必须全部陈列。 （2）采购必须及时设法解决门店缺、断货现象。 （3）采购应及时设法解决门店新商品需求。 （4）门店根据市调情况及店内促销变价要求，采购应及时回复。 （5）门店对于采购提出端架、地堆商品，应及时予以配合，及时陈列。 （6）采购对于门销售不佳的端架、地堆商品，应及时予以调整商品品项。 （7）采购与门店一律通过门店各部门经理或副经理沟通。 （8）店内专柜的引进，一律通过各店长、副经理沟通。 （9）门店应及时提供采购可供销售的端架、地堆位置及数量。 （10）双方沟通中存在的问题，由营运部协调解决

2.2　卖场日常运营管理

2.2.1　收货员工作规范描述

收货员工作规范描述，如表 2-2-1 所示。

表 2-2-1　收货员工作规范描述表

序号	规范内容
1	品名：收货员检查商品品名是否清楚，核对商品品名与验货清单上的商品描述是否一致，着重检查华联销售单位包装的描述
2	条形码：抽取一个华联销售单位商品在 POS 机上扫描条形码，核对 POS 机界面所显示的商品描述和商品品名是否一致，如 POS 机界面显示条码非法字样则需加贴店内码
3	克重：检查商品实际克重与 POS 机界面所显示商品克重描述是否一致
4	保质期：检查商品是否已过保质期或快到保质期
5	中文标识：检查进口商品上的中文标识，若无中文标识收货员应拒收
6	防伪标记：检查特殊商品的防伪标记，收货员应拒收假冒商品，如烟、酒等
7	说明书：检查家电等商品的使用说明书
8	检验合格证：检查商品是否带有质量检验合格证或卫生检验合格证

2.2.2　收货工作管理细节描述

收货工作管理细节描述，如表 2-2-2 所示。

表 2-2-2　收货工作管理细节描述表

项目	规范内容
供应商投单	供应商持我方采购部所发订单递交收货窗口
核单	当收货员接到订单后，对订单上所列各项仔细核对，核查包括供应商编号、供应商地址、电话、传真、送货地址、送货日期、订单号码、总页数、采购货品名称、货号、订购单位、订购数量等项目是否清楚，是否是快讯商品，同时检查文件档案中是否有待退商品，然后填写收货清单，分发卸货卡号，等待卸货
打印验货清单	经核对无误后，在电脑上通过订单上订单号码打印出验货清单一式两联
外箱辨识	检查外包装是否有破损，再详细检查外箱上商品描述、数量、规格是否与订单内容相符
检查数量品质	抽箱拆封检查某一箱内商品单品的条形码、包装、商品标识、保质期限、重量，并做数量统计，收货员在完成以上工作后在验货清单验货员处签字
复查数量品质	同一商品再由另一位收货员做复查，经核实无差异后，收货员与供应商分别在验货清单上签字，收货员盖收货章。将验货清单供应商联交给供应商，供应商的送货单附于验货清单收货联其后

项目	规范内容
输入电脑	完成上述验货工作后，将验货清单收货联交给电脑录入员，录入员仔细核查验货清单上所列项目，特别是数量填写是否清楚，再做电脑录入
单据复核	（1）每天收货工作结束后，录入员应核对每一笔验货清单上所填数量与电脑录入数量是否相同。 （2）第二天收货部副主管复查收货报表数量与前一天验货数量是否相同
归档	收货部副主管依据日期、商品类别将验收单据分类保管，收货资料保存期为一年

2.2.3 拒收商品工作细节描述

拒收商品工作细节描述，如表 2-2-3 所示。

表 2-2-3 拒收商品工作细节描述表

项目	规范内容
食品类	（1）罐头食品 凹凸罐，外壳生锈，有刮痕，有油渍等。 （2）腌制食品 ①包装破损，有汁液流出；②有腐臭味道；③汁液浑浊或液汁太少；④真空包装已漏气。 （3）调味品 ①罐盖不密封；②有杂物掺入；③包装破损潮湿；④有油渍。 （4）食用油 ①漏油；②包装生锈；③油脂混浊不清；④有沉淀物或泡沫。 （5）饮料类 ①包装不完整，有漏气；②有凝聚物或其他沉淀物；③有杂物、凹凸罐。 （6）糖果饼干 ①包装破损或不完整；②内含物破碎、受潮；③有发霉现象。 （7）冲调饮品 ①包装不完整，有破损，凹凸罐；②内含物因受潮成块状；③真空包装漏气。 （8）米及面食 ①内含物混有杂物；②内含物受潮、结块；③内含物生虫或经虫蛀；④内含物发芽或发霉
百货类	（1）商品有破损、断裂、划伤。 （2）外表有油渍不净者。 （3）商品有瑕疵

2.2.4 商品入袋工作规范描述

商品入袋工作规范描述，如表 2-2-4 所示。

表 2-2-4　商品入袋工作规范描述表

项目	规范内容
入袋项目	（1）重、硬物置袋底。 （2）正方形或长方形的商品放进袋子的两侧，作为支架。 （3）瓶装及罐装的商品放在中间。 （4）易碎品或较轻的商品置于上方
由顾客自行装袋	（1）将登录完的商品放入另一购物篮时，必须依照入袋的项目将商品放入，以免商品遭受损坏。 （2）将结账完毕的商品交给顾客时，应同时附上购物袋（不论商品多寡），并对顾客说声："谢谢您！" （3）必须分开包装的商品，应多给顾客几个购物袋。 （4）体积过大过重，而无法放入购物袋的商品，应在商品上留下记号，以示该项商品已经结账
注意事项	（1）选择合适尺寸的购物袋。 （2）不同性质的商品必须分开入袋，如生鲜与干货类，食品与化学用品，生食与熟食等。 （3）冷藏（冻）品、豆类制品、乳制品等容易出水的食品，肉、鱼、蔬菜等容易渗漏流出汁液的商品，或是味道较浓的食品，应先用其他购物袋包装妥当之后再放入大的购物袋内。 （4）确定附有盖子的物品都已经拧紧。 （5）货物不能高过袋口，避免顾客不方便提拿。 （6）入袋时应将不同客人的商品分清楚。 （7）体积过大的商品，可另外用绳子捆绑，以方便提拿。 （8）提醒顾客带走所有包装好的购物袋，避免遗忘在收银台

2.2.5　货品有效期验收处理细节描述

货品有效期验收处理细节描述，如表 2-2-5 所示。

表 2-2-5　货品有效期验收处理细节描述表

序号	规范内容
1	有效期为一天的，必须在当天早上送货验收，当天未卖完须停止销售并予以清退
2	有效期为三天以下（含三天）、一天以上的，须在第一天送货验收，截至保质期停止销售并予以清退
3	有效期为七天以下（含七天）、三天以上的，须在第一天起前三天内送货验收，截至保质期停止销售并予以清退
4	有效期为十天以下（含十天）、七天以上的，须在第五天内送货验收，截至保质期前一天停止销售并予以清退
5	有效期为半个月以下（含半个月）、十天以上的，须在七天前送货验收，截至保质期前两天停止销售并予以清退

序号	规范内容
6	有效期为一个月以下（含一个月）、半个月以上的，须在二十天前送货验收，截至保质期前五天停止销售并予以清退
7	有效期为三个月以下（含三个月）、一个月以上的，须在一个月内送货验收，截至保质期前一个月停止销售并予以清退
8	有效期为半年以下（含半年）、三个月以上的，须在二分之一保质期内送货验收，截至保质期前一个月停止销售并予以清退
9	有效期为一年以下（含一年）、半年以上的，须在二分之一保质期内送货验收，截至保质期前一个月停止销售并予以清退
10	有效期为一年以上的，须在前五分之三保质期内送货验收，截至保质期前三个月内停止销售并予以清退

2.2.6 物品还原人员操作细节描述

物品还原人员操作细节描述，如表 2-2-6 所示。

表 2-2-6 物品还原人员操作细节描述表

项目	规范内容
营业前	（1）整理购物车（篮），保证每个指定地点购物车（篮）的数量合理、摆放整齐。 （2）整理收银台前的商品并做好卫生工作
营业中	（1）接收银员商品的还原通知时，必须立即到位，及时将商品还原到相应货柜。 （2）接收银员的商品调换通知时，必须按收银员的要求及时到相应柜组为顾客调换商品。 （3）必须经常到各收银台和柜组巡查，及时将顾客留在收银台或其他地方的商品还原到相应货柜。 （4）还原商品时必须坚持"冷冻商品→生鲜熟食→普通商品"的原则。 （5）遇到无价格、价格错误、无条码或质量有问题不能销售的商品时，必须将这些商品交到相应柜组的柜组长或带班人员手中，并将有关情况向其反映，不得直接将商品放入货柜。 （6）必须及时将收银台前或其他地方的购物车（篮）还原到指定地点。 （7）在还原购物车（篮）时动作要小心轻缓，推车速度不能快于正常行走速度。 （8）购物车按排插放、购物篮按堆叠放，摆放必须整齐，禁止堵塞通道。 （9）必须根据各收银台顾客流量大小及时调整每个指定地点的购物车（篮）的数量。 （10）如顾客要求送货时，应到指定地点领取平板车，核查电脑小票与实物相符后用平板车将顾客所购买的商品按规定运出，将商品送到顾客指定地点，将平板车交还相应柜组。 （11）如发现顾客损坏商品，在要求顾客赔偿时必须做好解释工作，并陪同顾客到收银台交款，处理不了的应立即上报相应的主管。 （12）如发现商品被损坏且找不到责任人时，必须把该商品交到相应柜组的柜组长或带班人员手中，并将有关情况向其反映。 （13）发现购物车（篮）损坏，必须在当班期间填写维修单交主管。 （14）在营业中应经常整理收银台前小货架上的商品，数量不足时必须立即通知柜组人员取货并协助上货

续表

项目	规范内容
营业后	（1）通知柜组人员将收银台前存货不足的商品补足。 （2）清洁购物车（篮）并将其整齐摆放在指定地点

2.2.7 卖场商品订进退货工作管理细节描述

卖场商品订进退货工作管理细节描述，如表 2-2-7 所示。

表 2-2-7 卖场商品订进退货工作管理细节描述表

项目	规范内容
订货业务	（1）订货要有计划，且要注意适时与适量，各类别商品的订货周期、最小订货量等都必须有事前计划。这样，一方面，可以提高工作效率；另一方面，可确保货源供应正常。 （2）订货方式要规范化。订货方式可采用人工、电话、传真、电子订货系统等多种形式，发展的趋势是采用 EOS 订货系统
进货业务	（1）进货要遵守时间。进货时间的确定应考虑厂商作业时间、交通状况、营业需要及内部员工出勤时间。 （2）验收单、发票需齐备。 （3）商品整理分类要清楚，在指定区域进行验收。 （4）先退货再进货，以免退调商品占用店内仓位。 （5）验收后有些商品直接进入卖场，有些商品则进内仓或进行再加工。 （6）要对变质、过保质期或已接近保质期的商品拒收
退换货业务	超级市场根据检查、验收的结果，对不符合进货标准和要求的商品采取退货或换货。退换货业务可与进货业务相配合，利用进货回程顺便将换货带回。退换货业务应注意以下事项： （1）确认厂家，即先查明待退换商品所属的厂家或送货单位。 （2）填写退货申请单，注明其数量、品名及退货原因。 （3）退换商品应注意保存。 （4）及时联络各厂商办理退换货。 （5）退货时应确认扣款方式、时间及金额

2.2.8 商品退换货服务规范描述

商品退换货服务规范描述，如表 2-2-8 所示。

表 2-2-8 商品退换货服务规范描述表

序号	规范内容
1	接待退换商品的顾客，要像对待购买商品的顾客一样热情。无论顾客的态度如何，都要以礼相待，坚持原则，说话和气，耐心解释
2	商品的退换修理按国家和公司的有关规定执行

序号	规范内容
3	由于导购员工作失误（如介绍商品不实、填错购物小票或款式、型号、颜色未填写清楚、拿错商品等）造成顾客退换货者，除无条件退换外，要对当事人处罚，所造成的损失由当事人承担

2.2.9 顾客抱怨处理细节描述

顾客抱怨处理细节描述，如表 2-2-9 所示。

表 2-2-9 顾客抱怨处理细节描述表

序号	规范内容
1	热情而礼貌地接待顾客
2	仔细聆听顾客抱怨，不打断，不争论并做简单记录
3	顾客诉说事情经过后要表示理解，并站在对方立场替对方着想
4	向顾客道歉，并表示迅速解决问题，但不要许诺没有能力解决的事情
5	遇到刁蛮、性情暴躁的顾客，应立即改换场所和更换当事人
6	以合作的精神解决抱怨
7	必须对有抱怨的顾客表示感谢并采取跟进措施

2.2.10 卖场购买气氛营造细节描述

卖场购买气氛营造细节描述，如表 2-2-10 所示。

表 2-2-10 卖场购买气氛营造细节描述表

项目	规范内容
大量堆陈	大量的堆陈，会吸引顾客注意，顾客可联想到"便宜"
明显的价格牌	越大越清楚的价格牌，会有越便宜的感觉
吸引人的价格	吸引人的价格，并非牺牲很多毛利，甚至亏本，而是让顾客第一眼看到商品的价格，觉得"物超所值"，其中可能牺牲毛利，也有可能有很多毛利，完全看哪一个价格更适合
热烈的叫卖声	一般用在生鲜、水果上。可吸引顾客注意进来看看，只要人一多就会有顾客冲动购买，达到销售的目的
拥挤的选购人潮	顾客是好奇的，只要有人围一堆，就会有人想要进来看
专人促销	有专人的促销会比没人促销的更好，专人可以说明商品及商品功能，减少顾客疑虑，可以增加购买
其他	店内广播造势

2.2.11　营业中临时缺货商品处理细节描述

营业中临时缺货商品处理细节描述，如表 2-2-11 所示。

表 2-2-11　营业中临时缺货商品处理细节描述表

项目	规范内容
查找商品	首先应尽最大努力在货架查找，如没有，再叫店长或店长助理去电脑上查询商品库存，如有货，则立即到仓库调拨。如确认无货后，可向顾客介绍其他同类商品，绝不允许随便答复顾客无货
记录电话	若顾客坚持要购买时，应对顾客说："对不起，您要的商品暂时卖缺货了。请留下您的电话，货一到我们立即通知您"或"我们×天内给您答复"。若顾客不愿意留下电话，可将门店服务电话号码告诉顾客，请顾客打电话来询问。同时应将顾客需购商品的情况：顾客姓名、联系电话等资料登记在顾客求购商品登记本上。不得对顾客说"不清楚，你过几天再来看一下"等不负责任的话
落实货源	登记好顾客需求后，要立即告知店长或店长助理补货。并根据店长或店长助理回复的意见尽快回复顾客，并将落实情况记录在顾客求购商品登记本上
答复顾客	（1）按承诺答复顾客，到货后或约定时间内通知顾客。 （2）如暂时无法落实货源的也应答复顾客，并继续落实复查。 （3）如本班次无法落实的，应交接给下一班去落实。 （4）如无法落实的，应及时向店长或店长助理反映。 （5）第一个接待顾客的营业员应进行跟踪，以便尽快为顾客解决问题

2.2.12　客服部标准服务规范描述

客服部标准服务规范描述，如表 2-2-12 所示。

表 2-2-12　客服部标准服务规范描述表

项目	规范内容
仪容仪表	（1）头发：男性员工头发需经常清洗、修剪，头发长度不得过耳，梳理得体，不准染黑色以外的头发；女性员工头发要梳理得体，头发要束起，不准染黑色以外头发。 （2）口：上班前不得吃带有异味的食品，保持口腔内的清洁卫生，严禁工作时间嚼口香糖。 （3）着装：上岗期间必须着工装，工装要整洁，工牌在左胸前佩戴端正，禁止穿规定以外的服装，不得卷起衣袖和裤脚，衬衣下摆应放在裤腰内，不准穿拖鞋、形状怪异的高跟鞋。 （4）站姿：站立姿势端正、大方，精神集中、定岗定位，不得叉腰、插兜、把肩，不得背向顾客。 （5）化妆、首饰：不准浓妆艳抹、戴有坠耳环及项链，不准留长指甲、涂指甲油，指甲要经常清洗、修剪。

续表

项目	规范内容
行为规范	（1）不得带情绪上岗，保持心态平和，遇事沉着冷静，不急不躁，不恼不怒，落落大方，举止得体。 （2）员工必须按时到岗，不准迟到早退；员工生病、有事必须向主管请假，经批准后方可休息；员工需调班时，应提前向主管申请，经批准后方可休息。 （3）服从部门主管及领班的工作安排，不得与上级发生冲突。 （4）工作时间必须使用礼貌用语，讲普通话，坚持"三米微笑"原则，不得与顾客发生任何冲突。 （5）工作上、同事之间互相帮助，团结友爱。 （6）不得破坏内部团结，挑拨是非，建立小团体，孤立他人。 （7）工作时间不得嬉笑打骂，做夸张动作。 （8）上班时间不得脱岗，做与工作无关的事。 （9）不得在岗位聚众聊天、吃东西、喝水。 （10）工作时间认真细致，富有责任心，严禁谈论与工作无关的事。 （11）工作期间不得倚靠柜台，看书报、打私人电话。 （12）禁止在工作场所周围打架、酗酒、赌博等一系列不文明行为。 （13）不得使用公司电脑打游戏及做其他工作以外的事。 （14）维持本岗位区域内的清洁卫生，爱护公物，节约能源，勿使用顾客专用设施。 （15）不得面对顾客抠耳、挖鼻、剪指甲、剔牙、打哈欠、大声喧哗。 （16）员工上班时，不得在工作岗位内存放任何私人物品。 （17）上下班走员工通道，不得在更衣柜内存放任何商品。 （18）不得私自离岗，吃饭时间为半小时。 （19）不得在下班及外出时穿工衣戴工牌。 （20）遇顾客咨询或寻求帮助时，应热情接待，不得互相推诿，推卸责任。 （21）员工购物时，必须走员工购物通道，禁止利用上班时间购物。 （22）员工不得抢购本超市半价及特价商品，禁止参加各项促销活动。 （23）离开本岗位，必须做好区域整理（包括下班、吃饭等任何原因）。 （24）严格遵守公司各项规章制度，维护公司秩序、信誉及形象。 （25）做好服务工作，做到"礼貌待客要热心、接待顾客要细心、帮助顾客要诚心、微笑服务要恒心"。 （26）无特殊原因，不得在现金室及赠品库逗留。 （27）严禁收银员依靠款台或脚踩在款台底板。 （28）树立"一切以顾客为中心"的工作理念，不得与顾客发生争吵，接待顾客落落大方、热情礼貌，处理顾客投诉有理有据，做到礼貌用语，普通话标准。 （29）保持各自区域的环境卫生，爱惜保养设施设备。 （30）不得接受相关厂商或客户的馈赠及贿赂。 （31）禁止将商品赠品私自携出卖场，否则视为内盗，一经发现，予以辞退处理。 （32）禁止利用工作之便假公济私、谋取私利、监守自盗，一经发现，立即辞退。 （33）无论上班、下班，对内、对外都不允许有损害公司名誉的言行。 （34）禁止向竞争对手泄露公司机密，一经发现，一律辞退

续表

项目	规范内容
标准化服务 之一： 收银部分	（1）每日做交接班时必须做好交接班登记，当班事情如解决不了，最多不超过两个班解决。 （2）必须有专人保管各种单据及印章，避免遗失。 （3）禁止在工作时间私自会客，违反公司规定为亲朋好友办会员卡、开发票，领取赠品及办理退换货。 （4）服从主管、领班对工作时间的安排，对顾客所购买商品收款做到准确、快速、高效，对顾客必须说规定用语。 （5）避免多扫、漏扫、未消磁现象发生，出现价格、条码、包装不符等问题时，耐心向顾客做好道歉及解释工作，并及时通知领班，不得与顾客争吵，不得由于个人原因产生客诉。 （6）了解每期快讯商品（尤其是惊爆商品），熟悉卖场布局，正确回答顾客各种询问，不能有任何理由怠慢、冷落顾客。 （7）及时将有价格差异或价签条码不符的商品反馈给相关部门，并及时调整改正，保障收银顺畅。 （8）收银员须保证每日所收款项的安全准确，不能在收银台前清点现金或相互之间私自兑换零钞。 （9）收银员上机时，如私自打开钱箱点钱，一经发现，视为内盗处理。 （10）收银员未做班结前，不能因急于下班而拒绝接待顾客。 （11）开店之前及停业之后，收银员禁止为任何人买单（特殊情况除外）。 （12）收银员不得为自己的亲戚、朋友买单，并配合公司做好防损工作。 （13）购物袋领时必须登记，严禁滥用购物袋。 （14）严禁浪费打印纸，领用时必须登记。 （15）严禁将不清晰的电脑小票交予顾客。 （16）收银台盖章时按规定正确使用。 （17）收银员在收款过程中必须做到逐一报价、唱收唱付，熟记收银员须知、工作制度、工作流程。 （18）收银员不得当顾客面撕软磁条。 （19）严禁漏扫或拒扫会员卡。 （20）离开收银台时必须断开消磁板、验钞机电源
标准化服务 之二： 小客服部分	（1）广播室：严格按工作流程开展工作，及时广播固定内容（促销活动细则或促销商品广告）和其他部门需协调的内容。 ①接听电话时，广播员要在电话铃声响起一声后接起，接听电话时要亲切、礼貌地说"您好，广播室"，并仔细记录下对方要求播报的广播内容。 ②广播员必须严格遵守公司规定的播音次序。 ③对送来的促销稿必须有店长或客服经理签字，并要仔细阅读，确认无误后再给予播报。 ④广播员在广播室严禁嬉笑，严禁非工作人员进入广播室。 （2）人工存包处：规范有序、正确安排顾客物品的存取工作，耐心对待每一位顾客，提醒顾客贵重物品请封包后自行保管，使用文明礼貌用语。 ①客服人员要礼貌地询问要求存包的顾客："您好，欢迎光临，请问您包内是否有贵重物品？"当回答没有时方可寄存。 ②遇顾客多时，在存取包的同时要说："对不起，让您久等了！" ③客服人员要动作准确、快捷，熟记存包号码及相应的位置。 ④如遇不能处理的问题时，不得与顾客发生任何冲突，也不得随意许诺，必须请领班或主管出面处理。

项目	规范内容
标准化服务之二：小客服部分	⑤存包处员工对本职工作应有高度的责任感，不得利用工作之便私翻、私拿、私用顾客所存物品，情节严重者立即除名，并追究其法律责任。 （3）赠品发放处：积极配合公司举办的各种促销，与相关部门协调，做好赠品的登记、建账、发放工作，明确赠品的发放办法，了解各种赠品的到位情况（品项及数量），赠品断货需做好顾客的解释工作，不能错发赠品，不能以赠品谋私利送人。 ①对顾客关于发放赠品的咨询要耐心解释。 ②顾客凭小票领取赠品时，必须仔细查看核对商品是否发放赠品。 ③如符合发放标准，请顾客填好赠品发放明细表，客服员要仔细核对并如实填写发放数量。 ④遇该商品的赠品断货，应礼貌地告诉对方，并留下顾客的电话号码，做好交接班，并在小票上签字注明。 ⑤如遇某种商品赠品较多，必须一一核对。 ⑥客服人员必须严格遵守赠品发放流程。 ⑦当遇客服人员无法解决的问题时，必须请当班主管出面解决，员工不得与顾客发生冲突。 （4）售后服务处：根据公司的规定实施操作，对顾客不满意的商品尽可能地满足顾客，注意工作的方式、方法和必要的退换货技巧，处理结果应使顾客满意，避免再次引起客诉。 ①每日对每笔换货、退货进行登记，并填写退换货日汇总表，及时将问题反馈给相关部门。 ②如遇员工不能解决的问题，须请领班或主管出面处理。 （5）总服务台：熟悉卖场布局及各种促销活动，认真对待顾客咨询，耐心、及时解答顾客的各种疑问，不得冷落顾客，对顾客提出的问题和要求，要有处理结果。 ①接听电话时，应亲切礼貌地说："您好，总台。"经常将礼貌用语挂在口边。 ②随时用便签将对方的留言、意见记录下来，并交给有关人员处理。 ③对于顾客的任何询问应保持亲切、礼貌的态度，在耐心地聆听后给予具体的回答，不可漫不经心或随手一指
标准化服务之三：团购部分	（1）管理人员必须认真负责本部门员工出勤奖罚考核，必须做到公平、公正、公开，不得虚报考勤。 （2）必须负责本部门各种单据、印章的管理，不得丢失。 （3）必须落实公司下达的销售任务，力求达成目标销售。 （4）必须积极开拓业务市场，建立与各业务单位之间的良好业务关系。 （5）管理人员应及时处理部门内部各项工作事宜，保证各项业务环节的畅通与协调。 （6）管理人员规范各项业务流程及管理制度，并严格监督执行情况

2.2.13 前台服务人员职业道德规范描述

前台服务人员职业道德规范描述，如表 2-2-13 所示。

表 2-2-13 前台服务人员职业道德规范描述表

序号	规范内容
1	热爱本职工作，以服务顾客为天职
2	尊老爱幼，提倡服务充分体现宾至如归的服务态度

序号	规范内容
3	诚实守信，廉洁奉公，严厉杜绝偷窃行为
4	使用服务用语热情、规范，态度亲切、大方
5	对待顾客的咨询耐心、细致，对待顾客的投诉积极、热情，做到既要维护公司利益，又令顾客满意
6	当顾客在购物中遇到困难时，尽全力提供帮助
7	工作中保持甜美的微笑，优雅的姿态，时刻牢记前台服务员代表公司形象

2.2.14　现场督导职业道德规范描述

现场督导职业道德规范描述，如表 2-2-14 所示。

表 2-2-14　现场督导职业道德规范描述表

序号	规范内容
1	热爱本职工作，以监督和提升服务为天职
2	诚实守信、廉洁奉公、公正无私地处理违纪行为
3	制度面前人人平等、严格执行公司各项制度，一视同仁
4	态度端正，不利用职权打击报复，取信于众
5	公私分明，不利用职权对违纪行为开脱责任，逃避处罚
6	纠正违纪语言注意有理有据，杜绝偏激、尖刻的语言处理问题
7	以身作则，事事处处严格要求自己，树立自身威信，要敢于承认，积极改进

2.2.15　交接班工作管理细节描述

交接班工作管理细节描述，如表 2-2-15 所示。

表 2-2-15　交接班工作管理细节描述表

项目	规范内容
当班经理交接班	（1）当班经理必须详尽记录当班期间所发生的事情，下一班急需解决的事项及公司各部门需口头传达的通知等。 （2）交接班本要签上责任人和日期，以分清重点、明确责任，有据可查。营运部每月抽查两次

项目	规范内容
电脑员 交接班	电脑员的交接班本须详尽记录每天变价的信息、系统(POS 机)突发故障及处理措施、单据记录、销售记录（每日 POS 机销售汇总、时段销售汇总、分类销售汇总）日期等，当班电脑员要签名。信息中心每月不定期抽查两次
区域组长 交接班	（1）交接班本包括生鲜区域交接班本，干货区域交接班本以及分管货架组员间的交接班本。 （2）记录每天来货情况（到货率、缺货率、到货数量、到货质量）、订货情况、商品销售信息（商品停销、供应商退场、商品近期、商品退货、商品异动处理的填报、促销信息等）及下一班需做重点事项等。 （3）区域组长需每日查阅，及时汇总，重点反馈，店长需每周跟踪
服务台 交接班	（1）服务台的工作琐碎繁杂，详尽明了的交接班记录尤为重要。 （2）服务台交接班本需记录赠品信息、登记送货情况、投诉、失物处理、烟酒登账等事项的概况，区域组长每周不定期抽查一次
防损员 交接班	防损员的交接班内容包括办公设备的交接（对讲机、锁匙）、安全设备的交接、员工违规行为记录（迟到、早退、代打卡等）、当班情况记录及其他注意事项交接，交接人均需签名确认，发现问题及时上报反馈
收银员 交接班	（1）收银是商品销售的终端，可直接获取商品信息（商品停销、电脑无商品信息、价格信息以及其他工作中存在的漏洞等）、顾客意见等。 （2）收银员应及时做好当班记录，主管每晚汇总一次，及时反馈相关区域
各货架 交接班	各货架的交接班记录本：用于每日交接工作中一些重要的工作动态记录，记载需要提醒下一班的重要事项或要求，以及需要下一班接着处理的事务。
营业员 交接班	具体工作交接内容如下。 （1）商品：贵重商品（根据各货架的具体情况，由店长确定）须由两班次人员共同进行清点、记录，无误后由双方签字确认。 （2）待理问题：对上班次未解决的问题（如店长或店长助理交代的工作或其他未完成的事项）进行记录已完成程度、要求完成的标准、时间等，由双方签名认可后，交下一班次人员处理。 （3）其他事项：上班次营业员须对公司的各种通知、规定、注意事项及上班次发生的特殊事件等各种事项进行登记，并由下班次交接人员负责相互转告同班次其他营业员
注意事项	（1）接班的地点：交接工作应在各自货架前（或工作地点）进行，不得影响正常的营业秩序。 （2）工作交接完毕后，上班次人员应立即离开货架（特殊情况除外），不得影响下班次人员的工作

2.2.16 营业结束工作流程描述

营业结束工作流程描述，如表 2-2-16 所示。

表 2-2-16　营业结束工作流程描述表

项目	规范内容
送客	（1）营业时间临近结束时，只要店内还有顾客，便要耐心、认真、热情、细致地接待顾客，不得以任何理由和方式催促或怠慢顾客，更不能拒不接待，赶走顾客，甚至说："对不起，请明天再来。"（这样说是变相赶客。） （2）一定要接待好最后一位顾客，直至最后一名顾客离开。 （3）最后一位顾客离店才是真正的关店时间开始，而不是从规定的关店时间开始。 （4）严禁在有顾客的情况下进行关店工作
清点	（1）对贵重商品及有要求的商品进行清点数量、对数、整理票据工作。必要时应核计销售，与收银员进行对数，并填入记录本。 （2）将贵重商品、计算器、发票及其他贵重物品放入指定位置并上锁
货架检查	（1）检查货架上的缺、断货情况，并填写补货单。 （2）然后再检查货架上的商品是否有空架现象并要及时拉好排面
整理和清洁	（1）接待好顾客后开始清洁工作，拖洗地面，清扫各自的卫生负责区，并做好当天的业务总结和交接工作记录及第二天开店的准备工作。 （2）将垃圾分门别类集中倒入垃圾袋
店内安全检查	（1）安全责任检查火种、水、电和门窗锁等各种设备设施，检查有没有留在店里的顾客，确认安全，并做好安全检查记录。 （2）关闭负责区电灯并将门窗关好上锁；切断货架所有电器的电源（冰柜除外）

2.2.17　消费者客群分析细节描述

消费者客群分析细节描述，如表 2-2-17 所示。

表 2-2-17　消费者客群分析细节描述表

项目	规范内容
追求节俭的消费者	他们总是在寻找更低的价格，比价是购买前的重要一步。虽然人们收入在逐步提高，但这部分细分人群的数量近年却逐渐增长，一些大型企业采取的低价策略助长了这类群体数量的增长
追求社会地位的消费者	相对于价格而言，他们对商品品牌和服务质量更为看重，并以此作为他们社会地位的象征
追求选择多样化的消费者	他们希望以一个公平的价格，在多种多样的商品中进行选择
追求个性化的消费者	追求个性化的消费者更加注重商品或服务的独特性和个性化价值，他们看重商品的品牌的定位和自身追求是否契合，以满足自身的个性化需求
追求方便的消费者	他们只有在需要时才购买，他们需要地点方便、营业时间长、品种齐全的店，并且可以因此而接受略高的价格

2.3 蔬果区运营管理

2.3.1 蔬果订货管理细节描述

蔬果订货管理细节描述，如表 2-3-1 所示。

表 2-3-1 蔬果订货管理细节描述表

序号	规范内容
1	考虑当日库存数量、库存天数及保鲜要求：考虑当日库存量的多少，可售卖天数；如需冷藏库保鲜，则要考虑库房的容积，是否能承受
2	依据天气、节庆、假日等各种"旺日"下单：参考第二天的天气状况对人流量的影响；是否到假日人流高峰日（可参考以往假日销售量）；是否某一节庆高峰日，并有特殊品项需求（如"腊八"增订杂粮）等
3	参考日均销售量及商品周转率：要有以往销量的记录，如日均销售量、月销售量、商品周转率等作为订货参考值
4	根据季节变化，蔬果的季节性体现最强，从夏至秋都有当年应季品项上市，考虑增大陈列面积、陈列量，加大订货量
5	参考商品的基本陈列面乘以补货次数，简单地说，某品项一个排面的陈列量乘以一天补货的次数，即是大致订货量
6	考虑促销期及折扣期
7	依据往年的销售记录及顾客消费习惯订货：特别是在春节等这样的重大节日及销售旺季，保留以往的销售记录，作为参考，并把握当地顾客的消费习惯
8	品质是蔬果的关键：订货的前提是健康的、安全的、卫生的、符合验收品质标准的商品
9	参考市场流行趋势，参考当地是否有新品种上市，市场的价格波动、变动等
10	依据蔬果当季的商品组合建立永续订单，以永续订单为订货下单的依据

2.3.2 蔬果收、验货标准细节描述

蔬果收、验货标准细节描述，如表 2-3-2 所示。

表 2-3-2 蔬果收、验货标准细节描述表

项目	规范内容
蔬菜类的收货标准	（1）根茎类：茎部不老化，个体均匀，未发芽、变色。 （2）叶菜类：色泽鲜亮，切口不变色，叶片挺而不干枯、不发黄。质地脆嫩、坚挺，球形叶菜结实，无老帮。 （3）花果类：允许果形有轻微缺点，但不得变形、过熟。 （4）菇菌类：外形饱满，不发霉、变黑

续表

项目	规范内容
水果的收货标准	（1）柑橘类（脐橙、蜜橘、芦柑、蜜柚、西柚等） 要求：果实结实、有弹性，手掂有重量感，果形完整、有色泽、无疤痕、不萎缩、变色、无受挤压变形，柚类无褐斑、黑点。 ① 脐橙：果实圆球状，果皮橙红色，果肉汁多爽滑、浓甜清香，单果重 300~400 克。贮存温度 3~5℃，进口品主产地为美国、澳大利亚，国产品主产地为四川、湖北、湖南。 劣质品：外皮有疤痕、霉变，手捏变软，无弹性，果实失水萎缩，受挤压而严重变形。 ② 蜜橘果实呈扁圆形，果皮橙红色，果肉细嫩多汁，酸甜适度，单果重 150~250 克。贮存温度 6~8℃，原产浙江。 劣质品：果皮有疤痕，失水干缩，皮肉剥离，果皮易凹陷，无弹性。 ③ 芦柑：果实扁圆，果皮橙黄色，果瓣肥大，多汁甜美，核少，单果重 100~150 克。贮存温度 6~10℃，主产地为福建。 劣质品：有疤痕，果皮失水萎缩，有褐斑，腐烂霉变。 ④ 橘子：果实扁圆，果皮松软易剥、色泽浅黄、金黄至金红色。果肉酸甜、清香，单果重 100~150 克，贮存温度 6~10℃，主产地为四川、福建、湖北、湖南。 劣质品：果皮萎缩、变形，霉烂有褐斑。 ⑤ 金橘：果实小，呈椭圆形，果皮细薄，果肉多汁，香气浓郁。单果重 15~35 克，贮存温度 6~10℃，主产地为江西。 劣质品：腐烂、挤压开裂，果皮干皱。 ⑥ 蜜柚：果实梨形，果皮浅黄色，不易剥，核小，果瓣大，肉多汁、甜香。单果重 1 500~2 000 克，贮存温度 3~5℃，主产地为福建。 ⑦ 西柚（青皮、黄皮）：果实大而扁圆，果皮浅绿或黄色（部分呈红色），果皮细滑易剥，果肉清甜微酸。主产地为日本、以色列。 劣质品：外皮变干，有褐斑。 ⑧ 柠檬：果实卵形，两端有凸起，果皮鲜黄（也有绿色品种），果皮细滑不易剥，果肉多汁，气味清香，味酸。 劣质品：外皮枯干，果肉失水变轻，有黑斑或疤痕。 ⑨ 胡柚：果实圆形，外皮橙色，味甜多汁，单果重 400~600 克。贮存温度 3~5℃，主产地为福建。 劣质品：干皱萎缩，挤压过软，腐烂、冻伤。 （2）苹果类（蛇果、青苹果、红富士、黄元帅等） 要求：结实、多汁、有光泽，表面光滑，无压伤、疤痕，不干皱。 ① 蛇果：果实长圆形，果肩高，蒂深缩，果皮深红有光泽。口感爽脆、甜香，果皮光滑，主产地为美国。 劣质品：腐烂、发霉、果皮失水萎缩，有压伤，外表失去光泽。 ② 青苹果：果实圆形，果皮青绿略带白点，光滑。结实有光泽，口感酸甜、爽脆，主产地为美国、南非。 劣质品：表面无光泽，口感不脆，有疤痕、压伤，腐烂。 ③ 加丽果：果实圆形，果皮亮而光滑，红色中略带白点。果实结实，脆甜多汁，主产地为美国、新西兰。 劣质品：无光泽，口感不脆，表皮有疤痕或开裂、压伤。

项目	规范内容
水果的收货标准	④红富士：果形略扁圆形，果皮粉红带紫红色条纹，底部淡黄。果实结实，爽脆甜香，多汁。单果重300~450克，最大横切面直径约390毫米，贮存温度 -1~2℃，主产地为山东、陕西。 劣质品：有压伤、疤痕，口感粉而不脆，果皮变干发皱，变软。 ⑤黄元帅苹果：果实扁圆形，果皮浅黄色，果肉脆而甜。单果重150~200克，贮存温度 -1~2℃，主产地为山东、陕西。 劣质品：有压伤、疤痕，口感粉而不脆，果皮变干发皱，变软。 （3）梨类（鸭梨、雪梨、啤梨、水晶梨、香梨、贡梨等） 要求：结实、甜而多汁、个体均匀、不变色、干皱，无压伤。 ①鸭梨：果实为倒卵形，果皮黄色，薄而光滑，果肉细甜多汁，个体均匀。 劣质品：果身变软，无光泽，有冻压伤，失水干皱，果皮发黑或切开中心变黑。 ②雪梨：果实为倒卵形，皮黄而厚，果肉甜而微酸、颗粒粗。个大均匀，单果重300~450克，贮存温度 -1~3℃，主产地为辽宁、山东、山西。 劣质品：有霉斑、压伤，切开梨心发黑。 ③啤梨：果皮草绿色，成熟后果肉变软。结实，手掂有重量感，果肉甜香爽滑。 劣质品：过软，开裂出水，无光泽，有压伤，果皮变色、腐烂。 ④水晶梨：果皮黄色，有光泽、平滑，个体均匀。果肉甜而多汁。 劣质品：变软无光泽，有压伤，失水干皱，果皮变黑，切开梨心变黑。 ⑤香梨：果皮鹅黄色，有红色晕或条纹，平滑而薄，果柄鲜绿，香气浓郁，甜美多汁，个体均匀。单果重100~120克，贮存温度 -1~3℃，主产地为新疆。 劣质品：变软，无光泽，变色，失水干皱。 ⑥酥梨：果皮黄色，果肉细而脆，甜美多汁。单果重150~250克，贮存温度 -1~3℃，主产地为华北、西南地区。 劣质品：有压伤，失水干皱，果皮变黑，梨心发黑。 ⑦贡梨：果皮淡黄色，多汁，结实，个体均匀。 劣质品：变软，有压伤、疤痕，干皱、果皮变黑。 ⑧丰水梨：果皮咖啡色，较粗糙，不光滑，形状扁圆。个体均匀，甜而多汁，果肉细，主产地为山东。 劣质品：变软，失去光泽，有压伤，失水干皱，果皮变黑。 ⑨砀山梨：果皮黄绿色，果肉颗粒较粗，果肉多汁。单果重150~270克，主产地为安徽。 劣质品：果身变软，有压伤，变色。 （4）水蜜桃：果皮粉红带绒毛，不过熟略硬，果肉香甜、爽滑、多汁。 劣质品：有压伤，开裂出水，变软过熟，腐烂。 （5）樱桃（进口称车厘子）：果形圆而小，大小均匀，带鲜绿果柄，有弹性，果肉鲜甜多汁。进口品主产地为美国、澳大利亚，有红、白色两种。 劣质品：有疤痕，萎缩、破裂、腐烂、过熟、冻伤。 （6）杏：果皮黄色或白色带绒毛，果圆形，成熟后软而多汁，酸甜适口。 劣质品：有压伤、疤痕、开裂、过熟变软。 （7）浆果类：包括提子、葡萄、奇异果、猕猴桃、草莓等。 要求：果实结实饱满，大小均匀，无压伤。

续表

项目	规范内容
水果的收货标准	① 提子：果形球形，有黑、红、青色。结实饱满，大小均匀，果藤鲜绿，果肉爽滑，甜而多汁。主产地为美国、智利、澳大利亚。 劣质品：果粒脱落、开裂、有霉斑，变软，有压伤，果藤变干。 ② 草莓：果粒大小均匀，色泽鲜红，甜美多汁，不过熟。 劣质品：破溃出水，腐烂。 ③ 奇异果：结实，果实椭圆，果皮充满绒毛，呈咖啡色，果肉绿色，环状排列黑色种子，口味甜软多汁。主产地为新西兰、澳大利亚。 国产品称猕猴桃，性状与奇异果相同，但绒毛较少，口感略差，单品重 100~200 克。 劣质品：过熟变软，失水干缩，表皮发黑，口感酸涩。 （8）瓜类：（哈密瓜、香瓜、白兰瓜、西瓜等） 要求：果形完整，结实、无开裂、压伤。 ① 哈密瓜：果皮黄绿、绿白或金黄，厚而粗糙，带有凸起纹路，果形椭圆，果肉甜香多汁、爽滑。 劣质品：有疤痕、压伤，出现黑斑，瓜身变软（过熟）。 ② 香瓜：有白、黄两种，果皮光滑，结实，甜香。 劣质品：有疤痕、压伤，表皮出现黑斑，瓜身变软，腐烂。 ③ 白兰瓜：果实近圆形，果皮白色，果肉淡绿，味甜香。单瓜重 1 000~1 500 克，贮存温度 5~8℃，主产地为兰州。 劣质品：有外伤，表面有黑点，瓜身变软，腐烂。 ④ 西瓜：果形完整，有光泽，带暗条纹品种花纹要清晰，汁多爽甜，贮存温度 8~14℃。 劣质品：开裂、发软，有疤痕、斑点，过熟口感不爽，颜色暗红，过生果肉粉红，味酸。 （9）热带水果类 ① 火龙果：表皮鲜红，叶片鲜绿，结实而有弹性，果肉白，有黑色种子，口味淡甜。 劣质品：叶片发黄、干皱，颜色黯淡，表皮开裂、变软，果柄腐烂。 ② 枇杷：果实尖圆，色橙红，结实有弹性，果肉甜香。 劣质品：腐烂、变软，有疤痕。 ③ 杜果：果粒大小均匀，果皮光滑细腻，果肉滑腻甜香。 劣质品：表皮发黑或黑斑，失水萎缩，果柄处腐烂。 ④ 香蕉：果实象牙状，未成熟青绿色，成熟后鲜黄色，软糯香甜。每板香蕉不少于 5 只，中间 3 只长 15 厘米以上，单只至 80 克以上，贮存温度 12~16℃，主产地为菲律宾。 劣质品：表皮发黑，果柄腐烂，有压伤、冻伤。 ⑤ 龙眼：果实小而圆，果皮浅咖啡色，果肉甜多汁。单果重 16~25 克。贮存温度 0~1℃，主产地为广东、广西。 劣质品：表皮发黑，爆裂、出水。 ⑥ 荔枝：果实心形，色泽鲜红带绿，口感结实有弹性，香甜味美，脆嫩多汁。主产地为广东、广西、福建。 劣质品：表皮发黑，果实过软，失水干硬，爆裂。 ⑦ 红毛丹：果皮长须，色红绿，果实小而圆，肉嫩多汁。 劣质品：表皮发黑，长须干皱、变褐。 ⑧ 椰青：外表纤维质色白，液汁饱满，摇动时略晃动，清淡略甜，椰肉甘香爽口。 劣质品：纤维质变黑，有霉斑，干裂出水，底部纤维质呈粉红色。

项目	规范内容
水果的收货标准	⑨洋桃：果实呈星形，色浅绿，成熟后金黄色，表皮有光泽，果肉晶莹，口味酸甜。 劣质品：表面有黑斑、疤痕、外伤，边缘变色发黑。 ⑩黑红布林：果实圆形或椭圆形，颜色黑或暗红，结实有弹性，有光泽，果肉黄或红色，味甜美。 劣质品：有疤痕，果顶开裂，发霉，失水萎缩，过熟变软，冻伤。 ⑪菠萝：果皮厚，有突出果眼，呈鳞状，果形椭圆，果肉黄色，肉质脆嫩爽甜，纤维少，冠顶叶青绿。 劣质品：通体金黄（已过熟），果肉发软，果眼溢汁，表面发霉。 ⑫榴梿：果皮长满尖刺，果实成熟后有特殊香气，果肉鲜黄，香甜细滑。果形完整、饱满，主产地为泰国。 劣质品：开裂，有冻伤，有黑斑，果肉极软，颜色白。 ⑬山竹：果实圆形，果皮厚而硬，紫黑色，果顶瓣鲜绿。果肉为白色肉瓣，甜而微酸，主产地为泰国、印尼。 劣质品：果柄干枯，有压伤，过生（青白或粉红），过硬（用手捏不开，果肉已变质）
南北货收货标准	（1）不能腐败、变味、变色。 （2）无破包、虫咬、鼠咬。 （3）需了解生产日期及保质期

2.3.3　蔬果加工处理细节描述

蔬果加工处理细节描述，如表 2-3-3 所示。

表 2-3-3　蔬果加工处理细节描述表

项目	规范内容
叶菜类	去除枯萎、折断的叶子，切去老化根部，洗去泥土，沥干水分，再理齐分把用捆扎带捆扎上货。结球叶菜可直接去除外层枯萎、折断的叶子后上架陈列，或用保鲜膜包装后上货
根茎类	刷除泥土，削整叶柄分出形状大小，可直接散装陈列，也可用包装网袋盛装，以袋售卖。茎类要去除枯萎梗、折断茎和泥土，理齐分把用捆扎带捆扎。较细小的豆芽可直接投入周转箱散装售卖，也可用透气袋包装售卖
花果类	切去老化梗，去除泥土，把腐烂、虫咬的挑选出来，上货。 较大的冬瓜、南瓜，切段用保鲜膜包装，花菜可用保鲜膜包装，如西兰花
菇菌类	去除泥土、污物，挑出腐败变黑的，可用透气袋分装，也可用托盘盛装、用保鲜膜包装
调味品类	葱、青蒜等去腐叶，分把捆扎好；鲜姜去泥土用托盘盛装，用保鲜膜包装；蒜去泥土、外皮，可用网袋盛装
水果类	（1）擦净表皮，将虫咬、腐败、有疤痕的挑选出来，上货架散装售卖，柑橘也可用红色网袋盛装，以袋售卖。 （2）进口高价值水果，部分易变质热带水果（浆果类）要用托盘盛装，用保鲜膜包装，可防止损耗。菠萝、香蕉、榴梿则不必如此

2.3.4 蔬果陈列、销售管理细节描述

蔬果陈列、销售管理细节描述，如表 2-3-4 所示。

表 2-3-4 蔬果陈列、销售管理细节描述表

序号	规范内容
1	首先要考虑顾客的方便：既要陈列美观，又要让顾客方便挑选。不能只追求装饰性，让顾客无从下手
2	保证先进先出：这一点非常重要，如补货时要"翻堆"，不能用新货盖旧货，先进的货先售完……但前提是旧货依然保持鲜度可卖卖，否则就要撤下整理
3	"面"向顾客，平稳安全；补货时轻拿轻放，蔬果均有"面"与"背"，摆放时以"面"对着顾客，呈现最好的一面。摆放也要平稳、安全，未被挑拣中放回也不会滚落摔伤；补货陈列时轻拿轻放，库存码放时也要防止压伤、摔伤
4	按分类、形状、大小分开陈列： （1）蔬菜按叶菜类、花果类、根茎类、菇菌类、调味品类及加工菜类分开陈列。 （2）水果按瓜类、柑橘类、苹果梨类、桃李类、热带水果及礼盒类分别陈列。 （3）形状相似、大小相似的相关品项相邻陈列。 （4）叶菜类要随时喷水加湿，并避免在通风口陈列，防止蔬菜失水、萎缩
5	（1）各种颜色搭配陈列。 （2）利用蔬果的天然色泽，搭配陈列会更美观、更刺激购买欲。 例如，红（蛇果）、绿（青苹果）、黄（黄香蕉苹果）、粉红（富士苹果）相邻陈列
6	蔬果陈列顺序及面积： （1）优先陈列最盛产的季节性商品。 （2）畅销品、周转快的商品。 （3）促销品及敏感度高的商品。 （4）高价位、鲜度好的商品
7	同一品项垂直陈列，散装售卖与箱装售卖可同时陈列
8	蔬果陈列要以有色植物灯为背景，灯光明亮以显示鲜度
9	价格卡及 POP 牌要与陈列商品对应，价格正确且字体美观工整
10	陈列中做好鲜度管理：要求随时整理排面，将腐烂、碰压伤及顾客挑选造成损伤的商品及时挑拣出来，入操作间整理
11	陈列道具清洁、安全、整齐
12	运用"黄金陈列线"陈列：对蔬果来说，应在陈列面的中间部分，如可摆放上、中、下三层塑料方盘时，就在中层可将前一日进货或当日先上的货放中层，上、下层放新货。顾客的选择多在中层，那么可使旧货加快售完。前提是旧货仍保持良好鲜度
13	陈列的方法： （1）圆积型（圆排型）。苹果、柑橘、西瓜、大白菜、圆白菜等可平台式大堆陈列。 （2）方排型。大葱、芹菜、韭菜花等根部成一直线排列，可斜立或平放。 （3）格子型。萝卜、莲藕等长形的和袋装的商品，可平放交叉陈列。

序号	规范内容
13	（4）散置型。适用于圆白菜、大白菜及根茎类，如马铃薯等，利用平台式货架大量散装陈列。 （5）投入型。个体较小的商品，如红、绿辣椒、豆角等，可直接倒入周转筐（周转箱）陈列。 （6）堆积型。袋装或箱装重叠堆积。 （7）斜立植入型。适用叶菜类，斜立排放。 （8）搭配型。利用两种以上商品进行色彩对比或色彩搭配，以衬托鲜度

2.3.5 蔬果陈列方案制定原则描述

蔬果陈列方案制定原则描述，如表 2-3-5 所示。

表 2-3-5 蔬果陈列方案制定原则描述表

项目	规范内容
分类原则	原则：区域分类→大分类→中分类。具体情况可参照蔬果分类表。营运中的粗略分类如下：蔬果可分为蔬菜区域、水果区域、南北货区域和杂粮区域。蔬菜区域可以分为叶菜区域、果菜区域、豆制品区域和其他，其中果菜区可分为瓜类、豆荚、根茎；水果区域又可分为热带水果、瓜类、大宗水果、浆果类及其他；南北货区域可分为休闲小吃、干菜类和腌菜类；杂粮区域可分为米粮类和面，其中米粮分为主粮类和杂粮类，面类分为面粉类和面制品
质检原则	（1）蔬菜在销售区域进行陈列之前，必须进行质检项目，确保所有货架上的商品符合优良品质的标准，体现出蔬果经营的"新鲜"宗旨。 （2）营业期间，对销售区域内陈列的商品进行质检，一旦发现腐烂、变质的蔬菜、水果等，要第一时间挑选出来
丰满原则	蔬果的陈列要丰满、货多，起到吸引顾客、货优价平的作用，坚决杜绝缺货、少货
色彩搭配原则	蔬果的颜色丰富、色彩鲜艳，陈列的颜色适当组合、搭配，能充分体现出蔬果的丰富性、变化性，既能给顾客赏心悦目、不停变化的新鲜感，又能较好地促销所陈列的商品，这一点是蔬果陈列的技巧所在。如绿色的黄瓜、紫色的茄子、红色的西红柿的搭配，红色的苹果、金黄色的橙子、绿色的啤梨的搭配将产生五彩缤纷的色彩效果
防损耗原则	（1）蔬果在陈列时必须考虑不同商品的特性，选择正确的道具、方法、陈列温度，否则将因不当陈列而造成损耗，如桃子比较怕压且容易生热，所以陈列时不能堆放。 （2）蔬果的陈列面积必须与周转量成正比例，且比例适当。若比例过大，则水果在货架的滞留时间长；若比例过小，则每日补货的次数频繁。 （3）蔬果的陈列时间必须小于该品种当前温度、湿度下，当前品质状态所能维持的生命期
先进先出原则	先进先出原则指先进的货物先陈列销售，特别是同一品种在不同的时间分几批进货时，先进先出是判断哪一批商品先陈列销售的原则。蔬果的周转期短、质量变化快，坚持这一原则至关重要。它是新鲜商品经营的普遍性、一般性的原则
季节性原则	蔬果的经营具有非常强的季节性，不同的季节有相应的水果、蔬菜上市，因此，蔬果的陈列应时而变，将新上市的品种陈列在明显的地方，更能满足顾客的新需求

项目	规范内容
清洁卫生原则	（1）清洁卫生主要是指水果、瓜菜是否干净整洁，无泥土、杂草等。一般水果在采摘后都已经进行了处理，部分大宗产量的水果处理不彻底的，要进行处理后再陈列。蔬菜类主要是通过净菜的推广和蔬菜的自行加工过程来保证其整洁。 （2）陈列区域、设备、陈列用的器具是否清洁卫生
标识清楚正确原则	（1）标识牌与陈列的设备相匹配。 （2）标识牌变价的方式满足蔬果的频繁变价的特性。 （3）标识位置与商品的位置一一对应。 （4）标识的品名与陈列商品一致。 （5）标识的价格、销售单位要正确无误，与系统一致

2.3.6 蔬果补货工作管理细节描述

蔬果补货工作管理细节描述，如表 2-3-6 所示。

表 2-3-6 蔬果补货工作管理细节描述表

序号	规范内容
1	保证先进先出
2	整理排面比补货优先，不可因补货不及时而忽略排面
3	堆积在库房外的货品先补，再补库房内的货品
4	整理时将不可贩卖的商品收回，如已变质、受损、破包、过期或接近过期、条码错误受污等
5	补货前后都做好陈列架、冷藏柜的清洁，保持良好的商品"卖相"
6	利用地车、周转箱、周转筐等工具补货
7	货品码放在栈板上时，重的、体积大的放在下层，体积小、易碎的放在上层，交叠码齐
8	补货时纸箱、周转箱均不落地
9	补货时，货品尽可能靠近陈列架，以免影响顾客，补货完毕迅速将地车、栈板、纸箱、剩余商品归回定位
10	补货中注意是否与价格牌、价签对应
11	蔬菜、水果补货时务必轻拿轻放，不可重摔、碰撞
12	补货的顺序：促销快讯商品→店内促销品→大宗商品（敏感商品）→正常 A、B 类商品→其他

2.3.7 果菜类店面管理细节描述

果菜类店面管理细节描述，如表 2-3-7 所示。

表 2-3-7　果菜类店面管理细节描述表

项目	规范内容
生食青菜	近年来，生食青菜受到一些消费者的喜爱，沙拉原料走俏，因此，超级市场大多数都把生食菜类陈列在保鲜柜里，并提供沙拉食谱，促进销售。具体做法多种多样，例如： （1）制成半成品或成品，包括一般沙拉、水果沙拉、鱼贝类沙拉等，务求多样化，满足各类需求； （2）将沙拉用的青菜及混合沙拉搭配后推出； （3）采取低价策略耐心地推销新产品，直至普及，亏损可暂由其他商品补贴； （4）分装成适合个人食量的小包装，务求多样少量； （5）印制沙拉广告传单，刺激购买欲望
叶菜类	叶菜类价低利薄，常被超级市场视为赔钱货，但顾客对其十分重视，因此，必须适量经营并提供相应的食谱。在店铺管理上有以下三种方法： （1）细心照顾叶菜，因为它们常是超级市场新鲜度的标志。 （2）不要集中批量贩卖，而以扩大用量的方法进行促销。 （3）包装要适量，也有的采取散装。
豆类	豆类菜品种多，烹调方法也多种多样，消费者接受程度较高，陈列位置应使顾客易于选择与购买。在管理上要注意以下几点： （1）注意保鲜，进货时应尽快浸入冰水半小时至一小时，使其降温。 （2）依季节变化推出应季品种。 （3）用制成沙拉和其他促销方法增加销售。 （4）依用途进行陈列，并要求有所变化
菌茸类	菌茸类可与各类品种配菜，并具有独特鲜味，易被消费者偏爱。店铺管理也有独特要求： （1）注意介绍产地、烹饪方法和营养含量，提高顾客的购买欲望。 （2）保证品质优良，新鲜洁净。 （3）包装量要适当
根菜类	根菜的主要品种如马铃薯、胡萝卜、葱头等，其都有稳定的销路。相对来说，由于根菜外观形状易给人不新鲜的感觉，因此，突出营养成分甚为重要。从店铺管理方面说应注意以下几点： （1）根菜易长时间储藏，顾客一次购买量较大，应根据其用途进行陈列； （2）切忌将根菜堆放，应利用各种菜的色彩搭配排放，吸引顾客购买，也可分成小包装售卖

2.4　水产区运营管理

2.4.1　水产订货工作管理细节描述

水产订货工作管理细节描述，如表 2-4-1 所示。

表 2-4-1　水产订货工作管理细节描述表

序号	规范内容
1	了解市场：实际下单前务必先行了解市场的各种季节鱼类、虾、贝、蟹等商品的价格、规格、鲜度、商品组合、市场变动等情况。因为知己知彼方能百战百胜

续表

序号	规范内容
2	了解周边商圈客层的需求：通过对顾客的访问调查，了解附近商圈的客层、来客数，人潮分布时间及顾客的需求，以便作为订货时的参考依据
3	永续订单与续订货的原则：续订货的准确度是相当困难的，前一天好卖的鱼才订货，不好卖的鱼不订货是错误的，实际算出日均销量才是正确的，同时为了避免续订货商品被忽略掉，所以要求续订货的规定也要更明确。 （1）商品：依照每月商品群的货号建立永续订单（建档），为求商品齐全，活鱼鲜鱼部分的品项数不得少于 30 个。 （2）季节：续订货时以季节性商品为主，非季节性水产品，如肉质肥美而且适合区域性顾客，也应该同时订货。 （3）数量：订货的数量应考虑第二天的天气及是否是节日、节庆，是否是快讯促销品项而与平时有所不同。假日外出郊游及到餐厅用餐的人较多，因此，烧烤的鱼、虾、贝类及餐厅用鱼应多订些；平常日时以家庭食用的水产品多订些，春节时黄鱼、带鱼多订些。 （4）促销与库存：依据促销力度的强弱，库存量的多少，平均日销售的多少，另外续订货时务必将互补性水产品的量考虑在内。各水产品的存量天数如下： ①鲜活水产品为十天。 ②冰鲜水产品为七天。 ③冷藏水产品为三十天。 ④ 水产干货为三十天

2.4.2　水产收、验货工作管理细节描述

水产收、验货工作管理细节描述，如表 2-4-2 所示。

表 2-4-2　水产收、验货工作管理细节描述表

项目	规范内容
活水产	（1）鱼类 主要进货品种有桂花鱼、鲈鱼、脆肉鲩、鲩鱼、鲤鱼、鲫鱼、福寿鱼（又名非洲鲫）、大头鱼、生鱼、白鳝、草鱼等淡水鱼及银鲳、石斑、油追等海鱼。 感官鉴别： 神态——在水中游动自如，反应敏捷。 体态——无伤残、无畸形、无病害。 体表——鳞片完整无损，表面无异物，无皮下出血现象及红色鱼鳞。 注意 ①行动迟缓、反肚、慌乱、狂游的鱼表明已接近死亡或已有病害。 ②有红色鱼鳞之鱼：显示鱼受缺氧（多因太过拥挤）所损害，它可能只能有较短寿命，须挑出拒收。 ③活鱼送至收货部应立即进行打氧，收货后第一时间到海鲜部，放入大鱼缸中让其休息；15分钟后，还不能自如游动及翻肚的鱼捞起退回供应商。

项目	规范内容
活水产	（2）虾类 主要进货品种有河虾（淡水虾）及九节虾（或水虾）。 感官鉴别：个大均匀，活蹦乱跳（或能活动）。 河虾不可太大，一般30条一斤，因为河虾头大、肉身小。 注意： ①河虾生命力较强，离水后尚能成活一段时间，若虾身弯曲、不能活动或虾身发白，表明已死。 ②九节虾生命力较弱，不能动弹者表明已死，放养虾的海水中应加入冰块以降低水温，使虾存活期延长。 （3）蟹类 主要进货品种有大闸蟹（河蟹）及膏蟹、肉蟹、红蟹、花蟹、石蟹等（海蟹）。 感官鉴别： 大闸蟹——青皮、白肚、黄毛、金螯及蟹脚刚劲有力，膘壮肉厚，膏多，堆在地上，能迅速四面爬开。 海蟹——体肥，甲壳色泽正常，腹部洁白，雌蟹有膏时，头胸甲棘尖，反面透黄色，螯及蟹脚有力。 注意： ①检验膏蟹及肉蟹时，除验其以上感官鉴别外，还需留意其草绳（捆蟹螯）是否过粗，要求草绳所占比例小于25%总重。 ②不同规格的大闸蟹其规格相差很大，留意其规格很重要。足爪舞动慢，不能有力弯曲，带有腐败臭味的拒收。 ③规格标准： 肉蟹——350～400 g/只。 膏蟹——350～400 g/只。 鲜海蟹——250 g以上/只。 （4）贝类 主要进货品种有花蛤、沙白（双壳贝类）及鲍鱼仔（单壳贝类）。 感官鉴别： 双壳贝类——外壳具有色泽，平时微张口，受惊闭合，斧足与触管伸缩灵活，具固有气味。 单壳贝类——贝肉收缩自如，用手指抚平后能回缩 （5）甲鱼 甲鱼检验方法：使甲鱼背朝天，能自行翻转，背壳黑青，白肚，裙边肥厚，四肢有力；甲鱼与河蟹、鳝一样，死后会产生有毒物质（组胺），食用后会中毒。如果甲鱼肚皮发红、有伤痕、有针孔拒收；甲鱼腿侧面打水鼓起拒收。
盐渍海产	（1）主要售卖产品为海蜇、海带类，而海蜇又分为海蜇头（蜇身口腕部加工的成品）和海蜇皮（上身全部加工的成品）。 感官鉴别：质地——坚实而具韧性，手指甲掐之可破、脆嫩。 气味——轻腥气、盐味。 色泽——有光泽。 清洁度——无污物和泥浆。 （2）注意： ①良质海蜇皮整张厚薄均匀，自然圆形，中间无破洞，边缘不破裂。

项目	规范内容
盐渍海产	②验收海蜇时，应将产品捞起堆高 30 cm 并静置滤水 15 分钟再称重（原盐渍水应保留，以保持海蜇的质量和重量）
冰鲜鱼	（1）冰鲜鱼指已死但还新鲜，并以碎冰或冰水来保持其鲜度的鱼。 感官鉴别： 皮肤——类金属、表面光泽哑色的，显示其已不新鲜。 眼睛——饱满明亮、清晰且完整，瞳孔黑，角膜清澈。 鳃——鲜红色或血红色，含黏液且没有黏泥。 肛门——内收或平整，不突出，不破肛。 体外黏液——透明或水白。 肉质——坚实且富有弹性，轻按下鱼肉后，手指的凹陷处可马上恢复。 气味——温和的海水味或鲜海藻味，无氯味、腐臭味。 体表——鱼鳞完整、体表无破损。 （2）注意： ①鱼体出现破肛现象，大多是自行分解所致而非急性损伤。 ②冰鲜鱼有时也会采用盐冻，由于盐温度较低（零度以下），鱼眼会受冻害，瞳孔发白，角膜混浊，甚至破损。 ③规格标准： 小带鱼——100g 左右 / 条。 带鱼——180~220 g/ 条。 小黄鱼——50g 左右 / 条。 小平鱼——70~100 g/ 条。 平鱼——200~250 g/ 条。 马鲛鱼——500~600 g/ 条。 比目鱼——50~80 g/ 条
冰鲜虾	（1）感官鉴别： 有固有的颜色，不发白或发红。头胸甲与躯干连接紧密，无断头。 （2）虾身清洁无污物。 规格标准： 天然对虾——70~80 g/ 只。 基围虾——21~25 只 /500 g。 海白虾——80~90 只 /500 g。 活河虾——26~30 只 /500 g。 南美虾——31~35 只 /500 g
急冻海产	（1）急冻海产有两种急冻形式，分别是块冻或独立单冻。 感官鉴别：参照冰鲜鱼感官鉴别，质量略次于冰鲜鱼。 （2）注意： ① 单冻海产，一般按总重的 20% 除冰重，但若目测其冰衣较厚，则需解冻求其净重。 ② 块冻海产，由于含冰量大，必须解冻后求其净重。 ③ 以袋、盒为单位计算的产品不需要除冰，但必须查验规格

项目	规范内容
海产干货	海产干货品种包括鱿鱼、墨鱼、鱼翅、干贝、海米、虾皮、贝尖、虾干等。 感官鉴别： 干鱿鱼——无盐，干，肉桂色，身长 18~20 cm/ 只。 干墨鱼——无盐，干，肉桂色，身长 10~12 cm/ 只。 鱼翅——干，青白色，长 20 cm 左右。 干贝——干，肉桂色，直径 2 cm 左右。 海米——淡，干，色粉红，有光泽，长 2 cm 左右。 金钩——淡，干，色红，有光泽。 虾皮——淡，干，有光泽，无断足，断头。 贝尖——淡，干，肉桂色。 虾干——色紫红，淡，干，无沙。 鱼肚——色白，干，直径 5~10 cm
鲜海水产收货具体标准	鲜快鱼 200 g　　　　鲤鱼 500 g 基围虾 16~20 头　　海白虾 80~90 g 活河虾 21~25 g　　　七星鲈鱼 400~500 g 舟山带鱼 200~280 g　红头鱼 100~120 g 辫子鱼 250~270 g　　梭鱼 300~350 g 鲜鲅鱼 400~450 g　　鲇鱼 500~530 g 南美虾 20~25 g　　　鲜海蟹 200 g 鲜红鳟鱼 400~500 g　甲鱼 500~550 g 野生甲鱼 500~550 g　鳜鱼 600~630 g 河鳗 700~750 g　　　鲫鱼 200~250 g 平鱼 200~240 g　　　武昌鱼 400 g 草鱼 500 g 以上　　　天然对虾 8 头 活河蟹 100 g 以上　　鲜黄花鱼 200 g 以上 黑鱼 500 g 以上　　　肉蟹 350~400 g 膏蟹 350~400 g　　　海蜇丝 380 g/ 袋 小黄鱼 50 g　　　　　小平鱼 100~120 g 小带鱼 100~150 g

2.4.3　水产品加工处理细节描述

水产品加工处理细节描述，如表 2-4-3 所示。

表 2-4-3　水产品加工处理细节描述表

项目	规范内容
一次处理	水产品经"去鱼鳞→去鳃→剖脏→去内脏→清洗"的加工处理项目，称为一次处理。 （1）去鱼鳞。将鱼体与台面呈平行状态，鱼的腹部朝人，以左手按住鱼头，右手拿刮鳞器以逆鳞的方向，由鱼的尾部向头部去刮鳞片，如果腹部、鳍部有较细鳞片的必须用刀尖割除；有较细鳞片的鱼也可用钢刷刮鳞片；鱼的反面同样将鱼体与台面平行，背部朝人，逆向刮除鱼鳞。

项目	规范内容
一次处理	（2）去鳃及去内脏。鱼头朝右边，以右手持杀鱼刀，左手按住鱼体，先将鱼鳃的根部切离鱼头，再将杀鱼刀的刀锋从鳃的边缘插入，并顺着边缘割开鱼鳃。再将鱼腹朝上，切断相反的鳃和头的接合处，打开鳃盖到能够切到鱼腹的程度，将杀鱼刀插入鱼鳃盖下，进行切开鱼腹的动作。以杀鱼刀的刀尖切开鱼腹至肛门的部位，这时需要小心，不要伤及鱼卵或鱼胆等内脏物。用大拇指和食指轻轻地将鱼鳃掀起，以杀鱼刀的刀尖顶住凸形部位，将鱼鳃轻轻拔除，使鱼鳃与鱼头部分离。鱼鳃切除之后，取出内脏，在肛门附近位置切除。 （3）清洗。清洗是完成一次处理的作业，在这个阶段的作业中，鱼鳞、黏液、血块等都必须用清水冲洗干净，特别是腹腔内背上肉发黑的部分，也要完全进行清除（此时可以用毛刷刷去）
二次处理	经过一次加工处理后，用消毒过的干毛巾擦去附在表面的水分，然后再做商品化的作业。水产品以刀具做切割及修整成商品的作业称为二次处理。 （1）整体鱼或全鱼。保持鱼体的原形而包装成的商品，称为全鱼或整条鱼，如秋刀鱼、多春鱼、章鱼、冻虾、黄花鱼、平鱼、贝类等。 （2）半处理鱼。经去除鱼鳞、内脏、未再进行切割作业即包装成商品的称为半处理鱼，如各类淡水鱼及鱼体较小的海水鱼。 （3）片鱼。半处理鱼以刀去除鱼头后，将杀鱼刀从尾部或背脊部纵切成上、下两片的处理，称为二片处理，如虱目鱼等。 （4）三片鱼。用杀鱼刀再去除二片肉中带有脊椎骨的处理而成片肉，称为三片鱼，这种做法一般用于切生鱼片。 （5）段块肉。半处理鱼去除头部、尾部后，用杀鱼刀沿鱼体横切成 1~2 cm 宽的鱼片或切成 7~10 cm 长的块鱼

2.4.4　水产品销售与陈列工作管理细节描述

水产品销售与陈列工作管理细节描述，如表 2-4-4 所示。

表 2-4-4　水产品销售与陈列工作管理细节描述表

项目	规范内容
销售管理	（1）大型鱼顾客容易看得见，不用陈列在好地方。 （2）根据展示台的宽度大小；使用适当长度的塑料板（透明的）以方便管理陈列量，并且方便补货和整理。另外必须以种植假草（咸生菜叶）来衬托其美感并且用标示牌标示单品名、价格等，商品的标示且要面向顾客。 （3）随时检查台面的陈列，整理整齐，并且检查其温度。 （4）利用水产品的不同表皮颜色的变化来搭配陈列，展示"鱼岛"的色彩美感、生动感及活泼感。 （5）利用季节性的水产品，以震撼性的价位及大量陈列来吸引顾客。 （6）仔细评估各单品的销售量，给予适当的陈列面，避免因为过量订货而造成滞销时为促销商品而带来减价抛售的损耗，或商品的库存量准备不足，使得消费者无法购买到所需商品而造成销售机会损失。 （7）经常检查排面陈列水产品的鲜度，遇有品质劣变的水产品应该立即剔除报废；遇有血水溢出的包装应该立即重新整理。

项目	规范内容
销售管理	（8）在关店前两小时遇有滞销水产品，并且贮存又会影响品质的，应立即用减价叫卖的促销方式处理，避免商品变质而造成损失
陈列管理	（1）全鱼集中法：全鱼集中陈列的方向要考虑到当地的习惯及美观。以鱼头朝内，鱼尾朝外；鱼腹朝边、鱼背朝里的方向摆放此陈列法运用于中小型鱼陈列。 （2）段、块鱼陈列法：鱼体较大的鱼无法以全鱼来商品化陈列，必须以段、块片状加工处理后来搭配增加美感。 （3）现捞鱼倾斜平面陈列：将鱼体以倾斜方式置入碎冰中，其深度不得超过鱼体的二分之一宽度，依序排列，显示活鲜鱼在水中游走的新鲜感及立体美感，且能让顾客容易看到、摸到能够任意选择。 （4）平面陈列法：刺身鱼肉成切口是鲜度的标志，不可以重叠陈列，应予平面陈列，以防止降低商品的鲜度感。 （5）色彩显示陈列：根据水产品本身的表面颜色，鱼纹、形状组合陈列，可以增加顾客注意力，提高购买率。 （6）品种别陈列：按水产品的不同品种分开陈列，如浅海鱼、深海鱼、生鱼片等陈列。 另外，鲜鱼陈列时，可以铺生菜、红辣椒等色泽鲜艳的蔬菜来点缀商品，同样可以起到增加顾客注意力的作用

2.4.5　水产损耗控制细节描述

水产损耗控制细节描述，如表 2-4-5 所示。

表 2-4-5　水产损耗控制细节描述表

项目	规范内容
水产品的重量	验收鲜活水产品时务必将水和周转箱的重量扣除，扣水标准为水珠不能从鱼捞中成线滴下为准；验收冰鲜（冻）水产品时同样要扣除水分（冰）和周转箱的重量，其扣冰重量较难拟定。因为不同的冷冻水产品有不同的含冰量，建议事先将同类商品自然解冻来测试其含冰量
水产品的品质与规格	水产品因鱼体规格的大小不同，其价格的差异性也相当大，因此，在验收时，务必详细核对订单上描述的规格
销售与报废	鲜度下降的降价销售与腐败变质丢弃是造成损耗加大的主要原因之一，建议鲜度稍有些下降的商品，没有变质的可以通过细加工处理成另一种商品出售，如做成配菜、丸类等来减少损耗
水产品报废标准	（1）冰鲜鱼：鱼体的表面褪色无光泽，且腹面色泽渐变红色，鱼鳞易脱落，眼球塌陷，角膜混浊，眼腔被血水浸润，肉质软化，鱼鳃呈咖啡色或灰白色，并有混浊黏液出现，有刺激性的恶臭味，在消化酶素作用下，使腹部膨胀破裂或变软，内脏有明显的分解现象，随着出水时间的增长，腥味与氨臭味增加，腐败加重。 （2）蟹类：蟹脚下垂，易脱落，蟹壳皱理不清，体重减轻且带有腐败臭味。 （3）虾类：虾体失去原有光泽，肉质变软，甲壳与虾体分离，头脚易脱落，发生腐臭味。 （4）软体类：色泽变暗，膨胀破裂或变软凹下，内脏黏液不清，有异味。 （5）贝壳类：贝壳易张开、变轻，相碰时发出响声。 （6）过期水产品的处理：快过期的水产品可以与厂商协商降价销售，也可引用试吃、叫卖的方式尽快销售完毕；已过期的水产品，可争取与供应商协调换或退货

2.4.6　水产补货工作管理细节描述

水产补货工作管理细节描述，如表 2-4-6 所示。

表 2-4-6　水产补货工作管理细节描述表

序号	规范内容
1	补货时应以先进先出为原则
2	水产补货应该将旧货取下，补进新货，再将旧货放在最前边
3	段块鱼肉与刺身鱼肉均属于鲜度敏感商品，应采用量少勤补的补货原则
4	水产部的补货先由补冰鲜水产品作业起，再补冷藏（冻）水产品，后补水产干货
5	补货时务必注意水产品的包装日期与质量的变化，核对品名、价格是否与磅秤热敏纸一致
6	鲜度不良的水产品应该立即除去
7	冷冻（藏）商品陈列时不可超过安全线（送、回风口），并注意除霜时间及次数
8	补货完毕，务必清理台（陈列台）周边水渍及垃圾

2.5　熟食、生鲜、食品百货及粮油区运营管理

2.5.1　熟食收、验货工作管理细节描述

熟食收、验货工作管理细节描述，如表 2-5-1 所示。

表 2-5-1　熟食收、验货工作管理细节描述表

项目	规范内容
熟食	（1）火鸡腿：色泽金黄，无异味，每只重量在 950 克左右。 （2）童子鸡：色泽金黄，每只重量 500~700 克，内膛干净，无异味。 （3）牛腱子：筋腱花纹明显，无异味，色泽酱红。 （4）酱鸭：色泽酱红，每只重量在 1 000 克左右，内膛干净，无杂物、无异味。 （5）猪肚：色泽金黄，无异味。 （6）猪蹄：色泽酱红，无硬毛，肉质松软、无异味。 注意事项：熟食品可以从它的颜色、嗅觉、直觉、感性方面区分好坏
面包、蛋糕	（1）面包：色泽金黄，规格统一，馅料统一，无发霉、变质、干硬，包装内无异物，出厂日期明显。 （2）蛋糕吐司：色泽金黄，无挤压，规格统一，无发霉、变质、干硬，包装内无异物，出厂日期明显。 （3）布丁蛋糕：色泽金黄，手感松软，规格统一，无发霉、变质、干硬，包装内无异物，出厂日期明显。 （4）蛋糕：坯子松软，无发霉、变质，奶油新鲜，色素适量，包装干净，出厂日期明显。 （5）起酥：松软酥香，起酥均匀，无碎屑，无异物，包装整齐，出厂日期明显

续表

项目	规范内容
熟食新鲜鸡	厂商送货必须用周转筐装，保持筐干净、鸡表面干净、无毛、无脏物，内脏干净。鸡不可注水，用手按摩肉质有弹性则没有注水，如其肉质松软，不可收货。 注意事项：收货时要以鸡的新鲜度为标准收货，一般可用眼、鼻、手摸等方法进行辨认
冻品	（1）整箱包装完整，无破箱，生产地址明显。 （2）验货时，要拆箱检查，如含水量太多，称时应当按比例扣除冰块的重量。 （3）如冻品解冻、软化、出水带血水，则不能收货。 （4）冻品一般无生产日期，验收品质的好坏要用眼去辨认，如出现肉制品风干、变色的冻品不能收货

2.5.2　熟食损耗控制细节描述

熟食损耗控制细节描述，如表2-5-2所示。

表2-5-2　熟食损耗控制细节描述表

项目	规范内容
严格管制收货、验货	（1）外制熟食收验货须扣除皮重，扣除进场后加工处理的漏失部分。 （2）外制面包收、验货应注意规格、商品是否受损、保质期的天数。 （3）冻品称重时要扣除纸箱、冰块的重量，以货品净重为准。 （4）控制好商品的订货量。 （5）外制商品退货要准确，一般情况只能销售一天，第二天需退货，避免订货过多，造成损耗
自制加工商品的损耗	（1）自制加工商品须依据生产日报表来加工生产。 （2）进入卖场的商品除了陈列外，应入冷藏、冷冻库贮存（包括加工剩余的原料）。 （3）原料加工时，尽量减少损失，应依据商品的食谱操作，减少调料的浪费。 （4）烤类、炸类、须腌制的商品应按酱料的比例进行腌制。 （5）每日应间隔30分钟回收一次散货商品，加强内部管制，严禁员工偷吃。 （6）每天营业前应检查电子秤、打标机是否正常。 （7）加强培训员工的自制能力和判断鲜度的专业技能。 （8）每月盘点数据要准确，严禁虚报数量、增大库存量。 （9）时段促销（清仓），如商品品质寿命不长时，应立即进行清仓处理，避免全部报损。 （10）按先进先出的原则进行补货，定时检查冷藏、冷冻库的温度变化情况
熟食（面包）商品报损标准	（1）原料新鲜品肉质外部若有颜色变黑、变灰或微绿色（发霉），肉质无弹性、有异味的商品已无利用价值，均须报废。 （2）熟食的卖相不佳（烤糊、炸焦）商品，发霉、有异味的商品已无法销售，均须报废。 （3）面包保质期过期，发霉、变质、干硬等商品，已无法销售，均须报废

2.5.3　熟食陈列与销售管理细节描述

熟食陈列与销售管理细节描述，如表2-5-3所示。

表 2-5-3　熟食陈列与销售管理细节描述表

序号	规范标准
1	（1）按分类区分，遵守先进先出原则。 （2）熟食商品陈列原则：首先分为热食、非热食两大类；其次是按小分类。热食又分为烤类、炸类、卤类、炒类、蒸类；面包分为面包、中西面点、西点、蛋糕、糕点。陈列时须按大分类、小分类，同类的单品陈列在一个区域，并标示清楚。补货时注意遵守先进先出原则，把旧货放在排面的前端，新加的商品放在里面，并摆放整齐有序
2	（1）商品平行摆放，分类垂直陈列。 （2）陈列商品时，分类与分类之间应垂直，线条、标识清楚，商品与商品之间应平等整齐，鸡和鸡在一条线上，猪肉与猪肉、牛肉与牛肉等，其他的以此类推，都应分得清清楚楚，这样便于管理，方便顾客购物
3	通常情况下，如有两层陈列架，小件的商品在上层，大件的商品在下层
4	（1）依销售量决定陈列面积。 （2）根据商品的特性、季节的变化，商品的陈列也应发生变化，正常销量好的商品，应给予加大陈列面，提高销售量。对于促销品、快讯商品，陈列应加大、有量感、位置明显。特殊性、季节性的商品陈列也要加大，如端午节粽子、中秋节月饼等，其他商品都要依据销售量的大小来决定陈列面积。
5	价格牌标示要清楚正确，一个价格对应一个商品，包装品价格标签一律贴于右上角（面包可以贴于中间）
6	（1）少量多出，勤于补货。 （2）相对于自制熟食、自制面包而言，制作加工生产出的商品不宜过多，以致商品积压太久变得没有新鲜度，应少量生产，增加次数，勤于补货，保持商品的鲜度
7	凉菜陈列要注意色彩搭配，提高顾客的视觉感官，增加购买欲望
8	主题式陈列。例如，"端午节"做粽子促销区，"中秋节"做月饼促销区
9	熟食、面包陈列区域，应用黄色灯光，衬托商品的原有特征
10	商品陈列要丰富饱满，所使用的器具应干净卫生

2.5.4　米粮类收货工作管理细节描述

米粮类收货工作管理细节描述，如表 2-5-4 所示。

表 2-5-4　米粮类收货工作管理细节描述表

序号	规范内容
1	货量大时抽验称重，检查重量是否足够
2	未腐败、变味、变色
3	无虫咬、鼠咬

序号	规范内容
4	无破袋
5	无杂质
6	需了解生产日期、保质期

2.5.5　生鲜订货参考因素细节描述

生鲜订货参考因素细节描述，如表 2-5-5 所示。

表 2-5-5　生鲜订货参考因素细节描述表

序号	规范内容
1	库存天数、当日库存数量及生鲜库存空间（冷冻、冷藏库房）
2	天气、节庆、周六、周日各种"旺日"下单
3	季节性大宗产品
4	日均销售量及商品的周转率
5	生鲜基本的陈列面乘以补货次数
6	促销期及折扣期
7	依往年的销售记录及购买习惯下单
8	健康、安全、卫生的生鲜绿色食品
9	市场流行趋势下单

2.5.6　生鲜食品收货工作管理细节描述

生鲜食品收货工作管理细节描述，如表 2-5-6 所示。

表 2-5-6　生鲜食品收货工作管理细节描述表

项目	规范内容
质量检验	（1）冷冻食品 ①注意解冻商品是否有软化现象，若有则表示此商品温度过高，有变质的可能。 ②商品形状应完整，颜色正常，不能有破碎、变色情形发生。 （2）加工肉品 ①商品不应发黑，无光泽。 ②商品过白表明可能有漂白剂存在。

续表

项目	规范内容
质量检验	（3）冷藏食品 ①奶制品不应颜色浑浊、有沉淀物、结块。 ②豆制品不应发霉、有酸臭味及黏液
称重	（1）如有容器、栈板或筐等包装，在称重时要将其重量扣除。 （2）将过磅后的重量填入永续订单内。 （3）有重量差异时，应以现场过磅重量为准，经收货员、供应商、生鲜部人员三方签字后方可收货。 （4）如永续订单没有填写重量，应由供应商、收货员、生鲜部人员共同对商品进行称重
永续订单填写	因生鲜商品价格变化幅度大，需生鲜部人员每日与供应商当场面议价格，确定重量后再填写永续订单上的价格、重量
电脑录入	电脑界面上录入收货号后即可录入商品货号，并在实收数量中录入实收数量，同时产生订货数量，订货数量等于实收数量，然后录入商品单价、进货单价，一般情况下此类商品变价频繁，故在确定商品进货数量后，必须重新做商品价格录入，存盘后即产生订单号，在永续订单上填写订货号及收货号
送卖场	验收后的生鲜食品需迅速送卖场，否则会影响生鲜食品的品质

2.6　在售商品管理

2.6.1　卖场商品规划工作管理细节描述

卖场商品规划工作管理细节描述，如表 2-6-1 所示。

表 2-6-1　卖场商品规划工作管理细节描述表

项目	规范内容
商品条形码	商品信息的符号，通过电子扫描，可以读取该商品的产地及商品的相关信息。其有 EAN 和 UPC 两种，中国采取的是 EAN 制，有 13 位码和 8 位码两种。 　如 6901236370476，前 3 位数字表示生产国家，"690" 是指中国制造，4~7 位是厂商代码，"1236" 即是该厂家的代码，8~12 位数字是产品编码，最后一位是检验码
ABC 分析法	（1）在某类产品市场中，排名较前的 20% 商品项目通常占总销售额的 75%，我们称为 A 类商品。 　（2）另外有 40% 的商品项目占销售额的 20%，我们称为 B 类商品。 　（3）剩下的 40% 的商品项目只占销售额的 5%，我们称为 C 类商品。 　利用这样的商品分类对商品进行分析的方法，称为 ABC 分析法

续表

项目	规范内容
最理想的商品规划	（1）若除去 B、C 组商品，总销售量会滑落 25%。 （2）而商场内若除去 80% 的商品项目，会使卖场看起来空空荡荡的，显得该店商品十分贫乏，虽然陈列架上以畅销品为中心，但会造成顾客购买欲低落。 （3）即使只销售 A 类畅销品，仍能分出 A、B、C 类商品。所以 B、C 类商品的配置仍有必要，因为只有 B、C 类商品才能相对地产生 A 组商品，B、C 类商品有维持畅销品、确保店内整体业绩的功能
卖场的商品要尽可能地丰富	（1）如果商品不齐全，客人买不到想要的商品，则客人购买的概率就会降低，即使有很多客人上门，但空手回去的客人也多。 （2）如果陈列的商品太少，超市就无法引起顾客的购买欲，也就降低了购买行为的概率。由于店内商品太少，可供顾客选择的商品少，客人流动会比较迅速，降低了顾客在店内游走、停驻目光的概率，使本来打算买东西的客人，无意中忘了买就回家了，也减少了顾客购买的机会

2.6.2 商品陈列管理细节描述

商品陈列管理细节描述，如表 2-6-2 所示。

表 2-6-2 商品陈列管理细节描述表

项目	规范内容
商品陈列的目的	（1）提高销售额，加快商品周转和资金周转率。 （2）增强美感、商业感，刺激顾客购物。 （3）方便顾客拿取、判断（易看、易懂、易拿）。 （4）补货方便。 （5）具有价低质优的概念和形象
四种不同层面的销售量	（1）货架底层——低于 0.5 米销量占比 10%。 （2）伸手高度——0.6~1.2 米销量占比 40%。 （3）眼睛平视——1.2~1.6 米销量占比 25%。 （4）货架高层——1.7 米以上销量占比 25%
商品陈列的流程	（1）熟知品项，货架类型号尺寸。 （2）确定每类商品所需货架数量。 （3）确定每个货架的商品数目。 （4）画陈列图，并计算陈列量。 （5）实际陈列。 （6）局部调整。 （7）商品陈列确定，修改陈列图，确定陈列图

项目	规范内容
商品陈列的基本要求：整齐、清洁、美观、丰满	（1）明确陈列商品的目标顾客，以方便顾客为原则。 （2）明确所陈列商品的数量，既保持丰满，又节省空间。在超市经营中，商品陈列的数量应该和商品销售的数量成正比。例如，一周中 A 商品销售了 50 个，B 商品销售了 30 个，C 商品销售了 10 个，那么适当的商品陈列应该是 5∶3∶1。另外，要适当加大流动较快的商品的陈列，缩小直至删除销量较小的商品陈列。 （3）要明确所陈列商品的面，要注意以下几点： ①陈列商品的哪一面容易让顾客看到； ②陈列商品的哪一面能突出商品的主要特征； ③商品的哪一面容易让顾客了解其内容； ④商品的哪一面容易陈列。 （4）明确商品陈列的形状。一种商品用台式陈列还是挂式陈列或架子陈列要由商品的定位、用途、商品特性来决定。 （5）明确商品的陈列地点。一种商品陈列在卖场什么地方才能引起顾客的关注是由店内商品布局及动线来决定的。同时还要考虑与周围相关商品的组合，以便起到热卖的效果
陈列道具	（1）层板：一般商品陈列，如袋装、瓶装等。 （2）斜口笼：方便面、小包装食品等。 （3）钩：悬挂陈列的商品，如袜子、拖鞋等。 （4）特殊陈列架：如碗架、鞋架等
商品陈列的基本方法	关联性商品陈列是陈列时必须遵守的第一准则。关联性陈列是指以功能分类陈列的商品，不以供应商来区分陈列（如供应商强烈要求，则属于特殊陈列，供应商须办理特殊陈列手续）。在顾客购物路线的左右两侧同时陈列同类商品，关联商品在同一货架的另一面。 （1）公平货架，以销售决定陈列空间。 （2）在以销售决定面积的同时，注意每个商品的最小陈列尺寸，以该商品不会因为太小的陈列被顾客忽视为原则。 （3）从商品价格因素来考虑由低到高、由左到右，黄金视线在 90~130 cm。 （4）以商品包装尺寸作为参考因素：上小下大，上轻下重，上单品下整箱进行垂直陈列。每个陈列面最小不低于 24 cm，最大不能超过半个层板（架中架和供应商买断货架除外）。 （5）从商品的颜色来区分：以容易吸引顾客视线的商品陈列在醒目处。 （6）从主题性商品来分割陈列：相同主题的商品陈列在一起。 （7）冲动性商品放在临近通道入口处的地方陈列，日常性的消耗品陈列在店后方或较次的位置。 （8）较小的商品放在货架的上面，较重较大的商品放在货架的下方，以增加安全感及视觉美感。 （9）陈列须是满货架陈列。 （10）优先选择相对垂直陈列的原则。 （11）体积庞大、笨重及低毛利商品陈列在货架下层。

项目	规范内容
商品陈列的基本方法	（12）商品陈列图一经确认，员工不得随意更改。 （13）重架层板（如粮油层板）最多不能超过五层，轻架层板最多不超过八层 （14）所有有颜色之分的商品，请分开陈列。 （15）所有有尺码的商品请按规格陈列（上小下大）
陈列的实施	（1）采购部按照店铺布局规划方案，制作商品陈列图（棚割表），确定每个货架、端架、地堆的商品品项。 （2）店铺严格按照商品陈列图陈列商品。 （3）每一个商品有其固定位置，好商品要有好位置。 （4）商品缺货应将相应位置空开，禁止将缺货的位置以其他商品补满（禁止拉排面）。 （5）以销售数量调整排面。 （6）商品价签位于商品左下角
陈列调整	（1）商品增新汰旧，原则上新增一个商品，必须在原有品类中删除一个销售差的商品，并在原有货架上进行陈列调整。 （2）商品陈列位置不合理，顾客不易找到的，也应做适当调整。 （3）因实际排面大于或小于用销售额估算的排面，应对陈列排面进行调整。 （4）陈列不美观的，应对陈列适当调整。 （5）季节性调整：在换季时，因大量引进季节性商品，汰换过季商品，必须对商品陈列进行调整

2.6.3 促销区商品陈列规范描述

促销区商品陈列规范描述，如表2-6-3所示。

表2-6-3 促销区商品陈列规范描述表

项目	规范内容
端架、地堆等促销区的陈列原则	（1）端架、地堆等黄金销售位置应该用于陈列重点销售的产品，通过量贩的方式，提高店铺的销售业绩，并可以得到供应商更多的支持。 （2）端架和地堆应做到统一管理，由总部采购部和店铺分别控制陈列品项。 （3）采购部制订的端架地堆陈列计划应严格得到执行
端架、地堆区商品选择	（1）时段促销的商品。 （2）特价商品。 （3）高毛利、高业绩商品。 （4）重点新品或广告商品。 （5）应季商品。 （6）店内促销商品。 （7）清仓处理商品。 （8）利润高、回转率高的商品

续表

项目	规范内容
陈列道具	（1）层板。 （2）折叠笼。 （3）斜口笼。 （4）吊架
端架陈列标准	（1）选择适当的陈列道具与方式。 （2）端架陈列商品原则上不超过两种，且必须是同一价格，同一系列的商品。 （3）端架陈列的尺寸：长度为两排货架之间宽度，宽度为栈板的宽度。 （4）有正确的明显的价格牌。 （5）端架陈列可配合促销活动，做广告促销标识。 （6）以不缺货为标准。 （7）陈列商品不宜过小（如口香糖），也不宜太大。 （8）有颜色分类的，必须分开，以垂直陈列为原则
地堆陈列标准	（1）地堆底下要有木栈板垫底。 （2）商品尽量做成方形陈列，高度不超过 1.2～1.4 m。 （3）地堆与地堆之间要留有通道可供手推车通过。 （4）要有明确显眼的价格标牌。 （5）同属性的商品陈列在一起。 （6）商品促销量应是大量陈列。 （7）地堆应摆放整齐。 （8）轻包装无法站立的商品，不宜用地堆陈列，尽量用地笼进行陈列（糖果、瓜子等）。地堆下需用整箱商品的码桩，要求四个面垂直划一
端架地堆陈列计划表	（1）每两周（最多一个月）必须更换品项，不允许连续存放在原位置。 （2）由采购部门主管提出计划，采购总监审批后执行，不得随意更改陈列。 （3）端架地堆计划要全面综合地考虑商品选择，快讯商品为首选商品。 （4）端架地堆的陈列计划要翻新变化，有新鲜感。 （5）如端架地堆陈列的商品销售达不到预期效果，经部门经理同意后，可以换品项陈列，以提高部门的业绩。 （6）重要节日期间，如商品品项太多，而无法陈列，经店长同意可最多陈列四个品项。 （7）端架地堆计划，需提前 14 天完成，交部门经理审批，提前一周通知店铺备货和陈列

2.6.4　商品定价与变价管理细节描述

商品定价与变价管理细节描述，如表 2-6-4 所示。

表 2-6-4　商品定价与变价管理细节描述表

项目	规范内容
定价原则的重要性	（1）确立公司价格形象。 （2）确定公司财务目标。 （3）影响销售的重要因素
低价战略的重要意义	不同发展阶段的价格战略： （1）初创阶段，制定低价战略，占领市场竞争的主动权和低价形象，目标为占领市场，实行低价战略，低加价率，为公司发展奠定基础。 （2）发展中期：扩大市场占有率，实施低价战略。 （3）成熟公司：地位稳固，利润最大化，经营提升，降低费用，低价战略
价格战略	（1）不同发展目标的不同价格战略：营利、扩张。 （2）不同竞争环境的价格战略：缺乏竞争、竞争激烈。 （3）不同资金状况下的价格战略：短缺、充足
公司价格战略	（1）天天平价策略： ①力争每天保持低价。 ②不打价格战。 ③减少广告。 ④保证毛利。 ⑤提高服务水平。 （2）高、低交替策略： ①刺激消费。 ②加快周转。 ③强调物有所值。 ④以低价形象带动高毛利商品销售。 ⑤以不同价格吸引不同消费群
定价原则	（1）混合加价：按不同部门的毛利计划商品功能定位，实行不同的价格战略。 （2）保证毛利：放弃过低毛利商品。 （3）了解市场动向，参考竞争对手的零售价。 （4）清楚部门同类商品价格带分布特点（销量商品或效益商品）。
定价原则	（5）不销售负毛利商品。 （6）不得均一加价。 （7）注意商品进价、售价是否含税

续表

项目	规范内容
商品价格的制定	商品价格的制定：在为新引进商品制定售价时，应充分考虑到竞争对手售价、部门毛利计划和品类商品价格带策略，以便制定合理的售价和商品组合，并保证公司的利益。 （1）根据商品部门的目标毛利率制定单个商品的价格 ①成本加成定价方法： $$单位商品价格 = （商品进价 + 商品附加成本）× （1 + 加价系数）$$ 其中，商品附加成本指超市的固定资产折旧费、员工工资、产品仓储费用、产品运输费用、广告促销费用等超市分摊于该商品的费用，可由财务部提供。 ②售价加成定价法： $$单位商品价格 = （商品进价 + 商品附加成本）÷ （1- 毛利率）$$ （2）根据商品的统一零售价倒扣方式制定价格 ①很多品牌供应商为了规范市场，统一市场形象，往往制定了全国或本区域内的统一零售价，希望零售商可以对消费者统一价格，而他们提供给零售商的往往是倒扣的方式。 ②要尽量向供应商争取扣点，以创造尽可能高的利润。 ③在这一类商品的定价上，可根据竞争对手的定价情况，在供应商同一零售价的基础上做稍微的调整。 （3）根据顾客需求制订价格（反向定价） 通过对顾客的调查，充分掌握顾客对某类商品的可接受价格，与供应商合作，在此价格的基础上争取利润
变价管理	变价主要分为采购变价（总部变价）和店内变价。采购变价主要由采购主管根据商品调整提出申请，对各个门店的相同商品或某个门店的促销商品进行价格（包括进价和售价）的变更；店内变价主要由运营主管根据店内商品的实际情况提出申请，对门店内自己部门的商品进行售价的变更。主要包括以下几个方面： （1）正常变价 ①供应商变价：由于供应商调整进价，采购对相应的商品进行进价及售价的调整。 ②竞争变价：由于市场竞争的原因，采购对相应的商品进行售价的调整。 ③季节变价：由于季节的变换，采购对相应的商品进行进价及售价的调整。 （2）促销变价 ①促销商品变价 第一，促销商品是超市的重点商品，每 15 天更换一次，价格在当期促销结束后要马上恢复至原价。 第二，由于促销画册的大量派放、宣传面广，为了达到吸引变更的目的，促销商品价格必须比平时价格低 20% ~50%。 第三，促销商品必须向供应商要求更低的折扣，所以应进价、售价同时变更。 第四，促销商品的变价时间从促销执行期当天的凌晨时开始至促销执行最后一天的二十四时止。

项目	规范内容
变价管理	②特价商品变价 第一，供应商提供赞助的进价及售价的变更。 第二，供应商提供优惠价格，采购主管进行进价及售价的变更。 第三，为某一个促销活动，采购主管进行售价调整。 ③时段价格变更 第一，是指在特定的某一个短时间内对某一个特定商品进行惊爆价格促销的活动。 第二，由于时段促销商品价格的惊爆价，需提前预估时段促销活动期间该商品销售的数量。 第三，时段促销价格变更由采购主管提出申请，由营运主管负责执行，电脑部提前一天进行变价，待该商品在这特定时间内销售完毕后，营运主管应立即通知电脑部恢复原价。 （3）清仓变价 ①季节性商品清仓变价：基于季节性变化，对即将过季的商品，在与供应商做相应谈判后，争取清仓折扣，做清仓变价，直至售完为止。 ②积压商品清仓变价：积压的商品进行库存调整，对商品进行清仓处理，售完为止。 ③残损商品变价：对门店内使用过的样品、可使用的残损商品进行降价处理，尽可能降低损耗。 （4）变价注意事项 ①变价前必须做好准确的商品盘点，确保该商品库存的准确性。 ②变价商品必须有醒目的广告，价格标志明显，以达到吸引顾客和渲染超市气氛的目的。 ③除清仓降价、季节性降价外，其他变价方式应在降价结束后的第一时间内恢复原来价格。 ④大多数的降价应与供应商协商，共同分担降价成本

2.6.5　在售商品变价管理细节描述

在售商品变价管理细节描述，如表 2-6-5 所示。

表 2-6-5　在售商品变价管理细节描述表

项目	规范内容
店面变价	（1）生鲜商品 经店长批准，生鲜商品中的蔬菜、水果、鲜活水产、鸡蛋等价格波动较大的商品及门店自制熟食类，可进行每日随机变价；电子秤的变价必须先由电脑部变价，再传送至电子秤中。 （2）价格错误、形象商品、门店促销商品 门店发现价格错误的商品，经市场调查认为须变价的商品及门店开展促销活动须变价的商品，可申请变价，填写变价申请单，经采购确认后，交由电脑部进行变价操作，结束促销并马上变回原价。 （3）进入删除品项商品 经营采双方讨论，进入删除品项的商品，无法退货的，经采购同意，门店可申请变价。 （4）破损、破包商品 门店可根据商品破损、破包的实际情况，与采购沟通退（换）货信息后，提出变价申请。

续表

项目	规范内容
店面变价	（5）惊爆快讯商品 惊爆快讯商品，在销售档期内一律不准变价。 （6）新商品 新商品的销售价格一律由采购确定，门店不允许进行变价动作。 （7）门店申请变价流程 门店主管提出变价申请→门店店长签字确认→采购签字确认→电脑部进行变价→门店执行变价→更换价签及广告牌
采购变价	（1）采购可根据商品进价变化、促销活动、竞争对手、竞争品种、门店销售、季节变化及市场情况，进行变价申请，由电脑部在系统中执行变价，并将变价情况及时通知门店。 （2）当部分商品即将过保质期，又无法退货时，采购有权做出变价申请。 （3）样品及大宗商品，采购有权做出变价申请。 （4）采购变价流程：采购主管提出申请→采购经理核批→电脑部进行变价→通知门店
变价规定	（1）采购部应保证门店形象商品的低价。 （2）采购可以对门店的不规范变价向运营部经理、业务副总投诉，运营部经理于三日内将处理结果反馈给采购部。 （3）采购未能及时（不超过一天）核准门店提出的变价申请的，门店可上报运营部经理、业务副总，采购部将于三日内将处理结果反馈门店。 （4）每次电脑变价后，由电脑部立即通知相关门店及采购，门店应在第一时间进行价签和广告的更换。 （5）电脑部每天上午提供昨天门店（部门）变价汇总表，各门店店长和采购必须进行确认

2.6.6　商品销售获利计算规范描述

商品销售获利计算规范描述，如表 2-6-6 所示。

表 2-6-6　商品销售获利计算规范描述表

项目	规范内容
销售额	反映超市营业效果，可根据各类商品的销售特点制定各项商品目标销售额
销售完成率	反映超市目标销售额完成情况，是实际销售额与目标销售额的比率。其公式为： 销售额完成率＝实际销售额÷目标销售额×100%
毛利率	反映超市商品基本获利能力。其公式为： 毛利率＝毛利额÷销售额×100%

项目	规范内容
客单价	即超市的每日平均销售额与每日平均来客数的比率，其高低对营业额的收入有直接影响。其公式为： 客单价＝每日平均销售额÷日均来客数
商品周转	反映商品销售速度，通过商品周转率和商品周转天数来体现。其公式为： 商品周转率＝销售额÷平均库存＝销售额÷（期初库存＋期末库存）÷2 商品周转天数＝1÷周转率×360天
交叉比率	即毛利率与周转率的乘积，代表商品的贡献率，比率越高，商品的获利程度越高。其公式为： 交叉比率＝毛利率×周转率

2.6.7 商品质量管理细节描述

商品质量管理细节描述，如表2-6-7所示。

表2-6-7 商品质量管理细节描述表

项目	规范内容
售前管理	（1）供货商与公司签订专柜经营协议或购销协议时，经办人员应按协议条款要求，向供货商索取与商品质量有关的证件作为协议附件，并交公司核查后，存档备案（详细证件要求见专柜经营协议及购销协议文本）。 （2）供货商在公司内销售商品的质量均应符合产品质量法有关条款的规定，并承担相应的产品质量责任和义务。 （3）专柜商品进场销售前，应由营业部门填写新品申请表，同时将商品实样交店长审核（大件商品可出样后抽样检查），查明商品的合格证明、产品标识、外观质量等要素，杜绝"三无"商品进场。专柜商品审查合格后按专柜商品进柜流程操作。 （4）由代理商代理经营商品的，应提供具备法律效力的授权证明，同时在商品外包装上注明总代理在中国登记注册的名称及地址，进口商品标明生产国家或地区应与供货商提供的海关税单保持一致。 （5）供货商按自营商品进货流程将商品送至理货部后，理货部工作人员应对商品外包装进行检查，对单价较高的商品应会同营业人员对内在质量进行抽样检查，检查合格后，按照自营商品进货流程操作。 （6）在仓库保管的商品应按存放要求妥善保管，进出仓时，进货（或支货）人员应与仓库做好相应的交接手续，并对商品的外在质量进行检查，存在质量问题的商品不得进仓或支货销售
售中管理	（1）在商品出售过程中，营业各部门每月至少对商品进行二次抽查，做好本部门相应的质量检查台账。 （2）发现不符合质量要求的商品，营业各部门应查明该商品上柜销售的原因，并立即停止其销售，责成供货商整改。

续表

项目	规范内容
售中管理	（3）供货商或理货员不得违反国家有关法律法规或行业标准规定，自行对消费者作出商品质量方面的承诺条款。 （4）采购部为公司商品质量的主管部门，每月定期对公司商品进行一次质量检查，发现质量问题应及时提出整改意见，并对责任人进行处罚。 （5）公司按国家有关规定对某类商品质量进行专门测试的，应由经营部指定人员将商品送至指定的质量检测部门进行测试，并出具相应的书面测试证明。 （6）采购部负责接待各级质量主管部门对商品的抽查，营运部应配合采购部及质量主管部门做好商品取样、封样及相应的手续办理工作。业务部同时做好相应的商品质量台账，在规定时间内与质量主管部门取得联系，了解商品检测结果。 （7）若抽查商品不合格的，采购部在取得质量检测书面报告及整改意见两日内反馈至所在部门，该部门在接到整改意见时，应立即将不合格商品撤离卖场，并在一周内拟好处理方案上报采购部批准。 （8）送检商品由供货商无偿提供，检测费用由公司承担
售后管理	（1）公司对所售的商品，实行质量先行负责制。 （2）对具有较大质量风险的商品，销售柜组应做好售后质量跟踪工作，及时掌握消费者对质量方面的反馈信息，并做好相应记录。 （3）对由于商品质量问题给消费者造成经济损失的，公司应根据《中华人民共和国消费者权益保护法》《中华人民共和国产品质量法》及其他相关法律法规规定先行予以赔偿，发生的费用应由供货商承担。情节严重的，应及时与供货商取得联系，共同协商解决

2.6.8　商品淘汰管理细节描述

商品淘汰管理细节描述，如表 2-6-8 所示。

表 2-6-8　商品淘汰管理细节描述表

序号	规范内容
1	对有效销售发生率一直较低的商品要予以淘汰，以促进超市商品的良性循环。商品淘汰率应遵循"一进一出"的原则，通过设定最低销售量和最低销售额来淘汰商品
2	对于质量不合格或多次遭顾客投诉的商品要坚决淘汰
3	对淘汰商品建立档案，以防以后再次进货
4	商品淘汰时要有严格管理规定： （1）列出淘汰商品清单，交采购经理确认、审核、批准。 （2）统计出各门店和配送中心（仓库）所有淘汰商品的库存量及金额。 （3）确定商品淘汰日期，通知店铺清点汇总淘汰商品。 （4）淘汰商品的供应商要货款抵押。 （5）淘汰商品的退场（下货架→统一点数→打包→退场）

2.6.9 市场调查工作管理细节描述

市场调查工作管理细节描述，如表 2-6-9 所示。

表 2-6-9 市场调查工作管理细节描述表

项目	规范内容
市场调查目的	调查竞争对手的情况，了解市场行情，针对商品的价格、品种、促销活动等进行调查，使本公司门店始终处于竞争的优势，占据主动地位
市场调查过程	（1）确定市调时间：根据竞争需要，确定每周要调查的时间和次数。 （2）确定市调对象：根据竞争需要，确定市调的商场或超市。 （3）确定市调商品：除日常销售商品外，还包括新商品、季节性商品。 （4）安排市调：组织安排人员进行市场调查。 （5）做市调报告
市场调查内容	（1）价格信息。 （2）质量对比信息。 （3）品种构成信息。 （4）促销活动形式与时间信息
市场调查后期处理	（1）更改价格（调高或调低），但不损毛利。 （2）处理与厂商的关系，要求价格支援

第 3 章
业务部日常工作内容管理

业务部是商超企业提供货源的部门，直接关系到企业的盈利空间和竞争优势，保障货物配备以高水平实现销售和供应服务的高效流通，是商超企业的重要部门。主要包括商品采购、配送、货运、仓储等工作。本章用流程化管理思维优化业务部各环节的工作，使业务部工作更高效。

3.1 业务部日常工作管理

3.1.1 业务部工作标准流程细节描述

业务部工作标准流程细节描述，如表 3-1-1 所示。

表 3-1-1 业务部工作标准流程细节描述表

项目	规范内容
采购	接受订单后，业务部需向供货供应商或制造供应商订购商品。采购作业包括商品数量需求统计，向供货供应商查询交易条件，根据所需数量及供货供应商提供的经济订购批量定出采购单。采购单发出后则进行入库进货的跟踪
进货	进货工作包括把货品做实体上的接收，从货车上将其货物卸下，核对该货品的数量及状态（数量检查、品质检查、开箱等），记录必要信息或录入电脑
搬运	搬运是将不同形态的散装、包装或整体的原料、半成品或成品，在平面或垂直方向加以提起、放下或移动，可能是要运送，也可能是要重新摆放物料，而使货品能适时、适量移至适当的位置或场所存放。在配送中心的每个作业环节都包含搬运作业
储存	储存作业的主要任务是把将来要使用或者要出货的物料保存，且经常要做库存品的检核控制，储存时要注意充分利用空间，还要注意存货的管理
盘点	货品因不断地进出库，在长期的累积下库存资料容易与实际数量产生不符，或者有些产品因存放过久、不恰当，致使品质功能受影响，难以满足客户的需求。为了有效地控制货品数量，需要对各储存场所进行盘点作业
订单处理	由接到客户订单开始至准备着手拣货之间的作业阶段，称为订单处理，包括有关客户订单的资料确认、存货查询、单据处理及出货配发等
拣货	每张客户的订单中都至少包含一项商品，需将这些不同种类数量的商品由配送中心取出集中在一起。拣货作业的目的在于正确且迅速地集合顾客所订购的商品
补货	补货作业包括从保管区域将货品移到拣货区域，并做出相应的信息处理
出货	将拣取分类完成的货品做好出货检查，装入合适的容器，做好标示，根据车辆趟次别或供应商别等指示将物品运至出货准备区，最后装车配送
配送	将被订购的物品，使用卡车从配送中心送至顾客手中

3.1.2 文员工作细节描述

文员工作细节描述，如表 3-1-2 所示。

表 3-1-2 文员工作细节描述表

序号	规范内容
1	每月末根据电子考勤和手工考勤，汇总本部门人员的考勤情况，交部门经理签字后，上报行政事务部。员工考勤必须公开、公正，不得徇私，必须保证考勤数据的准确性

序号	规范内容
2	每月 5 日前统计完各种报表的汇总工作，并将各商品部（楼面）的销售情况的分析报告上报部门经理
3	接收、接待客户来信、来电、来访，负责登记并协助部门经理，协调相关部门处理相关事宜
4	协助部门经理定期检查并记载本部门员工工作情况
5	督促检查本部门员工的考勤情况，按公司规定办理员工的休假手续，并报行政事务部备案
6	恪守职业道德，严守公司机密

3.1.3　新商品订货工作细节描述

新商品订货工作细节描述，如表 3-1-3 所示。

表 3-1-3　新商品订货工作细节描述表

序号	规范内容
1	新商品引进后，采购部向供应商下第一张订单，根据店铺面积、商品结构、陈列位置等，统一为各店订出适量商品
2	在采购主管通知店铺新商品清单时，应注明商品品名、商品编码、规格、型号、供应商名称、最小订货量、进价、售价、陈列要求等
3	店铺按订单验收供应商商品，并按采购部通知要求加以陈列
4	店铺应加强新商品的陈列和销售工作，在陈列、广告、新商品标识等方面突出展示
5	店铺根据新商品销售情况，进行后续商品的订货工作
6	新品引进时应有三个月的试销期，该新品必须在这三个月内达到相应的营业指标（销售量指标、销售额指标、利润指标等）才能成为正常商品
7	经过三个月试销后，新商品销售未达到预期目标，要与供应商进行沟通调整或进行汰换

3.1.4　新品引进工作流程描述

新品引进工作流程描述，如表 3-1-4 所示。

表 3-1-4　新品引进工作流程描述表

序号	规范内容
1	向供应商提供一份供应商须知相关文件资料
2	业务部门与供应商洽谈合同细节，达成一致意见
3	供应商准备各类入店材料
4	业务部门经理填写商品引进单

序号	规范内容
5	参加业务部听证会，得到业务经理签字认可

3.1.5 进货工作管理细节描述

进货工作管理细节描述，如表 3-1-5 所示。

表 3-1-5　进货工作管理细节描述表

项目	规范内容
订货业务	（1）订货要有计划，订货要注意适时与适量，各类别商品的订货周期，最小订货量等都必须有事前计划。这样，一方面，可以提高工作效率；另一方面，可确保货源供应正常。 （2）订货方式要规范化。订货方式可采用人工、电话、传真、电子订货系统等多种形式，发展的趋势是采用 EOS 订货系统
进货业务	（1）进货要遵守时间。进货时间的确定应考虑供应商作业时间、交通状况、营业需要及内部员工出勤时间。 （2）验收单、发票须齐备。 （3）商品整理分类要清楚，在指定区域进行验收。 （4）先退货再进货，以免退调商品占用店内仓位。 （5）验收后有些商品直接进入卖场，有些商品则进内仓或进行再加工。 （6）要对变质、过保持期或已接近保持期的商品拒收
退换货业务	（1）确认厂家，即先查明待退换商品所属的厂家或送货单位。 （2）填写退货申请单，注明其数量、品名及退货原因。 （3）退换商品应注意保存。 （4）及时联络各供应商办理退换货。 （5）退货时应确认扣款方式、时间及金额

3.1.6 存货工作管理细节描述

存货工作管理细节描述，如表 3-1-6 所示。

表 3-1-6　存货工作管理细节描述表

项目	规范内容
存货数量管理	存货数量与商品流转相适应是最佳效益点。存货量过大，会造成商品积压，浪费效益。存货量过小，会造成商品不足，市场脱销，影响销售额。 商品库存数量管理一般采用两种方法：一是保险存量法，也就是最低库存量，即保证商品存储的下限，低于此限，将会发生脱销，导致营收损失；二是最高存量法，即保证商品的最高上限，高于此限，将会发生货品积压，增加存储成本

续表

项目	规范内容
存货结构管理	存货结构管理是基于有限的空间和资金以获得更大效益为目标。通常使用 ABC 管理法，即按照货品的销售额比重分为三个级别：A 类商品（主力商品）销售额占比 11% 以上；B 类（辅助性商品）销售额占比 5%~10%；C 类（附属性商品）销售额占比 5% 下。企业根据此分类合理安排商品结构，达到最大化效益
存货时间管理	加快商品周转等于加快资金周转，自然会提高商业动作效率，这是超级市场能否获得利润的关键，所以应加强存货的时间管理

3.1.7　商品标价工作管理细节描述

商品标价工作管理细节描述，如表 3-1-7 所示。

表 3-1-7　商品标价工作管理细节描述表

序号	规范内容
1	（1）标价位置要一致，让顾客容易看到，且不可压住商品说明文字。一般商品的标签均贴在商品的正面右下角。 （2）罐装商品则标于罐盖上方。 （3）瓶装商品则标于瓶肚上。 （4）不要直接标价在礼盒包装盒上
2	打标时要确实核对进货传票及陈列处的价格卡，不可同样商品有两种价格
3	标价业务最好不要在卖场进行，以免影响顾客流动线路，为此也可以要求供应商代为标价
4	标价纸要妥善保管
5	为防止顾客调换标签，可使用一次性的、有折线的标签
6	（1）变价时，若是调高价格，宜将原标签去除。 （2）若是降低价格，则可将新标签压在原标签上。 （3）每项商品不可同时有两个不同的价格标签

3.1.8　零售商品价格定价细节描述

零售商品价格定价细节描述，如表 3-1-8 所示。

表 3-1-8　零售商品价格定价细节描述表

序号	规范内容
1	以部门的采购成本加成的方式确定价格
2	以市场价格为标准的方式确定价格
3	以拍卖的方式确定价格

序号	规范内容
4	以固定费用的回收计算方式确定价格
5	以尾数的方式确定价格
6	以诱饵价格的方式确定价格
7	以均一售价的方式确定价格

注：零售商商品售价的定价应以第1、第2及第6种方式为原则弹性应用，其中第2种方法是最重要的方法，市场价格更应以批发市场为主。

3.1.9 商品补货上架工作管理细节描述

商品补货上架工作管理细节描述，如表 3-1-9 所示。

表 3-1-9 商品补货上架工作管理细节描述表

序号	规范内容
1	事先要根据商品陈列图表，做好商品陈列定位化工作
2	补货时先将原有商品取下，清洁货架及原有商品，接着将准备补充的新货放置于货架后段，再将原货放在前段
3	整理商品排面，以呈现商品的丰富感
4	生鲜食品为加强鲜度管理，应采取三段式补货陈列，即在早上开店时，应陈列全部品项，但数量保持在当日预定销售量的 40%，中午再补充 30% 的陈列量，下午营业高峰再补充 30% 的陈列量

3.1.10 送货签收操作细节描述

送货签收操作细节描述，如表 3-1-10 所示

表 3-1-10 送货签收操作细节描述表

序号	规范内容
1	司机清点所装载货物，确定数量和品种与销售单相符
2	司机通知客户收货人员并共同确认货物品种和数量
3	客户随货同行联（蓝联）上签收货
4	如客户即刻付款，司机负责确认所收货款符合销售单
5	如客户不能即刻付款，司机负责确认所收欠条符合销售单
6	司机将随货同行（蓝联）给客户
7	司机交客户货款给财务信息部并完成交接，或司机交客户欠条给经理并完成交接

3.1.11　商品收货工作管理细节描述

商品收货工作管理细节描述，如表 3-1-11 所示。

表 3-1-11　商品收货工作管理细节描述表

序号	规范内容
1	货物到达后，收货人员根据司机的随货箱单清点收货
2	收货人员应与司机共同拆铅封，打开车门检查货品状况，如货物有严重受损状况，须马上通知客户等候处理，必要时拍照留下凭证。如货物状况完好，开始卸货工作
3	（1）卸货时，收货人员必须严格监督货物的装卸状况（小心装卸），确认产品的数量、包装及保质期与箱单严格相符。 （2）任何破损、短缺必须在收货单上严格注明，并保留一份由司机签字确认的文件，如事故记录单、运输质量跟踪表等。 （3）破损、短缺的情况须进行拍照，并及时上报经理、主管或库存控制人员，以便及时通知客户
4	（1）卸货时如遇到恶劣天气，必须采取各种办法确保产品不会受损。 （2）卸货人员须监督产品在码放到托盘上时全部向上，不可倒置，每排码放的数量严格按照产品码放示意图
5	收货人员签收送货箱单，并填写相关所需单据，将有关的收货资料产品名称、数量、生产日期（保质期或批号）、货物状态等交订单处理人员
6	定单处理人员接单后必须在当天完成将相关资料通知客户并录入系统
7	破损产品须与正常产品分开单独存放，等候处理办法并存入相关记录

3.1.12　商品发货工作管理细节描述

商品发货工作管理细节描述，如表 3-1-12 所示。

表 3-1-12　商品发货工作管理细节描述表

项目	规范内容
1	所有的出库必须有客户授权的单据（授权签字或印章）作为发货依据
2	接到客户订单或出库通知时，订单处理人员进行单据审核（检查单据的正确性，是否有充足的库存），审核完毕后，通知运输部门安排车辆
3	订单处理人员依据不同的单据处理办法录入系统，制作送货单及依据货品或客户要求制作拣货单
4	备货人员严格依据备货单拣货，如发现备货单上或货物数量有任何差异，必须及时通知库存控制人员、主管及经理，并在备货单上清楚注明问题情况，以便及时解决
5	货物按总备货单备完后，根据要求按车辆顺序进行二次分拣，根据装车顺序按单排列
6	每单备货必须注明送货地点、单号，以便发货。各票备货之间需留出足够的操作空间

序号	规范内容
7	备货分拣完毕后，将拣货单交还定单做拣货单确认，并通知运输部。将拣货单交仓管员备货
8	发货人员依据发货单核对备货数量，依据派车单核对提货车辆，并检查承运车辆的状况后方可将货物装车
9	发货人员按照派车单顺序将每单货品依次出库，并与司机共同核对出库产品型号、数量、状态等
10	装车后，司机应在出库单上写明车号、姓名，同时发货人员签字。发货人员将完整的出库单交接单人员进行出库确认

3.1.13 退货或换残产品收货工作管理细节描述

退货或换残产品收货工作管理细节描述，如表3-1-13所示。

表3-1-13 退货或换残产品收货工作管理细节描述表

序号	规范内容
1	各种退货及换残产品入库都须有相应单据，如运输公司不能提供相应单据，仓库人员有权拒收货物
2	（1）退货产品有良品及不良品的区别，如良品退货，货物必须保持完好状态，否则仓库拒绝收货。 （2）不良品收货则必须与相应单据相符，并且有配套的纸箱，配件齐全
3	换残产品则须与通知单上的型号、机号相符，否则仓库拒绝收货
4	收货人员依据单据验收货物后，将不同状态的货物分开单独存放，将退货或换残单据及收货入库单，记录产品名称、数量、状态等交订单处理人员
5	订单处理人员依据单据录入系统

3.1.14 货品存放工作管理细节描述

货品存放工作管理细节描述，如表3-1-14所示。

表3-1-14 货品存放工作管理细节描述表

序号	规范内容
1	入库产品需贴好标签后入位，货物的存放不能超过产品的堆码层数极限
2	（1）所有货物不可以直接放置在地面上，必须按照货位标准整齐地码放在托盘上。 （2）开箱货物应及时封箱，并粘贴提示说明。 （3）货物必须保持清洁，长期存放的货物须定期打扫尘土，货物上不许放置任何与货物无关的物品，如废纸、胶带等
3	破损及不良品单独放置在搁置区，并保持清洁的状态、准确的记录

续表

序号	规范内容
4	托盘放置须整齐有序。上货架的货物要保证其安全性
5	货架上不允许有空托盘，空托盘须整齐放置在托盘区
6	（1）出入库产生的半拍产品应放置在补货区（一层）。 （2）半拍产品码放应整齐有序，不可以梯形码放

3.1.15　进货品入库工作管理细节描述

进货品入库工作管理细节描述，如表 3-1-15 所示。

表 3-1-15　进货品入库工作管理细节描述表

项目	规范内容
采购单处理	仓库保管员一旦接到采购部门转来的采购单，即应归档存放
物资标签	物资在待验入库前应在外包装上贴好标签，详细填写批量、品名、规格、数量及入库日期
内购物资入库	（1）材料入库前，保管人员必须对物料名称、规格、数量、送货单和发票等一一清点核对，确认无误后，将到货日期及实收数量填入请购单。 （2）如发现实物与采购单上所列的内容不符，保管人员应立即通知采购人员和主管。在这种情况下原则上不予接收入库。 （3）如采购部门要求接收，则应在单据上注明实际收料状况，并请采购部门会签
外购物资入库	（1）材料进厂后，保管人员即会同检验人员核对材料名称、规格和数量，并将到货日期及实售数量填入采购单。 （2）开箱后，如发现所装载材料与装箱单或采购单记载不符，应紧急通知采购部门处理。 （3）如发现所装载物料有倾覆、破损、变质、受潮等现象，经初步估算损失在 2 000 元以上者，保管人员应立即通知公证人员、采购人员等前来公证并通知代理商前来处理，同时要维持原来状态以利公正作业。如未超过 2 000 元，可按实际数量办理入库，并在采购单上注明损失程度和数量。 （4）受损物品经公证或代理商确认后，保管人员即开具索赔处理单呈主管批示

注：本流程经总经理核定后开始实施。

3.1.16　假冒伪劣商品界定细节描述

假冒伪劣商品界定细节描述，如表 3-1-16 所示。

表 3-1-16　假冒伪劣商品界定表

序号	规范内容
1	失效、变质
2	危及安全和人民健康的

序号	规范内容
3	所标明的指标与实际不符
4	冒用优质或认证标志和伪造许可证标志的
5	掺杂使假，以假充真或以旧充新的
6	国家有关法律、法规明确规定禁止生产、销售的
7	无检查合格证或无有关单位销售证明的
8	未用中文标明商品名称、生产者和产地的
9	限时使用而未标明失效时间的
10	实施生产许可证管理而未标明许可证编号有效时间的
11	按有关规定应用中文标明规格、等级，主要技术指标或成分、含量等
12	属于处理品而未在商品或包装的显著部位标明处理品字样的
13	剧毒、易燃等危险品而未标明的
14	未标明商品的有关知识和使用说明的

3.1.17　商品检验细节描述

商品检验细节描述，如表 3-1-17 所示。

表 3-1-17　商品检验细节描述表

项目	规范内容
冻肉类的质量要求	（1）肌肉有光泽，色红均匀，脂肪洁白。 （2）肉质紧密，指压立即恢复。 （3）外表及切面微湿润，不黏手。 （4）无异味，具有冻肉类的固有气味
冻禽类的质量要求	（1）眼球饱满。 （2）皮肤有光泽，因品种不同色泽也不相同，肌肉切面发光。 （3）指压后的凹陷恢复较快。 （4）外表微干或微湿，不黏手。 （5）具有禽类的正常气味
冻鱼类的质量要求	（1）紧闭，不易揭开，鳃丝清晰透明，呈鲜红色，无异味；眼球饱满突出，清晰晶亮，角膜透明，鱼目会有一定光泽，形态完整。 （2）鱼体清亮，具有各种鱼类的应有光泽，鱼鳞紧贴鱼体，腹部呈乳白色、青白色、黄色或银白色。 （3）肉质坚实，弹性强，指压后即复原，肌肉组织致密，有韧性，肉与骨不易撕离。 （4）无异味，且有各种鱼固有的鱼腥味

项目	规范内容
蛋类的质量要求	外壳毫无破损，蛋壳光滑，无粗糙感，皮蛋的表面不能布满黑褐色斑点
冷藏食品的质量要求	（1）奶品：颜色无浑浊或有沉淀物、结块。 （2）豆制品：无发霉、酸败、黏液。 （3）干货类：无发霉、酸败、黏液或颜色过白。 （4）调理食品：无发霉、酸败、黏液
罐头食品的质量要求	罐形正常，无凹凸、生锈、刮痕、油渍
蔬菜的质量要求	（1）包装完整，无破损、无汁液流出。 （2）无腐败味道。 （3）应保持可见度，汁液不能太少。 （4）真空包装未失真空

3.1.18　卖场商品管理细节描述

卖场商品管理细节描述，如表 3-1-18 所示。

表 3-1-18　卖场商品管理细节描述表

项目	规范内容
定位管理	（1）使商品按照卖场配置及商品陈列表的规定"各就各位"，以创造最佳的业绩。 （2）商品的位置好比商品的住址，如果能确实掌握及执行，对进、销、存管理及分析将大有益处。否则，商品将"居无定所"，不但影响订货、进货，而且容易造成缺货，使顾客不满，进而导致销售分析的失真，而影响商品决策。 （3）采购人员对商品在卖场中的实际陈列位置，应随时加以了解
数字管理	卖场内的商品必须是易卖又易赚钱的畅销品。而衡量商品好坏的指标有以下几项： （1）销售量。最容易判断商品销售好坏的指标是销售量，通常在一定时期内（一个月或三个月）没有销售交易的商品即为滞销，应优先考虑淘汰。 （2）回转率。回转率＝平均销售额×平均存货额，而平均存货额＝（期初存货额＋期末存货额）÷2。商品回转率的高低，可判断其销售的快慢，并作为淘汰与否的参考。零售商的商品回转率以每月或每季计算，正常的回转率为每月 4 次（商品每周约回转一次）。不过，目前国内零售商的商品回转水准为 1~2 次，若商品回转率是在一次以下者，即可列为优先淘汰的商品。 （3）交叉比率。交叉比率＝回转率×毛利，通常以每月或每季为计算期间。以交叉率衡量商品好坏，只是基于商品对店铺整体贡献的多寡，所以应同时考虑销售快慢及毛利高低等因素，才具有客观性。国外零售商品的标准交叉比率为 100 以上，而目前国内零售商商品的交叉比率水准为 30~50，若交叉比率在 30 以下者，则列为优先淘汰的商品；反之，则应加强商品交叉比率高的商品采购，以扩大零售商整体的利益

项目	规范内容
品质管理	（1）目前零售商的经营品种均有食品、生鲜、果蔬等，其中食品类占很大的比重，所以，品质好坏将影响顾客健康及零售商形象。 （2）在食品采购方面，采购人员除应定期与不定期到分店或供应商处检查商品品质外，更应教育卖场人员了解商品知识，共同做好商品管理工作，以达到商品评估办法的规定

3.1.19　商品数量更正工作管理细节描述

商品数量更正工作管理细节描述，如表 3-1-19 所示。

表 3-1-19　商品数量更正工作管理细节描述表

项目	规范内容
目的	为求各商品的实际库存量与报表记录的库存量一致，以利商品的管理，特制订商品数量更正作业程序
更正流程	（1）各部门主管发现商品数量差异后，填写商品数量更正单。 （2）填完单据后，交至店长办，由店长审核是否同意作数量更正（如不同意，相关部门主管需做详细解释，再提出另外的解决方法）。 （3）店长审核完毕后的数量更正单交至输入小组，由输入小组作数量更正。 （4）输入小组将输入的商品数量更正单存档。 （5）输入小组每日上交昨日商品库存异动报表给店长，由店长审核
更正时机	（1）商品破损不宜以原销售单位出售时。 （2）实际库存量与报表记录不符时。 （3）如在盘点时发现数量差异时。 （4）如数量差异是因错误的收货程序所致时。 （5）如改变销售单位时。 （6）商品被盗时。 （7）分店内部商品进行相互转货时
填表注意事项	（1）数量原因经调查后，主管须填写"商品数量更正单"。 （2）"商品数量更正单"内应列举造成差异原因的代号。 （3）实际库存大于报表记录量时，做"+"号的更正（蓝笔或黑笔）。 （4）实际库存小于报表记录量时，做"−"号的更正（红笔）

3.1.20　办理商品返厂工作管理细节描述

办理商品返厂工作管理细节描述，如表 3-1-20 所示。

表 3-1-20　办理商品返厂工作管理细节描述表

项目	规范内容
1	返供应商品的账务处理，要严格执行商场内的有关财会制度，真实体现全面反映返供应商品的应收应付关系，不得遗漏
2	（1）凡需做返厂处理的购进商品，采购员必须征得厂方同意，并与厂方达成文字处理意见后，通知保管员做好返厂的具体工作，不得盲目返厂。 （2）凡因盲目返厂造成的拖欠债务，由当事人追回
3	凡需做返厂处理的代销商品（包括厂方借、调的商品），采购员提前 15 天与厂方联系，15 天内收不到厂方答复，可留信函为凭，凡厂方无故拖延，不予返厂的商品，要向厂方征收保管费
4	商品返厂工作由采购员协调与厂方的关系，由保管员统一办理各种手续，负责具体工作
5	（1）已出库的商品返厂，必须先退库再由保管员做返厂处理。 （2）任何人不得随意将已出库、未退库的商品和柜台内的商品返厂，否则按丢失商品追究当事人责任
6	商品返厂时，商场保管员要填制商品返厂单并随货同行，并通告厂方凭单验收
7	各商场、零售商必须认真对待商品返厂工作，保管员要点细数、件数，分规格，包装要捆扎牢固，铁路运单和运输凭证要详细填写，并及时做好保管账卡的记录
8	凡是厂方采取以货换货直接调换商品方式解决商品返厂的商场采购员、保管员必须坚持"同种商品一次性调清不拖不欠"的原则，绝不允许以金额核准数量的异货相抵

3.1.21　淘汰滞销商品处理工作管理细节描述

淘汰滞销商品处理工作管理细节描述，如表 3-1-21 所示。

表 3-1-21　淘汰滞销商品处理工作管理细节描述表

项目	规范内容
确定标准	（1）依销售排列名次来确定。 （2）以销售数量为淘汰标准。 （3）以销售额为淘汰标准
淘汰作业程序	（1）将待淘汰商品按品类列出清单。 （2）与门店主管、相关部门及供应商确认清退日期。 （3）根据淘汰商品清单进行商品数量统计。 （4）与供应商按照约定的方法做清退处理。 （5）淘汰商品的供应商做货款抵扣

3.1.22　干货配送工作管理细节描述

干货配送工作管理细节描述，如表 3-1-22 所示。

表 3-1-22　干货配送工作管理细节描述表

项目	规范内容
收货作业	收货作业是业务部配送中心工作周期的开始。它包括订货和接货两个过程： （1）配送中心收到并汇总分店的订货单后，首先要确定配送货物的种类和数量，其次要查询配送中心现有库存中是否有所需的现货。如果有现货，则转入拣选流程。如果没有，或虽然有现货但数量不足，则要及时向总部采购部门发出订单，进行订货。 （2）通常在商品货源充足的条件下，采购部门向供应商发出订单以后，供应商会根据订单的要求很快组织发货，配送中心接到通知后，就会组织有关人员接货，并对货物进行检验
验收入库	即采用一定的手段对接收的货物进行检验，包括数量和质量的检验： （1）若与订货合同要求相符，则可以转入下一道工序。 （2）若不符合合同要求，配送中心将详细记录差错情况，并拒绝接收货物。按照规定，质量不合格的商品将由供应商自行处理。 （3）经过验收之后，配送中心的工作人员随即要按照类别、品种将其分开，分门别类地存放到指定的仓位和场地，或直接进行下一步操作
贮存	（1）贮存主要是为了保证销售需要，但库存要合理。 （2）同时还要注意确保商品不发生数量和质量的变化
拣选	（1）由配送中心的工作人员根据信息中心打印的要货单上所列出的商品、要货的时间、储存区域，并根据装车配货要求、分店位置的不同，将货物挑选出来。 （2）拣选的方法一般是以摘取的方式拣选商品。 （3）工作人员推着集货车在排列整齐的仓库货架间巡回走动，按照配货单上列出的品种、数量、规格拣选出分店需要的商品，并放入集货车内，最后存放暂存区以备装车
配装	（1）为了充分利用载货车厢的容积和提高运输效率，配送中心常常把同一条送货路线上不同分店的货物组合配装在同一辆载货车上。 （2）在配送中心的作业流程中安排组配作业，把多家分店的货物混载于同一辆车上进行配载，不但能降低送货成本，而且可以减少交通流量、改变交通拥挤状况
送货	（1）这是配送中心的最终环节，也是配送中心的一个重要环节。送货包括装车和送货两项活动。一般情况下，配送中心使用自备的车辆进行送货作业。 （2）有时也可以借助于社会上专业运输组织的力量，联合进行送货作业。此外，为适应不同零售商的需要，配送中心在进行送货作业时，常常做出多种安排，有时按照固定时间、固定路线为固定用户送货。有时不受时间、路线的限制，机动灵活地进行送货作业。另外，为保障配送中心整体的正常运作，在业务上还需要进行信息处理、业务结算，以及退货、废弃货物处理等作业

3.1.23　食品配送工作管理细节描述

食品配送工作管理细节描述，如表 3-1-23 所示。

表 3-1-23　食品配送工作管理细节描述表

序号	规范内容
1	保质期较短或对保鲜要求较高的食品，如点心类食品、肉制品、水产品，要求能够快速送货，因此，这类食品的配送过程中不存在贮存程序，在收货工序的后紧接着是分拣工序和配装等工序。其配送流程如下：收货→分拣→配装→送货
2	保质期较长的食品，一般在备货后安排储存工序，有时是放在冷库中储存。 　　这类食品的配送流程与干货的配送流程相似
3	对鲜菜、鲜肉和水产品等保质期较短的食品，中间通常要有加工工序。具体操作工序如下： 　　(1) 大量货物集中到仓库后，先进行初加工，包括将大块的货物分成小块。 　　(2) 对货物进行等级划分（给蔬菜去根、去老叶，鱼类去头、去内脏），配制成半成品等。 　　(3) 然后再进行储存到配送的各道工序。其配送流程：收货→加工→储存→配装→送货

3.1.24　仓库日常管理细节描述

仓库日常管理细节描述，如表 3-1-24 所示。

表 3-1-24　仓库日常管理细节描述表

序号	规范内容
1	库区和库内地面不得有淤泥、尘土、杂物等
2	装卸作业工具在不用时，停放在指定区域
3	门、窗、天窗及其他开口在不用时保持关闭，状况良好，能有效阻止鸟及其他飞行类昆虫进入
4	仓库照明设备是否完好、安全
5	仓库办单处是否整洁
6	仓库地面要清楚标明堆码区和理货区
7	手摸货架、货物、托盘，无灰尘
8	空托盘在指定区域堆放整齐
9	货物堆码无倒置和无超高现象
10	货物堆放整齐、无破损、开箱或变形货物
11	仓库的活动货位连贯，没有不必要的活动货位
12	各类警示标识要有效、整洁、张贴规范
13	每次收货，要正确、清晰填写及张贴"收货标签"
14	破损、搁置、禁发货物要分开存放并张贴相应标签
15	破损、搁置货物要在三个月内（食品类为一个月）处理完毕
16	可发货物中不得有渗漏、破损、污染货物未报状态及位置转移

序号	规范内容
17	所有退货的处理必须在两天内完成，并且退货上必须贴有退货通知单
18	仓库无"四害"侵袭痕迹
19	定期作"四害控制"处理，并记录每次处理的工序、时间、结果
20	系统库存和实际库存要一致
21	仓库需完全按"拣货单"备货发货
22	同库、同品种的货物必须堆放于同区域或相近区域，同品种的货物应存放于同一仓库
23	同一客户的产品，如果可以共存于一个仓库，且一个仓库能够存放下，那么该客户的产品必须存放于同一仓库
24	收货时，是否按规定仔细分拣货物

3.1.25 商品在库保管工作管理细节描述

商品在库保管工作管理细节描述，如表 3-1-25 所示。

表 3-1-25 商品在库保管工作管理细节描述表

项目	规范内容
贯彻"安全、方便、节约"原则	安全是指确保商品的安全，使商品在保管期间不变质、不破损、不丢失。方便是指方便商品的进出库工作，提高劳动效率。节约即尽可能节约保管费用
科学堆码、合理利用仓容	（1）科学堆码、合理利用仓容就是在贯彻"安全、方便、节约"原则的基础上，根据商品性能、数量和包装形状，以及仓库条件、季节变化的要求，采取适当的方式方法，将商品堆放得稳固、整齐，留出适当的墙距、垛距、顶距、灯距和通道，充分利用仓库的空间。 （2）根据商品的包装条件和包装形状，商场在库商品的堆码方法通常有三种，即散堆法、垛堆法和货架堆码法
分区分类、货位编号	（1）分区分类、货位编号就是根据商品的自然属性和仓库设备条件，将商品分为类，仓库分区，按货区分列货位，并进行顺序编号，再按号固定商品的存放地点。 （2）对在库商品分区分类管理时，需注意不要把危险品和一般商品、有毒商品和食品、互相易串味的商品、理化性能互相抵触的商品放在一起，以防影响商品质量
定期盘点核对	商品盘点是财产清查的一项重要内容，也是进行商品管理的重要手段。 （1）通过商品盘点，可以掌握库存商品的具体品种和数量。 （2）可以保证账实相符。 （3）可以检查商品库存结构是否合理。 （4）还可以检查商品库存定额以及商品保本保利储存期的执行情况。为了方便商

项目	规范内容
定期盘点核对	品的盘点，必须对库存商品建立保管账卡，并对商品出入库及库存情况做好记录。商品盘点除按规定于每月末定期进行外，还可根据商品的堆垛，采取售完一批清理一批的办法，并在必要时突击抽查有关柜组。 （5）商品盘点前，应注意做好必要的准备工作并将未验收、代管、代购、代销的商品与自有商品分开。 （6）将已验收的商品全部记入保管账。 （7）校正度量衡器。 （8）对商品分别归类。 （9）商品的实地盘点，一般先清点现金和票证，后清点商品。清点商品时，为防止出现重盘或漏盘现象，应采取移位盘点法，划清已盘商品和未盘商品的界限，并认真填制"商品盘点表"，做好商品盘点记录。商品清点结束后，除做好商品整理外，还要及时计算实存金额，核实库存，上报处理长短商品及发现的有关问题
加强商品养护	商品养护工作应在"以防为主，防治结合"的方针指导下，在充分了解商品特性，研究影响商品质量变化的因素，掌握商品质量变化规律的基础上来进行

3.1.26　商品配置表制作细节描述

商品配置表制作细节描述，如表 3-1-26 所示。

表 3-1-26　商品配置表制作细节描述表

项目	规范内容
功能和作用	（1）有效控制商品品项。 （2）商品陈列定位管理。 （3）商品陈列排面管理。 （4）畅销商品保护管理。 （5）商品利润的控制管理。 （6）零售商连锁经营标准管理的工具
准备工作	（1）商品陈列货架的标准化。 （2）商圈与消费者的调查。 （3）单品项商品资料卡的设立。 （4）配备商品配置实验架
制作程序	（1）商品配备的选定。 （2）单品项商品陈列量的确定。 （3）根据商品的陈列量和陈列面积确定相应的货架数量。 （4）商品的陈列位置与陈列排面数的安排。 （5）特殊商品用特殊陈列工具。 （6）商品配置表的设计

项目	规范内容
修正	（1）修正程序 ①对每月销售情况进行分析。 ②对滞销商品进行淘汰。 ③畅销商品的调整和新商品的导入。 ④商品配置表的最后修正。 （2）修正注意事项 ①修正需固定一段时间进行，如一个月、一个季度等。 ②修正需考虑季节、时令、促销等因素。 ③不宜随意修正，否则会出现配置凌乱和不易控制的现象

3.1.27　门店渠道管理细节描述

门店渠道管理细节描述，如表 3-1-27 所示。

表 3-1-27　门店渠道管理细节描述表

项目	规范内容
管理原则	零售商商品经营渠道，由业务部统一管理。门店选择经营渠道时，应在现有资料中选择。门店对管理中心指令性经营或指令性淘汰的渠道必须执行。 （1）对同一级门店渠道尽量统一的原则。 （2）下一级门店不能超越上一级门店渠道的原则
门店引进新渠道流程	（1）运营部新增渠道填写新商品申请表报总经理审批，签字后转业务部划分经营权限，（运营部负责提供新渠道三证）。指令性门店经营的渠道门店必须经营。 （2）门店申请增加的新渠道，填写新商品申请表经店长或运营主管审批，报运营部，综合同一级门店该大类经营情况，报经理审批，转业务部划分经营权限方可执行。 （3）门店选择增加新渠道时，必须在现有经营渠道资料中选择
淘汰渠道流程	（1）业务部对商品进行分析，根据各门店在营渠道情况、大类经营渠道数量、销售金额、动销率分析等综合情况，拟订淘汰渠道建议，报总经理审批后通知门店指令性清退，取消其经营权限，缩小大类限定品种数，门店必须在规定日期内清退该渠道商品。 （2）门店淘汰在营渠道，必须由门店店长或运营主管签字，并于每月 25—30 日上报业务部进行备案，取消经营权限，减少大类限定品种数。 （3）门店淘汰业务部指令性经营的商品渠道，需提前报业务部，业务部根据该门店的经营情况进行分析，提出建议，报总经理审批，签字后下发门店执行

3.1.28　与运营部交接细节描述

与运营部交接细节描述，如表 3-1-28 所示。

表 3-1-28　与运营部交接细节描述表

项目	规范内容
第一次业务交接	合同签订后，业务部将以下业务移交给运营部。 （1）品牌柜位及面积。 （2）品牌名称、产地、质量标准等品牌资料。 （3）品牌商名称、业务负责人、业务联系人等品牌商资料。 （4）联合经营方式、合同费用标准、签约时间。 （5）营业人员的使用情况
二次商装过程的交接	在二次商装过程中，业务招商主管（经理）将以下业务移交给运营部。 （1）装修图纸审批后，确定进场装修施工时间。 （2）品牌（专柜）形象要求、材质要求。 （3）柜位使用面积及柜位号。 （4）验收标准。 （5）施工队伍及品牌商施工负责人的资料。 （6）施工要求
商品进场时交接	商品进场时，业务招商主管（经理）将以下资料移交给运营部。 （1）进场的商品品牌名称及数量。 （2）商品的质量、价格、花色品种、规格。 （3）陈列要求。 （4）道具要求
所有业务的移交	业务招商主管（经理）均应填写内部工作联系单，按规范操作程序进行业务交接工作

3.1.29　业务部与公司各部门间工作协调细节描述

业务部与公司各部门间工作协调细节描述，如表 3-1-29 所示。

表 3-1-29　业务部与公司各部门间工作协调细节描述表

项目	规范内容
与财务信息部	（1）协助品牌商结算方式、结算时间、相关费用扣缴标准的确定。 （2）协助品牌商、品牌资料信息档案的建立、查询、变更。 （3）协助合同文本信息档案的建立、查询、变更。 （4）协助促销费用的分摊。 （5）协助品牌商货款结算。 （6）各种费用的报销
与运营部	（1）协助卖场规划和品牌布局的设计。 （2）协助专柜二次商装的协调、管理及验收。 （3）协助品牌商进场、撤柜、柜位调整。 （4）品牌商促销方式、费用分摊、促销时间、促销内容的确定。

项目	规范内容
与运营部	（5）促销活动的组织、实施、管理及维护现场秩序。 （6）品牌商合同条款异动的协调、执行。 （7）协助促销员的培训、日常管理
与物业管理部	（1）协助卖场规划及动线设计。 （2）协助专柜二次商装的水、电、消防标准的审核及验收。 （3）协助专柜物业管理及相关费用的扣缴。 （4）协助专柜二次商装照明用电的增额管理及相关费用的扣缴。 （5）协助促销活动的组织、实施和维护现场秩序
与行政事务部	（1）部门员工档案的建立、存档、保管。 （2）部门员工的招聘。 （3）员工刷卡考勤的管理、考核员工的出勤情况。 （4）员工工资的计算。 （5）监督部门员工的行为规范和职业道德。 （6）部门员工的绩效考核。 （7）部门日常办公用品的发放。 （8）部门文件、文本资料的复印。 （9）部门办公设施的配置、维护
与营销策划部	（1）协助促销活动举办的方式、方法的制定。 （2）协助促销活动的扣点及费用分摊标准的确定。 （3）协助品牌商二次商装及专柜形象的审核

3.2　采购计划与商品标准管理

3.2.1　采购计划制订细节描述

采购计划制订细节描述，如表 3-2-1 所示

表 3-2-1　采购计划制订细节描述表

项目	规范内容
采购计划的关键点	从一定程度上说，采购计划就是要决定商品采购额的计划。采购计划要在对各种内外部情报资料进行分析的基础上制订出来，其中有两个重点： （1）每个月或每季度应该准备的商品系列及库存额的决定； （2）在这个库存额的范围内，制订备齐采购的计划
采购预算的确定	（1）本年度营业目标的设定。 （2）采购原价的推算：商品原价＝营业目标×（1-预订毛利率） （3）本年度期末存货量估算（以原价为基础）：本年度期末存货量＝营业目标÷预订商品回转率。 （4）本年度采购预算（原价为基础）：本年度采购预算＝原价预算＋期末预算存货－期初存货

项目	规范内容
商品采购项目和数量的确定	（1）采购什么样的商品项目，是在对收集到的有关市场信息进行分析研究后确定的。在此过程中，除了要考虑过去选择商品项目的经验，市场流行趋势，新产品情况和季节变化等外，还要重点考虑主力商品和辅助商品的安排。 （2）决定采购商品数量会影响到销售和库存，关系到销售成本和经营效益。 ①如果采购商品过多，会造成零售商商品的保管费用增多。 ②资金长期被占用，也会影响资金的周转和利用率。 ③如果商品采购太少，不能满足顾客的需要，会使零售商出现商品脱销，失去销售的有利时机。 ④每次采购商品过少又要保证商品供应，势必增加采购次数，频繁采购会增加采购成本支出。 （3）为了避免出现商品脱销和商品积压的现象，有必要确定最恰当的采购数量。 解决这一问题的办法，就是在确定商品总采购量后，选择恰当的采购次数，分次购入商品。采购经济批量可由下面的公式计算： $$Q = 2KD \div PI$$ 式中：Q 为每批采购数量；K 为商品单位平均采购费用；D 为全年采购总数；P 为采购商品的单价；I 为年保管费用率。 实例：某家用电器零售商计划全年销售洗衣机 160 台，已知每台洗衣机的采购费用是 10 元，单价为 800 元，年保管费用率为 10%，欲求最经济的采购批量。 $$（2 \times 10 \times 160）\div（800 \times 10\%）= 40（台）$$ 从计算结果知，每次采购数量为 40 台较为合理
确定供货商	确定了采购商品的品种和数量后，还要确定从哪里采购，什么时间采购，以保证无缺货现象的发生。此外，还应当注意选择信誉好的制造商、供货商进货，这样可以使商品质量和供应时间都得到保障
进货时间	每种商品有一定的采购季节。适时采购不仅容易购进商品，而且价格也较为便宜，过早购入会延长商品的储存时间，导致资金积压。因此，采购时应权衡利弊，选择合理的采购时间

3.2.2　采购计划管理细节描述

采购计划管理细节描述，如表 3-2-2 所示。

表 3-2-2　采购计划管理细节描述表

项目	规范内容
制订采购计划	（1）由商场各部门根据每年物资的消耗率、损耗率和对第二年的预测，在每年底编制采购计划和预算报财务部审核。 （2）计划外采购或临时增加的项目制订计划，并报告财务部审核。 （3）采购计划一式四份，自存一份，其他三份交财务部
审批采购计划	（1）财务部将各部门的采购计划和报告汇总并进行审核。 （2）财务部根据商场本年的营业实绩、物资的消耗和损耗率、第二年的营业指标及营业预测做采购物资的预算。 （3）将汇总的采购计划和预算报总经理审批。

项目	规范内容
审批采购计划	（4）经批准的采购计划交财务总监监督实施，对计划外未经批准的采购要求，财务部有权拒绝付款
物资采购	（1）采购员根据核准的采购计划，按照物品的名称、规格、型号、数量、单位适时进行采购，以保证及时供应。 （2）大宗用品或长期需用的物资，根据核准的计划可向有关的工厂、公司、供应商签订长期的供货协议，以保证物品的质量、数量、规格、品种和供货要求。 （3）采购人员对餐料、油味料、酒、饮品等，要按计划下单进行采购，以保证供应。 （4）计划外和临时少量急需品，经总经理或总经理授权有关部门经理批准后可进行采购，以保证需用
物资验收入库	（1）无论是直拨还是入库的采购物资都必须经仓管员验收。 （2）仓管员验收是根据订货的样品，按质按量对发票验收。验收后要在发票上签名或发给验收单，然后需直拨的按手续直拨，需入库按规定入库
报销及付款	（1）付款 ①采购员采购的大宗物资的付款要经财务总监审核，经确认批准后方可付款。 ②支票结账一般由出纳根据采购员提供的准确数字或单据填制支票，若由采购员领空白支票与对方结账，金额必须限制在一定的范围内。 ③按商场财务制度规定，付款30元以上者要使用支票或委托银行付款结账，30元以下者可支付现款。 ④超过30元要求付现金者，必须经财务部经理或财务总监审查批准后方可付款，但现金必须控制在一定的范围内。 （2）报销 ①采购员报销必须凭验收员签字的发票或连同验收单，经出纳审核是否经批准或在计划预算内，核准后方可给予报销。 ②采购员若向个体户购买商品，可通过税务部门开票，因急需而对方又无发票的，应由卖方写出售货证明并签名盖章，并有两人以上采购员的证明及验收员的验收证明，经部门经理或财务总监批准后方可给予报销

3.2.3 采购组织规模类别细节描述

采购组织规模类别细节描述，如表3-2-3所示。

表 3-2-3 采购组织规模类别细节描述表

项目	规范内容
独立门店	（1）独立门店的营业、商品、人事权等，通常由店长（负责人）负责。 （2）商品采购等相关事项集于店主一身，成败视其能力强弱而定
连锁体系发展初期 （通常在50家以内）	（1）由于店数不多，店铺分布不广，故商品同质性较高。 （2）而在公司规模小，编制人数少的情况下，通常组织编制是以商品采购、促销计划、商品陈列规划、市场调查等，是一种分工较粗的组织架构

项目	规范内容
连锁体系发展渐趋成熟阶段（一般在 50~100 家）	（1）由于店数渐多，店铺分布较广，商品异质性增加，同时供应商数量也较之前增加，管理工作相对增加，因此须逐渐向分工的方向调整组织架构 连锁体系稳定阶段（通常在 100 家以上）。 （2）由于店数众多，地区分布很广，而不同商圈商品差异性大，供应商数量也多，各种管理工作及门市问题增幅较大，所以，商品采购机能会从商品行销、商品指导、物流等分离而出，独立作业。 （3）但采购通常仍会隶属于商品部门之下，以保持彼此的密切联系与工作协调而产生综合效果

3.2.4　采购考核指标体系制定细节描述

采购考核指标体系制定细节描述，如表 3-2-4 所示。

表 3-2-4　采购考核指标体系制定细节描述表

项目	规范内容
销售额指标	（1）销售额指标要细分为大类商品指标、中分类商品指标、小分类商品指标及一些特别的单品项商品指标。 （2）应根据不同的业态模式中商品销售的特点来制定分类的商品销售额指标比例值
商品结构指标	（1）商品结构指标是以体现业态特征和满足顾客需求度为目标的考核指标。 （2）如对一些便利店连锁公司的商品结构进行研究发现，反映便利店业态特征的便利性商品只占 8%，公司自有品牌商品占 2%，其他商品高达 80%。为了改变这种商品结构，就要从指标上提高便利性商品和自有商品的比重，并进行考核，通过指标的制定和考核同时达到两个效果： 第一，在经营的商品上业态特征更明显； 第二，高毛利的自有品牌商品比重上升，从而增强了竞争力和盈利能力
毛利率指标	（1）根据门店商品品种定价的特征，毛利率指标首先是确定一个综合毛利率的指标，这个指标的要求是反映零售商的业态特征控制毛利率，然后分解综合毛利率指标，制定比例不同的类别商品的毛利率指标并进行考核。 （2）毛利率指标对采购业务人员考核的出发点是，让低毛利商品类采购人员通过合理控制订单量加快商品周转，扩大毛利率，并通过与供应商谈判加大促销力度扩大销售量，增大供应商给予的"折扣率"，扩大毛利额率。 （3）对高毛利率商品类的采购人员，促使其优化商品品牌结构做大品牌商品销售量，或通过促销做大销售量扩大毛利率，要明白一个道理，零售商毛利率的增加，很重要一个途径就是通过促销做大销售量，然后从供应商手中取得能提高毛利率的"折扣率"
库存商品周转天数指标	（1）这一指标主要是考核配送中心库存商品和门店存货的平均周转天数。 （2）通过这一指标可以考核采购业务人员是否根据店铺商品的营销情况，合理地控制库存，以及是否合理地确定了订货数量

项目	规范内容
门店订货商品到位率指标	（1）这个指标一般不能低于98%，最好是100%。 （2）这个指标考核的是门店向业务部订货的商品与业务部库存商品可供配的接口比例。 （3）这个指标的考核在排除业务部的其他部门的工作因素后，除特殊原因外，主要落实在商品采购人员身上。 （4）到位率低说明门店缺货率高，必须严格考核
配送商品的销售率指标	（1）门店的商品结构、布局与陈列量都是由业务部制定的，如果配送到门店的商品销售率没有达到目标，可能是商品结构、商品布局和陈列量不合理。 （2）对一些实行总部自动配送的公司来说，如果配送商品销售率低，可能还关系到对商品最高与最低陈列量的上下限不合理
商品有效销售发生率指标	（1）在零售商市场中，有的商品周转率很低，但为了满足消费者一次性购足的需要和选择性需要，这些商品又不得不备，但如果库存准备不合理，损失就会很大。 （2）商品有效销售发生率就是考核业务部档案商品（档案目录）在门店POS机中的销售发生率。如低于一定的发生率，说明一些商品为无效备货，必须从目录中删除出去并进行库存清理
新商品引进率指标	（1）为了保证各种不同业态模式零售商的竞争力，必须在商品经营结构上进行调整和创新。 （2）使用新商品引进率指标就是考核采购人员的创新能力，对新的供应商和新商品的开发能力，这个指标一般可根据业态的不同而分别设计。 （3）如便利店的顾客是新的消费潮流的创造者和追随者，其新商品的引进力度就要大，一般一年可达到60%~70%。 （4）当一年的引进比例确定后，要落实到每一个月，当月完不成下一个月必须补上。如年引进新商品比率为60%，每月则为5%；如当月完成3%，则下月必须达到7%
商品淘汰率指标	由于门店的卖场面积有限，又必须不断更新结构，当新商品按照考核指标不断引进时，就必须制定商品的淘汰率指标，一般商品淘汰率指标可比新商品引进率指标低10%左右，即每月低1%左右
通道利润指标	（1）零售商向供应商收取一定的通道费用只要是合理的就是允许的，但不能超过一定的限度，以致破坏了供商关系，偏离了门店经营的正确方向。 （2）客观而言，在零售商之间价格竞争之下，商品毛利率越来越低，在消化了营运费用之后，利润趋向于零也不是不可能的，因此，通道利润就成为一些零售商公司的主要利润来源，这种状况在一些零售商竞争激烈的地区已经发生。 （3）一般通道利润可表现为进场费、上架费、专架费、促销费等，对采购人员考核的通道利润指标不应在整个考核指标体系中占很大比例。否则会把方向领偏，通道利润指标应更多体现在采购合同与交易条件中

3.2.5　商品采购战略实施细节描述

商品采购战略实施细节描述，如表3-2-5所示。

表 3-2-5　商品采购战略规范表

项目	规范内容
集中采购	（1）通过采购量的集中来提高议价能力，降低单位采购成本，这是一种基本的战略采购方式。许多零售连锁企业纷纷建立集中采购部门或货源事业部，对集团的生产性原料或非生产性物品进行集中采购规划和管理，一定程度上减少了采购物品的差异性，提高了采购服务的标准化，减少了后期管理的工作量。 （2）集中采购增加了采购部门与业务部门间沟通和协调的难度，增加了后期调配的难度。对于地区采购物品差异性较大的企业来说适用性较小
扩大供应商基础	（1）通过扩大供应商选择范围，引入更多的竞争，降低采购成本。 （2）跨国企业纷纷涉足中国，将中国作为原料采购中心和制造中心就是一个例证。但对于某些核心生产和服务机构的原料/产品企业来说，往往会与少数战略合作伙伴建立长久关系，在保护核心技术专有性的同时，也便于共同进行新产品/服务的开发和改良
优化采购流程和方式	在将"采购量"和"供应商"数量这两个硬的客观影响采购成本因素进行优化之后，进一步降低成本空间转向软的管理优化方面。例如： （1）通过招投标方式引入竞争，充分发挥公开招标中供应商间的博弈机制，科学公正地选择最符合自身成本和利益需求的供应商。 （2）通过电子化采购方式降低采购处理费用。 （3）通过科学的经济批量计算合理安排采购频率、批量降低采购费用和仓储直接、间接成本。 （4）对供应商提供的服务和原料进行有选择地购买。事实上，供应商提供的任何服务都是有价格的，以直接或间接形式包含在价格中，所以，企业可以将其细分，选择所需的原料及配套服务，以降低整体采购成本
原料/产品/服务的标准化	（1）在产品、服务设计阶段就应充分考虑未来采购、制造、储运等环节的运作成本，提高原料、工艺和服务的标准化程度，减少差异性带来的后续成本。 （2）这是技术含量更高的一种战略采购，是整体供应链优化的充分体现，但技术可行性是一大障碍

3.2.6　采购日常专业用语使用规范

采购日常专业用语使用规范，如表 3-2-6 所示。

表 3-2-6　采购日常专业用语使用规范表

项目	规范内容
促销员	供应商为了更好地销售、宣传其商品，而派驻商场的该单位员工
试吃	对一些促销食品进行现场加工，并让顾客品尝
清货	降价处理活动。多为滞销品或近期货
过磅	对需进行二次加工包装的商品进行称重
稽核	为防止顾客遗漏商品，在其离开时对其所购商品进行核对
三防	防火、防盗、防工伤

项目	规范内容
货不对板	指实物和标示上的商品描述有差别的现象
称重标签	称重商品特用的标签
滞销	指商品销售效果不明显或很难卖出的现象
销货明细单	指顾客购物结账后给顾客的付款凭证
手推车	顾客购物用的小车
报废	由于变质或破包、损坏而不能销售，需按废品处理的商品
盘点	定期对店内商品进行清点，以确实掌握该期间的经营绩效及库存情况
精品	主要指体积小、价格高的商品
上架	把商品摆放在货架上
库存	指尚未销售出去的商品
促销试品	用来促进销售用的试用（吃）商品
赠品	为刺激销售，对购买商品达一定量的顾客，给予馈赠的商品
供应商编号	企业为方便管理而为供应商所编的号码，一般为五位
订单号码	每批订货单的编号
叉车（手动）	用来运送货物的工具
库存负	账面上的销售量大于账面上的库存量，通常由于输入错误
POS	销售信息管理系统，其基本构件是商品条码、POS收银台系统及后台电脑
EOS	电子订货系统，其主要功能是运用于零售商的订货管理和盘点
基本构件	价格卡、掌上型终端机及数据机
退货	顾客或商场按有关规定，将所购商品退回商场（供应商）
换货	顾客或商场按有关规定对所购商品和商场（供应商）的交换
广告商品	泛指店促及快讯商品
垂直陈列	同类货品集中垂直陈列于上下多层货架
平行陈列	同类货品平行陈列于多行或同一层货架
产品生命周期	任何一项产品均有其寿命，从其上市起，一般可分为导入期、成长期、成熟期、衰退期，各期时间长短受消费环境及竞争的影响
商品台账	即商品目录，将每项商品基本资料（如品名、品号、规格、单位、成本、售价、供应商等）详细整理成册
端架陈列	指利用整排货架的两端，做变化性的陈列，一般陈列的做法为：①大量陈列；②低价位；③季节感；④广告促销
并联陈列	也称关联陈列，指据某项目的，而将相关联的商品陈列在同一地区或附近

项目	规范内容
棚板	泛指在货架内或冷藏（冻）柜内放置商品的横隔板
价格带	指在零售商内销售同一项的产品，其卖价从上限到下限之间的数据
比较陈列	把相同商品按照不同数量予以分类，然后陈列在一起供顾客选择
黄金线	指商品陈列时，最容易让顾客看到或拿到的区域，一般指肩膀以下至腰部以上的区域，高度在 0.85~1.20 米，可陈列对店铺利益贡献较佳的商品
ABC	将商品依畅销排行（由第一名排至最后一名），计算出每一项商品营业构成比及累计构成比，而以累计构成比为衡量标准，累计构成比在 80% 以前的商品属 A 级品，累计构成比在 81%~95% 的商品属 B 级品，累计构成比在 96% 以后的商品属 C 级品。A 级品可列为重点管理，陈列面扩大，不可缺货。C 级品则列为淘汰对象
陈列配置表	即把商品的排面在货架上做一个最有效的分配，以书面表格规划出来
永续订单	泛指货到才能确认完成的订单（先送货后补单），该订单多为生鲜果蔬类
价格卡	放置于货架或冷冻（藏）柜棚板前缘或沟槽内的小卡片，价格卡上注明货号、品名、售价等，可供顾客购物参考及陈列位置管理用
大陈列量	也称为堆箱陈列或山积陈列，在卖场辟出一个空间或将端架拆除，将单一商品或 2~3 品项的商品做量化陈列
来客数	指店内收银机所统计的某一段时间交易客数
客单价	客单价 = 总营业额 ÷ 总来客数量
陈列定位管理	依照陈列配置图，将商品陈列位置固定，以便辨识并做好陈列定位管理
耗损率	商品在买进卖出过程中，因管理不当或疏忽所造成的损失，其损失金额占营业额的比例
SP	即"促销"的意思
80/20 法则	重要掌握住事物的重点（其中最重要的 20%）即可产生大部分的功效（成果的 80%）
货号	为商品依类别所编的号码
陈列	货品柜设的方式
毛利	商品销售总额减商品进价总额
日平均售量	单项货品日平均售量数
周转率	对某一类别销货的进度，由此来判别采购商品是否正确，追加作业是否正常，以及库存数量是否正常
建议订单	电脑计算出每项货品应续订数量的报表，也称订货计划
永续订单	生鲜、日配类商品，货到才确认完成订单，也可用尺码商品的订货
紧急订单	紧急缺货时，采用手写订货传真给供应商，也称应紧订单，此订单越少越好

3.2.7　采购数据化管理细节描述

采购数据化管理细节描述，如表 3-2-7 所示。

表 3-2-7　采购数据化管理细节描述表

项目	规范内容
进销存数据资料的掌握	（1）要能明确算出每个部门及每月的进销存数据，而利用 POS 系统及 EOS 系统能很快掌握公司的销售资料及进货资料。 （2）换言之，如能以较科学的方式来获取进销存的资料，能给经营带来较大的助益
分类构成比分析	管理一个门店的商品，不能仅知道全店的营业额和利润，也不能只顾及部门的营业额及利润，更要知道如饮料类这个分类的营业额、利润额及它所占的构成比，这样才能知道销售的弱点在哪里，以及如何改善
毛利率分析	（1）毛利率 = 毛利额 ÷ 营业额 × 100%。 （2）对于每一个分类要能将毛利率计算出来，了解哪个分类的获利能力好，哪个分类的获利能力差，从而为调整商品结构或强化弱的分类做依据
商品回转率分析	（1）商品回转率 = 营业额 ÷（初期存货 + 期末存货）÷2×100% （2）商品回转天数 =365 天 ÷ 年商品回转率 （3）门店的经营诀窍之一，在于求取快速的商品回转率，所以，对于每个分类的商品回转率须予以计算，回转率越快越好。 （4）因回转率越快，商品鲜度越佳，资金回收速度也快；如此形成良性的循环，经营效益才会更好。 （5）一般来说，门店的回转次数，一年应保持在 20~22 次以上才合乎标准，经营者可以检查一下自己门店的回转次数，是否在标准之内。

3.2.8　商品采购选择细节描述

商品采购选择细节描述，如表 3-2-8 所示。

表 3-2-8　商品采购选择细节描述表

项目	规范内容
商品采购价格	（1）采购商品首先考虑商品价格。 （2）对需要采购的商品，首先应通知商品供应商对商品报价，其次进行价格商谈。 （3）对于商品价格过高的供应商不予考虑，只选择价格合适的商品供应商进行下一步的审查。 （4）商品的价格比较应以商品采购价格或者仓库交货价格为准，否则就没有可比性。 （5）商品采购价格或者仓库交货价格是考虑了各种价格折扣、商品运输费用，以及为满足销售或消费需要而进行的商品二次加工费等因素以后经过折算的价格
商品质量	（1）应建立合格供应商及商品名单，优先采购名单中的供应商的商品，优先选择功能先进、设计合理、质量优良、安全可靠的商品；采购名单外的商品应进行审查认可。 （2）应优先选择名、特、优商品，性能先进、质量可靠的新产品，以及通过国际和国家认证的商品。

续表

项目	规范内容
商品质量	（3）优先选择实施生产许可证管理的并已取得生产许可证的商品。 （4）优先选择国家定点厂家生产的商品。 （5）优先选择按国际标准组织生产的商品。 （6）优先选择权威部门推荐的商品。 （7）优先选择充分证明其质量优良或顾客反映好的商品
商品贡献度大小	商品贡献度大小的指标有销售额、销售增长率、毛利额、毛利率、品种周转速度等有关项目，按品种、价格、供应商标识一一做出对应分析，看哪些供应商对本企业商品采购贡献最大，进而决定供应商的选择和取舍
供应商的规模、供货能力、声誉	供应商如果没有一定规模和供货能力，就难以保证按时交货，不能及时交货，将直接影响门店商品销售的连续性，造成直接的缺货损失，同时供应商没有良好声誉就难以避免不全面履行合同，就会发生合同纠纷，从而影响企业经营活动的正常进行
供应商促销能力	（1）现在的市场大多是买方市场，不同厂家品牌的商品竞争激烈，通过广告等促销手段是赢得竞争、占领市场的重要途径之一。 （2）厂家或供应商对商品的促销手段投入的多少，在一定程度上决定了商品的市场份额和销售量，厂家或供应商对商品的促销投入多一些，商场就可以投入少一些。另外，商品的包装、装潢对商品销售也有很大的影响。 （3）对顾客没有吸引力的商品包装、装潢，即使商品的质量再高，也很难激发顾客的购买欲望。 （4）商品包装如果不适合商场上架陈列，也会影响商品的销售
选择供应商的注意事项	（1）不能及时提供有关合法性证明的不予选择。 （2）不能提供充分的质量证明表明质量状况的不予选择。 （3）选择时应让供应商提供一个或少量产品样品及样本来证明其产品质量。 （4）选择时应确认供应商生产的合法性，查看有关执照、许可证等。 （5）必要时应对生产条件、生产设备、生产过程进行考察，察看整个生产流程。 （6）索要产品标准，考察其合法性，了解其水平的高低。 （7）对产品质量检验设备进行考察，包括对检验记录规范性的验证。 （8）对企业产品质量体系及其运转情况进行了解

3.2.9 商品采购模式细节描述

商品采购模式细节描述，如表 3-2-9 所示。

表 3-2-9 商品采购模式细节描述表

项目	规范内容
订购	（1）又称"经销"或"买断"，即在商场零售商电脑系统中记录详细的供应商及商品信息，在结账时，在双方认可的购销合同上规定的账期（付款天数）到期后最近的一个"付款日"，准时按当初双方进货时所认可的商品进价及收货数量付款给供应商。 （2）一般商场零售商的绝大部分商品均以购销方式进货，换言之，退货是不存在的。

项目	规范内容
订购	（3）但零售商的相关业务人员也会有因判断错误或由于供应商业务人员的误导，形势估计过于乐观等因素，造成买进的商品库存过高或商品滞销的情况，有诚信与远见的供应商销售业务人员，应主动解决零售商相关业务人员的困扰。 （4）如果供应商的业务人员不积极配合，零售商不会继续与之合作。因为在通常情况下，供应商会有较多的销售渠道处理此种滞销商品
选购	（1）业务部根据需要向供应商选购商品，业务部在进货上有充分的自主权，供应商也比较自由，这种方式能按需订购，避免商品的积压或脱销。 （2）订购、选购应是业务部向供应商采购商品的主要方式
进口	（1）业务部根据国家的政策，结合市场需要，向国外供应商订购。 （2）订购时要说明商品的名称、数量、规格及交货时间、运输方式等，集中送交外贸部门审批，并由有关进口公司据此向国外订货，然后根据国家规定的程序办理进货手续
分配、调拨	由业务部向各分店分配、调拨商品，也是业务部的主要采购进货方式
代销	（1）指商品销售以后再办理结算手续。 （2）这一形式是在市场商品日趋丰富，有些商品产大于销的形势下出现的。 （3）零售商对于一些不收购、不订购、不选购的商品，以及正在打开销路的新产品等，由供应商委托代销，付给一定的手续费或给予一定的价格折扣，这可使零售商不承担风险，放手销售，既有利于开拓商品的销路，促进工业生产的发展，又有利于扩大商业自身的采购业务，增加企业的收益
联营联销	这一形式使工厂与商场、供应商与零售商双方的利益发生了内在联系，根据工厂与商场、供应商与零售商双方各司其职，按利益均沾、风险同担的原则实行联营联销

3.2.10　商品采购标准流程细节描述

商品采购标准流程细节描述，如表 3-2-10 所示。

表 3-2-10　商品采购标准流程细节描述表

序号	规范内容
1	选择商品
2	选择供应商及让供应商了解本公司及操作流程
3	供应商报价（增值税价）及商品相关证件
4	洽谈供货交易条件（合作形式、结算方式）
5	决定销售商品进价、促销事项及入场费等
6	报给业务经理审阅（供应商及商品准入）
7	签订购货合同
8	建立供应商档案，存入电脑备案

序号	规范内容
9	商品信息入财务部存档备案
10	合同入财务部存档备案
11	下初次订单
12	新品上市须提前 15 天报备业务部，更改交易条件及价格须在业务部同意一个月后执行
13	滞销产品三个月，自动撤出卖场
14	商品的自然淘汰及更替

3.2.11　零售商品采购原则细节描述

零售商品采购原则细节描述，如表 3-2-11 所示。

表 3-2-11　零售商品采购原则细节描述表

项目	规范内容
合乎经营业态特性的原则	对消费者而言，零售商最大的特色是以"便利"作为思考的基点，从顾客在消费时、使用时、携带时的便利等各方面着眼，方可塑造与其他业态商品结构的差异性
合乎商品组合的原则	（1）由于经营策略的差异、诉求重点的不一及商圈客户的区别，致使独立店和连锁店在商品的分类与组合上有所不同。 （2）各种因素所产生的差异性，均会导致商品组合的不同，进而影响商品的采购作业
合乎高回转率的原则	（1）由于零售场所的限制，如果无法陈列太多品项，在有限的陈列空间内，唯有高回转率的畅销品才能增加收益，压低库存量。 （2）采购人员应根据商圈客户属性、市场商品信息、市场占有率等来遴选最合适的商品在卖场中陈列销售，以提高商品回转次数。此外，为增加商品回转及品项，相同或类似的功能、口味、规格商品通常只陈列 1~2 种，以避免重复
合乎毛利率目标的原则	为达成营运绩效，通常各部门陈列商品皆会依业界行情设定预期的毛利率目标，而采购者即应以此作为商品采购议价的标准，以符合整体毛利率目标的达成，在迷你零售商向便利店转型期间，便利店所售价格敏感产品要采用特价促销策略，与商圈内零售商、杂货店、小卖部进行竞争，就会牺牲这类商品的毛利率
合乎安全卫生的原则	供货供应商的筛选务须严谨，除备齐公司营业执照及食品卫生检验证明等合格文件外，尚应检查其商品标示项目（品名、含量、原料名称、食品添加剂名称、制造供应商名称、地址、进口供应商名称、地址、制造日期等）的完整性，以确保采购商品的安全卫生
合乎进、退货规定的原则	（1）由于便利零售商连锁体系越来越多，为增加配送效率及门市处理效率，一般由配送中心或中央仓库直接以多样少量、多次的配送方式，故采购时，应衡量供货供应商在配送作业的频率、最低订购量等配合状况，以合乎门店的订货及进货需求。 （2）便利零售商属商品更换率高的零售业态，因此，销售不佳的商品须迅速从门店中汰换，并要求供应商处理退货。 （3）采购商品时，应要求供应商配合办理，否则可依罚则处理

项目	规范内容
合乎非营业收益的原则	（1）便利零售商由于房租高涨、人事费用逐年递增等经营成本沉重的影响，各连锁体系莫不以开发非营业收益为主要开源途径。 （2）在采购商品时，也应掌握此原则，与供应商于供货合约中载明销售折扣、商品陈列费等协议事项，以创造更大的采购效益
追求差异化原则	（1）便利零售商将在大城市急速成长，各式新的业态不断兴起，业者均可感受到竞争日益增强及客源被瓜分的压力。 （2）商品如何表现差异性，提供顾客更大的满足感，以形成经营优势，已是商品采购的重要课题。 （3）在采购时，除了必要的畅销品外，更应掌控市场趋势及顾客需求，以开发引进差异化商品。 （4）各零售商努力发展的服务性商品如熟食、快餐及型录贩售等商品，均可说是竞争下所呈现出的差异化产物

3.2.12　采购目标控制细节描述

采购目标控制细节描述，如表 3-2-12 所示。

表 3-2-12　采购目标控制细节描述表

序号	规范内容
1	（1）采购计划的制订要细分，落实到商品的小分类，对一些特别重要的商品甚至要落实到品牌商品的计划采购量，采购计划要细分到小分类，其意图就是控制好商品的结构，使得更符合目标顾客的需求。 （2）采购计划的小分类也是对采购业务人员的业务活动给出了一个范围和制约
2	（1）如果把促销计划作为采购计划的一部分，那么在供应商签订年度采购合同前，就要要求供应商提供一个年度的产品促销计划方案，以便我们在制订促销计划时参考。 （2）必须认识到连锁企业的促销活动，实际上是一种对应供应商产品的促销动员、促销组合。 （3）还必须认识到在制订采购计划时要求供应商提供下一个年度新产品上市计划和上市促销方案，其也是制订新产品开发计划的一部分

3.2.13　选择性招标操作细节描述

选择性招标操作细节描述，如表 3-2-13 所示。

表 3-2-13　选择性招标操作细节描述表

序号	规范内容
1	（1）为确保选择性招标程序下最佳有效的国际竞争，各实体在与采购制度的有效实施相一致的情况下，对每一意向采购都应最大限度地邀请国内外供应商参加投标。 （2）各实体应以公正和非歧视原则选择参加投标的供应商
2	（1）持有合格供应商永久名单的实体可以从列入名单中挑选受邀请参加招标的供应商。 （2）进行挑选时，应允许名单上的供应商机会均等

序号	规范内容
3	（1）要求参加采购程序的供应商应被准予投标并应予以考虑。 （2）但准予参加投标的额外供应商的数目只应以采购制度的有效实施为限

3.2.14　生鲜食品采购特点管理细节描述

生鲜食品采购特点管理细节描述，如表 3-2-14 所示。

表 3-2-14　生鲜食品采购特点管理细节描述表

项目	规范内容
采购的不确定性、复杂性	（1）由于生鲜食品价格变动较大，这就造成了采购人员市场采价困难。 （2）由于生鲜食品质量难以标准化，这使得采购部门对厂家的质量比对和控制困难，同样也给采购人员降低质量以谋取个人私利留下了空间。 （3）由于季度性很强，再加上农业产品靠天吃饭所造成的产量不确定性，这使得对生鲜食品的采购的品种和数量的预测困难
风险性	由于生鲜食品，特别是生鲜水果，经营成本、损耗大，操作复杂，如果采购管理不慎，就有可能使卖场因经营生鲜食品而出现亏损或加大亏损，难以为继，这也是许多卖场想经营生鲜食品，却又不敢贸然进入的一个原因
规模性降低	由于生鲜食品保质期短，有的仅 1~2 天，再加上许多卖场未形成规模经营，这使得生鲜食品的采购半径缩短，使得许多卖场，特别是跨地区经营的卖场门店自行采购商品，降低了连锁经营在统一集中采购上所能获得的规模效益。 只有规模达到一定程度，统一集中采购，在价格上还是有一定优势的。因此，当地卖场只要把生鲜食品这一最具有集客力和特色的商品经营好，就能形成有效竞争优势

3.2.15　生鲜经营规范细节描述

生鲜经营规范细节描述，如表 3-2-15 所示。

表 3-2-15　生鲜经营规范细节描述表

项目	规范内容
降低生鲜的进货成本	（1）采购彻底执行比价、议价工作。 （2）彻底了解生鲜采购流程与成本结构。 （3）以大量进货压低价格。 （4）严格要求订货流程。 （5）严格要求收货、验货流程，不要造成太多的退货情形，而增加处理成本或给供应商造成负担。 （6）随时掌握商品资讯与市场行情变动

项目	规范内容
提高生鲜商品的周转率	（1）确实掌握消费者习性及适当选择商品。 （2）依据 DMS 来进行订货，畅销品不得缺货，滞销品要剔除。 （3）促销活动的配合
降低生鲜损耗	控制损耗的内部管理与各种销售计划等
商品库存的调整	我们知道生鲜成本管理与毛利有密不可分的关系。库存调整应从商品的贡献度与毛利的贡献度出发。 （1）商品的贡献度＝商品的周转率 × 毛利率 周转率＝销售额 ÷ 平均库存额＝销售量 ÷ 平均库存量 （2）部门大分类毛利的贡献度＝构成比 × 毛利率

3.2.16 生鲜核算规范细节描述

生鲜核算规范细节描述，如表 3-2-16 所示。

表 3-2-16 生鲜核算规范细节描述表

项目	规范内容
大类核算	（1）大类核算方法实际上就是将难以按干货管理方法予以核算的生鲜商品作为一个单一的生鲜大类进行核算管理，库存成本核算原理采用进价金额核算法，销售核算原理采用金额核算法。在这种核算方法下，所有生鲜商品的采购进货按进价金额计入整个生鲜大类的库存成本，生鲜销售时由生鲜销售人员人工掌握销售价格，销售核算时按销售金额予以核算，也就是不予考虑生鲜销售数量方面的问题。 （2）对于生鲜销售成本的核算采用盘存计销的原理予以处理，通过对生鲜库存盘点的方法、倒挤成本的方法计算销售成本和生鲜销售毛利。在这种核算方法下，整个生鲜核算容易造成一本糊涂账的结果，全部生鲜商品混合在一起核算，无法辨别每种生鲜商品的销售情况和盈利情况，难以找到各个生鲜品类和生鲜单品对整个生鲜业绩的影响程度，并且对于正常损耗和非正常损耗笼统归入销售成本的做法造成事实上的"损耗无管理"的结果，对于生鲜商品结构的维护决策几乎没有任何帮助，这基本上就是一种粗放式的手工管理方式
品类核算	（1）品类核算方法是将整个生鲜商品按照商品性质分为各个品类，如蔬果类、肉类、水产类、厨房面点类、盘菜类等，将每一个品类作为一个管理单元，仍旧采用进价金额核算法，库存成本核算方法和销售核算方法与大类核算方法相同。 （2）在品类核算方法下，由于划小了管理单元，因而能够得到各个品类的成本毛利的准确数据，这就为品类的调整提供了依据。由于零售商生鲜食物中，大的生鲜品类都是在生鲜投资之初即已确定，难以在后续经营中做大的调整，所以，这种核算方法也难以为生鲜经营决策提供有效的帮助，只是为生鲜经理的考核提供了有限的技术支持
单品核算	（1）单品核算方法是将每一个生鲜单品作为最小管理单元，核算每一个单品的库存成本和销售成本毛利，由于生鲜商品本身固有的加工转换的特性，因此需要预先定义一个准确的加工配方表，便于能够对每一个生鲜单品的进销调存业务进行准确核算。 （2）很显然，由于生鲜加工过程中的标准化程度就决定了配方表的有效性，如果实际过程中的生鲜加工与配方表偏离过大，就会造成整个单品核算体系完全失效

3.2.17　辨别猪肉制品质量细节描述

辨别猪肉制品质量细节描述，如表 3-2-17 所示。

表 3-2-17　辨别猪肉制品质量细节描述表

项目	规范内容
猪心	优质标准：颜色鲜红，脂肪乳白或红色，结构紧密，形状完整，切开后有血块，有弹性。 劣质特征：颜色发暗或红棕色，脂肪灰绿，质地软、无弹性，有异味、肿块或寄生虫
猪肝	优质标准：颜色红褐色或淡棕色，表面光滑、湿润，形状完整且不破损，有弹性。 劣质特征：颜色暗红或褐绿色，软塌松散，无弹性，易破损，有异味，胆汁流出或有寄生虫
猪肚	优质标准：颜色乳白色或淡褐色，结构紧密，质地柔软，表面清洁，内壁光滑。 劣质特征：颜色灰绿，结构松烂或硬厚，有硬块、溃疡、红肿、异味，或有污物
猪舌	优质标准：颜色黄白，结构紧密，有弹性，形状完整。 劣质特征：颜色暗淡或发绿，结构松软，形状破损，有污物
猪腰	优质标准：颜色淡褐色，有光泽，表面光滑平整，湿润不黏手，结构紧密，略有弹性和尿臊气。 劣质特征：颜色发深或绿灰，干燥塌软，表面有红点、水泡或其他异样肿块，异味重
猪肠	优质标准：颜色乳白或淡褐色，卷曲有皱褶，质地柔软不烂，干净整洁。 劣质特征：颜色淡黄色或灰绿色，肠壁发黏或有病变、溃疡、脓肿、寄生虫，有污物
猪耳	优质标准：颜色黄白色，表面光滑无毛，形状完整，弹性好，质地硬脆。 劣质特征：毛多，有血块，形状破损，质地塌软
猪蹄	优质标准：颜色乳白色或淡黄色，表面光滑无毛，肉弹性好，形状完整。 劣质特征：颜色发黄，有毛或血斑、血块，弹性差，表皮破损

3.2.18　蔬果采购计划制订细节描述

蔬果采购计划制订细节描述，如表 3-2-18 所示。

表 3-2-18　蔬果采购制订细节描述表

项目	规范内容
原因	（1）应季性：蔬果是季节性变化很强的商品，随着季节的变化而经营应季的蔬果既可获得高利润，又增加品种的多样性借以引领潮流、吸引客源。例如，广东省每一年的 5 月荔枝上市，则该月的采购计划应包括此商品品项。 （2）季节性：大部分的蔬果都有其生长的旺淡季，尽管保鲜技术的发展和蔬菜的南北调运，使相当部分的品种可以实现全年供应，但处于旺季的蔬果产量大、品质新鲜、价格低廉，成为顾客消费的主要热点，采购计划应借此类商品达到高营业额的目标。 （3）优惠价格：某些品种在一段时间内，供货方给予特价，采购成本降低，可借此品项增加毛利或优惠顾客以建立"物美价廉"的商场形象。 （4）促销活动：节假日或店庆等大型的促销活动，采购数量、促销价格、重点品应列于采购计划中

项目	规范内容
目标	采购计划的设立最终达到的目标是完成或超过销售预算及相应的毛利指标
原则	（1）以销订货：按每个品项的近两日销量及参照上周同期的销量进行订货，订货时将采购计划计算于内。 （2）以价订货：根据采购成本的变化进行订货，将因价格变化而引起的、预估的销售增长量计算于内。 （3）以质订货：以最近时期的供货质量作参考，根据质量的等级结合价格因素进行订货。 （4）以周转期订货：不能实现随时供货的品种，按其品质周转期进行供货
订货的程序	（1）制订采购计划，将不同蔬果品类列表汇总。 （2）结合以往销售数据及库存数据确定计划订货量。 （3）把控蔬果品质，确定不同品类蔬果分期订货数量。 （4）电话通知供应商，并将订货单传真至供货商。 （5）订货结束

3.2.19 家用电器商品采购工作流程描述

家用电器商品采购工作流程描述，如表 3-2-19 所示。

表 3-2-19 家用电器商品采购工作流程描述表

项目	规范内容
确定采购数量	在采购之前，应先确定采购哪些品牌家电，采购数量、采购时间。
需求说明	确认采购数量之后，对需求家电的细节如品质、包装、售后服务、运输及检验方式等，均须加以明确说明，以便供应商的选择及价格谈判等作业能顺利进行
选择可能的供应来源	需求说明，从原有供应商中选择实绩良好的供应商，通知其报价，或以发布公告等方式公开征求供应商
合宜价格的决定	决定可能的供应商后，进行价格谈判
订单安排	价格谈妥后，应办理订货签约手续。订单或合约均属具有法律效力的书面文件，对买卖双方的要求及权利义务须予以列明
订单追踪与稽核	签约订货之后，为求供应商的如期、如质、如量交货，应依据合约规定，督促供应商按规定交运，并予严格验收入库
核对发票	供应商交货验收合格后，随即开具发票，要求付清货款时，对于发票的内容是否正确，应先经采购部门核对，财务信息部门才能办理付款
不符与退货处理	凡与供应商所交货品与合约规定不符而验收不合格者，应依照合约规定退货，并立即办理重购
结案	凡验收合格付款，或验收不合格退货，均须办理结案手续，清查各项书面资料有无缺失，绩效好坏等，签报高层管理或权责部门核阅批示
记录与档案维护	凡经结案批示后的购案，应列入档案登记编号分类，予以保管，以备参阅或事后发生问题的查考

3.2.20　采购主管工作细节描述

采购主管工作细节描述，如表 3-2-20 所示。

表 3-2-20　采购主管工作细节描述表

项目	规范内容
采购主管 工作职责	（1）采购主管决定企业的利润空间和货品竞争优势，职位很重要。 （2）采购部主管主要工作职责，包括商品采购、采购业绩目标达成、商品毛利率管控、促销活动把控等。 （3）针对新品采购，采购主管具有品项决策与条件决策权。
工作细节	（1）与供应商会谈携带必备文具，包括计算器、会谈记录本、笔、相关会谈资料。 （2）供应商付款条件条款一般是：非食品类月结 60~90 天为最低起点，食品类月结 45~60 天为最低起点，生鲜类商品原则以上送货 15 天以上为最低起点。 （3）新品开发应以一个小分类的系列为开发重点，而不应以开发新单品为开发重点。 （4）新商品引进以顾客可以接受的最大包装为准，或以高效回转率为主要考虑因素来引进。 （5）新品开发秉承"一进一出"原则。 （6）采购主管对第一次订单滞销负责，后续的单的滞销责任由相关营业主管负责。 （7）市场调查对象：在该店的五公里距离内或最近的量贩店与大卖场为市场调查对象。 （8）市场调查时间：生鲜类每周进行两次市场价格调查，其他类商品每周进行一次市场价格调查。 （9）采购主管每次访店后，需填写采购部访店成果表，并将副本转发给店长、运营及相关部门主管。

3.2.21　采购员工作管理细节描述

采购员工作管理细节描述，如表 3-2-21 所示。

表 3-2-21　采购员工作管理细节描述表

序号	规范内容
1	采购员与供应商之间的友好关系是双方合作的基础
2	供应商是我们的合作伙伴，他们事业的成功也是我们的成功
3	采购员与供应商应在指定的地方洽谈业务，在没有得到业务经理的批准时，禁止外出洽谈业务
4	采购员计划采购某种商品时，应先得到采购主管部经理批准
5	在正式谈判时，必须有业务经理或采购主管在场
6	采购员应着装整洁，为公司树立良好的形象，在接待供应商时，应以礼待人，在洽谈业务时应不卑不亢，有礼有节
7	采购员应无条件拒绝供应商正式或非正式的邀请
8	采购员应把为公司选购高质量的热销商品作为工作核心任务

3.3 采购谈判管理

3.3.1 采购谈判文件制定细节描述

采购谈判文件制定细节描述，如表 3-3-1 所示。

表 3-3-1 采购谈判文件制定细节描述表

项目	规范内容
商品采购计划	该计划包括商品大类、中分类、小分类（不制订单品计划指标）等各类别的总量目标及比例结构（如销售额及其比重、毛利额及其比重）、周转率，各类商品的进货标准、交易条件等
商品促销计划	该计划包括参加促销活动的供应商及商品，商品促销的时间安排，促销期间的商品价格优惠幅度、广告费用负担、附赠品等细节内容
供应商文件	商品采购计划与促销计划是零售商公司业务部制订的两项总体性计划，通常是针对所有采购商品制订的而不是针对某供应商而定的。采购员同供应商进行业务谈判还必须依据总部制定的供应商文件来进行，其内容如下： （1）供应商名单（公司名称、地址、开户银行账号、电话等）。 （2）供货条件（品质、包装、交货期、价格及折扣等）。 （3）订货条件（订购量、配送频率、送货时间等）。 （4）付款条件（进货审核、付款、退货抵款等）。 （5）凭据流转程序（采购合同→订货单→供货编号→形式发票→退货单→退货发票）。 （6）供应商文件实际上是要求供应商在与零售商的交易中，按照零售企业的运作规范来进行

3.3.2 采购谈判要点细节描述

采购谈判要点细节描述，如表 3-3-2 所示。

表 3-3-2 采购谈判要点细节描述表

序号	规范内容
1	采购商品包括质量、品种、规格、包装等
2	采购数量包括采购总量、采购批量（单次采购的最高订量与最低订量）等
3	送货包括交货时间、频率、交货地点、最高与最低送货量、保质期、验收方式等
4	退货包括退货条件、退货时间、退货地点、退货方式、退货数量、退货费用分摊等
5	促销包括促销保证、促销组织配合、促销费用承担等
6	价格及价格折扣优惠包括新商品价格折扣、单次订货数量折扣、累计进货数量折扣、年底退佣、不退货折扣（买断折扣）、提前付款折扣等
7	付款条件包括付款期限、付款方式等
8	售后服务保证包括保换、保退、保修、安装等
9	上述谈判内容加上违约责任、合同变更与解除条件及其他合同必备内容就形成采购合同

3.3.3　采购员谈判细节描述

采购员谈判细节描述，如表 3-3-3 所示。

表 3-3-3　采购员谈判细节描述表

项目	规范内容
多听少说	（1）这样做的目的在于通过对方的陈述了解供应商各方面的情况，包括供应商公司的情况。 （2）重点关注供应商发展规划及商品情况，应具体到供应方的商品配送能力、促销支持、人员配合、商品组合。 （3）通过引导谈话，了解这一行业的市场情况，也有利于整体把握市场
夸大自己	（1）适度地夸大自己有利于获得较好的交易条件，包括商超的全年销售额、客流量、客单价、与谈判对手侧面了解同类的竞争对手的销货情况等。 （2）适当夸大自己在公司的权限范围，以及对行业市场、商品知识的专业度
模糊处理	（1）供应商在谈判中常常会正面或侧面套取采购员交易条件的底牌，采购员不要轻易做出承诺，可将己方的条件适当提高，并进行模糊化处理，以利于在以后的进一步谈判中争取主动，也可防止商业机密泄露。 （2）如果供应商对本零售商的合作条款了然于胸，那么采购员可以在供应商商品的细分类上做文章。比如对方供应饼干，采购员可将零售商的饼干年度销售额、月度销售额、各个饼干品牌的销售毛利情况做出正式的统计表格，并将实际数字进行处理，对比同类型或相近经营面积商超的情况，将数字提升到比同等商超高出适当的额度，以此给对手一个强烈的信号，也就是说对方在本商超能实现最大化的销售及毛利。出于薄利多销的考虑，供应商会在合同条款中做出相应的让步。 （3）对于刨根问底比较专业的谈判对手，采购员可以在不影响谈判气氛的情况下转移话题，或者以直接的语言应对，比如说"你都不将最好的合作条件给我，我给你说明白我公司的条件也没什么用"
评估谈判对象	谈判对象如果是一个没有任何权限、初级业务人员，采购员完全可以尽早打发他走，要求供应商派出更高一级的谈判对手。评估对方是否是合适的谈判对象的方法如下： （1）可以从供应方业务人员的语言表达及肢体语言判断对方是否有足够的信心。所谓"艺高人胆大"，信心在某种程度上反映一个人的综合素质及实力，如果你的谈判对手局促不安，慌乱紧张，那只能表示对手缺乏足够的自信。 （2）可以从谈论其他大型零售商情况的话题，试探对手是否了解零售商业务的运作状况。因为国内各大型连锁零售商的操作方式基本相同，如商品准入、结款、费用收取、促销、价格、配送等方面，如果对手对商超的运作情况一知半解，采购员可以在交易条件上提出更高的要求，或者干脆直接要求供应商更换谈判人员。 （3）可以从供应商产品及行业市场状况切入。比如对方是男成衣类供应商，采购员可以问对方一件服装是通过什么程序做出来的，或者全国各大男装品牌的经营、销售、布点、营销推广策略等方面的情况，从侧面了解谈判对手对产品的了解程度，对全国市场宏观认知的程度，以此评估对手的综合市场把握能力。 （4）通过合同条款特别是供货价、费用条款的讨价还价，确认谈判对手是否有足够的决定权。如果谈判对手在关键条款上举棋不定，百般推托，说要回公司请示，那么跟这类业务人员谈判往往会没什么结果

3.3.4 采购谈判细节描述

采购谈判细节描述，如表 3-3-4 所示。

表 3-3-4 采购谈判细节描述表

项目	规范内容
谈判基本原则	（1）坚持买家与供应商双赢。 （2）广泛收集市场信息。 （3）要求越多，得到越多。 （4）多听少讲，了解对方的需求。 （5）积极提出有建设性的方案。 （6）敢于撤离谈判桌和遵守诚信原则
谈判基本方法	（1）勿将谈判变成辩论会。 （2）切勿进行人身攻击。 （3）勿死守目标，尝试以资源组合避免僵局。 （4）记录已达成的共识，明确声明以避免误会。 （5）敢于说"不"，但保持礼貌。 （6）当被问及不知如何回答的问题，切忌不懂装懂，胡乱回答。 （7）发展风格如攻击式、积极式、被动式、高傲式、谦卑式等。 （8）谨记双赢的理想境界
谈判基本目标	（1）为相互同意的品质条件的商品取得公平而合理的价格。 （2）为使供应商按合约规定准时执行合约。 （3）在执行合约的方式上取得某种程度的控制权。 （4）说服供应商提供公司最大的合作。 （5）与表现好的供应商取得互相与持续的良好关系
谈判基本参考因素	（1）市场的供需与竞争的状况。 （2）供应商价格与品质的优势或缺点。 （3）毛利的因素。 （4）时间的因素。 （5）相互之间的准备工作
十二戒	①准备不周。②缺乏警觉。③脾气暴躁。④自鸣得意。⑤过分谦虚。⑥不留情面。⑦轻诺寡信。⑧过分沉默。⑨无精打采。⑩仓促草率。⑪过分紧张。⑫贪得无厌

3.3.5 实质性谈判细节描述

实质性谈判细节描述，如表 3-3-5 所示

表 3-3-5 实质性谈判细节描述表

项目	规范内容
商品准入	严格按照我方的商品准入制度，规定供应商提供合法、有效、齐全、完整、清晰的法律法规文件，此类文件一般要求提供原件，对标识、标注也要按国家相关规定严格把关。

项目	规范内容
开价要高	（1）将结算方式、各项通路费、订单周期、退换货条件进行综合，提出超出正常或标准的条件与供应商讨价还价。 （2）降低我方的某一方面的条件要以对方的一定让步为基础。采购员一旦正式提出条件，整个谈判就要围绕着这个条件展开，而且要向对方表明条件的提出是严肃的，是经过正式评估并根据具体的商品、品牌及销售情况综合考虑的。比方说对供应商的合同规范中规定购货折扣是1.8%，而仓储费一般为 1%，在其他条款如结算方式、促销费、节庆赞助费等预先自我设定的情况下，采购员可以将购货折扣提高到 2.2%，仓储费用提高到 1.5%。 （3）如果供应商要求在购货折扣中得到更低的条件，那么采购员可以在新品的进场条码费上相应提高，比如原来一个条码费为 1 000 元，这时候就可以提到 1 800 元了
先谈通路费，再谈供货价	（1）如果先谈供货价再谈通路费，在保证供货价最低的情况下，通路费往往会形成相持不下的合作障碍点，相反先谈通路费再谈供货价，则一般不成问题。 （2）有经验的供应商业务人员可能会在具体的通路费谈判开始前就明确表示，其供货价与通路费是相辅相成的，在合同条款中是密不可分的，并举出例子说明个别的同类型大型连锁零售商自己的做法，以说服采购人员给出优惠的条件。对此采购人员可以结合本商超的优势寻找支持理由
合作方式	（1）合同分为代销合同、购销合同、租赁合同、合作经营合同，只有比较特殊的商品可以采用租赁合作、合作经营。 （2）对于购销及代销的合作方式，首先从代销合作开始谈，并视具体的情况确定最终的合作方式
交易风险及成本最小化	通过坏货折扣、退换货保证、惩罚规定、清场淘汰规定在合作条款中得到承诺
综合利润最大化	（1）让对方提供优于我方竞争对手的合作条件，主要着眼点在于综合利润的指标。例如，供应商给我方竞争对手提供 10% 的通路费扣点，而承诺我方的是 12% 的扣点，供应商给对方的供货价又低于我方 1%，在其他条件相同的情况下，我方还是可以接受的。 （2）保证了综合利润优于其他竞争对手，也就保证了商品价格的优势。 （3）要求供应商在合同中保证最低价格的供应承诺，承诺中要求供应商品的正常售价应比其他同类型的大型零售商的售价有优势，否则有相应的处罚规定。 （4）分析综合毛利率，商品的各个细分品类都有一个相对固定的综合毛利率，而且也是业内的公认标准，在各大连锁零售商的差异非常微小。比如文件夹、文件册的综合毛利率一般为22%，如果供应商的供货价格为 8 元，在其他大型零售商的售价为 10 元，那么可以断定我方竞争对手有 2%~3% 的通路费用扣点

3.3.6　采购洽谈工作流程描述

采购洽谈工作流程描述，如表 3-3-6 所示。

表 3-3-6　采购洽谈工作流程描述表

项目	规范内容
初步洽谈	（1）采购员在对商品与供应商评估工作结束之后，立即着手与对方取得联系，提出合作意向。 （2）与对方销售负责人约定洽谈时间、地点。 （3）洽谈前应要求对方带齐产品资料、公司简介、报价单、产品目录等。 （4）采购员着装应端正、干净、整洁，并应守时。 （5）使用专业业务语言，言语得体、礼貌大方。 （6）初步洽谈双方交换彼此合作意向和初步合作方案，时间控制在30分钟以内。 （7）洽谈完毕，返回时应带回对方有关合作方面的资料，如合同条款、价格倾向、进场费用等。 （8）回来后，应及时向业务部经理和采购主管汇报，并将资料信息一并反馈。 （9）整理资料，并准备下一轮洽谈工作
第二轮洽谈	（1）由采购员与对方销售负责人预约洽谈时间。 （2）洽谈地点选择，一般在我方会客室或办公室。 （3）采购主管和采购员与对方销售负责人准时赴约。 （4）带齐本轮洽谈所需的资料。 （5）将第一次洽谈的内容进行回顾。 （6）倾听对方的合作要求、合作方式，观察对方的合作态度。 （7）倾听对方的价格反馈。 （8）讲明我方的进场费用及销售返佣方案。 （9）倾听对方的商品结构调整措施和商品配备方案。 （10）由对方对我方关切问题进行作答。 （11）由采购主管对对方关切问题进行作答。 （12）由采购主管对全程洽谈内容进行综合作答。 （13）倾听对方对我方作答的反馈。 （14）倾听对方对双方合作的保留意见。 （15）洽谈时间应控制在一小时以内。 （16）洽谈结束时应取回对方的全部合同条款（原件），并表达真诚合作意愿。 （17）谈判结束后，采购主管应及时将本次洽谈内容进行整理，以文件方式向业务部经理汇报。 （18）业务部经理将对合同条款和洽谈情况进行分析，对部分合同条款进行修改、调整，并提出合作意见和方案。 （19）业务部经理将合作意见、方案及原合同上报主管副总经理，由副总经理出具审批意见。 （20）通知做好第三轮洽谈准备。 （21）由采购员将我方对合作合同条款的修正案反馈给对方，并向对方预约第三轮洽谈时间、地点。
第三轮洽谈	（1）洽谈之前，由采购员向对方了解其对我方修正案的保留意见，确定本次洽谈方案，并告知对方我方业务部经理将参加洽谈。 （2）对方如约准时到达洽谈地点。 （3）对方相互介绍参与洽谈人员姓名及职务。 （4）洽谈时，先倾听对方对上次洽谈内容的复述。 （5）倾听对方对修正案的反馈。

项目	规范内容
第三轮洽谈	（6）倾听对方对合同重点部分的反馈意见，如进场费用、店庆费用、促销费用、销售返利、供货价格等。 （7）由业务部经理申明我方的合作立场、态度和费用底线。 （8）双方就原合同条款及修正案提出具体解决意见。 （9）双方协商具体合作条款。 （10）协商供货价格。 （11）协商供货方式。 （12）协商结算方式。 （13）协商付款条件。 （14）协商完毕，洽谈时间应控制在两小时以内
合同签订	（1）洽谈完毕后，将原合同条款按双方协商结果进行修订，修订后的合同由业务部经理带回交主管副总经理进行审核。 （2）总经理盖章签字。 （3）提供合同附件（包括已议定的物流方案、供货价格报价单）。 （4）采购员将已签字盖章的合同以快递方式邮寄给对方，在对方签字盖章后，将合同取回交财务部备案。

3.3.7　采购商品交易价格拟定细节描述

采购商品交易价格拟定细节描述，如表 3-3-7 所示。

表 3-3-7　采购商品交易价格拟定细节描述表

项目	规范内容
送达价	（1）供应商的报价当中包含负责将商品送达零售商的仓库或指定地点时，期间所发生的各项费用均由供应商承担。 （2）以国际而言，即到岸价加上运费（包括出口供应商所在地至港口的运费）和货物抵达买方之前的一切运输保险费、进口关税、银行费用、利息及报关费等。 （3）这种送达价通常由国内的代理商，以人民币报价方式（形同国内采购）向外国原厂进口货品后，售与买方，一切进口手续皆由代理商办理
出厂价	（1）供应商的报价不包括送货责任，即由零售商雇用运输工具，前往供应商的仓库提货。 （2）这种情形通常出现在零售商拥有运输工具或供应商加计的运费偏高时，或当卖方市场时，供应商不再提供免费的运送服务
现金价	（1）以现金或相等的方式支付货款，但是"一手交钱，一手交货"的方式并不多见。 （2）按零售行业的习惯，月初送货，月中付款，月底送货，下月中付款，即视同现金交易，并不加计延迟付款的利息，现金价可使供应商免除交易风险，零售商亦享受现金折扣。例如，在美国零售业的交易条件若为 2/10，n/30，即表示 10 天内付款可享受 2% 的折扣，否则 30 天内必须付款

续表

项目	规范内容
期票价	（1）零售商以期票或延期付款的方式来采购商品。 （2）通常零售商会加计迟延付款期间的利息于售价中。 （3）如果卖方希望取得现金周转，会将加计的利息超过银行现行利率，以使供应商舍期票价取现金价。另外，从现金价加计利息变成期票价，用贴现的方式计算价格
净价	供应商实际收到的货款，不再支付任何交易过程中的费用，这点在供应商的报价单条款中通常会写明
毛价	供应商的报价，可以因为某些因素加以折让。例如，供应商会因为零售商采购金额较大，而给予零售商一定的折扣
现货价	（1）每次交易时，由供需双方重新议定价格，若有签订买卖合约，待完成交易后即告终止。 （2）在零售商众多的采购项目中，采用现货交易的方式最频繁。 （3）买卖双方按交易当时的行情进行，不必承担立约后价格可能发生的巨幅波动的风险或困扰
合约价	（1）买卖双方按照事先议定的价格进行交易，合约价格涵盖的期间依契约而定，短的几个月，长的一两年。 （2）由于价格议定在先，经常造成与时价或现货价的差异，使买卖时发生利害冲突。 （3）因此，合约价必须有客观的计价方式或定期修订，才能维持公平、长久的买卖关系
实价	（1）零售商实际上所支付的价格。 （2）特别是供应商为了达到促销的目的，经常提供各种优惠的条件给买方，如数量折扣、免息延期付款、免费运送等，这些优待都会使零售商的采购价格降低

3.3.8　商品采购范围制定工作细节描述

商品采购范围制定工作细节描述，如表 3-3-8 所示。

表 3-3-8　商品采购范围制定工作细节描述表

项目	规范内容
商品采购范围制定的依据	采购什么样的商品是采购计划中的关键。采购品种一般是在过去采购实绩和销售实绩的基础上，根据市场预测得出的消费需求及其变化趋势的有关资料，进行综合分析后确定的。零售商在确定采购商品范围时需要考虑以下几个方面： （1）零售商的经营规模及特点 ①确定商品采购范围，必须首先考虑零售商的业态类型、经营规模及经营特点。不同业态的零售商，其商品经营有着不同分工，专业性零售商以经营本行业某一大类或几大类商品为界限，其专业分工越细，经营范围越狭窄。 ②综合性商场除了经营某几类主要商品外，还兼营其他有关行业的商品。零售商经营规模越大，经营范围越宽，反之，则越窄。此外，零售商经营对象是以附近顾客为主，还是面向更广泛的市场空间。 ③零售商是属于百货零售商，还是超级市场、便利店；是以高质量商品、高服务水平为经营特色，还是以价格低廉为经营特色。这些都将对零售商采购商品范围有着重大影响。

项目	规范内容
商品采购范围制定的依据	（2）零售商的目标市场 　①零售商的地址和商圈范围确定以后，其顾客来源的基本特征也就随之确定下来。零售商目标顾客的职业构成、收入状况、消费特点、购买习惯都将影响着零售商采购商品范围的选择。处在人口密度大的城市中心的零售商，由于目标顾客的流动性强，供应范围广，消费阶层复杂，因而经营品种、花色样式应比较齐全。 　②处在居民区附近的零售商，消费对象比较稳定，主要经营人们日常生活必需品，种类比较单纯。 　③处在城市郊区、工矿区、农业区及学校集中区的零售商，由于这些地区消费者特殊职业形成其特殊需要，在确定商品采购范围时，也要充分考虑这些地区消费者需求的共性及个性。 　（3）产品的生命周期及新产品的开发 　①任何商品都有其生命周期，即从进入市场到退出市场所经历的四个阶段：导入阶段、成长阶段、成熟阶段、衰退阶段。在现在这一信息时代，科技日新月异，商品的生命周期不断缩短，新产品不断涌现，旧产品不断被淘汰。零售商必须跟上这种不断变化的时代步伐，随时注意调整自己的经营范围。 　②零售商必须跟踪掌握商品在市场流通中所处的生命周期阶段，一旦商品到达衰退期，应立即加以淘汰。 　③随时掌握新商品动向，对于有可能成为畅销商品的新商品，在上市前即列入商品采购计划范围之内。 　（4）竞争对手情况 　邻近同行竞争对手状况也影响着零售商采购商品范围的确定。在同一地段内，相同业态零售商之间，经营特点不宜完全一致，应有所差别，其差别主要体现在零售商主营商品的种类上。每家零售商为突出自己的特色一般都会选择一个最适合自己形象的主营商品大类。因此，零售商只有弄清楚周围竞争对手的经营对策、商品齐全程度、价格和服务等状况，才能更好地确定自己的商品采购范围。 　（5）商品本身的特点 　零售商经营一方面是为了满足广大消费者的需要，另一方面也是为了取得更多的利润。因此，在人力、物力、财力及营业面积限制的条件下，零售商无法使商品经营品种无所不包，则应首先选择那些利润高、周转快的商品经营。此外，根据商品消费连带性的要求，把不同种类但在消费上有互补性，或在购买习惯上有连带性的商品一起纳入经营范围，既方便顾客挑选购买，又利于扩大销售。在确定采购范围时，还应考虑商品的自然特性，某些化学性质相抵触的商品或对人体有害而没有必要的保管设施的商品不宜经营，以免发生不必要的损失和不良影响。零售商商品采购范围的确定，除考虑以上几个方面外，还应随着零售商的经营规模、经营目标、商品生产技术发展、人口数量及消费者收入水平等实际情况的变化而随时加以调整，不能一成不变，墨守成规
确定商品经营政策	商品政策是零售商在确定经营范围和采购范围的基础上根据自身的实际情况建立起来的具有独特风格的商品经营方向，也是零售商采购商品的指导思想。一般来说，零售商采用的商品政策主要有以下几种。 　（1）单一的商品政策 　这是指零售商经营为数不多、变化不大的商品品种来满足大众的普遍需要，如专卖店、快餐店、加油站、自动售货机等均采取这一商品政策。采取这一商品政策的零售商一般在竞争中不易取得优势，因而它的使用主要局限于以下几方面。

项目	规范内容
确定商品经营政策	①消费者大量需求的商品，如加油站、粮店、烟酒专卖等。 ②享有较高声誉的商品，如麦当劳的汉堡包、可口可乐等。 ③有较高知名度的专卖零售商。 ④有专利保护的垄断性商品。采取这一商品政策要注意商品的个性化，其品质应优于其他零售商，才能对消费者形成吸引力。 （2）市场细分化商品政策 　　市场细分化就是把消费市场按各种分类标准进行细分，以确定零售商的目标市场。例如，按消费者的性别、年龄、收入、职业等标准进行划分，各类顾客群的购买习惯、特点及对各类商品的购买量是不同的，零售商可以根据不同细分市场的特点来确定适合某一类消费者的商品政策。例如，若零售商选择的目标市场是儿童市场，则商品经营范围将以儿童服装、儿童玩具、儿童食品、儿童用品为主，借此形成自己独特的个性化的商品系列，并随时注意开发和培养有关商品，以满足细分市场的顾客需求。 （3）体系丰满的商品政策 　　在满足目标市场的基础上，兼营其他相关联的商品，既保证主营商品的品种和规格档次齐全，数量充足，又保证相关商品有一定的吸引力，以便目标顾客购买主营商品时能兼买其他相关物品，或吸引非目标顾客前来购物。要使零售商经营的商品让人感到满意，必须重视下列几类商品： 　　①名牌商品。这类商品一般是企业长期经营，在消费者中取得良好信誉的商品。其品种全，数量足，能提高零售商的声望，并给人以丰盛感，对促进销售起到重要作用。 　　②诱饵商品。这类商品品种齐全、数量足，可以吸引更多消费者到零售商来购物，同时也可以连带销售其他商品。 　　③试销商品。其包括新商品和本行业刚刚经营的老商品，这类商品能销售多少很难预测，但是将这类商品保持一定的品种和数量，也会增强零售商经营商品的丰盛感，促进商品销售额的扩大。 （4）齐全的商品政策 　　这是指零售商经营的商品种类齐全，无所不包，基本上满足消费者进入零售商后可以购齐一切的愿望，即"一站式购物"。一般的超大型百货零售商、购物中心及大型综合零售商均采用这一商品政策。一般地，采用这一政策的零售商，其采购范围包括食品、日用品、纺织品、服装、鞋帽、皮革制品、电器、钟表、家具等若干项目，并且不同类型商品分成不同的商品专柜或商品区。有的零售商每一柜台的商品部经理可以自由进货、调整商品结构，及时补充季节性商品，但连锁性质的大型零售商则采取集中采购和配送的方式。当然，任何一个大规模庞大的零售商要做到经营商品非常齐全是不可能的。因此，目前国内外一些老牌百货零售商正纷纷改组，选择重点经营商品，以这个重点为核心建立自己的商品品类政策，督促自己的经营特色，与越来越广泛的专业零售商相竞争
商品采购目录的制定	（1）当零售商确定了采购范围以后，还必须将各商品品种详细地列出来，形成零售商的商品目录。 （2）商品目录是零售商经营范围的具体化，也是零售商进行采购的依据，是零售商管理的一项重要内容。 （3）零售商的商品目录包括全部商品目录和必备商品目录两种。全部商品目录是零售商制定的应该经营的全部商品种类目录；必备商品目录是零售商制定的经常必备的最低限度商品品种目录。必备目录不包括零售商经营的全部商品种类，而只包括其中的主要部分。必备商品目录是按照商品大类、中类、小类顺序排列的。每一类商品都必须明确标出商品的品名和具体特征。由于商品特征不同，消费者选择商品的要求不同，因此，确定商品品名和特征的粗细程度和划分标准也不相同。

项目	规范内容
商品采购目录的制定	（4）一般情况下，商品特征的多少决定着品名划分的粗细程度，特征简单的商品如食盐、食糖等，品名可以粗一些；特征复杂的商品，品名可以适当细分。目前，有些零售商采用电脑进行管理，实行单品核算，则商品品名应根据最细小的标准来划分，直至无法划分的程度，以便准确区分每一具体商品。 （5）必备商品目录确定以后，再根据顾客的特殊需要和临时需要加以补充与完善，便成了零售商全部商品目录。零售商商品目录制定以后，不能固定不变，应随着环境的变化定期进行调整，以适应消费者需要。一般来说，季节性商品需分季调整，非季节性商品按年度调整，做到有增有减。但在调整中要注意新旧商品交替存在的必要阶段，在新产品供应商稳定之前，不可停止旧商品的经营，以便影响消费者的选择需要
商品结构配置策略	在确定了零售商经营范围和采购范围后，接下来应研究哪些商品是主力商品，哪些商品是辅助商品，它们之间应保持怎样的比例关系，花色品种、质量等级如何分配等。商品的广度，是指经营的商品系列的数量，即具有相似的物理性质、相同用途的商品种类的数量，如化妆品类、食品类、服装类、衣料类等。商品的深度是指商品品种的数量，即同一类商品中，不同的质量、不同尺寸、不同花色品种的数量。保持合理的商品结构，对零售商的发展有着重要的作用。由于商品广度和深度的不同组合，形成了目前零售商商品结构的不同配置策略，这些策略各有利弊。 （1）广而深的商品结构 　零售商选择经营的商品种类多，而且每类商品经营的品种也多，这种策略一般为较大型的综合性商场所采用。由于大型的综合商场的目标市场是多元化的，常需要向消费者提供一揽子购物，因此，必须备齐广泛的商品类别和品种。 　这种策略的优点是：目标市场广阔，商品种类繁多，商圈范围大，选择性强，能吸引较远的顾客专程前来购买，顾客流量大，基本上满足顾客一次进店购齐一切的愿望，能培养顾客对零售商的忠诚度，易于稳定老顾客。 　这种策略的缺点是：商品占用资金较多，而且很多商品周转率较低，导致资金利用率较低。此外，这种商品结构广泛而分散，试图无所不包，但也因主力商品过多而无法突出特色。同时，企业必须耗费大量的人力用于商品采购，由于商品比较容易过时，企业也不得不花费大量精力用于商品开发研究。 （2）广而浅的商品结构 　零售商选择经营的商品种类多，但在每类商品经营的品种少。在这种策略中，零售商提供广泛的商品种类供消费者购买，但对每类商品的品牌、规格、式样等给予限制。这种策略通常被廉价零售商、杂货店、折扣店等企业采用。 　这种策略的优点是：目标市场比较广泛，经营面较广，能形成较大商圈，便于顾客购齐基本所需商品，便于商品管理，可控制资金占用。 　这种策略的缺点是：由于这种结构模式花色品种相对较少，满足需要能力差，顾客的挑选性有限，很容易导致失望情绪，不易稳定长期客源，形成较差的企业形象。长此以往，零售商不注重商品特色，在这样一个多样化、个性化趋势不断加强的今天，即使零售商加强促销活动，也很难保证企业经营的可持续发展。 （3）窄而深的商品结构 　零售商选择较少的商品经营种类，而在每一类中经营的商品品种很丰富。这种策略体现了零

项目	规范内容
商品结构配置策略	售商专业化经营的宗旨，主要为专业零售商、专卖店所采用。一些专业零售商通过提供精心选择的一两种商品种类，配有大量的商品品种，吸引偏好选择的消费群。目前国内一些大型百货零售商和超级市场也开始注重引入这种策略。例如，广州新大新、广州百货大厦，几年来不断减少商品种类，五金、布料等商品最早消失，随之家具、杂货也逐渐缩小，主要以服饰、皮革、电器、美容品、食品为主力商品。 　　这种策略的优点是：专业商品种类充分，品种齐全，能满足顾客较强的选购愿望，不会因品种不齐全而丢失销售；能稳定顾客，增加重复购买的可能性；以形成零售商经营特色，突出零售商形象；便于零售商专业化管理。这种模式较受消费者欢迎。 　　这种策略的缺点是：种类有限，不利于满足消费者的多种需要，市场有限，风险大。 　　（4）窄而浅的商品结构 　　零售商选择较少的商品种类和在每一类中选择较少的商品品种。这种策略主要被一些小型零售商，尤其是被便利店采用，也被货机出售商品和人员登门销售的零售商采用。自动售货机往往只出售有限的饮料、香烟等商品，而人员上门销售其所销售的商品种类和品种也极其有限。这种策略要成功使用，有两个关键因素，即地点和时间。在消费者想得到商品的地点和时间内，采取这种策略可以成功。 　　这种策略的优点是：投资少、见效快；商品占用资金不大，经营的商品大多为周转迅速的日常用品，便于顾客就近购买。 　　这种策略的缺点是：种类有限，品种少，挑选性不强，易使顾客产生失望情绪，商圈较小，吸引力不大，难以形成零售商经营特色。 　　由于目前的便利店经营商品在品种和价格上难以吸引消费者，因而其优势主要在于经营地点、经营时间和便民服务上

3.3.9　采购谈判还价细节描述

采购谈判还价细节描述，如表 3-3-9 所示。

表 3-3-9　采购谈判还价细节描述表

项目	规范内容
比照还价法	采购谈判的一方通过对对方报价的分解分析，对比参照报价，按照一定的升降幅度进行还价。运用这一方法的主要条件如下。 　　（1）弄清对方为何如此报价，即对方的真正期望。 　　（2）检查对方报价的原因和依据。 　　（3）询问如此报价的原因和依据。 　　（4）对方在各项主要交易条件上有多大的灵活性
含蓄表达法	采购谈判者不明说自己的真实意图，而是通过委婉语句启发引导对方领悟，并提示对方采取成交行动。 　　使用含蓄表达法应注意以下两点。 　　（1）掌握好含蓄的分寸，营造有利的成交氛围。 　　（2）要有针对性地使用含蓄

项目	规范内容
暗示表达法	暗示表达法一般有三种形式。 （1）语言的暗示：用含蓄的语言引导提示。 （2）行为的暗示：以姿态面部表情眼神动作等提示。 （3）媒介物、情景的暗示：如以文件电报、幻灯片，参考资料环境和时间，东西的摆设位置座位的安排等提示。 使用暗示表达法应注意的问题。 ①应使用适宜的提示媒介物，并注意传递手法和时机。 ②必须善于分析谈判对手，视不同的谈判对手而采用。 ③行动暗示应自然、生动、逼真，应与暗示目的保持一致

3.3.10　采购商品谈判内容制定细节描述

采购商品谈判内容制定细节描述，如表 3-3-10 所示。

表 3-3-10　采购商品谈判内容制定细节描述表

项目	规范内容
质量谈判	符合买卖双方所约定的要求或规格就是好的质量。故采购人员应设法了解供货商对本身商品质量的认知或了解的程度，管理制度较完善的供货商应有下列有关质量的文件： （1）产品规格说明书。 （2）品管合格范围。 （3）检验方法。 采购人员应尽量向供货商取得以上资料，以利未来交易，通常在合约或订单上，质量是以下方法的其中一种来表示的： （1）市场上商品的等级。 （2）品牌。 （3）商业上常用的标准。 （4）物理或化学的规格。 （5）性能的规格。 （6）工程图。 （7）样品（卖方或买方）。 （8）以上的组合。 采购人员在谈判时应首先与供货商对商品的质量达成互相同意的质量标准，以避免日后的纠纷或法律诉讼。对于瑕疵品或仓储运输过程损坏的商品，采购人员在谈判时应要求退货或退款
价格谈判	除了质量与包装之外，价格是所有谈判事项中最重要的项目。若采购人员对任何其所拟采购的商品，以进价加上本公司合理的毛利后，若自己判断该价格无法吸引客户的购买时，就不应向该供货商采购。 在谈判之前，采购人员应事先调查市场价格，不可凭供货商片面之词，误入圈套。如果没有相同商品的市价可查，应参考类似商品的市价。

项目	规范内容
价格谈判	在价格谈判时，最重要的是要能列举供应商产品经由本公司销售量贩的好处，这些好处包括以下几点。 （1）大量采购。但不可一开始就告知公司可能订购的数量，以免让对方知道本公司的进货能力，也就是说，尽量以笼统的方式向供货商说明本公司的采购数量大。 （2）铺货迅速。零售商、餐饮业、公司或机关团体主动到本公司进货，可节省供货商新产品或促销品铺货的成本，并加快铺货及流通的速度。供货商可派人到卖场示范解说，提高专业客户的进货意愿。 （3）节省运费。供货商不必挨家挨户送货，通常可节省占营业额 3% ~10% 的仓储运输费用。 （4）稳定人事，降低销管费用。供货商不必再受业务人员流动率过高的困扰，因为本公司实施计算机作业，主动向供货商订货及付款，供货商可减少占营业额 10%~20% 的销管费用。 （5）清除库存。供货商可通过快讯的促销方式，将其滞销品或库存过高的商品迅速地出清。 （6）保障其市场。本公司采取限制供货商家数的政策，故一旦与本公司来往，其他竞争品牌就被排拒在外，由于零售商或专业客户都积极主动来本公司进货，本公司销售的商品，其市场占有率会因而提高。 （7）沟通迅速，并节省广告费。通过快讯平台与专业客户作直接而有效的沟通，节省供货商在众多广告媒体的投资。 （8）付款迅速，并减少应收账款管理费用。由本公司主动付款汇入供货商银行账户，减少供货商应收账款管理费用，并可规避倒账的风险，以及避免倒货外流的影响。 （9）不影响市价。由于顾客都是专业客户，一般消费者没有会员卡无法来本公司购买，不会对市价造成影响。 （10）外销机会。每年的春季及秋季交易会，大量国外买主前来，供货商外销机会大增。 （11）齐步茁壮。公司在国内将逐步提高投资额，供货商可与本公司一起成长，互蒙其利。 价格谈判是所有商业谈判中最敏感的，也是最困难的项目，但越是困难的项目，令人越觉得具有挑战性，这也是采购工作特别吸引人之处，采购人员应运用各种谈判技巧去达成这项艰巨的任务
包装谈判	（1）包装可分为内包装和外包装，内包装是用来保护、陈列或说明商品之用，而外包装则仅用于仓储及运输过程的保护。在本公司自选式量贩的营业方式，包装通常扮演非常重要的角色。 （2）外包装若不够坚固，仓储运输的损坏太大，降低作业效率，并影响利润。外包装若太坚固，则供货商成本高，采购价格势必偏高，导致商品的价格缺乏竞争力。 （3）设计良好的内包装往往能提高客户的购买意愿，加速商品的回转，国内生产的产品在这方面比较差，采购人员应说服供货商在这方面改善，以利彼此的销售。 基于以上的理由，采购人员在谈判包装的项目时，应协调对彼此双方都最有利的包装，否则不应草率订货。 对于某些商品，若有销售潜力，但却无合适的自选式量贩包装时，采购人员应积极说服供货商制作此种包装，供本公司销售

项目	规范内容
交货谈判	（1）交货期 一般而言，交货期越短越好，因为交货期短，则订货频率增加，订购的数量就相对减少，故存货的压力也大为降低，仓储空间的需求也相对减少。至于有长期承诺的订购数量，采购人员应要求供货商分批送货，减少库存的压力。 采购人员应设法与供货商谈判要求较短的交货期，降低存货的投资。 （2）交货时应配合事项 采购人员在谈判时，必须明确将作业方式向供货商说明清楚，并要求供货商承诺配合，否则日后一旦供货商无法兑现时，合作关系将大打折扣
促销谈判	（1）促销活动 ①在策略上，通常公司会在促销活动的前一两周停止正常订单的运作，而刻意多订购促销特价的商品，以增加利润，除非采购人员无法取得特别的价格。 ②在促销商品的价格谈判中，采购人员必须了解，一般供货商的行销费用预算通常占营业额的 10%~25%，供货商不难由预算中拨出一部分作为促销费用。比较常用的方法是多给相同商品免费赠品，买一打赠三瓶。 （2）广告赞助 为增加本公司的利润，采购人员应积极与供货商谈判争取更多的广告赞助，主要有下列几项： ①快讯的广告赞助。 ②停车场看板的广告赞助。 ③购物车广告板的广告赞助。 ④卖场标示牌的广告赞助。 ⑤端架的广告赞助
返利谈判	进货奖励与数量折扣是有区别的。进货奖励是一段时间达成一定的进货金额，供货商给予的奖励，这是家电及某些行业惯用的行销方式，而数量折扣是指单次订货的数量超过某一范围时所给的折扣。 依其他国家的采购人员的经验，通常都要求供货商可给予进货金额 1%~10% 的进货奖励（以月、季或年度计算），供货商因业绩的需求很乐意提供此种奖励。此种奖励对本公司的利润提升大有助益，有些商品可能供货商因种种原因不愿以低价供应时，采购人员为增加利润，应积极与供货商谈判要求更高的进货奖励，但切忌为了争取奖励而增加不切实际的采购数量，导致库存压力大增，甚至季节过后打折销售。 采购谈判本身是很复杂的，因为谈判对象、供货商规模、谈判项目都不同，但采购人员只要灵活运用以上所述的技巧与策略，在谈判中将不难——克服。经验、机智与毅力都是采购人员在谈判中所需要的

3.3.11　商品价格体系构成描述

商品价格体系构成描述，如表 3-3-11 所示。

表 3-3-11　商品价格体系构成描述表

项目	规范内容
供应价格	供货商给零售商的进价，即结款价格，也是价格体系中最主要的一部分，也是采购日常工作中广泛涉及的内容，如何压低进价是考核一个采购员是否合格的主要指标。 （1）要洞悉这个供货商所供商品的商品属性，分解组成该商品价格的因素： ①原材料费；②人工费；③包装费；④运费；⑤企划费；⑥其他费用。 （2）要能了解同级别竞争店的进价，并作为参考与供货商进行价格谈判，以达到区域内进价最低的目的。 （3）对敏感性商品的供货商，可在相关政策上对其进行优惠，如入场费的减免、特殊陈列、免费堆头、结款方式等方面做出让步，以期达到价格优势
零售价格	依据 20/80 分析法，在选择特价商品时，必须坚决贯彻知名商品、敏感商品、必需商品的价格形象。零售商零售价格制定一般分为： ①顺加法：即（零售价 − 进价）÷ 进价 ×100%； ②倒扣法：即（零售价 − 进价）÷ 零售价 ×100%； ③联营倒扣：依据联营厂家的各自特征，制定不同的倒扣率，即毛利额 ÷ 零售价 ×100%

3.3.12　采购谈判员素质要求描述

采购谈判员素质要求描述，如表 3-3-12 所示。

表 3-3-12　采购谈判员素质要求描述表

项目	规范内容
道德素质要求	谈判人员的职业道德及修养： （1）要有维护本企业利益的立场并为此而努力奋斗的强烈信念，有百折不挠、积极进取的精神。 （2）要有严格的纪律性、原则性和高度的责任感。 （3）要有廉洁奉公、不谋私利的高尚品格
知识素质要求	基础知识是一个人智慧和才能的基石，专业知识决定一个人知识的深度和从事本职工作的能力。采购谈判员必须掌握丰富的基础知识，掌握采购谈判的有关理论和技巧，熟悉商品学、市场营销、经营策略、商品运输、财务会计、公共关系学，熟悉并了解本专业范围内的产品性能、维修服务、成本核算专业知识
业务素质要求	（1）精通经营业务，了解商品经营各个环节，注意进、销、存三个环节的衔接。 （2）具有经营意识和强烈的竞争意识，勇于探索、善于思考、认清目标、积极进取，有不屈不挠、刚正不阿的精神。 （3）具备多种能力。 ①调查能力：对谈判对方的真实意图能迅速根据掌握的信息和对方当场的言谈举止加以分析做出合理的判断。 ②决策能力：能根据谈判的形势的变化，抓住时机，果断作出正确的决策。 ③应变能力：敏捷的思维，对突变的情况，能快速调整谈判行为，改变谈判细节描述，同时应具备创新精神，开拓新的谈判局面。

续表

项目	规范内容
业务素质要求	④交际能力：口语表达要清楚流利、语言精练、讲究分寸、说服力强，要有良好的性格气质，能够克制自己、调节自己，经得起挫折的考验，风趣、幽默等。 （4）精打细算。 ①把零售商采购看成是自己的生意。 ②有良好的成本控制意识。 ③尽最大努力创造较高的利润。 ④时时处处维护公司的整体利益。 （5）团结合作。 ①良好的谈判能力，不断提高谈判技巧，善于与供应商合作。 ②良好的人际关系处理能力，善于与各部门同事合作。 ③尊重供应商、同事及店铺员工

3.3.13　商品采购时机决策细节描述

商品采购时机决策细节描述，如表 3-3-13 所示。

表 3-3-13　商品采购时机决策细节描述表

项目	规范内容
根据商品销售规律	（1）这些年随着假日经济的启动，形成了春节、国庆节、五一劳动节等几个大的消费热点，在季节性商品消费基础上，又增添了新的特点。 （2）对此商家要加强对市场的调查、研究和预测，从中寻找和发现规律。近年来，消费品市场呈现出假日食品提前购买，日用工业品随机购买，流行性商品凸显销售高峰且流行周期缩短等趋势，这些消费者购买的规律应成为商品采购时机决策的一个重要依据
根据市场竞争状况	（1）在决定商品采购时间时，还必须考虑市场竞争状况。 （2）某些商品率先投入市场可取得市场先机优势，这些商品就需要提前采购。 （3）有些商品推迟采购，也能取得市场独有优势，也可以推迟采购
根据商场库存情况	（1）选择采购时间，还必须考虑商场库存情况，采购时间既要保证有足够的商品以供销售，又不能进货过多以致积压。 （2）这方面最常用的方法是最低订购点法。最低订购点法是指预先确定一个最低订购点，当商场某一商品的库存量低于该点时，就必须去进货

3.4　采购合同管理

3.4.1　合同管理员工作细节描述

合同管理员工作细节描述，如表 3-4-1 所示。

表 3-4-1　合同管理员工作细节描述表

序号	规范内容
1	审查各类经济合同： （1）证照齐全。 （2）签章完备。 （3）条款符合公司规定
2	合同审查必须在两个工作日内完成
3	合同登记要在三个工作日内完成。合同台账要能清楚地反映出合同签订情况（签订单位、面积、区位、扣率、保底额、费用、结算方式、品牌资料、品牌商资信等）和合同签订前后所发生的信函、电报、长途电话等情况
4	保管好公司合同的专用章，严格按照公司规定使用
5	公司合同信息输入工作必须及时、准确
6	妥善保管公司合同档案，不得丢失： （1）以部门（楼面）为单位，合同文体按档案管理规定要求进行装订成册。 （2）年终对各部门（楼面）的装订成册的合同进行一次全面整理，按一部一档的要求装订入档案簿，立卷归档备查。 （3）装订归档的合同编号、目录要清楚，查阅方便
7	每月填写一份合同执行情况表，反映各部门（楼面）本月合同签订数量、履行数量，其数据要准确
8	年终汇总公司合同执行情况，填写公司全年的合同签订数量、履行数量、履行率、对比增长率、分析合同执行情况，为进行业务活动提供准确的信息
9	公司各种经营合同到期前 45 天，通知相关部门（楼面）招商经理（招商主管），根据合同执行情况和品牌的经营状况是否续签或终止合同
10	遵守公司规定，严守合同机密

3.4.2　采购合同制定细节描述

采购合同制定细节描述，如表 3-4-2 所示。

表 3-4-2　采购合同制定细节描述表

项目	规范内容
商品的品种、规格和数量	（1）商品的品种应具体，避免使用综合品名。 （2）商品的规格应具体规定颜色、式样、尺码和牌号等。 （3）商品的数量多少应按国家统一的计量单位标出。 （4）必要时可附上商品品种、规格、数量明细表

项目	规范内容
商品的质量和包装	（1）合同中应规定商品所应符合的质量标准，注明是符合国家或部委颁发标准。 （2）无国家和部委颁发标准的商品应由双方协商或凭样订（交）货。 （3）对于副、次品应规定出一定的比例，并注明其标准。 （4）对实行保换、保修、保退办法的商品，应写明具体条款。 （5）对商品包装的方法，使用的包装材料、包装式样、规格、体积，重量、标志及包装物的处理等，均应有详细规定
商品的价格和结算方式	合同中对商品的价格要作具体的规定，规定作价的办法和变价处理等，以及规定对副品、次品的扣价办法，规定结算方式和结算程序
交货期限、地点和发送方式	交（提）货期限（日期）要按照有关规定，并考虑双方的实际情况、商品特点和交通运输条件等确定。同时，应明确商品的发送方式是送货、代运，还是自提
商品验收办法	合同中要具体规定在数量上验收和在质量上验收商品的办法、期限和地点
违约责任	签约一方不履行合同，必将影响另一方经济活动的进行，因此，违约方应负物质责任，赔偿对方遭受的损失。在签订合同时，应明确规定供应者有以下三种情况时应付违约金或赔偿金。 （1）不按合同规定的商品数量、品种、规格供应商品。 （2）不按合同中所规定商品质量标准交货。 （3）逾期发送商品。购买者有逾期结算货款或提货，临时更改到货地点等，应付违约金或赔偿金
合同的变更和解除的条件	合同中应规定在什么情况下可变更或解除合同，什么情况下不可变更或解除合同，通过什么手续来变更或解除合同等。此外，采购合同应视实际情况，增加若干具体的补充规定，使签订的合同更切实际，行之有效

3.4.3　采购合同核心内容细节描述

采购合同核心内容细节描述，如表 3-4-3 所示。

表 3-4-3　采购合同核心内容细节描述表

序号	规范内容
1	合同的标的：设备、商品的品名
2	商品的条形码、品种、数量、规格等数据一般附在价格表上，因此，采购合同上必须注明价格表为合同附件
3	使用电脑系统的零售商一定要求供应商的商品带有条形码（部分生鲜食品除外）
4	商品的品名应具体，避免使用综合品名

序号	规范内容
5	商品的规格应规定具体颜色、式样、尺码和牌号等
6	商品的数量必须以零售商实际销售的单位为最小单位
7	合同上必须注明商品的包装方式及具体的质量保证条款
8	合同上有明确的包换、包修、包退的条款
9	商品的价格和结算方式： （1）无论以何种方式报价，价格表上必须注明确切的商品进价。 （2）合同上必须规定明确的商品结算方式和程序
10	交货期限、地点和送货方式： （1）合同上必须明确注明交货的时间、地点。 （2）有配送中心的零售商可注明送货至配送中心
11	对于新供应商，一般先签署三个月的试销合同，如三个月内销售状况良好再续约
12	合同上必须注明验收的标准及验收的方法、期限和地点
13	注明违约行为及违约责任。通常以下三种行为为违约行为。 （1）不按合同规定的商品数量、品种、规格供应商品。 （2）不按合同中规定的商品质量标准交货。 （3）逾期发送商品
14	合同的变更和解除的条件： （1）合同中应规定在什么情况下可变更或解除合同，什么情况下不可变更或解除合同。 （2）合同中应注明通过什么手续来变更或解除合同

3.4.4　采购合同签订细节描述

采购合同签订细节描述，如表 3-4-4 所示。

表 3-4-4　采购合同签订细节描述表

项目	规范内容
签订采购合同的原则	企业签订采购合同，必须遵循的原则如下： （1）合同的当事人必须具备法人资格。 （2）合同必须合法。必须遵照国家的法律、法令、方针和政策签订合同，其内容和手续应符合有关合同管理的具体条例和实施细则的规定。 （3）签订合同必须坚持平等互利、充分协商的原则。 （4）签订合同必须坚持等价、有偿的原则。 （5）当事人应当以自己的名义签订经济合同。委托别人代签，必须要有委托证明。 （6）采购合同应当采用书面形式

项目	规范内容
签订采购合同的程序	签订采购合同的程序是指合同当事人对采购合同的内容进行协商，取得一致意见，并签署书面协议的过程。一般有如下五个步骤： （1）订约提议。 （2）接受提议。 （3）填写合同文本。 （4）履行签约手续。 （5）双方落笔签订采购合同

3.4.5　采购合同归档与跟进管理细节描述

采购合同归档与跟进管理细节描述，如表 3-4-5 所示。

表 3-4-5　采购合同归档与跟进管理细节描述表

项目	规范内容
采购合同的归档管理	（1）按照商品种类分类归档。 （2）采购合同复印件与供应商档案归档。 （3）采购合同原件单独归档，统一管理
采购合同的跟进	（1）以采购合同的条款检查供应商的表现。 （2）采购合同期限的预警。 （3）在采购合同期限前一个月对供应商的表现做出综合评估以确定是否续约。 （4）可在电脑系统中设定合同期限预警程序

3.4.6　采购合同管理细节描述

采购合同管理细节描述，如表 3-4-6 所示。

表 3-4-6　采购合同管理细节描述表

项目	规范内容
采购合同签订管理	一方面，要对签订合同的准备工作加强管理，在签订合同之前，应当认真研究市场需要和货源情况，掌握企业的经营情况、库存情况和合同对方单位的情况，依据企业的购销任务收集各方面的信息，为签订合同、确定合同条款提供信息依据；另一方面，要对签订合同过程加强管理，在签订合同时，要按照有关的法规规定的要求，严格审查，使签订的合同合理合法
建立合同管理机构和管理制度	（1）企业应当设置专门机构或专职人员，建立合同登记、汇报检查制度，以统一保管合同、统一监督和检查合同的执行情况，及时发现问题采取措施，处理违约，提出索赔，解决纠纷，保证合同的履行。 （2）可以加强与合同对方的联系，密切双方的协作，以利于合同的实现

续表

项目	规范内容
处理好合同纠纷	当企业的经济合同发生纠纷时，双方当事人可协商解决。协商不成时，企业可以向国家工商行政管理部门申请调解或仲裁，也可以直接向人民法院起诉
信守合同	合同的履行情况好坏，不仅关系到企业的经营活动的顺利进行，而且关系到企业的声誉和形象。因此，加强合同管理，有利于树立良好的企业形象

3.4.7　生鲜食品采购合同管理细节描述

生鲜食品采购合同管理细节描述，如表 3-4-7 所示。

表 3-4-7　生鲜食品采购合同管理细节描述表

项目	规范内容
配送	生鲜食品主要是供给日常生活所需，要求商品周转很快。此时如欲保证充分供应，就必须依靠供应商准时配送商品。因此，在配送方式、配送时间、配送地点、配送次数等方面，通常在采购时就要和供应商在合同中予以规定，并要清楚规定供应商若违反了规定必须承担的责任
缺货	对于供应商的供货，若出现缺货的现象，必然会影响生意。因此应规定一个比例，要求供应商缺货时应承担的责任，以保证供应商能准时供货。例如，容许供应商的欠品率为 3%，超过 3% 时，每月要付一万元罚金等
质量	进行商品采购时，采购人员应了解商品的成分及品质等是否符合政府卫生部门或工商行政等部门的规定。在采购时，必须要求供应商在合同中作出保证符合政府法律规定的承诺，并提供政府核发的合法营业的证明，以确保在商品销售中不会出现问题
价格	生鲜食品价格变动较大，在鲜活食品签订永续订单时，要对未来价格变动的处理作出规定，如在价格上涨时，要在调整生效前通知零售商并经零售商同意方为有效
付款	采购时，支付货款的日期是一种采购条件，在此不赘述。但在合同中须对付款方式有所规定。例如，对账日定在每月的哪一天，付款日定在哪一天，付款时是以人员领款方式还是转账方式等均要有准则，并请供应商遵守
退货	零售商最感头痛的问题便是退货，供应商送货很快，但退货却不积极。但若不退货，店的利益就会受损，因此，必须制定退货规定，如规定出现哪几种情况下可退货，费用如何分摊等

3.5　招商管理

3.5.1　招商经理工作细节描述

招商经理工作细节描述，如表 3-5-1 所示。

表 3-5-1　招商经理工作细节描述表

序号	规范内容
1	根据公司下达的计划指标，结合公司实际情况和市场发展趋势，制订本部门年度的总体工作计划和周、月、季度工作计划
2	根据公司整体经营决策及淘汰制原则，指导督促招商主管按不同的时间要求编制如下计划： （1）按月编制品牌引进计划及品牌优化计划。 （2）按月编制商品的结构分析
3	每周召开一次部门员工工作总结、报告会，检查督促工作进度掌握员工的思想状况。 （1）会议要准时召开。 （2）会议要有详细、完整记录，会后要下发会议纪要
4	对本部门员工进行合理分工，使其各尽其能，权责分明，并形成合力
5	有效指导下属开展各项工作，保证各项工作顺利、高效完成
6	掌握宏观和微观经济走向，正确制定工作目标和方向
7	日常检查： （1）每天检查各岗位员工工作情况，随时进行监督、指导。 （2）分周、月、季检查各种报表，及时发现问题
8	恪守职业道德，保守公司机密

3.5.2　招商主管工作细节描述

招商主管工作细节描述，如表 3-5-2 所示。

表 3-5-2　招商主管工作细节描述表

序号	规范内容
1	根据公司经营发展规划及部门工作的安排，编制以下工作计划： （1）按月编制品牌引进及品牌优化计划。 （2）按月编制商品结构分析
2	编制各类计划应坚持专业化、品牌化、系列化、个性化的发展战略
3	合理分解本部门的经营指标，落实到各专柜并考核
4	认真学习国家法律、法规，各项经济活动要遵纪守法
5	贯彻"忠诚服务"的经营理念，并将其落实到实际工作中
6	恪守职业道德，保守公司机密

3.5.3 招商助理工作细节描述

招商助理工作细节描述，如表 3-5-3 所示。

表 3-5-3 招商助理工作细节描述表

序号	规范内容
1	及时巡查各岗位的工作、服务质量并进行监督和指导，保持各岗位员工工作的高质、高效
2	关心和帮助下属，以提高各岗位人员工作的积极性和主动性
3	积极配合实施部门各项活动，认真组织人员执行各项计划或方案
4	经常组织、培训和再培训工作，不断提高各岗位人员的工作技能和综合素质
5	日常检查： （1）每天检查各岗位员工工作情况，随时进行监督、指导。 （2）分周、月、季检查各项报表，及时发现问题
6	恪守职业道德，保守公司机密

3.5.4 招商人员职业道德规范细节描述

招商人员职业道德规范细节描述，如表 3-5-4 所示。

表 3-5-4 招商人员职业道德规范细节描述表

序号	规范内容
1	有强烈的责任感和事业心
2	具有良好的职业道德
3	遵纪守法、廉洁奉公
4	机敏、多谋、善于交际、富有想象力
5	具有一定的谈判知识与技能，有良好的沟通协调能力和说服能力
6	具有进取精神和自身推动力
7	有市场预测知识和直觉判断能力
8	有较深厚的商品知识，熟悉商品的品牌、产地、质量、价格等特征，掌握商品的产销规律
9	有一定的经济核算知识，具备商品成本、结算、利润的核算能力
10	懂政策法规，具备合同签订的知识、技巧及预防失约、失误造成损失的能力

3.5.5 招商人员沟通行为规范细节描述

招商人员沟通行为规范细节描述，如表 3-5-5 所示。

表 3-5-5　招商人员沟通行为规范细节描述表

项目	规范内容
与品牌商的沟通	（1）坚持品牌商至上的原则，以为品牌商服务为基本理念，与品牌商合理沟通。 （2）坚持公司利益第一的原则。 （3）坚持互利双赢的原则。 （4）坚持合作双方平等的原则。 （5）坚持有理有据的原则
与公司领导的沟通	（1）坚持以对公司领导负责的态度与领导合理沟通。 （2）坚持尊重公司领导的原则与领导合理沟通。 （3）及时汇报自己的工作情况，与领导进行沟通。 （4）工作中的问题与困难，及时与领导沟通。 （5）工作中的建议与要求，及时与领导沟通。 （6）与领导的沟通应坚持逐级上报的原则
与同事的沟通	（1）以平等的身份与同事沟通。 （2）以团结互助、友好相处的处事态度与同事沟通。 （3）以积极支持、相互配合的工作态度与同事沟通
与顾客的沟通	（1）坚持"顾客至上"的原则，忠诚为顾客服务。 （2）坚持"实事求是"的原则，对商品的各种性质特征不夸张、不隐瞒。 （3）坚持"急顾客之所急"的原则，站在顾客的角度与顾客进行沟通
与营业员的沟通	（1）坚持"以人为本"的原则，忠诚为员工服务，必须从这个角度出发与营业员沟通。 （2）坚持指导的原则，对营业员多引导、指点、示范，少批评，起到老师的作用。 （3）要以平等的同事关系的身份与营业员沟通，不要高高在上，使营业员反感

3.5.6　招商人员监管与处罚细节描述

招商人员监管与处罚细节描述，如表 3-5-6 所示。

表 3-5-6　招商人员监管与处罚细节描述表

项目	规范内容
行政处罚	（1）批评教育：违反公司招商工作要求和流程，情节轻微的。 （2）警告：严重违反公司招商工作要求和流程，尚未给公司造成损失的。 （3）记过：严重违反公司招商工作要求、流程，违反招商工作人员职业道德规范，徇私舞弊，尚未给公司造成损失的。 （4）除名：违反公司招商工作要求、流程，违反招商工作人员职业道德规范，利用职务之便收受馈赠，行贿受贿，徇私舞弊，给公司造成经济损失的；情节严重者，将移送司法机关处理
经济处罚	（1）罚款。 （2）罚没奖金。 （3）工资降级
其他	行政与经济处罚并举

3.5.7　招商方案制订工作细节描述

招商方案制订工作细节描述，如表 3-5-7 所示。

表 3-5-7　招商方案制订工作细节描述表

项目	规范内容
招商范围	（1）食品类：包括休闲食品、膨化食品、奶粉、饼干、烟酒、饮料、冷饮、干果、粮油、调味品、罐装制品、熟食、特色小吃、糕点、主食厨房、面包、蛋糕坊、腌腊制品等。 （2）生鲜类：包括海鲜、水产、生肉、蔬菜、水果、豆制品现场制作、酱菜、干菜、蛋类等。 （3）百货类：包括洗涤日化、办公文具、纸制品、陶瓷玻璃制品、日杂用品、不锈钢制品、木制竹编品、塑料制品、箱包、体育用品、玩具、鞋类、床上用品、针织、妇女用品、服装、图书音像、小家电、自行车等
招商时间	××××年××月××日—××××年××月××日
招商对象及条件	（1）具备一定经营能力和经济实力的厂家、公司或个人，地域不限、资信可靠、可长期合作。 （2）具有良好的职业道德，自觉遵守国家各项法律、法规和企业的各项规章制度。 （3）组织观念强，能自觉接受管理和监督。 （4）对所经营的商品具有透彻的市场分析能力、超前的经营理念及市场机遇的把握能力。 （5）能够按规定及时缴纳各种费用
合作方式	（1）供货商：由供货人按照与零售商所签协议的约定条款，为零售商提供商品和有关支持的厂家、公司或个人。合作方式有两种：①供货商按进价供货，零售商制定商品售价；②供货商提供商品建议售价，购物中心按核定的比例提取利润。 （2）联营：由零售商有偿提供场地，供货方自主经营、费用自理、按月结算的合作方式。 （3）招租：零售商将自己的一部分空间或档口出租给愿意在此经营的商家
招商程序	（1）报名。 ①报名时间：××××年××月××日，地点：×××× ②报名须提交的有关资料： 　a. 报名者资格认证资料：营业执照、税务登记证、卫生许可证的复印件；报名者为代理商的，需提供厂家的授权代理书复印件及其他相关资料。 　b. 商品品质认证资料：产品合格证、卫生检验报告、厂家生产许可证、厂家卫生许可证外埠商品进卖场所在地销许可证、商标注册证、条码证明的复印件及其他相关资料。 　c. 上述资料提交前必须加盖有单位红色印章或报名主体责任人的亲笔签名，同时上述资料必须在证件有效期内。 　d. 商品报价单：商品条码、商品名称、单位、规格、供货价、建议零售价、产地、保质期、报价时间等。 　e. 提供必要的商品样品（实物）。 （2）报名者资质审查时间：××××年××月××日—××××年××月××日。 （3）以电话形式通知报名者谈判时间和地点。 　通知时间：××××年××月××日—××××年××月××日 （4）谈判，确定供货商或联营伙伴，并以书面形式告知对方。 （5）双方签订协议并交纳有关费用（样品、商品信息列表）。

3.5.8　被招商对象核查工作细节描述

被招商对象核查工作细节描述，如表 3-5-8 所示。

表 3-5-8　被招商对象核查工作细节描述表

序号	规范内容
1	被招商企业选派的信息员，必须是道德品质好，责任心强，热情大方，会讲普通话，各方面都符合招商要求的正式职工。信息员受双重企业管理，同时享受其所在企业待遇
2	（1）商场招商工作实行动态管理。被招商企业要认真遵守商场各项管理制度，积极配合商场开展各种促销活动，努力完成销售计划。 （2）对三个月完不成销售计划，又无季节影响或违反商场管理制度的，企业市场经营部有权提出终止协议
3	被招商企业必须是具有法人资格，并已在当地工商行政管理部门注册登记的国营、集体、三资和私营企业或有外贸进出口权的代理商
4	被招商企业所经营的商品必须是商场所属零售商经营范围内的名特优新或世界驰名品牌商品；国内商品必须是符合各级计量、质检、卫生标准，实行三包（包修、包退、包换）的本厂产品，坚决杜绝经营其他厂家的产品及滞销、假冒、伪劣商品
5	招商联营期限，一般为三个月至半年，有发展前途的可订 1~2 年，到期后根据销售计划完成情况和市场供求情况决定是否续签合同

3.5.9　被招商对象资信核实工作细节描述

被招商对象资信核实工作细节描述，如表 3-5-9 所示。

表 3-5-9　被招商对象资信核实工作细节描述表

序号	规范内容
1	营业执照（需盖工商局备案红章）
2	税务登记证
3	一般纳税人资格证书（需年审）
4	组织机构代码证书（需年审）
5	商品条码系统成员证书（应在有效期内且每个供应商均要提供）
6	商标注册证书（注册人应与营业执照注册人一致，应在有效期内且每个品牌均要提供）
7	卫生许可证（应在有效期内）
8	工业产品生产许可证

序号	规范内容
9	相关商品检验报告（检验日期应在本年内）
10	代理厂家授权证书
11	被代理厂家营业执照、税务登记证
12	动物防疫合格证、屠宰证
13	现场制作商品企业生产标准证书
14	通信设备入网证

3.5.10　招商谈判工作细节描述

招商谈判工作细节描述，如表 3-5-10 所示。

表 3-5-10　招商谈判工作细节描述表

项目	规范内容
招商目标的选择	企业招商的目的是通过组织好货源，更好地开拓销售市场。因此，招商目标的选择要根据市场需求情况来确定，具体说应考虑以下因素： （1）供货方产品的优势。 （2）供货方价格的优势。 （3）供货方系列服务的优势。 （4）供货方的企业信誉、社会荣誉。 （5）供货方的资信情况
招商谈判的特点	招商谈判作为企业开展购销业务的开路先锋，与其他经营活动相比较，其主要特征如下： （1）谈判对象的广泛性、多样性和复杂性。 商场的交易活动不受时空限制，企业无论作为卖者还是买者，其交易对象的选择范围都是十分广泛的，而具体的谈判对象交易条件又是多样的、变化的。这就要求企业的谈判人员要围绕本企业的经营范围，广泛收集信息，了解市场行情，并选择适当的方式与社会各方面保持广泛的联系。 （2）谈判条件的原则性与灵活性。 企业招商的目标要具体体现在谈判条件上。这些条件具有一定的伸缩余地，但其弹性往往不能超越最低界限，这一界限是谈判人员必须坚持的原则。这一特点就决定了企业谈判人员要从实际出发，既要不失原则，又要随机应变，具有一定的灵活性，以保证实现招商谈判的基本目标。 （3）谈判口径的一致性。 在招商谈判中，双方谈判的形式可以是口头的也可以是书面的，谈判过程往往需要反复接触。这就要求谈判人员要重视谈判细节描述与技巧，注意语言表达和文字表达的一致性。因此，谈判人员要有比较好的口才和文字修养能力，也要有较强的公关能力

项目	规范内容
招商谈判的原则	根据招商谈判的特点，谈判双方要取得共识，促使谈判成功应遵循以下原则： （1）坚持平等互利的原则。 平等互利原则要求谈判双方在适应对方需要的情况下，公平交易，互惠互利，这是保证谈判成功的重要前提。 （2）坚持信用原则。 信用原则是指招商谈判的双方都要共同遵守协议。重信誉、守信用是商家基本的职业道德。在谈判过程中，应注意不轻易许诺，但一旦承诺，就应履行，保证言行一致，取信于对方，以体现真诚合作的精神。 （3）坚持相容原则。 相容原则要求谈判人员在洽谈中要对人谦让、豁达，将原则性和灵活性有机结合起来，以更好地达到谈判的目的。
招商谈判的准备	（1）对外发布招商公告。 （2）准备谈判的必备资料。 其包括企业经营规模、经营能力、经营场地和设备、招商的项目、引厂进店的标准、谈判的价格目录等谈判必备资料。 （3）准备谈判的依据。 ①明确谈判目标，包括最优期望目标、实际需求目标、可接受目标、最低目标等； ②规定谈判细节描述，包括了解谈判对象的状况，谈判的焦点、谈判可能出现的问题及对策； ③选定谈判方式； ④确定谈判期限。 （4）组成谈判小。 ①挑选谈判小组的成员； ②制订谈判计划； ③确定谈判小组的领导人员
招商洽谈过程	（1）开局，即确立开局的谈判目标，创造一种适宜的谈判气氛。 （2）摸底，即谈判双方逐渐熟悉，分别讲述自己与对方的观点和立场，相互了解各自的期望。 （3）报价，即双方提出具体的报价和交易条件。 （4）磋商，即谈判双方对报价和交易条件进行反复协商，双方各自做一些让步，并获得一些利益。 （5）成交，即双方就谈判的实质问题达成协议，业务成交。 （6）签约，即以书面文件（经济合同）的形式签订正式协议书，谈判双方必须依照协议内容履行协议，合同一经签订就具有了法律效力

3.5.11 项目招商工作细节描述

项目招商工作细节描述，如表 3-5-11 所示。

表 3-5-11　项目招商工作细节描述表

项目	规范内容
项目选择	（1）招商项目不得与门店经营项目相冲突，特殊情况应与采购部充分协商后确定。 （2）招商项目对方当事人必须有在本营业场所的独立营业执照及相关专业执照，独立承担对顾客的义务或承诺等民事责任。 （3）招商项目要与门店的整体风格相协调，不得对门店形象产生任何意义的负面影响
项目洽谈	（1）项目的引进可分别由运营部招商经理或门店店长联系。在对对方的基本情况进行初步了解后，提交初步意向报运营部长确认后进行洽谈。 （2）洽谈由招商经理或招商经理委托门店店长进行，门店店长应在洽谈过程中与招商经理充分沟通。 （3）合同签订。 洽谈取得一致后，草签统一格式的合同。招商经理负责对门店店长签署的合同进行初步审核。招商合同一律由招商经理在合同上签字
洽谈流程	（1）初次谈判。 ①来人接待：使用文明用语，携带必要办公用品，在谈判间进行接待工作。 ②立项填表：填写招商立项书。 ③公司简介：对×××零售商进行简单介绍。 ④审查资料：对供应商所带资质证明材料，原件进行验证。 ⑤提出问题：对供应商进行例行问题询问，并做详细记录。 ⑥解答问题：按公司统一标准，对供应商所提出的问题进行解答，如有不明问题，上报请示后回答，不得擅自做主。 ⑦等候通知：告知供应商电话等候二次谈判的通知。 （2）二次谈判。 ①电话通知：对初选通过的供应商进行二次谈判电话通知。 ②二次谈判：对一次谈判中意见不统一的问题，再次洽谈。 ③展示样品：对需要提供样品的商品，提供实物，采购登记造册。 ④明确合同：对部分合同项进行商榷。 ⑤解答问题：解答供应商的最后问题。 （3）最终谈判。 ①电话通知：通知供应商做签字准备。 ②三次谈判：最后一次确认。 ③合同签订：签署合同并盖章。 ④办理进店手续：按相关规定。 ⑤缴纳各种费用：按相关规定
合同生效	合同在对方当事人签字盖章确认后，由招商经理按下列权限报批： （1）合同总金额 50 000 元以下，由运营部部长批准。 （2）合同总金额 50 000~100 000 元，由运营部部长审核，运营部副总经理批准。 （3）合同总金额 100 000 元以上，由运营部副总经理审核，总经理批准。 （4）合同生效后，由招商经理负责分送运营部、财务部、门店

注：对未能中选的供应商备案候补。

3.5.12　招商合同履行工作细节描述

招商合同履行工作细节描述，如表 3-5-12 所示。

表 3-5-12　招商合同履行工作细节描述表

序号	规范内容
1	招商经理负责协调合同的履行
2	门店店长应提供合同规定的履约条件，并监督对方当事人履行合同
3	合同应收款项由分公司（或独立门店）财务收取，记为"其他营业收入"
4	（1）财务部负责按合同检查应收款到位情况，并于每月 5 日前提交上月未到款清单交运营部招商经理 （2）招商经理负责督促对方当事人缴纳或采取其他措施

3.5.13　品牌商管理工作细节描述

品牌商管理工作细节描述，如表 3-5-13 所示。

表 3-5-13　品牌商管理工作细节描述表

项目	规范内容
管理原则	（1）忠诚原则：忠诚是企业经营的基础，是双方合作的前提要素。 （2）服务原则：以品牌商作为第一顾客，切实解决品牌商在销售、促销、结算过程中的实际问题。 （3）双赢原则：公司与品牌商共同达到目标经济收益。 （4）合作原则：互相扶持、互相配合、同舟共济、荣辱与共。 （5）优胜劣汰原则：是企业发展的必要手段，是扶持品牌、发展品牌、确保经济收益的有效措施
管理规定	（1）品牌商在商场内的销售、调整、人员安排等的一切行为要按商场的有关规定进行，不符合规定或不按程序进行的，公司有权不予审批或办理。 （2）制度要求：品牌商在商场内的经营须服从公司制定的各项制度，例如：退换货管理规定、现场销售奖罚规定等相关部门下达的指导性文件。 （3）商品要求：保证商品质量，无假冒伪劣商品并保证应季商品及时上柜，确保柜内商品的花色、品种齐全、数量丰富、计量充足，价位合理，对畅销商品及时补货，对滞销商品及时调整。 （4）经营要求：禁止不正当的经营手段和竞争手段，对讲价、议价、私收现金、哄抬物价、虚假降价及未达到同城、同品、同价等的经营行为严令禁止。 （5）配合商场内的各项企划活动，包括促销活动和公益活动，积极参与，不得无故推诿或拒绝，如有特殊情况按程序报请审批
服务品牌商	（1）负责办理上柜、撤柜的相关手续，包括跟催上柜时间、人员和商品的入场、布展情况及撤柜时间、审批手续等。 （2）检验上柜商品质量，审批出库商品。 （3）监督品牌的品种、品类、适销对路性，与品牌商沟通并及时整。

项目	规范内容
服务品牌商	（4）调查市场价位，帮助品牌商对商品进行合理定价，对标价不科学规范的商品建议做出相应调整。 （5）发动品牌商积极参与公司的各项活动。 （6）配合业务部定时组织召开品牌商会议。 （7）监督检查品牌商的经营行为。 （8）负责品牌商结算的相关事宜

3.5.14　外埠考察和招商计划制订细节描述

外埠考察和招商计划制订细节描述，如表 3-5-14 所示。

表 3-5-14　外埠考察和招商计划制订细节描述表

项目	规范内容
外埠考察和招商计划制订的原则	（1）提高商场档次的原则。 （2）提高商场形象的原则。 （3）提高商场销售的原则。 （4）增进商场同品牌商沟通的原则。 （5）提高业务经理业务水平和素质的原则
计划制订	（1）计划的内容 ①计划拜访的生产厂和品牌商名单。 ②计划考察的商场名单。 ③计划重点洽谈的品牌。 ④考察地点的商圈构成。 ⑤考察地点的消费习惯和购买力构成。 ⑥考察地点的商业发展趋势。 ⑦整个考察和招商的日期、目的地、行程。 （2）审批程序 ①外埠考察和招商计划由招商经理在出差前一周拟订，交业务部经理审核。 ②业务部经理根据业务部业务工作总体计划，在一个工作日内做出是否同意出差的审核意见，报业务经理审批。 ③业务经理收到出差计划申请后，根据公司全年整体业务工作安排，做出审批意见，并上报总经理审批。 ④总经理收到出差计划申请后，对符合公司整体工作要求的，签署审批意见，由秘书传达至计划申请人，办理外埠考察和招商手续，借支差旅费，准备出差
出差工作要求	（1）根据出差申请所列计划和行程，在出差前用电子邮件、电话等方式联系相关接洽人，做好事先沟通工作。 （2）按时到达计划城市，办理好住宿等手续，并将住宿地报告公司主管领导。

续表

项目	规范内容
出差工作要求	（3）同生产厂家和品牌商洽谈时，必须根据洽谈的规范化要求，对洽谈内容做好详细记录，日清日结。 （4）重点洽谈品牌必须详细介绍公司的经营理念、经营模式和定位及合作的基本内容、管理方法等，使客户对公司有一个全面、清楚的认识和了解，增强合作的意向。 （5）对考察的市场和商场必须认真仔细地分析和思考其布局和规划的合理性，考察其装修风格，取长补短，为我所用。 （6）在外埠考察和招商过程中必须谦虚谨慎，言行举止得体，注意人身和财物安全，发生突发事件必须以不同方式第一时间通知主管领导，以便采取应对措施。 （7）及时同公司保持联系，将每日行程和计划告知主管领导，使公司领导能掌握出差动向，并能及时提供必要的指导和帮助
出差报告	（1）出差报告内容 ①出差的行程安排。 ②出差所计划办理的事项。 ③计划考察的市场、商场和品牌。 ④计划会见和拜访单位和人员。 ⑤出差计划所列内容的完成情况和存在的问题。 ⑥市场消费信息和消费动态的基本资料。 （2）传递 ①出差报告必须在返回出发地 3 日内由出差人提交给业务部经理审阅。 ②业务部经理收到出差报告后，根据公司出差的基本要求，结合招商经理出差的实际情况签署审核意见，上报业务经理和总经理审批。 ③业务经理和总经理收到出差报告后，针对出差人任务完成情况审批和签署指导性意见后办理费用报销手续，对任务完成不理想者提出具体处罚意见

3.5.15　商品进场细节描述

商品进场细节描述，如表 3-5-15 所示。

表 3-5-15　商品进场细节描述表

项目	规范内容
前期准备	专柜装修验收合格后，招商主管（经理）填写上柜通知单分别传递至运营部、行政事务部： （1）确定柜组号、商品编码及品牌名称。 （2）办理促销人员的上岗手续，发放工装及制作工牌。 （3）确定商品进场的时间、质量标准、进场商品数量及价格标准
商品进场	（1）商品进场时间：8:30~10:00，20:00 之后。 （2）使用专用货物电梯或指定线路运送，不得使用扶手电梯、客梯或其他通道运送。 （3）商品进场后存放在指定的周转仓内或本专柜范围内。

项目	规范内容
商品进场	（4）摆样或柜台上货一般在 20：00 之后进行，如有特殊情况，在不影响其他专柜正常营业的前提下，经运营部批准，可在白天摆样或上货。 （5）按价签填写规范填写商品价格标签。 （6）开业迎宾
商品验收	运营部在业务招商主管（经理）的协助下，对进场商品进行验收。 （1）商品品牌。 （2）商品质量、价格、花色品种、规格、数量。 （3）商品陈列

3.5.16 品牌商会议管理细节描述

品牌商会议管理细节描述，如表 3-5-16 所示。

表 3-5-16 品牌商会议管理细节描述表

序号	规范内容
1	在培训或会议前 24 小时内将通过电话、广播或下发通知单等形式告知品牌商
2	品牌商在接到通知后应按时接受培训或与会
3	对接到通知而未按时到场参加培训或会议的，商场将记录在品牌商的档案里，以备考核

3.5.17 品牌商退场程序细节描述

品牌商退场程序细节描述，如表 3-5-17 所示。

表 3-5-17 品牌商退场程序细节描述表

项目	规范内容
公司终止	（1）按公司有关规定提前向品牌商下达撤柜通知单。 （2）提前 3 天填写品牌商撤柜审批单办理撤柜审批手续。 （3）撤柜当天晚班封场前 30 分钟开始撤货。 （4）封场后凭夜间施工单进场撤柜。 （5）撤柜次日来公司办理人员离职手续
品牌商终止	（1）提前 45 天通知公司申请撤柜。 （2）公司收到申请 40 天内将意见反馈给品牌商。 （3）撤柜前 3 日填写品牌商撤柜审批表，办理撤柜审批手续。 （4）撤柜当天晚班封场前 30 分钟开始撤货。 （5）封场后凭夜间施工单进场撤柜。 （6）撤柜次日来公司办理营业人员离职手续

3.5.18　品牌清退工作细节描述

品牌清退工作细节描述，如表 3-5-18 所示。

表 3-5-18　品牌清退工作细节描述表

项目	规范内容
维护公司利益的原则	（1）公正性。 （2）透明性。 （3）综合坪效的原则。 （4）销售末位淘汰制原则
品牌清退的范围	（1）连续三个月不能完成合同规定的销售任务（保底销售额），销售排名在楼层末十位的。 （2）合同到期，不再续签约的品牌。 （3）合同有效期内，因商场布局、品牌调整的需要而清退的。 （4）品牌商在合同有效期内严重违反了商场管理规定或违反合同条款的。 （5）其他原因

3.5.19　品牌清退程序细节描述

品牌清退程序细节描述，如表 3-5-19 所示

表 3-5-19　品牌清退程序细节描述表

项目	规范内容
连续三个月不能完成合同规定的销售任务或销售排名在楼层末十位而清退品牌的操作程序	（1）业务招商主管（经理）在每个结算期初，需对上一个结算期内各专柜实际销售额、坪效完成情况作完整分析，并上报招商部经理和业务经理。 （2）品牌连续两个月未能完成合同规定的销售任务，业务招商主管（经理）必须于第二个结算期后，及时填写撤柜预警通知单下发给品牌商，敦促其采取积极有效的措施提升销售业绩。 （3）第三个结算期，品牌仍不能完成合同规定的销售任务，则报请业务部，通过业务分析会议讨论，给予该品牌撤柜清退处理。 （4）招商主管（经理）填写撤柜通知单下达给该品牌商，通知其撤柜，并确定撤柜时间
合同到期清退品牌的操作程序	（1）业务招商主管（经理）对即将到期的合同，须提前 45 天，综合考察该品牌在合同期内的销售状况、品牌的知名度、货品情况、市场发展前途、品牌商与公司合作关系状况等情况，根据考察的结果，提出不再续约的申请，上报业务部。 （2）业务部对招商主管（经理）提出的不再续约的申请，在合同到期前一个月召开业务分析会，讨论申请请求，提出明确意见。 （3）根据业务分析会做出的不再续合约的决定，上报公司批准后，招商主管（经理）提前一个月填写撤柜通知单,发给商品部（楼面）和品牌商,通知商品部（楼面）和品牌商，明确撤柜时间，到期按规定撤柜

项目	规范内容
在合同有效期内品牌商严重违规而清退的品牌的操作程序	（1）品牌商在合同有效期内，严重违反公司的有关管理规定，严重违反合同的有关条款，业务部根据公司下达的撤柜处罚决定，由招商主管（经理）填写撤柜通知单，下发给商品部（楼面）和品牌商，通知商品部（楼面）和品牌商，依照公司的处罚决定给予撤柜。 （2）如不能顺利执行撤柜决定，业务部填写内部业务联系单通知运营部、物业管理部保卫处协助处理
合同有效期内，因公司布局和品牌调整而清退品牌的操作程序	（1）合同有效期内，公司由于商品布局、品牌调整及经营需要，业务部提前一个月拟定品牌调整计划，明确拟定新进品牌、清退品牌及调整日期。 （2）业务部提前一个月做出撤柜决定，由招商主管（经理）填写撤柜通知单，发给商品部（楼面）和品牌商，通知商品部（楼面）和品牌商，明确撤柜时间，到期按规定撤柜

3.5.20　撤柜准备工作细节描述

撤柜准备工作细节描述，如表 3-5-20 所示。

表 3-5-20　撤柜准备工作细节描述表

项目	规范内容
合同到期，双方不再续签约而撤柜	（1）品牌商不再续签约。 ①品牌商需在合同到期前 45 天向商品部（楼面）提出书面撤柜申请，招商主管（经理）签批意见后上报业务部审批。 ②招商主管（经理）在品牌商提出撤柜书面申请的 45 天之内，安排新品牌进场的准备工作。在 45 天之内，双方仍按原合同条款执行。45 天之后如因商场原因暂不批准品牌商撤柜，超过 45 天之后，原则上免除品牌商的一切合同费用（营业员工资除外）。 ③在确定撤柜日期前 3 天内，办理完毕撤柜的相关手续。 （2）合同到期，公司不再续签约而撤柜。 ①公司在合同到期前 45 天之内书面通知品牌商，按合同条款确定撤柜日期。 ②安排新品牌进场的准备工作。 ③在撤柜前 3 天内，办理完毕撤柜的相关手续
销售末位淘汰品牌的撤柜	（1）连续两个月不能完成合同规定的销售任务（保底销售额），销售排行榜倒数 10 内，招商主管（经理）向该品牌下发撤柜预警单。 （2）安排新品牌的引进工作。 （3）第 3 个月的未能完成合同规定的销售任务（保底销售额），业务部根据公司的经营状况作出撤柜决定，提前 7 天向品牌商下达撤柜通知单，通知品牌商撤柜。 （4）品牌商在收到撤柜通知单 3 天内，必须办理完毕撤柜的相关手续。 （5）安排新品牌的进场准备工作

项目	规范内容
公司商品变更或经营调整而撤柜	（1）公司于变更合同前 45 天通知品牌商，品牌商根据合同相关条款，应同意公司的要求。 （2）在撤柜前 3 天内办理完毕撤柜相关手续。 （3）安排新品牌的进场准备工作
在合同有效期内品牌商因经营状况而撤柜	（1）品牌商必须提前 45 天以正式书面申请提出撤柜申请。 （2）招商主管（经理）在品牌商提出撤柜书面申请的 45 天内，根据公司经营状况，做出明确决定。 （3）同意品牌商撤柜申请，在撤柜前 45 天内，品牌商执行合同约定的权利和义务。招商主管（经理）安排新品牌进场的准备工作。 （4）因公司原因，造成乙方提出撤柜而又未在 45 天后撤出卖场，其超出 45 天后，免除品牌商的合同费用（除营业人员工资外）。 （5）品牌商未经批准擅自撤柜的，公司从品牌商销售货款中扣除公司应得收益及相关合同费用。 （6）品牌商严重违反公司管理规定，违反合同条款，公司将给予撤柜处罚。 （7）品牌商在收到处罚决定后 3 天内，必须办理完毕撤柜相关手续。 （8）安排新品牌的进场准备工作或其他应急方案
确定撤柜时间	（1）合同到期，不再续签约的撤柜时间：合同到期后 3 日内，或根据公司经营状况，与品牌商协商而定。 （2）销售末位淘汰品牌的撤柜时间：第 3 个结算日的后 10 天内。 （3）公司商品变更或经营调整而撤柜的日期：根据公司经营状况，与品牌商协商撤柜日期。 （4）在合同期内品牌商提出申请撤柜的撤柜时间：提出申请 45 天内。 （5）品牌商违规而撤柜的时间：处罚通知下发的日后 3 天内

3.5.21　撤柜遗留问题处理规范描述

撤柜遗留问题处理规范描述，如表 3-5-21 所示。

表 3-5-21　撤柜遗留问题处理规范描述表

项目	规范内容
处理原则	（1）公正、公平。 （2）维护公司利益原则
处理程序	（1）撤柜柜组出现买单现象。 ①通知品牌商限时补交所欠款项。 ②上报主管领导请示处理方案。 ③撤柜时扣留部分或全部货品。 a.品牌商补交欠款时，退还所扣商品。 b.经请示公司批准减负欠款后，退还所扣商品。

项目	规范内容
处理程序	c.拒不补交欠款，又无正当减免理由，则将所扣商品进行甩卖，以补足欠款。 （2）工装押金按工装管理规定，在营业员办理离职手续时予以返还。 （3）商品保证金或售后服务费视实际发生情况在三个月后返还。 （4）应品牌商要求，根据公司经营状况，撤柜后商品可在适当时间（不得超过30天），在特卖场或促销区内进行低折扣销售。 （5）撤柜后产生的退货情况，公司从品牌商预留的售后服务费中予以代办。 （6）其他问题，双方协商办理，并报请公司领导审批

3.6 供应商管理

3.6.1 供应商管理细节描述

供应商管理细节描述，如表3-6-1所示。

表3-6-1 供应商管理细节描述表

项目	规范内容
供应商的分类	（1）按供应性质分类：可分为制造商、代理商及批发商。 （2）按区域分类：可分为全国性供应商、区域性供应商及本地供应商。 （3）按品牌分类：可分为知名品牌供应商、一般品牌供应商及自有品牌供应商
供应商选择策略	（1）全国品牌商品争取与制造商、地区总代理直接进货。 （2）地方商品应与本地制造商直接进货。 （3）同一品类应有至少两家供应商供货，以获取较为低廉的供货价格。 （4）不引进只提供一种商品的供应商，除非特别情况，并经业务经理批准
供应商应提交的资料	（1）盖公章的企业营业执照复印件（并已办理当年度年检）。 （2）盖公章的企业税务登记证复印件（并已办理当年度年检）。 （3）企业法人代码证书。 （4）商标注册证明。 （5）代理、经销商的代理、经销许可（授权书）。 （6）企业开户行资料。 （7）盖公章的增值税发票复印件。 （8）盖公章的商品报价表。 （9）其他相关资料。 （10）食品类商品供应商还应提供食品生产企业许可证，食品卫生许可证，新产品批准证书防疫检测报告，销售地当地的卫生防疫检测报告，进口商品卫生许可证等。 （11）药字号保健品供应商应提供药品生产企业许可证，药品生产企业合格证，药字号保健品批准证书等

3.6.2　与供应商合作标准流程细节描述

与供应商合作标准流程细节描述，如表 3-6-2 所示。

表 3-6-2　与供应商合作标准流程细节描述表

项目	规范内容
供应商的评估和审核	（1）供应商准入的核心是对供应商资质的要求，包括供应商资金实力、技术条件、资信状况、生产能力等，这些基本资料要求供应商详细提供并通过相关调研确认。 （2）经审核，供应商资质达到标准后，采购员应将我方对具体供货要求的要点向供应商提出，初步询问供应商是否接受。具体要点包括以下三方面： ①商品的质量和包装要求。 ②商品的送货、配货和退货要求。 ③商品的付款要求等
接待供应商	（1）为了规范采购行为，应制定供应商接待制度，以保证顺畅的沟通渠道，接待地点应在公司业务部供应商接待室，双方洽谈内容应紧紧围绕采购计划、促销计划来进行。 （2）采购计划包括各类别商品的总量目标及比例结构、周转率、进货标准、退换货条件，以及售后服务保障等。 （3）促销计划包括确认供应商是否参加促销活动、时间安排、促销方式、优惠幅度等。这些谈判内容再加上违约责任、合同变更与解除条件，以及其他合同中必须具备的内容，即形成采购合同
签订采购合同	采购合同中有八个方面是必备的条款： （1）每个品种的单位交易量。其中包括全公司一次的交易量，一年中每一次的交易量，每一年有何增长率等。 （2）整体交易额。其包括每一次、一个月、一个季度、一年的总交易额情况，每年的增长率等。 （3）货款支付方式。其包括银行转账及期票或远期支票方式选择，结算截止日和结算支付日，代销、委托销售需附的特殊条件等。 （4）运输方法。其包括运输费和包装费由谁承担，运输距离，送货频率，指定的交易时间，货品包装及包装单位，运输时所选的车种等质量管理程度，卸货时的方式和数量等。 （5）交货期限。 （6）给公司回扣的支付条件。 （7）退货的正当条件。 （8）促销服务事项
下订单	（1）订单量的大小取决于铺货方式。对于一项新商品，如果采取单店铺货方式，则可以最大范围地规避风险，但是促销影响力很小，市场对该商品的接受过程将会很长。 （2）如果采取多店铺货的方式，则促销影响面广，有可能短期内成为零售商的主力商品，但也存在较大经营风险。 （3）订单量的确定需要在周密的市场预测基础上进行，不可随意行动，以免给零售商经营带来不必要的损失
商品质量监控	对进货商品进行质量监控是商场零售商的一项重要性工作。而质量监控往往通过验收工作来实现。由于验收是零售商经营的关键一环，其人员的选任除了需要良好的忠诚度外，还要对商品的特性、品质及相关法规等有充分认识

项目	规范内容
建立供应商的档案	（1）建立供应商的基本情况卡片，如名称、地址、负责人、电话、营业范围，以及供应商提供给零售店的商品种类、规格等资料。 （2）建立供应商提供的商品台账，包括每批商品到货检查的情况和商场销售情况，如商品供货及时性、到货的质量、商品的损耗情况、进货量、销售量及销售的速度、顾客反映的情况、商品的进价、售价、商品的毛利率等
采购合同管理	对合同实施情况进行记录，并适时对合同的履行情况进行评估
统计分析各供应商商品销售状况	根据商品的销售额、毛利率等指标对各供应商供应的商品的销售情况进行统计分析，并进行排列比较，可以得到各个供应商商品的市场销售情况、商品竞争能力、获利能力方面的资料，这些资料也是与供应商谈判的依据
及时向供应商反馈有关商品信息	对提供商品不及时、商品质量不高、市场销售情况不好、不能提供优质售后服务的供应商也可以通过一定的程序，给供应商提出书面意见，请求予以改正，如不能改正或改正后仍达不到要求的供应商，也可以取消其供应商的资格，不再向这个供应商采购商品
付款	财务信息部依据采购合同实际履行情况支付货款

3.6.3　供应商档案管理细节描述

供应商档案管理细节描述，如表 3-6-3 所示。

表 3-6-3　供应商档案管理细节描述表

项目	规范内容
档案内容	（1）供应商登记表。 （2）供应商产品价格登记表。 （3）供应商企业资料。 （4）供应商采购合同。 （5）供应商洽谈登记表。 （6）供应商顾客投诉登记表。 （7）供应商顾客服务登记表。 （8）供应商销售业绩分析表。 （9）优秀供应商综合评估加权评分表
及时梳理	供应商的档案应该及时登记、整理
专人负责	供应商的档案应由专人负责整理、保管，并录入电脑系统保存资料

3.6.4　供应商销售业绩监控工作细节描述

供应商销售业绩监控工作细节描述，如表 3-6-4 所示。

表 3-6-4　供应商销售业绩监控工作细节描述表

项目	规范内容
1	经常对供应商的销售情况进行检核，与供应商共同分析销售差的原因
2	应先删除销售差的单品
3	对总体销售差的供应商，在双方协商后仍无改进的要及时删除
4	对只提供一种商品的供应商，在销售较差时要尽可能删除
5	对销售额大、单品品种多的供应商要关注，避免其控制零售商品种、价格

3.6.5　供应商谈判细节描述

供应商谈判细节描述，如表 3-6-5 所示。

表 3-6-5　供应商谈判细节描述表

项目	规范内容
销售分析	（1）最近时期的销售情况（最近一个月或半个月）。 （2）供应商商品中销售最好和最差的商品。 （3）每天、每周、每月销售额。 （4）顾客反馈
利润回顾	（1）销售情况很好，供应商是否能再降低进价，以便扩大销售量。 （2）销售达到供应商的返利要求，供应商应予返利。 （3）供应商提供给其他零售商更低的价格，应对本零售商一视同仁或提供更低价格。 （4）供应商的通道费用
促销活动及安排	（1）新产品上市时的促销活动。 （2）节假日的促销活动。 （3）店庆及零售商组织的促销活动。 （4）供应商自身的产品促销活动。 （5）促销的详细计划应提前 6~10 天提交给零售商。 （6）促销的配合与衔接。 （7）促销员的管理。 （8）促销品、赠品的管理。 （9）促销期间的加大订单和货源保证。 （10）促销费用
供货情况	（1）严格控制断货现象的发生。 （2）与供应商一起分析断货的原因。 ①信息沟通中的不顺畅、不及时。 ②供应商的生产、供应能力跟不上。

项目	规范内容
供货情况	③其他原因。 （3）在供应商商品畅销的情况下，要求供应商的优先供货。 （4）对于销售缓慢或滞销的商品，与供应商共同分析原因并采取相应对策。 ①促销。 ②供应商提供折扣或降价。 ③调整位置。 ④退换商品。 （5）要求供应商逐步建立与本零售商的信息系统相连接的信息系统，以便及时信息传递。 （6）对多次断货供应商采取惩罚措施
送货	（1）直接送货。 （2）送货至业务部。 （3）预约送货
价格分析	（1）其他零售商同样商品的售价。 （2）其他品牌同类商品的售价。 （3）与供应商共同分析，是否还能在降低成本的基础上降低其零售价
付款方式	（1）付款方式如现金买断、30天付款、代销及其他付款方式等 （2）总部统一结款或分店结款
新货	（1）新产品的推广计划。 （2）新产品的进场。 （3）新产品的促销方案
市场信息	（1）同类商品的销售情况。 （2）顾客的反馈。 （3）潜在能力的商品
季节性销售计划	（1）提前30~60天准备。 （2）供应商应备足货源。 （3）零售商指定价位的商品开发。 （4）供应商的促销计划
竞争情况分析	（1）与供应商共同分析其产品在不同商场的销售情况，分析本零售商的优势与不足。 （2）同类产品的其他品牌的市场状况
货品种类发展潜质	（1）同一品类应增加的品种。 （2）不同规格、不同包装产品的开发。 （3）根据顾客的要求进行新产品的开发

3.6.6　联营租赁供应商管理细节描述

联营租赁供应商管理细节描述，如表3-6-6所示。

表 3-6-6 联营租赁供应商管理细节描述表

序号	规范内容
1	联营租赁供应商进店管理：了解联营租赁供应商引进立项基本情况，填报联营租赁供应商立项表，报上级部门
2	经审核确定立项后，进行谈判、复谈
3	确定立项的经营范围、经营品种、销售额、返利，供应商水、电、煤气等公共设施使用管理及费用
4	划定区域
5	商场对联营租赁供应商服务价格监督、审核、标签、防盗签及其他物料领用的管理，督导供应商参与配合商场整体营销活动
6	报上级有关部门审阅鉴定协议

3.6.7 联营租赁供应商商品质量管理细节描述

联营租赁供应商商品质量管理细节描述，如表 3-6-7 所示。

表 3-6-7 联营租赁供应商商品质量管理细节描述表

序号	规范内容
1	实行进货凭有效票据由理货部检查验收制度，严把商品进货关
2	维护企业信誉，不出售以次充好、以假充真、掺杂、掺假、不合标准的产品
3	经营钟表、鞋类、服装、箱包、电器、音像制品等商品，不出售与标识不符、商标侵权、伪造或冒用"认证"标志，伪造或冒用他人的厂名、厂址的商品，所经营商品符合产品质量法
4	直接入口部位要确保食品安全卫生，符合商品质量标准，严格执行食品卫生法
5	不符合商品质量标准的商品要及时下架，杜绝残次品进店

3.6.8 与供应商合作细则拟定细节描述

与供应商合作细则拟定细节描述，如表 3-6-8 所示。

表 3-6-8 与供应商合作细则拟定细节描述表

序号	规范内容
1	一般合同期为 1 年，试合作期为 3 个月

序号	规范内容
2	进场销售商品须符合国家规定的技术、质量标准，并有允许该商品在市场上流通的全部手续。由于手续不全、虚假导致被国家相关职能部门收缴、罚款等，造成全部损失及费用均由供应商承担
3	我方对供应商的产品有选择权，同时有向供应商反馈商品销售相关信息的义务
4	供应商须按统一要求免费向我方提供样机、展柜、展架、产品宣传资料等。为使卖场陈列整齐，如我方统一设计、制作展台，应由供应商承担相关费用
5	供应商应保证供应给我方的商品价格，具有市场竞争力，否则我方保留终止合作的权利，遇消费者价格投诉，供应商应承担全部经济补偿
6	供应商应向我方派促销员，并负责承担促销员工作过失的责任，签署促销员担保誓约书
7	凡由供应商商品质量或促销员引起的消费者投诉，供应商除承担一切责任及后果外，还必须就造成的影响给予我方相应的经济补偿
8	销售过程中，严禁供应商人员在我卖场内与顾客发生店外走货事件。如有发生，我方将视情节轻重给予 5 000~100 000 元的罚款，并终止合作
9	供应商产品的配件或附件是第三方的产品，供应商保证已获得使用许可
10	供应商须按我方要求每年按期交纳促销合作费
11	对供应商的滞销品及残次品，贵方在我方发出退换货通知七日内负责调换
12	供应商商品从我方卖场撤出后，为了维护消费者权益，防止清货后的退、换货无人负责现象发生，贵方最后一笔货款作为服务保证金，延期 3~12 个月，确认无遗留问题后，予以结算
13	供应商商品的销售额连续三个月排列于分店同类商品的后三名，我方有权终止该店与贵方的合作
14	保证我方及时得到月度返利、年度返利等其他政策性返利

3.6.9 参加品牌展示会和交易会管理细节描述

参加品牌展示会和交易会管理细节描述，如表 3-6-9 所示。

表 3-6-9 品牌展示会和交易会管理细节描述表

项目	规范内容
品牌展示会参加原则	（1）有利于提升品牌档次。 （2）有利于提升商场形象。 （3）有利于同品牌商的沟通。 （4）有利于招商经理掌握品牌动态和流行趋势。 （5）提高招商经理自身素质和业务水平，开阔视野

项目	规范内容
交易会参加的原则	（1）有利于招商经理掌握品牌动态和消费趋势。 （2）有利于招商经理收集消费信息，掌握消费动态。 （3）有利于招商经理提升自身业务水平，开阔视野。 （4）有利于结识、结交更多的生产供应商，了解更多的品牌。 （5）有利于宣传公司的经营理念，提升知名度。 （6）有利于引进更多的品牌，提高选择概率
参加会议的工作要求	（1）根据出差安排的计划行程，在出差前通知会议组织者，做好事先联络沟通。 （2）按时到达会议举办地，办理好住宿手续，并在住宿地立即报告主管领导。 （3）同生产厂家或品牌商洽谈时必须根据洽谈的规范化要求进行，对洽谈内容做好详细记录。 （4）尽可能多与目标品牌或适合公司定位的生产厂家或品牌商介绍公司的经营理念、经营模式、合作的基本条件，使客户对公司有一个全面、清楚的认识和了解，增强合作的意向。 （5）收集参加会议的所有品牌商的资料、品牌的基本特点，并留下联系方式，以便下一步招商工作的开展。 （6）注意同城竞争对手在会议中的作为，判断竞争对手的发展趋势。 （7）及时同公司保持联系，将发生的各种情况随时报告公司主管领导。 （8）对会议举办地的市场进行调查，为公司的发展提供参考和帮助
参加会议后的工作报告	报告内容如下： （1）出差的行程及参加会议经过。 （2）整个会议概况的描述。 （3）品牌或行业的发展趋势分析。 （4）重点品牌洽谈的经过、内容及品牌简介。 （5）同城竞争对手在会议中的作为，判断竞争对手的发展方向。 （6）会议所在城市的市场概况、重点商场简介。

3.7　商品经营管理

3.7.1　商品结构排定细节描述

商品结构排定细节描述，如表 3-7-1 所示。

表 3-7-1　商品结构排定细节描述表

项目	规范内容
提升销售额	（1）提升销售额，也就是进场的商品要有助于提高其所属品类在商场的营业额占比。 （2）如果进场商品的价位适合，对消费群体有针对性的宣传足够且有充足吸引力的促销活动，就会对进场商品在商超的销售大有帮助。 （3）如果进场的商品在这几方面都做得很到位，那么也容易达成提升销售额的目的

项目	规范内容
非采购收入	（1）非采购收入也就是通路费,形式多种多样,包括新商品进场费、购货折扣、物流费、仓储费、节庆赞助费、新店赞助费、促销费等。 （2）采购员要牢牢树立非采购收入也是商超利润额的一个重要来源的观念。 （3）中小供应商的商品往往知名度不高,销售力有限,可以作为主力商品的补充,商超想在这种商品身上获取较高的销售额及利润额有相当的难度,但出于某种原因,比如形象建立、市场启动等,中小供应商也可能愿意付出高额的非采购收入来达到拓展市场的目的
价格带的补充	每个商超在价格带方面都有一定的规则或规定,如山姆会员店商品的价格带较窄,而华润万家的大卖场的价格带较宽。比方说,华润万家的大卖场的拖鞋价格带为9~20元,在对商圈进行分析后发现,将价格带延伸到6元对商场的销售会起促进作用,那么在原有供应商不能满足这一点的情况下,寻找新的供应商补充价格带也就理所当然了。同时,在原有产品线不合理、原有供应商清场的情况下,也需要引进新品丰富或填补产品线
品牌差异化	商品的同质化导致商品价格的竞争趋于白热化,严重压缩商超的利润空间,商超对商品的品牌差异化有强烈的需求,因为差异化为零售商在价格、促销方面提供了广阔的操作空间
寻找贴牌供应商	自有商品利润空间较大,通过商超自身的售卖能实现大批量销售,采购员与中小供应商的谈判可以评估其是否有贴牌生产的能力

3.7.2　卖场库存控制管理细节描述

卖场库存控制管理细节描述,如表3-7-2所示。

表3-7-2　卖场库存控制管理细节描述表

序号	规范内容
1	坚持采购金额预算制
2	评估周转天数是否超过标准
3	采购人员至卖场巡视发现异常库存,进行跟踪处理
4	查阅电脑报表
5	避免部分商品周转量大,周转天数降低而疏忽对于滞销品处理
6	与运营主管研究库存卡的订货状况是否合理
7	月底盘点前发现过多库存,应与运营主管研究退货动作大幅降低库存
8	库存过高,有很大比例是从促销期过后留下来的品项,采购人员应与供应商联系促销结束后的退货事宜
9	采购人员应该了解是否因售价过高造成滞销而库存过高
10	（1）采购人员在下特别订单时,除价格便宜外,还要注意商品品质、保质期是否临近、式样是否过时、售后服务状况等市面上是否有同样商品出售,而售价比我们更低。 （2）特别是一次性的大单,必须慎重考虑,以免成为滞销库存

3.7.3　待售商品质量核查细节描述

待售商品质量核查细节描述，如表 3-7-3 所示。

表 3-7-3　待售商品质量核查细节描述表

项目	规范内容
商品包装要求	（1）有中文品名、规格、生产厂名（厂址）、产品标准号、生产日期、保质期，如油、米、面、酱油、醋须有 QS 认证标志。 （2）家电产品须有 3C 认证标志
质量要求	符合国家（或部）颁布有关标准，并出示有效的产品质量检验报告书

3.7.4　国际通用商品代码编码细节描述

国际通用商品代码编码细节描述，如表 3-7-4 所示。

表 3-7-4　国际通用商品代码编码细节描述表

序号	规范内容
1	唯一性，即一品一码，每一个有差异的商品都是一个独立的品项，只能有一个唯一的代码，并且永远不变
2	无含义，即代码数字本身及其位置不表示商品的任何特定信息，平常所说的"流水码"就是一种"无含义"代码，所以 EAN 码并不能代替商品分类码
3	全数字型代码，即全部由阿拉伯数字组成，确保书写的准确性

3.7.5　商品功能定位管理细节描述

商品功能定位管理细节描述，如表 3-7-5 所示。

表 3-7-5　商品功能定位管理细节描述表

项目	规范内容
形象商品	最具有低价和品牌代表性，并为消费者所熟知的生活必需品，视其降价力度和品牌在市场的影响力的程度，分为全店形象商品和部门形象商品，其特征如下： （1）售价代表全店的低价形象。 （2）对顾客有吸引力的生活必需品，或大多数顾客熟悉其价格、品质，知名品牌商品。 （3）单品有规模销量，对专业客户有吸引力。 （4）价格水平在一定时期内稳定（至少 30 天）

项目	规范内容
销量商品	价格较市场有优势，能达到一定的销量要求，保证获取正常毛利的商品，其特征如下： （1）品项较多，单品销量能达到一定规模。 （2）保证正常毛利水平。 （3）由市场认可的成熟商品组成。 （4）采购重点监控管理的商品
效益商品	新品、个性化商品、季节性商品等为效益商品，其特征如下： （1）品项多，为满足顾客一次性购足目标不可缺少的品项，对树立品项丰富形象起到重要作用。 （2）销量低，季节性强，但对扩大销量可起到衬托作用，通过市场培育可发掘出部分销量商品或形象商品，提振供应商的信心。 （3）效益高，需保证高毛利、最佳营业外收入和较高返利，对经营效益好坏起到决定性作用

3.7.6 形象商品管理细节描述

形象商品管理细节描述，如表 3-7-6 所示。

表 3-7-6 形象商品管理细节描述表

项目	规范内容
品项占比	形象商品的品项数应不低于 5%，销量商品占 45%，效益商品占 50%
单品销售额考核	形象商品单店月销售额不低于 3 000 元,销量商品不低于 1 000 元,效益商品不低于 300 元（销售额标准设定依零售商而定）
毛利控制	形象商品毛利一般不高于 3%，销量商品要比竞争对手低 3% 左右，效益商品要实现较高毛利指标
陈列量	形象商品陈列量应很大，库存天数在 3~15 天；销量商品陈列量较大，库存天数在 3~30 天；效益商品正常陈列量，库存天数在 3~60 天
缺货率	形象商品要保证随时有现货，销量商品缺货率低于 0.5%，效益商品缺货率低于 3%

3.7.7 主力商品管理细节描述

主力商品管理细节描述，如表 3-7-7 所示。

表 3-7-7 主力商品管理细节描述表

项目	规范内容
主力商品定义	（1）80/20 采购原则：在零售商商品的实际销售情况中，销售最好的 20% 的商品品种能够实现 80% 的销售额；而剩下的 80% 的商品通常产生 20% 的销售额。 （2）主力商品：这些占销售额 80% 的商品，称为 20 商品，又称主力商品

续表

项目	规范内容
强化主力商品管理的意义	（1）减少同类商品品种，降低商品组合深度，使主力商品突出。 （2）满足顾客一次性购物的需要并非零售商商品就应大而全。 （3）如果相同用途不同品牌、不同规格的商品太多，顾客往往难以选择。 （4）通过加强主力商品的管理，减少供应商和商品品种的数量，提高采购的工作效率，节省费用
主力商品的选择方法	（1）排名法：根据电脑系统显示的数据分析，列出主力商品。 ①同一商品部门销售排行榜。 ②同一商品部门商品销售占比。 ③同一商品部门周转率排行榜。 （2）竞争店调查法：零售商刚开张时，由于缺乏相应的销售历史数据，可运用竞争店调查法来确立主力商品。 ①对同一业态、同一商圈、同一面积的竞争对手进行调查。 ②在 12：00～13：00 及 20：00 后，观察竞争店铺内重点货架（端架、堆头、主通道两侧货架等）的商品空缺率。 ③空缺率高的商品可定为主力商品
主力商品的调整	主力商品的调整：主力商品应随着季节、销售情况等及时调整。 ①每个季度要做一次大的调整，每次大调整时，只保持上一季度主力商品的 50%～60%。 ②每个月份做一次小的调整，调整幅度为 10% ③按促销活动做相应调整
主力商品的优先管理	（1）订单优先：保证主力商品的采购和足够的订单数量。 （2）资金优先：为保证主力商品的按时、按量到货，应与财务部沟通，在供应商货款的按时结付、结款方式上应优先考虑。 （3）仓储优先：在仓库存放面积上应予优先考虑。 （4）配送优先：在供应商送货手续、配送中心配送商品时应优先考虑。 （5）陈列优先：在卖场的货架安排、陈列布置上应优先考虑。 （6）促销优先：在制订促销计划、安排促销商品位置时，应优先考虑
商品组合优化策略	（1）主力商品：主力商品是创造零售商营业额的主力军，顾客购买频率高。 （2）辅助性商品：是主力商品的补充，与主力商品有较多的关联性，可以衬托主力商品的销售，同时使卖场商品显得丰富。 （3）附属性商品：购买频率和销售比重都较低，但却是某类顾客特别喜好的商品，对满足顾客多样化的需求起到稳定的作用。 （4）刺激性商品：品类不多，但对推动卖场整体销售有重要意义，有潜力且很可能成为主力商品。零售商用于短期促销，容易引起顾客冲动型消费的商品也属于此类
商品组合的方式	商品组合的方式：通过商品的不同组合，突出零售商的经营特色。 （1）季节组合：消夏商品组合，如凉席、冰垫、风扇、空调等。 （2）按节假日组合：如六一专题包括书包、玩具、儿童书籍等。 （3）按消费者便利性组合：如旅游野餐食品组合包括午餐肉、开罐器、快食面、矿泉水、桌

续表

项目	规范内容
商品组合的方式	布、消毒纸巾等。 （4）按商品用途组合：如沐浴用品组合包括浴巾、拖鞋、沐浴露、浴帽、浴袍等。 （5）按价格组合：如八元特价商品、均一价商品区等。 （6）按供应商组合：突出供应商品牌概念，如"香吧啦"产品系列。商品的不同组合需要采购经理对下属采购员进行统一协调，制订商品组合项目计划。 （7）采购员应对自己所管的商品积极负责，主动支持整个商品组合计划

3.7.8　库存管理细节描述

库存管理细节描述，如表 3-7-8 所示。

表 3-7-8　库存管理细节描述表

项目	规范内容
库存控制的目标	（1）保持最佳库存。 （2）防止缺货。 （3）减少资金压力。 （4）减少人力。 （5）优化陈列。 （6）提高销售。 （7）加快周转
库存商品包括	（1）配送中心（或仓库）的商品数量。 （2）在配送中心（或仓库）送达至店铺的途中商品数量。 （3）在店铺内储物间的商品数量。 （4）在正常货架上的商品数量。 （5）在促销货架（陈列架）上的商品数量。 （6）索赔商品（或问题商品）的商品数量。 （7）营业时间内顾客放在购物车内但尚未付款的商品数量
库存控制的环节	（1）订货：数量，周期，单位。 （2）陈列：丰满，缺货。 （3）数据：准确，高效。 （4）盘点：简单，准确。 （5）供应商：送货及时，足量。 （6）收货：品质，数量，时间准确。 （7）仓库：有效利用，合理库存
最佳点库存	既要保证商品正常销售，不断货，又不会由于库存太大而积压资金。商品最佳点库存的单位为最小的销售单位。 （1）影响最佳点库存的因素 ①商品销售数量（每天、每周、每月）。

项目	规范内容
最佳点库存	②货架最大陈列量。 ③供应商补货的保证能力（按时、按量）。 ④配送中心送货到各门店的时间。 ⑤自身的仓储能力。 ⑥促销活动需加大订单。 ⑦节假日及季节的变化。 （2）最佳点库存的设定 ①一般情况下，商品的最佳点库存应为： 最佳库存＝安全库存＋过去 5 周内平均每天销售量 ×（订货周期＋送货周期） ②原则上应保持两周商品库存和一周的订货。 ③每种商品都应设立安全库存周期，保证在订货达到之前不缺货
库存控制的方法	（1）通过准确的盘点数字，确保现有库存的准确性。 （2）采购应了解所管商品部门库存数量及天数，并采取对策。 （3）每天都了解所管商品部门库存数量及天数。 （4）定期研究各商品部门销售前 50 名的商品的库存情况，并采取对策。 （5）定期研究七天无销售商品或库存天数超过指标两倍的商品，并采取对策。 （6）定期研究库存金额最大的前 50 名或存货天数最多的前 50 名商品，并采取相应对策。 （7）对不合理库存商品应采取的对策。 ①对由于各种原因造成的库存偏大的商品，要采取相应的促销方法进行促销。 ②对确认为滞销的商品，应要求供应商退换货或做清仓降价。 （8）注意促销、节假日等特殊时期的库存保证。 （9）通过加强对供应商送货的管理，确保供应商送货的按时、按量

3.7.9　单品数量控制管理细节描述

单品数量控制管理细节描述，如表 3-7-9 所示。

表 3-7-9　单品数量控制管理细节描述表

项目	规范内容
限定单品总数	（1）限定单品总数指零售商设定允许销售的商品单品总数，并限定一定比例的浮动范围，如 10%。 （2）这项工作应该细化到每个门店及每个品类，即以门店为基本单位来设定该店每个品类的单品总数。 （3）要考虑消费者特征及需求。根据不同门店商圈辐射范围内的目标消费群体的消费需求与特征，平衡门店不同品类的单品数量
建立新品引进管理制度	（1）决定将一个新商品引进店内销售时，要关注六个"正确"： ①正确的产品；②正确的数量；③正确的时间；④正确的质量；⑤正确的状态；⑥正确的价格。

项目	规范内容
建立新品引进管理制度	（2）引进新商品必须要实施严格的申报审批手续，详细了解新商品的特征及对应的消费需求，店内类似商品销售及库存情况，供应商广告及促销支持，该商品的预期销售与毛利等要素。 （3）要掌握一进一出的原则，即原则上每引进一个新商品，就应从原有的品类商品列表上删除一个问题商品。这一原则可以根据实际销售、市场、季节等因素适当调整执行
建立商品淘汰制度	（1）定期查看品类商品列表，对销售排名进行分析，找出滞销、过季、销售不良等问题商品设定为备选淘汰商品，制订清仓计划逐一处理，以确保品类整体的单品数量保持在限定的合理范围内。 （2）通过设定单品总数限额，严格管理新品引进，定期淘汰问题商品，以对商品单品总数进行管理，可以有效控制库存总金额

3.7.10　单品管理细节描述

单品管理细节描述，如表 3-7-10 所示。

表 3-7-10　单品管理细节描述表

项目	规范内容
单品管理	（1）以每一个商品品项为单位进行的管理，是对每一个单品进行成本、销售业绩等相关指标进行管理。 （2）单品管理是与品类管理相对应的概念，但两者都是现代企业的重要商品管理方法，都有各自的优势领域，两者相互促进、相互补充，共同提高商品管理的总体效益
技术手段	（1）POS 系统即卖场销售信息网络系统。它能对卖场全部交易信息进行实时收集，加工处理，传递反馈，是单品管理的得力助手。 （2）POS 系统包括商品条形码、前台电子收银机（ECR）和后台电脑。 商品条形码：是一种商品识别标记，是供光电识读设备向计算机输入数据的代码，并包含该商品与销售有关的各种信息。 前台电子收银机：含条形码扫描仪、票据打印机、IC 卡识别器，并具有与计算机通信的功能。 后台电脑：及时接收与分析 POS 记录的销售信息，并通过数据调制调读器与总部或配送中心、供应商进行网络信息传递。 （3）功能：将每一种商品销售的数量、金额等有关资料，实时送入 POS 系统数据库，经瞬时处理后，可适时提供每个时点及每个时段的销售资料，从而完全实现单品管理，控制进销存情况，提高单品管理的准确性和高效性

3.7.11　商品结构构建细节描述

商品结构构建细节描述，如表 3-7-11 所示。

表 3-7-11 商品结构构建细节描述表

项目	规范内容
圈定竞争对手	零售商们的竞争对手除了同类型的零售商外，还包括我们的目标顾客群常去购物的地方，如：批发商场、农贸市场、本地生意较好的专门店或专卖店、超市或百货公司
记录竞争对手价格	（1）市场调查是构建商品结构工作的重中之重。市场调查越彻底，越细微，工作就越有效益。 （2）按商品群记录竞争对手所销售的品牌、商品描述、规格或包装、价格、促销及排面的情况。市场调查时，可将各种情况简单记录在小纸上，然后整理记录并写入市场调查报告
初步构建商品结构	按照总部制订商品结构表，并参考市场调查报告，选择竞争对手排面较大的商品及同行公司销量较好的商品作为预定进货的商品，可以在表内左侧打一个记号，作为日后选择商品及采购的依据
组织货源	（1）按工商名录，电话号码簿，市场调查商品包装上的电话，朋友的信息，地方工商局的信息，其他供应商所提供的信息，以及公司的招商大会等方式，寻找供应商的资料，并积极与其联系。 （2）避免从买空卖空的皮包公司或中间商进货

3.7.12 顾客需求分析与应对工作细节描述

顾客需求分析与应对工作细节描述，如表 3-7-12 所示。

表 3-7-12 顾客需求分析与应对工作细节描述表

项目	规范内容
弹性需求	（1）在弹性需求中，由于零售商位置、购物环境、商品结构等方面相近，消费者对于商品价格变化非常敏感。 （2）零售商必须保证商品价格有竞争力，否则将损失顾客。价格敏感、购买频率高的商品弹性要大一些
刚性需求	（1）在刚性需求中，由于店铺在位置、品类、顾客服务等方面差别很大，消费者对单个店的价格变化不敏感。 （2）这些顾客对于店铺有一定的忠诚度，零售商应对顾客采取一些回报性的措施。 （3）奢侈品、耐用消费品一般需求弹性小，有价格刚性的特点

3.7.13 业务分析报告提交细节描述

业务分析报告提交细节描述，如表 3-7-13 所示。

表 3-7-13　业务分析报告提交细节描述表

序号	规范内容
1	招商经理每月撰写业务分析报告
2	提交运营经理
3	运营部每季度拟定业务分析报告
4	提交主管副总及总经理
5	公司每半年撰写业务分析报告一次
6	提交总经理、董事会

3.7.14　后备品牌储备细节描述

后备品牌储备细节描述，如表 3-7-14 所示。

表 3-7-14　后备品牌储备细节描述表

项目	规范内容
后备品牌储备的原则	（1）全面性原则。 （2）系统性原则。 （3）针对性原则。 （4）目标性原则。 （5）长期性原则
后备品牌资料的来源	（1）参加各类产品展销会、品牌联谊会、品牌展览会、产品信息发布会等综合性会议（活动）。 （2）本地周期性开展的市场调查所获得的品牌信息资料。 （3）外埠市场考察获得的品牌信息资料。 （4）通过与品牌商的接触，但目前未引进的品牌。 （5）各类专业报纸、杂志登载的品牌信息资料。 （6）各种媒体的产品广告所公布的品牌资料。 （7）通过网上查询所获得的品牌信息资料。 （8）其他方式获得的品牌信息资料
品牌资料内容	（1）品牌基本属性 ①品牌名称、品牌类别及品牌所属地。 ②品牌价位状况：高、中、低档。 ③品牌等级状况：国际大品牌、国际品牌、国内一线品牌、国内二线品牌、区域知名品牌、一般品牌。 ④品牌的分销方式：总代理制、总经销制、多级分销制、代销制、联营专柜、租赁、其他方式。 ⑤网络发展状况：品牌专卖店、行业专业店、精品百货店、百货商场（购物中心等）、零售商、其他业态、业态全方位发展。

续表

项目	规范内容
品牌资料内容	（2）品牌生产情况 ①产地详细地址。 ②产地联系方式（电话、传真、E-mail、邮编）。 ③生产负责人、业务联系人资料（姓名、住址、电话、传真、E-mail、手机）。 （3）品牌分销方式基本情况 ①国内总代理商或总经销商的详细地址、联系方式、负责人、业务联系人。 ②品牌在本区域代理商或经销商的详细地址、联系方式、负责人、业务联系人。 ③品牌自设销售公司的详细地址、联系方式、负责人、业务联系人。 ④品牌在本区域办事处、售后服务中心的详细地址、联系方式、负责人、业务联系人。 （4）品牌的销售分析 其包括市场占有率、品牌知名度、品牌发展史等。 （5）其他资料 其包括品牌图片资料、宣传画册、样品、试用品、各类海报、名片、品牌（厂家）简介、资信材料等
品牌资料的保管	（1）品牌资料的保管工作由业务部文员负责。 （2）公司建立品牌资料档案库对品牌资料进行分类整理、存档、保存、查询工作。 ①业务招商人员负责品牌资料的收集、登记工作，将所有获得的品牌资料填入品牌资源档案表和品牌资源统计表，上交业务部文员整理存档。 ②业务部文员按公司文献资料管理规定，做好品牌资料的保管工作。 a. 将业务招商人员上交的品牌资源档案表和品牌资源统计表，加以分类汇总，并录入信息管理系统。 b. 将业务招商人员附表一起上交的有关品牌图片资料、宣传画册、样品、调用品、海报、名片、简介、资信材料用档案袋装封，按一个品牌一个档案袋存档。 ③档案的填写要求字迹工整，内容详尽真实，表述明确。 根据品牌发展状况，及时充实、更改档案资料。 （3）品牌资源档案表和区域品牌资源统计表的填写。 （4）品牌档案资料的保管工作，必须严格执行公司保密制度
品牌资料的查阅	（1）品牌资料属于公司机密文件，查阅原则为"授权查阅"。实行"限时阅完，随机归还"的管理方式，即在限定时间、限定地点查阅资料，按时归还，借阅人不得以任何方式或理由拖延，更不得拒绝归还。 （2）品牌资料仅限业务招商人员借阅，借阅人凡借阅资料时，须先办理借阅手续，填写借阅申请单，报业务部经理批准后，方可借阅。 （3）业务部文员在办理借阅手续时，必须按要求对借阅人姓名、所在部门（楼层）、借阅时间、借阅限期、归还时期逐项登记；连同借阅人填写的借阅单，分类存放，妥善保管，不得遗失，以备核查。 （4）业务部文员有责任主动监督借阅人及时归还所借文件，对逾期不还者，及时上报招商部经理。根据公司有关规定，对借阅人做出相应处理。 （5）借阅人在借阅期内保护好品牌资料的安全和完整。未经业务部经理批准，不得转借、复印、抄录。 （6）借阅人只能借阅自己所负责商品品类的品牌资料。 （7）借阅人严格遵守公司保密制度，原则上按公司保密制度给予相应的处罚

3.7.15　新品牌引进工作细节描述

新品牌引进工作细节描述，如表 3-7-15 所示。

表 3-7-15　新品牌引进工作细节描述表

项目	规范内容
新品牌引进的原则	（1）国内外知名度较高的品牌。 （2）产品周期处于上升期或稳定期的品牌。 （3）品牌商实力及品牌形象较好的品牌。 （4）价格水平符合公司定位的品牌。 （5）公司根据内需须引进的品牌。 （6）争取源头厂家。 （7）品牌代理商成熟。 （8）坪效高的品牌。 （9）同城竞争对手同品类品牌差异性的原则
品牌源头厂家	（1）必须具备法人资格。 （2）注册资金 30 万元人民币以上。 （3）能在本公司设置联营专柜的品牌
销售额	（1）能接受我方保底销售及坪效标准的品牌。 （2）品牌整体营业额预计年度销售能达到公司要求的品牌。 （3）在当地市场销售排行名列前 20 位的品牌。 （4）在当地市场整体坪效排名前 20 名的品牌
价格	（1）实行本地或全国统一零售价的品牌。 （2）价格水平符合公司定价的品牌。 （3）能及时参与配合公司活动的品牌。 （4）在销售不畅情况下，能及时调整销售策略的品牌
形象风格	（1）形象良好的品牌。 （2）品牌形象具有鲜明特征的品牌。 （3）专柜装修工程质量优良的品牌。 （4）专柜装修标准符合公司整体形象要求的品牌
品牌商（代理商、经销商）的选择	（1）有信誉，有实力，全力引进。 （2）有信誉，无实力，培养引进。 （3）无信誉，有实力，考察引进。 （4）无信誉，无实力，坚决不引进
品牌洽谈的原则	（1）先近后远，先易后难。 （2）人无我有，人有我优，人优我廉，人有我有

3.7.16　经营指标制定细节描述

经营指标制定细节描述，如表 3-7-16 所示。

表 3-7-16　经营指标制定细节描述表

项目	规范内容
经营指标的内容	经营指标包括销售指标、毛利指标、利润指标、融资指标、租金收益指标等内容
经营指标的原则	（1）根据同行业经营状况确定经营指标的原则 　对于一个新的零售商企业，首先要对自己的商场进行定位，然后参照同行业同地区的同档次同类商场的各种经营数据，确定自己商场的种类经营指标。 （2）根据竞争需要确定经营指标的原则 　由于激烈的市场竞争，因而确定经营指标时必须随行就市。可以针对自己的竞争对手制定适宜的经营指标，满足竞争的要求。 （3）根据自身经营成本、费用确定经营指标的原则 　确定经营指标时，可以先预算经营所需的物业费用、人员费用、行政办公费用、广告营销费用、财务费用、税收费用及成本等，再确定利润，推算毛利额、销售额等，以此确定各项经营指标。 （4）参照历史数据确定经营指标的原则 　对于一个老的商业企业来说，则可以根据当时市场整体状况，再参照历年特别是最近一两年来的各种经营数据，确定经营指标。 （5）根据自然增长率确定经营指标的原则 　销售、毛利等按照市场规律，应逐年有所递增。因此，确定经营指标时，一定要考虑自然增长比例，对于经营费用，则应逐年按一定的比例进行控制，以获得更大的利润

3.7.17　经营指标分解细节描述

经营指标分解细节描述，如表 3-7-17 所示。

表 3-7-17　经营指标分解细节描述表

项目	规范内容
根据经营面积分解经营指标的方法	处于同样的楼层，经营的商品大类相同，分解经营指标时，可以求出单位面积的销售额、毛利额、租金标准、物业管理费用等指标，再根据其经营面积把经营指标分解下去
以经营楼层分解经营指标的方法	在不考虑商品因素，各楼层经营面积相同的情况下，各楼层确定一定的楼层系数来分解经营指标，如将三楼系数确定为 1，二楼为 1.1，一楼为 1.2，四楼为 0.9，五楼为 0.8……以此类推，如果三楼的销售指标是 1 000 万元，二楼为 1 100 万元，一楼为 1 200 万元，四楼为 900 万元，五楼为 800 万元
以经营商品类别分解经营指标的方法	在不考虑楼层因数的情况下，各类商品在同样的楼层销售，各类商品的经营面积和以前保持不变，则可以采用此种分解方法，如去年销售 1 亿元，食品类占 40%，日用品类占 30%，服装类占 20%，小家电类占 10%，今年的销售指标 1.5 亿元，分解给食品类的销售指标则是 0.6 亿元，日用品类为 0.45 亿元，服装类为 0.3 亿元，小家电类为 0.15 亿元

项目	规范内容
以历史数据为依据分解经营指标的方法	分解经营指标时，也可以参照各楼层、各部门、各商品类别的历史数据，以参照一定时期的经营数据为依据进行分解
以自然增长率分解经营指标的方法	公司确定一个自然增长率，不考虑其他因素，各部门、各楼层各类别的商品均在上年基数的基础上按同样的增长率计算，以此进行分解，如公司确定的增长率为8%，食品上年的销售基数是5 000万元，今年的指标则应为5 400万元，服装类上年的销售基数是8 000万元，今年则应为8 640万元
以商品系数，楼层系数及经营面积综合分解经营指标的方法	既要考虑商品因素，又要考虑楼层因素，同时还有经营面积不同的因素，分解指标时，就必须将几方面综合进行考虑，只有这样，分解下去的经营指标才相对公平，比较符合实际

3.7.18 经营指标调整工作细节描述

经营指标调整工作细节描述，如表3-7-18所示。

表3-7-18 经营指标调整工作细节描述表

项目	规范内容
随行就市原则	经营指标与实际情况相差有多大，经过一段时间的实施就可以清楚地看出来。经营指标必须要根据同行业整体经营状况和同类商业企业的整体经营水平进行调整
竞争需要原则	为了适应市场竞争的需要，满足市场竞争的要求，参与市场竞争，需要开展各种营销活动，采取各种促销手段，如此一来，有些经营指标必须将在原计划的基础发生变化，如费用的增加、毛利额及利润的下降等，因此经营指标的调整是竞争的需要

3.7.19 经营指标审批程序细节描述

经营指标审批程序细节描述，如表3-7-19所示。

表3-7-19 经营指标审批程序细节描述表

序号	规范内容
1	业务部根据公司精神和要求，制定公司整体经营指标，并将各经营指标按照一定的方法分解到各部门、各楼层及各经营单位，制定出经营指标的初步方案
2	业务部将制定的初步方案报主管业务的副总、业务经理审批，业务副总、业务经理认可后，再将此方案提交公司总经理会审批
3	公司总经理会对经营指标方案进行会审，无异议再报董事会

序号	规范内容
4	董事会对经营指标方案进行审批，批准后，下发公司各部门执行

3.7.20　业务部保密管理细节描述

业务部保密管理细节描述，如表 3-7-20 所示。

表 3-7-20　业务部保密管理细节描述表

项目	规范内容
保密的重要性	业务部是公司业务的核心部门，工作中所涉及的合同内容、经营指标、经营数据、品牌商资料、各种文件、材料等都属公司商业机密，因此保密工作尤为重要
保密的范围和内容	业务部保密的范围和内容相当广泛，凡涉及公司商业机密的均属于保密的范围，一般而言，主要有以下几方面： （1）各种合同内容及合作条件的保密。 （2）经营指标的保密。 （3）各种经营数据的保密。 （4）公司下发的各种文件的保密。 （5）部门内部业务资料的保密。 （6）电脑信息数据的保密。 （7）品牌商资料的保密。 （8）未实施的业务活动、促销方案的保密
保密的原则	（1）维护公司利益的原则 业务工作人员必须将公司利益放在第一位，如果有意或无意泄露了公司机密，将会给公司造成损失。因此，应随时牢记公司利益，你的所作所为会不会损害公司利益，是否给公司造成损失，你是否泄露了公司机密。这是衡量的标准之一，这也是必须遵循的保密原则——维护公司利益。 （2）保护品牌商利益的原则 品牌商是我们的合作伙伴，他们的权益必须得到保护，有关品牌商的信息、资料及合作条款是我们保密的范畴，如果泄露出去会影响他们的形象，损害他们的利益。所以保密的另一个重要原则就是保护品牌商利益。 （3）有利于竞争的原则 公司的商业机密如果外泄，甚至被竞争对手获得，竞争对手就会抢占先机，针对实际的情况制定竞争措施和办法来对付我们，使公司处于一种不利的竞争地位，甚至可能在竞争中遭到很大的失败。因此，凡是有利于竞争的东西，都是保密的范畴，这是保密必须遵循的另一原则。 （4）有利于团结稳定的原则 公司针对不同品牌商、不同品牌、不同商品，与其合作的条件是不完全相同的。如扣率、保底销售额、保底毛利额、促销分摊、有关费用标准等都会有一些差异。所以每个品牌商与公司的合作条件必须保密。如果这些机密外泄，让品牌商了解了这些内容，一些品牌商就会

项目	规范内容
保密的原则	觉得不平衡，会与公司理论，更有甚者可能会影响双方的合作，不利于稳定品牌商，所以保密必须坚持以团结稳定为原则
泄露机密的处罚	严守公司商业机密是公司每个业务人员的职责和义务，是每个业务人员所必须具有的职业道德，这也是公司对每个业务人员的基本要求。因此，每位业务招商人员都应该维护公司利益，保守公司机密。否则，公司将对泄密人员视其情节给予相应的处罚。主要处罚手段如下。 　（1）行政处罚 　①批评教育； 　②警告； 　③记过； 　④除名。 　（2）经济处罚 　①罚款； 　②罚没奖金； 　③工资降级。 　（3）行政处罚与经济处罚并举

第 4 章
营销策划部日常工作内容管理

营销策划部是商超企业探寻市场，获得市场信息，供决策者随时调整经营策略的重要部门。营销策划部是解决企业经营方向的部门，是企业能否获得更好的发展，或者更多市场份额的部门，是最贴近市场、具有较高市场敏感度的部门。本章以流程化管理的方法理顺营销策划部的工作，让全部门工作更高效。

4.1 营销策划部各岗位工作管理

4.1.1 营销策划经理工作职责细节描述

营销策划经理工作职责细节描述，如表 4-1-1 所示。

表 4-1-1　营销策划经理工作职责细节描述表

序号	规范内容
1	根据商场下达的计划指标，结合商场实际情况和市场发展趋势，制订本部门年度的总体工作计划和周、月、季工作计划
2	根据商场下达的计划指标，结合实际情况，根据实际销售适时开展实效促销活动、公关活动和宣传
3	每周召开一次部门员工工作总结报告会，检查督促工作进度，掌握员工的思想状况。 （1）会议要准时召开。 （2）会议要有详细、完整记录。会后要下发会议纪要
4	对本部门员工进行合理分工，使每位员工各尽其职，权责分明，并形成合力
5	有效指导下属开展各项工作，保证各项工作顺利、高效地完成
6	掌握宏观和微观经济走向，能正确制定工作目标和方向
7	日常检查内容如下。 （1）每天检查各岗位员工工作情况，随时进行监督、指导。 （2）分周、月、季检查各种报表，及时发现工作中的问题
8	处理突发事件时要沉着、冷静

4.1.2 营销策划经理助理工作职责细节描述

营销策划经理助理工作职责细节描述，如表 4-1-2 所示。

表 4-1-2　营销策划经理助理工作职责细节描述表

序号	规范内容
1	及时巡查各岗位的工作、服务质量，并进行监督和指导，保持各岗位员工工作的高质、高效
2	经常关心和帮助下属，以提高各岗位人员工作的积极性和主动性
3	积极配合实施部门各项活动，认真组织人员执行计划或方案
4	经常组织培训和再培训工作，不断提高本部门各岗位人员的工作技能和综合素质
5	经常组织排练和节目编排，安排公司的文艺表演活动，丰富员工的文化生活

4.1.3　售后服务主管工作职责细节描述

售后服务主管工作职责细节描述，如表 4-1-3 所示。

表 4-1-3　售后服务主管工作职责细节描述表

序号	规范内容
1	及时检查顾客跟踪服务小组、投诉接待中心的工作服务质量，并进行监督和指导，保证员工工作的高质和高效。 （1）每日准时到岗，检查各岗位员工仪容仪表，做出当日工作安排。 （2）每天对工作结果作一汇总，上报经理
2	经常关心和帮助下属，以提高各岗位人员工作的积极性和主动性
3	认真组织、安排客服小组及投诉接待中心工作人员有序地完成客服工作，培养高素质的客服工作人员。 （1）检查组员的工作质量，给予监督、指导。 （2）了解、掌握员工的思想状况，及时发现问题，解决问题
4	积极配合实施各项营销活动，认真组织人员执行营销计划和营销方案
5	协助组织和开展各项培训工作，不断提高本部门各岗位人员的工作技能和综合素质
6	妥善处理好各类顾客反馈信息，如顾客来信、贺卡、电话、投诉等

4.1.4　促销主管工作职责细节描述

促销主管工作职责细节描述，如表 4-1-4 所示。

表 4-1-4　促销主管工作职责细节描述表

序号	规范内容
1	每日准时到岗，仪表整洁大方，检查人员到岗及着装情况
2	熟练掌握公司的管理流程描述、贵宾卡运行管理办法、代金券管理办法并经常指导前台人员工作
3	确保卡、券的安全与合理发行，并进行有效监督
4	及时与数据处理中心人员进行沟通、学习，以保证贵宾卡资料及顾客档案翔实资料的完整和准确
5	及时与财务结算中心进行沟通，保证代金券的安全保管和发放
6	对本职工作应尽职尽责，做到律人先律己
7	不断加强业务知识、岗位技能及管理技巧的学习，提高自己的综合素质及管理和组织能力

序号	规范内容
8	遇到疑难问题应及时向上级反馈
9	在岗时，应严格按前台人员标准进行工作，保证自己和下属都树立良好的工作心态和职业道德
10	下班前要保证当日工作日清日结
11	处理各类服务事件要本着"让顾客满意"的原则，合理解决各类纠纷

4.1.5 促销管理员工作职责细节描述

促销管理员工作职责细节描述，如表 4-1-5 所示。

表 4-1-5 促销管理员工作职责细节描述表

序号	规范内容
1	遵守公司的各项规章制度，服从公司统一管理
2	掌握公司促销活动的管理办法条例及管理范围
3	熟悉掌握各个广告位和促销场地区域、收费标准等情况并及时管理好公司促销区域的使用和收费
4	及时与运营部门沟通，在厂商的促销活动符合商场管理细节描述的情况下，使厂商的促销活动尽快得到批准和实施
5	认真协助和规范厂商按照商场制定的广告管理条例规定开展促销活动
6	在公司大型促销活动中，做好各部门的协调工作
7	公司刊播广告前要及时与有关方面沟通，处理好有关事宜
8	分年、季、月、认真详细做好各类广告收支报表，并及时上报经理
9	及时认真地完成经理交办的其他事务

4.1.6 促销服务员工作职责细节描述

促销服务员工作职责细节描述，如表 4-1-6 所示。

表 4-1-6 促销服务员工作职责细节描述表

序号	规范内容
1	应熟悉公司各项企划案的实施时间、程序等内容，能准确向顾客进行解答，并迅速准确地进行认定、登记、发放

序号	规范内容
2	做到账实相符，并确保盘点和交接账实无误
3	做到不徇私舞弊，不贪污，不做假账
4	严格按"顾客第一"标准进行服务
5	服务动作柔和，声音甜美，耐心帮助顾客
6	能做到日清日结
7	积极监督、揭发其他人员的徇私舞弊行为

4.1.7 团体促销员工作职责细节描述

团体促销员工作职责细节描述，如表 4-1-7 所示。

表 4-1-7 团体促销员工作职责细节描述表

序号	规范内容
1	负责妥善保管和发放 VIP 卡，要按 VIP 卡管理办法认真核实后发放，不得乱发、私领，不得有徇私和舞弊行为。发放时认真填写登记表，下班后认真进行汇总核对，做到当日上报
2	负责建立 VIP 卡顾客档案，并按时通知顾客商场的各种促销活动
3	能熟练操作电脑和掌握 VIP 卡的管理流程描述，能独立运用电脑处理业务
4	其他遵照前台的岗位规范执行

4.1.8 内刊及网站编辑工作细节描述

内刊及网站编辑工作细节描述，如表 4-1-8 所示。

表 4-1-8 内刊及网站编辑工作细节描述表

项目	规范内容
采访规范	（1）采访前要根据稿件需要拟好采访提纲，必要时可提前送达被采访人进行准备。 （2）与被采访者约定采访时间、地点等事宜。 （3）采访时要精神饱满、衣着整洁、谈吐自然。 （4）采访时要做好采访笔记，有条件时可进行录音采访。 （5）采访结束后要向被采访者致谢并告辞

项目	规范内容
撰稿规范	（1）要按照新闻"5W1H"的要素要求进行撰稿。 （2）稿件撰写要本着真实、准确、及时的原则。 （3）要根据不同的需要及事件撰写不同体裁的稿件，要主题鲜明、内容生动。 （4）稿件内容要积极向上，并符合公司战略需要
编辑、校对、印刷规范	（1）对待稿件要认真，不能随意处理。 （2）要善于在投稿中找出新闻点。 （3）对投稿要进行合理修改，修改完毕后要算出字数。 （4）分版进行稿件编排，算准每版所需字数。 （5）排版要本着"先大稿后小稿、先固定稿件后机动稿件、先四方后中间"的原则。 （6）排完版式后在清样上签字，交印刷厂。 （7）小样出来后要认真校对，与原稿对照，并要用标准校对符号进行删改。 （8）校对无误后在清样上签字，交印刷厂付印。 （9）印刷完毕后，及时取回，交顾客服务部发行

4.1.9　文案策划工作职责细节描述

文案策划工作职责细节描述，如表 4-1-9 所示。

表 4-1-9　文案策划工作职责细节描述表

序号	规范内容
1	严守公司机密性商业内容及相关文件，并避免由此导致的损失及影响
2	工作态度认真，责任心强，杜绝文字内容的失误或疏漏
3	撰写策划性文字时，应保持思维缜密，使各类方案的策划内容严密而完整
4	保证各项促销方案的实用性和可行性，能促进公司销售和提升企业形象
5	在各项活动实施前和实施过程中，应做到有计划、有目标
6	能为公司经营决策提供全面、有力的数据和资料
7	积极配合其他部门的各项宣传、策划工作
8	在了解同行动态之后，马上采取及时合理的应对措施
9	做好同行各类信息的统计、存档工作

4.1.10　美术师工作职责细节描述

美术师工作职责细节描述，如表 4-1-10 所示。

表 4-1-10　美术师工作职责细节描述表

序号	规范内容
1	店堂整体设计应做到风格统一、色彩和谐，富有创意
2	经常检查店堂内的美陈摆设情况及广场形象，根据市场不同阶段进行调整
3	对不同时期进驻商场品牌的装修、格局规划图及施工进行监督、检查，及时纠正影响商场总体布局的不合理装修布置
4	按要求定期对工作情况、工作进展做总结，并提交新计划方案给部门负责人
5	熟练操作电脑设计软件，并熟练掌握电脑的维护、保养常识
6	管理和维护好电脑设备及用品

4.1.11　美工工作职责细节描述

美工工作职责细节描述，如表 4-1-11 所示。

表 4-1-11　美工工作职责细节描述表

序号	规范内容
1	认真按照促销内容绘制各类宣传海报及各类印刷品样稿的制作
2	配合美术师营造店内良好的购物环境，能够在不同的促销活动中使美陈道具设计产生不同效果
3	公司整体 VI 系统的设计要具体、详细、连续，并要求有新意。要对商场内部区域熟悉了解，能够很好地利用既有格局巧妙地进行美陈设置
4	按时完成工作任务，高质高效地完成每项工作并要做好详细记录
5	及时清理工作现场，保持工作环境的整洁

4.1.12　内勤文员工作职责细节描述

内勤文员工作职责细节描述，如表 4-1-12 所示。

表 4-1-12　内勤文员工作职责细节描述表

序号	规范内容
1	及时将部门发生的工作情况及事件向部门负责人汇报，并将负责人意见反馈给员工
2	熟悉并掌握商场人事及薪金制度，并配合部门负责人及时安排和处理好部门薪金变更及补充事宜

序号	规范内容
3	熟悉并掌握本部门各岗位的职责范围，并进行督促工作，及时将工作情况向负责人汇报
4	将各类资料分档存放，并能及时找出所需资料
5	遇到来访人员要热情，安排就座，并及时通知有关人员接洽联系
6	对部门的借款、报销等事务要及时、准确地办理和跟进
7	与其他部门进行协调时要填写内部业务联系单，及时跟进、落实
8	打印文件要进行认真校对，并及时交经理审阅，经其同意后下发
9	每月及时进行办公用品的统计，上报公司行政事务部，按时领取和下发，并要做好保存工作
10	维护公司秘密，确保公司和部门机密文件、资料和决策的保密性，避免由此带来的损失和不良影响
11	认真处理好经理交办的其他事务

4.1.13　前台接待员工作细节描述

前台接待员工作细节描述，如表 4-1-13 所示。

表 4-1-13　前台接待员工作细节描述表

项目	规范内容
接待顾客	（1）主动向顾客问候，并面带微笑、口齿清晰、声音甜美，要保持温和的目光正视对方，说话时表情、动作要适中。 （2）工作期间应保持坐姿端正，举止文雅。发现有顾客前来咨询时，应迅速起立问候。客流密集时要保持站立姿态，与顾客谈话时应尽量简洁扼要。 （3）接待顾客时要使用礼貌用语问候，在解答顾客问题时应礼貌耐心，做到有问必答，解答仔细。 （4）熟悉商场内各购物区域及功能分布，能够准确回答顾客提问，熟练引导顾客到其想要去的购物区域。 （5）接听工作电话时要长话短说，使用文明语言。 （6）顾客需要礼品包装时，应根据顾客所选购物品类型和顾客的要求，将物品包装好
仪容仪表	（1）发型应梳理整齐，长发要盘起，短发要齐耳。不得染异色发和梳理怪异发型。上班时间只允许戴小型耳钉和一枚戒指。 （2）不得浓妆艳抹，宜化淡妆，使用淡雅香水。手部和面部要始终保持卫生，不留长指甲，不可涂有色指甲油。 （3）梳妆打扮、更换制服，一律在休息室。 （4）在岗时应尽职尽责，并保持良好的工作状态

项目	规范内容
突发状况处理	（1）针对突发事件要有应变处理能力。 （2）遇到顾客投诉时应礼貌、及时、热情地接待，并及时将投诉事件迅速反馈到有关部门。 （3）对顾客发生的紧急事件，应迅速与相关部门取得联系，并准确传达顾客需求
基本业务细节	（1）认真遵守商场的各项规章制度，营业前应做好前台的设施摆放及清洁工作。 （2）认真学习贵宾卡的管理办法，严格按规定进行管理和发放，要认真做好卡的记录和日报表，做到日清日结。在发放贵宾卡时要及时将顾客资料输入电脑。 （3）能熟练操作电脑和掌握 VIP 卡的管理流程，能独立运用电脑处理业务。 （4）顾客档案要进行有序编号和管理，并存档备查。顾客查询资料时应要求其出示有效的凭证，顾客查询个人资料时能快速、准确查到顾客所需要的资料。 （5）交接班时要认真清点柜台存放的券、卡、票据、物品等，核实后做好交接班记录并签字

4.1.14　投诉接待员工作细节描述

投诉接待员工作细节描述，如表 4-1-14 所示。

表 4-1-14　投诉接待员工作细节描述表

项目	规范内容
处理顾客投诉问题基本原则	（1）认真遵守国家有关保护消费者权益的法律、法规、政策，切实维护消费者合法权益、树立商场良好社会形象。 （2）认真遵守商场的各项规章制度，做好投诉接待中心设施摆放及清洁工作。 （3）应对《消费者权益保护法》、新"三包"规定、产品质量标准等知识熟练掌握，能够准确回答顾客的提问，解答顾客的疑问
对客投诉接待基本要求	（1）对顾客退、换货的处理，应严格遵照国家法律、法规和地方有关保护消费者权益的法规及商场的服务承诺执行，耐心做好解释工作，及时处理不拖延，使顾客满意。 （2）有接待顾客投诉遇到疑难时，应先取得顾客谅解，及时与部门主管取得联系，或协调经销商寻求支持，尽快解决。 （3）对于顾客口头、电话或书面提出的投诉要求，应于当天提出处理意见，接待调查及落实处理意见，应不超过三天或一周，满意率及完结率应达到 98%
接待员言谈举止要求	（1）接待顾客投诉时，举止文雅、谈吐温和。使用礼貌用语问候，聆听顾客投诉要礼貌耐心、解释仔细、道歉诚恳、处理及时。 （2）接待员发型应梳理整齐，不得染异色头发或梳理怪异发型。 （3）不得浓妆艳抹，要化淡妆，使用淡雅香水。手部和面部始终保持卫生，不留长指甲、不可涂有色指甲油。 （4）发现顾客前来投诉、咨询，应迅速起立问候，并面带微笑，口齿清晰、声音亲切、要保持温和的目光正视对方，说话时表情、动作要适中

项目	规范内容
特殊问题特别处理	（1）及时将顾客投诉事件迅速反馈有关部门，针对突发事件有应变处理能力。 （2）对顾客发生的紧急事件，应迅速与相关部门取得联系，并准确达到顾客需求。 （3）对顾客投诉的重大问题，应及时做出相关的评定和考证意见，并及时向部门主管汇报反馈调查结果和处理方案
投诉接待服务流程	（1）询问、登记投诉者的姓名、联系方式、投诉内容。 （2）查询依据。 （3）检查投诉实物（商品）。 （4）根据有关规定给出处理意见，确定性质，并与柜组取得联系。 （5）调查原因。 （6）对相关责任人员及部门给予一定的处罚。 （7）总结事件原因，提出改善对策，以杜绝此类现象再次发生

4.1.15　广播员工作细节描述

广播员工作细节描述，如表 4-1-15 所示。

表 4-1-15　广播员工作细节描述表

序号	规范内容
1	商品促销播出的稿件必须实事求是，并经过部门负责人审核认可后方予以播出
2	及时播报商场总服务台反馈的寻人、寻物启事和失物招领信息
3	如实播报并配合店内各种促销活动，详细准确地将促销品牌及促销方式等信息传递给购物顾客，并安排好播放时间及次数
4	对所播报的内容要认真、仔细编辑，阅读熟练。播音时语音清晰、语调亲切柔和，避免病句、错词的出现
5	商场重大决策及商品信息稿件应经部门经理签字后方可播放
6	播放的音视频文件必须符合商场环境氛围
7	爱护播音设备及用品，随时注意播音效果
8	广播室内的音视频文件及设备应登记造册
9	协助商场做好各项文艺活动、公益活动的主持及编排工作
10	在播音时间内，有特殊情况必须停止播音的，要将特殊情况及时上报部门经理并及时安排处理
11	熟练操作音控系统，了解音响效果及舞台音响的布置常识，能协助、配合开展公司活动中的音响、音控设备的操作

4.1.16　媒体宣传员工作职责细节描述

媒体宣传员工作职责细节描述，如表 4-1-16 所示。

表 4-1-16　媒体宣传员工作职责细节描述表

序号	规范内容
1	与省内外各媒体建立联系，掌握各种媒体特点，并与其保持良好的合作关系
2	关注新闻动态，及时发现能够推广本企业形象和企业文化、企业精神的社会新闻事件，能同新闻媒体合作，达到被社会关注的目的
3	有计划、有目的地策划新闻事件，联络各类媒体、社会团体及政府部门共同进行新闻宣传，并根据事件发展情况撰写各类稿件
4	与各机关院校、社会团体建立联系，共同开展各类公益、社会活动
5	策划活动要有计划、有目的，应提前做出详细方案报领导审批
6	活动所需款项、物资需提前做出计划，上报行政事务部购买
7	每逢重大节日，要向各新闻媒体人员、关系单位成员致节日祝福
8	分年、季、月，及时、准确地进行公司新闻刊播情况的统计，并及时上报
9	及时、准确地做好公司各类大事的记录、存档工件

4.1.17　核算员工作细节描述

核算员工作细节描述，如表 4-1-17 所示。

表 4-1-17　核算员工作细节描述表

序号	规范内容
1	各种物品应分门别类地进行登记管理
2	各种物品的申领、发放、库存数量均须做好记录，并由责任人签字
3	每月底凭邮寄凭证，按其金额到财务部进行结算
4	营销策划部促销专用章仅限加盖各类贺卡、优惠券时使用，不得私借他人或加盖文件
5	每月进行库存盘查，并提前申请用量
6	负责保管好营销策划部促销专用章、各类贺卡及邮寄费

4.1.18　营销策划部工作人员职业道德规范描述

营销策划部工作人员职业道德规范描述，如表 4-1-18 所示。

表 4-1-18　营销策划部工作人员职业道德规范描述表

序号	规范内容
1	尊重业户、与业户建立正常的工作关系
2	按合同向业户提供良好的服务
3	客观真实向业户介绍公司情况
4	不得有意或无意泄露公司的经营秘密
5	客观评价商业伙伴及他们的经营活动，不得贬低竞争对手
6	不得以公司名义开展未经上级授权的一切活动
7	不得接受业户任何形式的回扣和贿赂
8	不得利用职业与工作之便，以任何形式要挟业户，以达到个人目的谋取私利
9	未经部门经理批准，不得接受业户吃请及其他形式的消费
10	违反上述规定者将按员工手册规定执行

4.1.19　策划组工作职责细节描述

策划组工作职责细节描述，如表 4-1-19 所示。

表 4-1-19　策划组工作职责细节描述表

项目	规范内容
核心工作	策划组主要围绕商场的市场营销策略和促销活动展开，通过制定策略、策划活动、推广宣传等方式，为商场创造更多的商业价值
市场调研与分析	进行市场调研，了解消费者需求、购买能力、生活习俗的变化情况，以及竞争对手的市场动态和策略。通过收集和分析这些信息，为商场制订更为精准的市场营销策略
营销策略制订	基于市场调研结果，制订相应的市场营销策略，包括促销活动的主题、形式、时间等，也包括筹谋如何与供应商合作，制订合作计划，以达成共赢
促销活动策划与执行	负责策划各种促销活动，如节假日促销、主题促销、联名活动等，并负责活动的具体执行。包括与合作方的联络、洽谈、调整、协调、协议签署等，以及活动现场备品的管理和安排
广告设计与推广	参与广告的设计和审核工作，确保广告内容符合品牌形象和市场策略。负责广告的推广和宣传，与宣传媒体保持良好关系，组织新闻报道，开展公关活动，以对公司进行正面的形象宣传
效果评估与调整	跟进营销活动的执行效果，及时评估和调整营销策略，以达到最佳效果。分析活动数据，了解消费者反馈，为未来的营销活动提供参考和改进方向

续表

项目	规范内容
内外联谊活动策划	负责策划和组织公司内部的联谊活动，以丰富员工业余生活，调动员工积极性，增强公司凝聚力

4.1.20　设计组工作职责细节描述

设计组工作职责细节描述，如表 4-1-20 所示。

表 4-1-20　设计组工作职责细节描述表

项目	规范内容
核心工作	设计组的工作内容主要涉及视觉设计和创意构思，以支持商超的营销活动
品牌视觉设计	负责商超的整体品牌形象设计，包括标志、VI 系统、品牌手册等，确保品牌形象的一致性和独特性
宣传物料设计	负责设计各种促销活动的宣传物料，如海报、DM 单、展架、广告牌等，以吸引消费者的注意力并传达活动信息
广告创意设计	参与电视、广播、网络等各种媒体的广告设计，包括广告脚本的创意构思、视觉元素的设计等，以增强广告的吸引力和传播效果
促销包装设计	负责对商超自有品牌或促销商品的包装设计，使产品更具吸引力，提高销售转化率
商场内部空间设计	参与商场内部的空间设计，包括商品陈列、橱窗展示、导购指示等，以提升顾客的购物体验
数字媒体设计	负责官方网站、社交媒体平台等数字媒体的设计工作，包括页面布局、图标设计、交互设计等
与制作组的协作	设计组的工作成果通常需要与制作组紧密协作，确保设计方案的准确实施和呈现

4.1.21　制作组工作职责细节描述

制作组工作职责细节描述，如表 4-1-21 所示。

表 4-1-21　制作组工作职责细节描述表

项目	规范内容
核心工作	制作组的工作内容主要涉及将营销策划和设计方案转化为具体的执行成果。通过精细的制作和布置工作，为商场营造出独特的品牌形象和浓厚的活动氛围，提升消费者的购物体验

项目	规范内容
制作物料准备	根据策划组提供的方案，准备所需的制作物料，如纸张、印刷材料、展示器材等，确保所需材料的质量和数量，以满足制作需求
宣传物料制作	根据设计组提供的设计稿件，制作组进行印刷、喷绘、切割等工艺，制作出各种宣传物料，如海报、DM 单、展架、广告牌等
促销道具制作	负责制作各种促销道具，如优惠券、礼品袋、展示台等。根据活动需求，选择合适的材料和工艺，制作出符合活动主题的道具
商场内部装饰布置	负责商场内部的装饰布置工作。根据商场的装修风格和促销活动主题，制作和安装各种装饰物，如彩旗、气球、花环等，营造出浓厚的节日氛围或活动氛围
现场布置与执行	负责促销活动期间活动现场的布置工作，确保活动现场整洁、美观，符合活动主题，并对活动现场进行监督和协调，确保活动的顺利进行
后期维护与更新	负责商场内宣传物料的维护和更新工作，定期检查物料是否损坏或过期，及时进行更换和更新，保持商场的整洁和新鲜感

4.2 营销策划部日常工作管理

4.2.1 VI 基础要素规范描述

VI 基础要素规范描述，如表 4-2-1 所示。

表 4-2-1 VI 基础要素规范描述表

项目	规范内容
企业标志	（1）标志的概念及意义。 （2）标志彩稿。 （3）标志黑稿。 ①标志反白效果图。 ②标志标准化制图。 ③标志方格坐标制图。 ④标志预留空间与最小比例限定。 ⑤公司与下属产业标志色彩区分。 ⑥标志特定色彩效果展示。 ⑦标志的最小使用尺寸

续表

项目	规范内容
企业标准字体	标准汉字体： （1）企业全称中文字体。 （2）企业简称中文字体。 （3）企业全称中文字体方格坐标制图。 （4）企业简称中文字体方格坐标制图。 标准英文字体： （1）企业全称英文字体。 （2）企业简称英文字体。 （3）企业全称英文字体方格坐标制图。 （4）企业简称英文字体方格坐标制图
企业标准色	标准色值：以公司实际情况和要求而定
企业造型	（1）吉祥物立体效果图。 （2）吉祥物基本动态造型。 ①辅助色带：辅助色带彩色稿。辅助色带使用规范。 ②印刷字体：黑体、宋体、隶书
基本要素组合规范	（1）标志与标准字组合多种样式横式组合、竖式组合。 （2）标志与象征图形组合多种样式横式组合、竖式组合。 （3）基本要素禁止组合多种模式

4.2.2　VI 应用推广要素范围规范描述

VI 应用推广要素范围规范描述，如表 4-2-2 所示。

表 4-2-2　VI 应用推广要素范围规范描述表

项目	规范内容
办公事务用品设计	（1）名片：高级经理以上级别名片、一般管理人员名片。 （2）信封：国家标准（大、小）。 （3）便笺：大便笺、小便笺。 （4）传真纸：大、小。 （5）工牌。 （6）记事簿
公司公共关系赠品设计	（1）贺卡：致谢卡、致歉卡、生日卡、圣诞节、新年贺卡。 （2）手提袋：纸手提袋、塑膜手提袋（大、小）
形象墙	公司总服务台形象墙：由公司标志及公司服务口号组成

续表

项目	规范内容
公司导购系统	（1）公司导购灯箱 悬挂式：机制亚光合金铝压型、有机板黑绿面。 落地式：白钢压型。 （2）公司导购牌 营业时间牌：60 cm×40 cm、亚光合金铝型、有机板面。 促销展牌：60 cm×100 cm、机制亚光合金铝压型、有机板面。 通道导购牌：90 cm×30 cm、黑绿双色板三维雕刻、雪弗板。 （3）公司门牌 塑质金面、25 cm×10 cm
店旗	横式标准组合阴阳表现、150 cm×100 cm

4.2.3　VI 应用推广管理细节描述

VI 应用推广管理细节描述，如表 4-2-3 所示。

表 4-2-3　VI 应用推广管理细节描述表

项目	规范内容
VI 基本要素的推广及规范管理	（1）标志的规范管理。 （2）标准字的规范管理。 （3）标准色的规范管理。 （4）象征图像的规范管理。 （5）企业造型的规范管理。 （6）版面编排的规范管理
VI 应用系统的推广及规范管理	（1）办公用品的规范管理。 （2）员工服装的规范管理。 （3）企业广告宣传的规范管理

4.2.4　形象审核规范描述

形象审核规范描述，如表 4-2-4 所示。

表 4-2-4　形象审核管理细节描述表

项目	规范内容
图纸要求 （一式四份）	（1）效果图。 （2）平面图：详细标明尺寸。

续表

项目	规范内容
图纸要求 （一式四份）	（3）立面图：详细标明尺寸。 （4）剖面图：标明材料。 （5）平面位置图：标出专柜所处卖场的位置。 （6）电路图：电路平面图、灯具平面图、配电图交给物业部审核。 注：图纸要有图编、标题比例、柜组区域号、品牌名称、施工单位等项
材料要求	（1）展柜、柜台 装修标准必须是中档以上，含中档。装修材料必须刷防火涂料。整体色彩要求鲜活、明快，富于现代感。色彩应以较高明度、暖色为主，禁止大面积使用深色，如黑色、深蓝色等。 注：品牌自有形象需由营销策划部审批后方可施工。 展柜、柜台设计要符合卖场空间合理布局，严禁遮挡，影响视觉的通透性及符合人体工程学。 （2）地板、地板压条 中高档以上实木及复合木地板，宽金银压条。 （3）形象 标志：PVC、亚克力、雪弗板等 灯箱：360 dpi 以上高精度写真，宽金银压条。 形象画：360 dpi 以上高精度写真，宽金银压条
制作要求	（1）相邻卖区需做背板，靠通道一侧制作通透式展柜。 （2）通道宽度。 ①主通道 2 m。 ②次通道 1.4 m~1.6 m。 ③货区通道 0.8 m~1.2 m。 （3）展柜高度。 ①延墙展柜高度 2.4 m，深度为 0.45 m。 ②靠柱展柜高度为 2.4 m（包柱展柜深度为 0.45 m，靠通道一侧深度不得超过 0.2 m）。 ③试衣间尺寸为 2.4 m×0.9 m×0.9 m，门顶门底各留 0.2 m 空隙，试衣间门不得置于主通道方向及卖场通道动线一侧。 ④相邻卖区之间展柜高度为 1.35 m。 ⑤柜台、展柜、开票台高度为 0.95 m（专柜柜台高度 0.60 m，玻璃空间高度为 0.30 m）。 ⑥中岛两家隔离墙展柜高度 1.5 m，货区内展柜不得超过 1.35 m
卖区内展柜高度要求	柜组之间的隔墙燕尾柜，以前沿地线为准沿背墙或柱子向外 1.35 m 可制作 2.4 m 高，再从 1.35 m 向外做 1.35 m 高，特殊情况视图纸而定
灯光颜色要求	采用白色及暖色光源，不可使用其他颜色的光源，如红色、蓝色、绿色等。特殊情况需报营销策划部审核批准
电气安装	电气安装要求及用电标准由物业部提供
特别注意	消火栓、警铃、防火卷帘、消防等设施装修期间严禁遮挡

4.2.5 美陈计划实施工作细节描述

美陈计划实施工作细节描述，如表 4-2-5 所示。

表 4-2-5 美陈计划实施工作细节描述表

项目	规范内容
美陈计划的制订	（1）提出书面设想。 （2）做出计划书及预算。 （3）终审案、终审图
美陈工作的原则	美陈工作应以"全、精、美、省、快"为原则 （1）全：即图纸全和流程全。 图纸全：美陈文字案（计划书、预算表）、美陈效果图、终审案、终审图。 流程全：计划制订、审批、制作、监督、审核、验收、入库。 （2）精：制作工艺精。 （3）美：整体效果美，达到雅俗共赏。 （4）省：成本费用省。 （5）快：方案制定快、施工进度快、验收快
美陈计划审批	美工在美陈活动开始前十天向公司提交美陈文字案（计划书、预算表）、美陈效果图。 整套美陈方案，经各相关领导签字后形成终审案、终审图。美工将按照终审结果开展美陈工作。 遇有大型美陈活动时，应由公司主管领导参与召开美陈布置专题研讨会，采取民主形式各抒己见，征求公司方面面意见，以求把美陈工作细致化、周到化、理想化、完美化
美陈计划实施	美工拿到全套终审方案后，将依据此方案积极主动寻找适当的美陈施工公司开展美陈工作。美陈施工合同将由公司主管领导审阅签字后形成终审合同，然后正式美陈施工。美工负责监督工程进度、质量、调整，提出意见。 注：验收工作按公司规定流程进行
美陈效果评估	（1）评估标准：符合"全、精、美、省、快"的为好，反之为不好。 （2）评估报告：应以五字原则为纲对美陈工作进行评估

4.2.6 卖场广告事宜办理工作细节描述

卖场广告事宜办理工作细节描述，如表 4-2-6 所示。

表 4-2-6 卖场广告事宜办理工作细节描述表

序号	规范内容
1	店内外广告设置、悬挂物、散发传单等广告活动由营销策划部统一规划、布置和发布
2	各部门、业户严禁私自悬挂和张贴任何形式的 POP 挂旗或海报

序号	规范内容
3	需发布广告和制作广告用品、设置广告的部门，业户须填写广告发布、制作申请单，经营销策划部审批同意后方可执行或由营销策划部统一施行
4	凡部门、业户进行任何形式的促销、折让活动，必须提出申请，经营销策划部审批并统一执行
5	若利用卖场公共区域或外广场的区域须缴纳相应费用方可执行

4.2.7 卖场内部环境设计规范描述

卖场内部环境设计规范描述，如表 4-2-7 所示。

表 4-2-7 卖场内部环境设计规范描述表

项目	规范内容
便利顾客，服务大众	零售店铺内部环境的设计必须坚持以顾客为中心的服务宗旨，满足顾客的多方面要求。顾客已不再把"逛商场"看作是一种纯粹性的购买活动，而是把它作为一种集购物、休闲、娱乐及社交为一体的综合性活动。因此，零售店铺不仅要拥有充足的商品，还要创造出一种适宜的购物环境，使顾客享受到最完美的服务
突出特色，善于经营	（1）零售店铺内部环境的设计应依照经营商品的范围、类别及目标顾客的习惯和特点来确定。 （2）以别具一格的经营特色，将目标顾客牢牢地吸引到零售店铺里来。 （3）使顾客一看外观，就驻足观望，并产生进店购物的愿望；一进店内，就产生强烈的购买欲望和新奇感受
提高效率，增长效益	零售店铺内部环境设计科学，能够合理组织商品经营管理工作，使进、存、运、销各个环节紧密配合，使每位工作人员能够充分发挥自己的潜能，节约劳动时间，降低劳动成本，提高工作效率，从而增加企业的经济效益和社会效益

4.2.8 展柜形象整改管理细节描述

展柜形象整改管理细节描述，如表 4-2-8 所示。

表 4-2-8 展柜形象整改管理细节描述表

序号	规范内容
1	因商场要求柜组调整需整改的
2	柜组形象影响卖场整体环境美观的

序号	规范内容
3	展柜陈旧破损的
4	没有严格按形象审核要求装修的
5	私自改动或以次（或低档）充好，不符合材质要求的
6	货区内设施与展柜不搭配的
7	货品陈列不合格、不美观、时间过久的

4.2.9 卖场商铺形象管理细节描述

卖场商铺形象管理细节描述，如表 4-2-9 所示。

表 4-2-9 卖场商铺形象管理细节描述表

序号	规范内容
1	严禁私自悬挂或粘贴非本公司制作的广告和印刷品等宣传海报及展板
2	未经允许不准使用双面胶或泡棉在墙面或柱面粘贴印刷品、广告或挂件等
3	严禁在铺位外通道或动线以外摆放模特或展板等
4	张贴广告或印刷品须在本公司指定地点
5	柜台、展柜因张贴而残留的胶或其他脏污，应及时清除
6	过期广告、印刷品、挂件等接到本公司通告要求撤换或撤掉，商铺应及时按通知执行
7	以上规定为商铺品牌形象管理的基本规定，如有特殊要求须呈报营销策划部批准方可实施，如有违规，将按"违反形象审核管理处罚规范描述"予以处罚

4.2.10 违反形象管理条例处罚规范描述

违反形象管理条例处罚规范描述，如表 4-2-10 所示。

表 4-2-10 违反形象管理条例处罚规范描述表

序号	规范内容
1	使用非本公司制作 POP，按情节处以 50~100 元处罚
2	未经允许使用双面胶、泡棉粘贴，造成墙面破损或污秽的，处以 100~200 元罚款

续表

序号	规范内容
3	违规在商铺或动线外摆放模特或展板的，处以 50~100 元罚款
4	未在指定地点张贴 POP 或印刷品的，处以 50 元罚款
5	未及时清除残留的胶或其他脏污而影响美观的，处以 50 元罚款
6	未及时更换过期海报或印刷品的，处以 10~50 元罚款
7	除上述情况以外，如有影响环境美观等行为的，视情节予以相应处理

4.2.11　商户进场装修审批流程描述

商户进场装修审批流程描述，如表 4-2-11 所示。

表 4-2-11　商户进场装修审批流程描述表

序号	规范内容
1	审核设计图纸合格
2	向财务部交纳费用
3	物业部凭收据办理装修许可证
4	由物业部保卫处办理出入证

4.2.12　广告服务范围描述

广告服务范围描述，如表 4-2-12 所示。

表 4-2-12　广告服务范围描述表

序号	规范内容
1	外广场、楼体、空飘、条幅、彩旗、店堂（含柜台广告陈列品、货架、柱体灯箱等广告设施）、中厅、总服务台、灯箱、橱窗、吊旗、POP、DM、内刊、广播、海报、传单等各类广告用品的设置、制作及发布
2	报刊、电视、电台等各类新闻媒体的广告及发布制作
3	公司各部门、业户在外广场、店堂内从事的所有广告行为及促销活动等
4	公司各部门、业户在公共媒体及公共场所发布的涉及本公司的广告和从事的广告行为

4.2.13 广告发布管理及处罚规范描述

广告发布管理及处罚规范描述，如表4-2-13所示。

表4-2-13 广告发布管理及处罚规范描述表

序号	规范内容
1	广告或广告活动有下列情形之一的，不得发布和实施： （1）违反有关法律、法规和条例。 （2）不能出具有关法律、法规、条例明确规定必须出具证明批件的。 （3）有损本公司形象，不利本公司经营活动的。 （4）有悖于商场视觉识别形象（VI）管理细节描述及影响商场整体规划的协调性和相关规定的。 （5）未经营销策划部审核同意，擅自发布广告、开展促销活动、散发广告用品、增加或更换广告设置用品和从事广告活动的
2	（1）营销策划部统一制作发布或经审核同意的广告设置、灯箱在发布期内，任何个人或单位未经营销策划部同意不得擅自更换或损坏。 （2）违反者将视情节轻重，予以当事人50~500元罚款
3	违反本管理规定的业户及相关部门和责任人，由营销策划部视情节轻重，分别给予以下处罚或多项并罚。 （1）立即停止广告发布或广告活动。 （2）通报批评。 （3）没收广告品。 （4）对当事商户及部门责任人罚款100~1 000元，或大额广告费用的等额广告金额
4	（1）当事人或部门对处罚决定不服从的，可在收到处罚通知单之日起3日内向营销策划部申请复议。 （2）对复议结果拒不执行者由财务部强制执行，对违规当事人或部门负责人在其工资中扣除罚款，当事人或部门收到处罚通知单3日内没有提请复议，视为接受处罚。 （3）商户对处罚决定不服的，在收到处罚通知单之日起5日内向营销策划部提请复议，对复议结果拒不执行者，由财务部代为强制执行，在其管理保证金中直接扣罚，商户在收到处罚通知单五日内没有提请复议，视为接受处罚

4.2.14 店面广告设计工作细节描述

店面广告设计工作细节描述，如表4-2-14所示。

表4-2-14 店面广告设计工作细节描述表

项目	规范内容
造型简练、设计醒目原则	店面广告要想在琳琅满目的商品中引起媒体受众的注意，必须以简洁的形式、新颖的格调、和谐的色彩突出自己的形象，否则就会被消费者忽视

项目	规范内容
重视陈列设计原则	（1）店面广告不同于节日的点缀。店面广告是商业文化中企业经营环境文化的重要组成部分。 （2）店面广告的设计要有利于树立企业形象，要注意商品陈列、悬挂和货架的结构等，要加强和渲染购物场所的艺术气氛
强调现场广告效果原则	由于店面广告具有直接促销的特点，设计者必须深入实地了解零售店铺企业的内部经营环境，研究经营商品的特色（如商品的档次、零售店铺的知名度、质量、工艺水平、售后服务状况等），以及顾客的心理特征与购买习惯，以求设计出能打动消费者的店面广告

4.2.15 企业文化理论体系构建细节描述

企业文化理论体系构建细节描述，如表 4-2-15 所示。

表 4-2-15 企业文化理论体系构建细节描述表

项目	规范内容
调查分析企业现有的文化	（1）员工的整体文化素质、心理状况等。 （2）企业现有文化的倾向、特征等。 （3）相关文化的取向、特征等
设计新的企业文化	（1）根据现有的企业文化状况设计提升出新的企业文化。 （2）确定新企业文化的价值取向、各项制度等
建立企业文化	（1）建设良好的物质环境 ①各部门要有良好的办公环境、办公设备等。 ②各项后勤保障工作要到位。 ③员工的工作环境整洁，空气清新。 （2）建立健全各项规章制度 ①领导制度：领导者的权限、责任及具体实施方式。 ②人事制度：用工制度和晋升制度。 ③劳动制度：企业劳动时间规定、劳动纪律等。 ④奖惩制度。 （3）执行制度 （4）修正制度 （5）建立良好的人际关系 ①管理者要有良好的领导、管理素养。 ②管理者要与人为善，相信他人。 ③管理者要礼貌待人，尊重下属。 ④管理者要博采众议，兼听则明。 ⑤管理者要不吝赞赏，及时表扬有成绩的员工。 ⑥管理者要民主开明，适时激励员工。 ⑦管理者要态度一贯，坦荡磊落

项目	规范内容
建立企业文化	（6）重视并提高员工的素质 ①在招聘时即招聘那些素质高、有潜力的员工。 ②重视员工培训工作。 a．实行轮换制度。 b．由公司专职人员定期对员工进行培训。 c．经常组织各种技术比赛，对优胜者给予奖励。 d．鼓励员工接受各种继续教育

4.2.16　企业文化推广细节描述

企业文化推广细节描述，如表 4-2-16 所示。

表 4-2-16　企业文化推广细节描述表

项目	规范内容
内部推广（内部沟通）	（1）企业内部文化娱乐活动，包括各类联欢会、聚餐会、舞会、智力竞赛、体育活动等。 （2）企业内各种会议：表彰大会、工作会议。 （3）工作仪式：升旗仪式、交接仪式。 （4）管理仪式：颁奖仪式。 （5）内刊的编辑与发行
外部推广	（1）广告宣传：包括报纸广告、电视广告、电台广告、杂志广告、画册广告等。 （2）新闻宣传：包括文字新闻、图片新闻、电视新闻、电台新闻等。 （3）新闻发布性活动：包括记者招待会、新闻发布会等。 （4）信息交流性活动：包括研讨会、座谈会、经验交流会、参观学习等。 （5）赞助性活动：包括赈灾、赞助社会福利事业、热心参与社会公益活动等。 （6）促销活动：包括打折、赠送、特卖、送货上门、展示会等
一般推广步骤	（1）确立目标，设计主题。 （2）确定形式和规模。 （3）确定日期、选择场所。 （4）确定主席人。 （5）选择传媒，制定宣传报道方案。 （6）筹备人员的组织和排练。 （7）筹备各种设施和礼品。 （8）预算费用开支，尽量少花钱多办事。 （9）现场组织。 （10）方案的调整与进程控制
推广所用媒介	（1）符号媒介：包括口头媒介、局面语言媒介、形体语言媒介等。 （2）实物媒介：包括企业生产的产品和提供的服务，以及企业建筑物、企业标记、企业象征物、礼品等。 （3）人的媒介：包括企业中人的素质、行为、服饰和社会影响

4.2.17　商场内刊管理细节描述

商场内刊管理细节描述，如表 4-2-17 所示。

表 4-2-17　商场内刊管理细节描述表

项目	规范内容
内刊的作用	（1）架起沟通消费者、品牌商、员工与公司心灵的桥梁。 （2）丰富员工的文化生活
内刊的宗旨	（1）全心全意为公司事业的发展服务。 （2）积极探索和建设公司商业企业文化。 （3）向广大消费者展示公司的经营理念和经营方式。 （4）向品牌商和消费者征求对我们工作的真诚建议
内刊的具体任务	（1）统领公司的企业形象，积极开展对外宣传工作，建设好与品牌商、与顾客、与社会、与同行、与员工的交流联络之窗。 （2）宣传公司的大政方针、战略部署，明示各时期的工作方向，引导各部门员工顺利、高效、有序地开展工作。 （3）及时总结经验，探讨成败得失，从理论和实践的结合对各项工作进行深层次的探讨和研究。 （4）丰富员工的文化生活，提高员工的道德和文化素质及业务技能，增强公司的凝聚力和向心力。 （5）表扬先进，鞭策后进，在公司形成一种激发全体员工敬业爱岗、奉献公司、服务社会的风尚。 （6）介绍与公司工作有关的政府政策、方针、法律、法规和经营背景分析，使广大员工了解和关心公司的发展。 （7）学习身边的榜样，了解同行业的经营与发展，借他山之石以攻玉
采访	（1）采访前要根据稿件需要拟好采访提纲，必要时可提前送达被采访人进行准备。 （2）与被采访者约定时间、地点等事宜。 （3）采访时要精神饱满、衣着整洁、谈吐自然。 （4）采访时要做好采访笔记，有条件时可进行录音采访。 （5）采访结束后要向被采访者致谢并告辞
撰稿	（1）要按照新闻"5W1H"的要素要求进行撰稿。 （2）稿件撰写要本着真实、准确、及时的原则。 （3）要根据不同的需要及事件撰写不同体裁的稿件，要主题鲜明、内容生动。 （4）稿件内容要积极向上，并符合公司战略需要
编辑、校对、印刷	（1）对待稿件要认真，不能随意处理。 （2）要善于在投稿中找出新闻点。 （3）对投稿要进行合理修改，修改完毕后要算出字数。 （4）分版进行稿件编排，算准确每版所需字数。 （5）排版要本着"先大稿后小稿、先固定稿件后机动稿件、先四边后中间"的原则。 （6）排完版式后交由专业排版人员进行排版。 （7）小样出来后要认真核对，与原稿对照，并要用标准校对符号进行删改。 （8）校对无误后在清样上签字，交印刷厂付印。 （9）印刷完毕后，及时取回，交顾客跟踪服务小组发行。 （10）发行对象为会员卡顾客、参与各项活动顾客等

4.2.18　新闻奖惩条例规范描述

新闻奖惩条例规范描述，如表 4-2-18 所示。

表 4-2-18　新闻奖惩条例规范描述表

项目	规范内容
奖励办法	（1）凡通过新闻媒体刊播、宣传我公司的消息、通信、图片、来信、录音报道、专题、纪录片、报告文章等，无论是新闻媒体人员还是内部员工撰稿，均按稿计酬。 （2）报纸、杂志、网络等平面媒体按版面大小（含图片）进行计算：中央级、省、市级媒体按同等版面的广告公布价格 6 折后的 10% 予以奖励。 （3）在内部发行的刊物上刊发稿件，按版面大小分别给予 50~100 元的奖励，如头版头条，奖励 200 元。 （4）上中央电视台黄金时间新闻节目，一次 2 000 元；上中央电视台其他节目，一次 1 000 元（不含重播）。 （5）上市级电视台黄金时间新闻节目，一次 1 000 元；上其他时间节目，一次 500 元（不含重播）。 （6）上中央广播电台黄金时间新闻节目，一次 1 000 元；上其他时间节目，一次 500 元（不含重播）。 （7）上省、市级广播电台黄金时间新闻节目，一次 500 元；上其他时间节目，一次 300 元（不含重播）
奖励适用范围和超出奖励范围适用方法	（1）营销策划部员工不适用本奖励办法。 （2）本奖励办法适用于公司除营销策划部外所有员工和各界社会人士，奖励时以刊播篇目计算，不以作者人数计算。 （3）公司同社会媒体联办和开设的专版、专栏、刊物不计入此奖励。 （4）影响特别大、效果特别好的新闻稿，除按本奖励办法奖励外，可给予特别奖励。 （5）对于宣传报道中被提及表扬的部门和个人，据社会影响大小分别给予 50~1 000 元的奖励
处罚办法	（1）凡被新闻媒体曝光而影响到公司形象、信誉的部门或个人，按该新闻媒体广告价的 10% 给予处罚。 （2）曝光的部门或个人受处罚时，不以篇目和版面计算。但如同一事件或因同一原因被新闻媒体重复曝光，以曝光媒体最高类别对应标准进行处罚，不重复处罚。 （3）如曝光后，对公司形象和信誉产生极为恶劣的影响，可超出本办法给予处罚
执行办法	（1）奖励办法与公司其他行政处罚不形成冲突，不进行冲抵。 （2）奖励个人 800 元以内，奖励部门 2 000 元以内，可由营销策划部依据本办法执行。超出此额度，由营销策划部报总经理审批后执行

4.3　促销工作管理

4.3.1　卖场促销目标设定描述

卖场促销目标设定描述，如表 4-3-1 所示。

表 4-3-1　卖场促销目标设定描述表

序号	规范内容
1	提高销售
2	提升公司形象
3	增加来客数
4	提高客单价
5	推广新品
6	扩大商圈
7	与对手竞争
8	树立开店形象
9	清库存

4.3.2　卖场促销方案制定细节描述

卖场促销方案制定细节描述，如表 4-3-2 所示。

表 4-3-2　卖场促销方案制定细节描述表

序号	规范内容
1	制订周详的计划
2	选择正确的商品
3	突出促销主题
4	进行有效宣传
5	公司整体互动

4.3.3　促销企划案的制作和实施细节描述

促销企划案的制作和实施细节描述，如表 4-3-3 所示。

表 4-3-3　促销企划案的制作和实施细节描述表

项目	规范内容
促销企划案制定的原则	（1）实战性。 （2）实效性。 （3）可接受性。 （4）前瞻性。 （5）及时性。 （6）合法性

项目	规范内容
促销企划案的文本结构	（1）背景。 （2）目的。 （3）制定原则。 （4）活动时间。 （5）活动内容。 （6）媒体投放计划。 ①平面媒体。 ②声像媒体。 （7）费用预算。 （8）盈利额增长预估。 （9）效果评估
促销企划案的制定、审批流程	（1）相关人员根据主管要求撰写出相应方案（一稿）。 （2）方案（一稿）提交部门经理修改、审批。 （3）根据领导审批意见对方案（一稿）进行修改，成方案（二稿）。 （4）方案（二稿）成稿后再提交领导审阅，通过则进入执行程序。否则，再次根据领导意见进行修改，直至通过
促销企划案的推广	（1）部门内部推广 ①部门经理利用例会、专项会议讲解企划案，部门员工做好笔记，透彻理解。 ②促销主管利用早会或召开专项会议组织员工传达、学习企划案，要求大家都应该对企划案有清晰、准确、全面的理解。 （2）全员推广 ①由营销策划部下发关于活动内容的专项通知给各部门。 ②各部门组织专项学习。 ③运营部自接到活动通知之日起，充分利用早会时间组织营业员学习，由专人讲解，并有计划地组织考核，直至活动结束。 ④由营销策划部确定平面媒体、声像媒体的刊播计划。 ⑤按活动规模大小，活动前由营销策划部进行活动内容专项美陈布置
促销企划活动的效果评估	（1）评估的依据及跟进 ①销售数据。 ②客流情况。 ③活动参与情况。 ④媒体对活动的报道情况及知名度、美誉度增加。 ⑤同业反映（洽谈数量、强烈度）。 （2）评估报告 ①销售增长情况。 ②毛利额增长情况。 ③社会反响（顾客参与积极性、媒体关注与报道）。 ④客流变化情况

4.3.4　促销管理细节描述

促销管理细节描述，如表 4-3-4 所示。

表 4-3-4　促销管理细节描述表

项目	规范内容
促销活动的方式	（1）节日促销：春节、元宵节、情人节、妇女节、清明节、劳动节、母亲节、儿童节、端午节、父亲节、教师节、中秋节、国庆节、重阳节、圣诞节、元旦等。 （2）周年庆促销。 （3）主题促销：围绕一个促销主题进行的活动，如婴儿爬行大赛、卡拉 OK 广场演唱大赛、冬令火锅食品展等
促销的表现方式	（1）买 A 送 A。 （2）买 A 送 B。 （3）拍卖。 （4）集印花换购。 （5）抽奖。 （6）刮奖。 （7）赠品。 （8）叫卖。 （9）试吃。 （10）降价
促销商品的选择	（1）按照促销主题和品种要求，选择商品。 （2）每次促销应包括各部门品项，对与主题活动密切相关的部门可适当增加品种。 （3）适当选择新商品、广告商品。 （4）选择供应商促销力度较大的产品。 （5）多选择低价优质商品，尽量避免选择单价过高的产品，以加强促销效果。 （6）应保证促销商品在促销期间的市场竞争力。 （7）不选择负毛利商品
促销商品的采购	（1）确定促销商品的毛利预算、销售预算和活动周期。 （2）提前下达促销商品订单，确保促销商品的数量，避免中途脱销，影响促销效果。 （3）确保促销商品的按时到货。 （4）遵循对促销商品的仓储优先、配送优先原则。 （5）促销期间如有价格调整，应遵循变价规范，统一调整，并在促销结束后及时恢复原价
与供应商共同促销	（1）让供应商积极参与，共同讨论促销计划。 （2）必须让供应商确保商品的足够数量与按时送货。 （3）促销商品十分畅销，而无足够库存时，要采取紧急订单。 （4）在促销活动中，供应商应该提供以下物料准备： ①折扣优惠。 ②进价降低的优惠。 ③赠品提供。 ④广告费赞助。 ⑤促销员的现场促销。 ⑥相应的商品海报。 ⑦促销货架的陈列费用。 ⑧相应的陈列设备，如特殊的展示架

项目	规范内容
促销商品的陈列	（1）陈列原则：醒目、突出、大面积陈列，营造良好的购物环境，让顾客产生购买的冲动。 （2）陈列方式：端架、堆头、整体排面、促销区陈列、特殊陈列等。 （3）POP 广告及标价牌。 ①对于促销的商品，在陈列区内必须有醒目的 POP 广告，以达到告示顾客、营造氛围的目的。 ②促销商品的 POP 必须清楚、醒目，可标明原价及降价后的现价，并说明此次促销活动的周期

4.3.5　商场促销审批流程描述

商场促销审批流程描述，如表 4-3-5 所示。

表 4-3-5　商场促销审批流程描述表

序号	规范内容
1	商户填写（促销）申请表提出书面申请，并注明促销方式、促销理由、促销规模、时间等内容
2	运营部根据公司有关规定，审批把关，营销策划部审批办理促销手续
3	运营部组织落实
4	营销策划部负责检查促销工作执行情况

4.3.6　促销活动组织与培训工作细节描述

促销活动的组织与培训工作细节描述，如表 4-3-6 所示。

表 4-3-6　促销活动组织与培训工作细节描述表

项目	规范内容
促销活动的组织原则	（1）联系相关部门，领用促销活动所需用品。 （2）制定活动中的规章制度。 （3）进行完善的人员分工，落实到个人。 （4）对活动所需用品、用具的入账、登记。 （5）活动所需表格提前制定并申报印制。 （6）对活动用礼品（券）的摆放、发放、做活动前的整理

项目	规范内容
促销活动的人员培训	（1）对活动内容进行细致讲解。 （2）让学习后的员工认真讨论并总结活动内容，及时发现活动中可能出现的问题。 （3）对活动期管理规定的学习。 （4）对学习后的内容进行考核。 （5）根据考核情况进行员工岗位的分工。 （6）模拟工作流程细节描述。 （7）强调活动中的注意事项

4.3.7 促销活动组织实施规范描述

促销活动的组织实施规范描述，如表 4-3-7 所示。

表 4-3-7 促销活动的组织实施规范描述表

序号	规范内容
1	根据市场要求制定相应的活动内容
2	对活动进行文字形式编辑
3	促销活动通知下发
4	准备活动所需备品
5	组织全员培训
6	人员考核、分工
7	制订活动期各岗位职责规范
8	促销活动开始进行
9	总结活动内容汇总上报
10	结束活动

4.3.8 礼品（券）审批程序细节描述

礼品（券）审批程序细节描述，如表 4-3-8 所示。

表 4-3-8 礼品（券）审批程序细节描述表

序号	规范内容
1	根据计划活动期的礼品（券）的使用总量，由活动期促销主管上报营销策划部经理审批

序号	规范内容
2	营销策划部总监签字
3	报财务部总监确认签字
4	报物业部经理签字确认
5	将申请单交于物业管理员审核后出库
6	出库后的礼品（券）由促销主管按每日大概活动用量发给活动组长
7	由活动组长再发给组员

4.3.9 礼品（券）领用工作细节描述

礼品（券）领用工作细节描述，如表 4-3-9 所示。

表 4-3-9 礼品（券）领用工作细节描述表

序号	规范内容
1	制定活动期间礼品（券）的使用量，由促销活动核算员填写使用申请表，营销主管审核
2	营销策划部经理审批、签字
3	财务部经理审批、签字
4	物业部经理审批、签字
5	申请批准后，由营销主管将申请表交给物业管理员审核后清点、出库
6	营销主管详细登记再入库
7	由促销活动礼品（券）核算员统计三日用量后，申请二次出库
8	促销活动核算员详细登记入库
9	促销活动核算三次出库，给发放员进行发放

4.3.10 礼品（券）发放与登记规范描述

礼品（券）发放与登记规范描述，如表 4-3-10 所示。

表 4-3-10 礼品（券）发放与登记规范描述表

序号	规范内容
1	辨认活动凭证是否符合发放要求

续表

序号	规范内容
2	确认后，加盖相关领用物品及礼品（券）章
3	做好凭证号、金额、发放数量的登记
4	领取人签字登记
5	做好每张发放明细表的总结

4.3.11　礼品（券）退还流程细节描述

礼品（券）退还流程细节描述，如表 4-3-11 所示。

表 4-3-11　礼品（券）退还流程细节描述表

序号	规范内容
1	顾客到柜组办理退货
2	经公司同意后到总服务台退还相应赠券
3	根据顾客要求，登记顾客购物凭证内容
4	计算所退还礼品（券）的总量
5	收回礼品（券）后，在购物凭证上加盖已退礼品（券）章
6	顾客到收银台办理退货

4.3.12　档期活动报表管理细节描述

档期活动报表管理细节描述，如表 4-3-12 所示。

表 4-3-12　档期活动的报表管理细节描述表

序号	规范内容
1	制定礼品（券）发放明细表
2	制定礼品（券）发放汇总表
3	制定档期活动礼品（券）交接班表
4	制定档期活动日报表
5	制定活动物品申领表

序号	规范内容
6	备品领用表
7	核算每日活动的礼品（券）领用量
8	核算每日活动的礼品（券）发放量
9	核算每日活动的礼品（券）剩余量
10	登记活动汇总表

4.3.13　礼品（券）发放及核算错误处理规范描述

礼品（券）发放及核算错误处理规范描述，如表 4-3-13 所示。

表 4-3-13　礼品（券）发放及核算错误处理规范描述表

项目	规范内容
发放错误的 处理规定	（1）凭证类别确认所发生的发放错误，处以 5 元罚款。 （2）登记内容与凭证内容不符发生的错误，按错误情况赔偿。 （3）凭证丢失，查出凭证内容后，由主管签字平账，处以 10 元罚款。 （4）未加盖发放物品章，处以 5~10 元的罚款。 （5）发放失误，要追回所发错误的礼品（券），如追不回的，按等值赔偿
核算错误的 处理规定	（1）核算员核算总表核算错误，处以 10~20 元罚款。 （2）未能及时发现发放错误，与发放错误人员各承担责任 50%。 （3）未及时上报问题，处以 10~20 元罚款。 （4）积压发放中的问题，罚以 30~50 元

4.3.14　楼层及品牌促销活动管理细节描述

楼层及品牌促销活动管理细节描述，如表 4-3-14 所示。

表 4-3-14　楼层及品牌促销活动管理细节描述表

项目	规范内容
促销活动的 审批流程	（1）楼层或品牌商制订促销计划。 （2）运营部审核。 （3）营销策划部审核。 （4）营销策划部统一规划提供店内美陈或 POP 制作

项目	规范内容
促销活动的监督管理	（1）随时检查促销商品的质量、价格。 （2）随时检查促销商品的促销真实性。 （3）检查促销品的摆放是否合理。 （4）促销商品应统一规划区域并合乎商场环境氛围。 （5）检查是否有不正当竞争问题
促销活动的管理规定	（1）要经过审批后方可进行促销活动，未经审批擅自促销，一经发现按商场相关规定严肃处理。 （2）促销活动要按规划统一地点。 （3）要保证促销活动的真实有效性。 （4）促销品要保证质量及价格的合理。 （5）要有明确的标识，说明促销活动的内容。 （6）相关人员要对促销活动有详细的了解。 （7）促销活动要有行业合法性

4.3.15　品牌商广告（促销）收费管理细节描述

品牌商广告（促销）收费管理细节描述，如表 4-3-15 所示。

表 4-3-15　品牌商广告（促销）收费管理细节描述表

项目	规范内容
POP 收费管理	（1）按照广告收费标准进行。 （2）收费后开具收据。 （3）对每次收费登记。 （4）每本收据用完后，及时上交财务。 （5）每月对广告收费做月报表上报部门。 （6）年底做广告年度报表
外广场场地收费管理	（1）按照广告管理条例收费标准收费。 （2）收费后登记备案。 （3）每月对外广场场地收费做月报表上报部门。 （4）年终做年度汇总报表
外广场条幅收费管理	（1）按照广告管理条例条幅标准收费。 （2）收费后登记备案。 （3）每月做月报表上报部门。 （4）年终做年度汇总报表

项目	规范内容
商场内广告位收费管理	（1）按照广告管理条例广告位收费标准收费。 （2）从供应商销售货款中扣除使用费用。 （3）每月做月报表上报部门。 （4）年终做年度汇总报

4.3.16　促销服务员一日工作细节描述

促销服务员一日工作细节描述，如表 4-3-16 所示。

表 4-3-16　促销服务员一日工作流程细节描述表

项目	规范内容
上午班	（1）8：30 前打卡、签到、换好工装。 （2）8：30 开早会。 （3）8：40 回到服务台，打扫卫生。 （4）8：55 准备好备品。 （5）9：00 迎宾。 （6）9：15 开始一天的工作
下午班	（1）14：30 前打卡、签到、换好工装。 （2）14：30 交接班。 （3）14：45 开始下午的工作（工作内容同上午）。 （4）17：00 换班吃晚餐。 （5）18：00 正常服务工作。 （6）20：10 准备结账。 （7）20：20 结账，做好一天的报表，交给活动组长进行核算。 （8）20：30 送宾。 （9）20：30 打卡、下班
顾客跟踪服务工程中的贺卡换赠券	（1）顾客持跟踪服务小组邮寄的贺卡及有效证件、VIP 卡（没有的可不出示）到服务台领取 10 元赠券。 （2）促销员将贺卡的底边按虚线剪下，作为凭证，返还贺卡给顾客。 （3）登记 VIP 卡号、证件号，同时返还证件及 VIP 卡。 （4）由顾客在领取人上签字并留下联系方式后，给予顾客 10 元赠券
礼品（券）的发放	（1）顾客持购物凭证到服务台办理礼品（券）的领取手续。 （2）服务人员问候顾客"您好"后，确认顾客购物凭证参与活动的有效性。 （3）确认后，在凭证上盖上"已领礼品（券）"的章后，留下我方应保留的发放凭证，返还相应购物凭证给顾客。 （4）顾客在登记表领取人栏签字后，发放礼品（券）。 （5）办理完毕后要说"谢谢，已办完，请慢走"

续表

项目	规范内容
学习各项活动的通知	（1）为了扩大商场的知名度，也为了促进消费者的消费积极性，每隔一段时间，公司便会出台几项活动，以文件的形式下发。 （2）每项都有具体的活动名称和内容、通知、工作流程细节描述及注意事项。 （3）每当有大型活动时，经理、主管提前几天组织培训，讲解各项活动的内容，使员工对每项活动都有充分的了解。 （4）利用空闲时间一起学习、讨论活动的内容，把不懂的问题弄清楚，以防具体实施时出现错误。 （5）活动的前一天组织考试，以检查不足之处，把不足的补上来
接听咨询电话	（1）接听电话时要先问好，然后自报家门："您好，促销服务台。" （2）认真听取顾客咨询内容，回答时要保持语音甜美，语速适中，解释内容详细。 （3）遇到不能立即回复的问题，要请顾客稍后，马上向别人咨询，或者请顾客留下联系方式，问明情况后再给予回复
邮寄、发放内刊、特刊	（1）将地址贴在信封上。 （2）将内刊或 DM 装入信封。 （3）协助邮寄。 （4）每日定时到指定地点发放特刊和内刊
盖章、点券	（1）到物业部清点、确认所领券的数量。 （2）确认后将券领出，送至财务信息部，加盖财务章。 （3）清点已盖财务章的券，确认数量后领回本部门，并加盖印章。 （4）将券交前台主管入库保存

4.3.17　促销核算员工作细节描述

促销核算员工作细节描述，如表 4-3-17 所示。

表 4-3-17　促销核算员工作细节描述表

序号	规范内容
1	每日 9：00 促销服务台将账务上报后，核对报表情况。报表确认无误后，将报表复印，留存底单
2	将详细登记情况转交物业部，由物业部核查具体发放、登记情况
3	每日 10：00—10：30，15：00—15：30 到促销服务台查看促销礼品的发放情况和登记情况，发现发放不认真，登记不标准的情况及时督促其改正
4	每日 10：30—11：00，15：30—16：00 到总服务台查看 VIP 卡发放情况，积分返利情况和退换货情况，公用电话收费情况，随时协助解决出现的问题

序号	规范内容
5	周日协助总服务台和促销服务台完成各种报表，确保下周一报表的及时上报
6	每月月末协助总服务台和促销服务台完成各种报表
7	每年年末协助各岗位年度报表的完成和审核
8	促销活动期间提前做出各种活动所需物品、券的使用预算，并做好申领工作
9	随时做好积分返利赠券的申领工作
10	随时与物业部、财务信息部做好账目的审核、确认工作
11	11：30 服务台人员换班吃午餐
12	12：30 促销人员继续工作
13	14：15 结账，做好交接班表，准备下班
14	14：30 交接班、打卡、下班

4.4　广播媒体管理

4.4.1　广播文稿播报管理细节描述

广播文稿播报管理细节描述，如表 4-4-1 所示。

表 4-4-1　广播文稿播报管理细节描述表

项目	规范内容
商场促销广告播报	（1）在商场每档促销活动开展前，将活动主题内容进行编辑归纳，整理成广播文稿初稿。 （2）把打印的稿件送至部门经理处进行审批。 （3）按经理批复的意见进行修改，打印正式广播文稿。 （4）由部门经理签字确认，同时批复促销活动期间，每天的播报频次。 （5）最后工作人员把签好字的稿件送到广播室，广播员按要求进行广播
厂家广告播报	（1）如果是厂家广告，厂商要把播报的内容和要求以稿件形式送至营销策划部经理处进行审批。 （2）相关人员按要求进行修改和签字。 （3）最后把签好字的稿件送到广播室。 （4）广播员按稿件要求，把稿件内容抄写到广播系统专用播音稿上，仔细阅读后进行播报

项目	规范内容
店内通知播报	如果是运营部的广播通知或通报批评须经运营部经理签字，以正规稿件形式送到广播室，进行播报
特别注意	无批复意见及部门签字确认的广播文稿不予播报

4.4.2　广播稿件分类管理细节描述

广播稿件分类管理细节描述，如表 4-4-2 所示。

表 4-4-2　广播稿件分类管理细节描述表

项目	规范内容
广播稿件播出管理	（1）广播员把每天播放的广播稿件，进行分类装订，把要播放的促销稿件按播出的顺序进行排列。 （2）广告的稿件按先后顺序进行播报。 （3）在播音时，先播促销稿件，然后播报广告，穿插播出
播报管理	（1）播报促销稿件是为了使顾客明白此次活动的内容和优惠条件，因此要富有感情色彩。语音柔和，语调时急时缓，调节商场气氛。 （2）播报厂家广告，语音清晰，语速超快，使顾客产生马上就到购物地点进行购买的想法。 （3）播报运营部的通知、批评时，语气要庄重、严肃
存档管理	（1）随着档期活动的结束时间和广告稿件时间到期进行撤销。 （2）运营部的广播通知和通报批评要进行分类装订。 （3）每周或每月定期把促销稿件、广告、广播通知和通报进行分类装订好，以备案备查

4.4.3　背景音乐播放工作细节描述

背景音乐播放工作细节描述，如表 4-4-3 所示。

表 4-4-3　背景音乐播放工作细节描述表

项目	规范内容
背景音乐的选择	（1）要定期更新音乐库。 （2）注意音乐播放的效果。 （3）背景音乐选择要坚持健康、向上、使人振奋的原则。 （4）具体曲目可以选择一些国外名曲、优秀歌手以提高商场的档次。 （5）要选择一些欢快、舒缓、柔情的曲子

项目	规范内容
音带播放的时机选择	（1）早上播放的曲子要欢快、轻松。 （2）在促销活动时要播放一些节奏快的曲子，以促进购买。 （3）中午、下午要播放一些激昂、奋进的曲子以调整营业员的精神状态。 （4）在节假日要播放适合节日气氛的曲子，迎合节日，使顾客听后感到喜庆和亲切。 （5）在下午、晚上要播放一些轻柔和流行的曲子，使顾客和营业员感觉像在自己家中

4.4.4　广播室设备维修规范描述

广播室设备维修规范描述，如表 4-4-4 所示。

表 4-4-4　广播室设备维修规范描述表

序号	规范内容
1	广播员要经常检查广播系统和麦克风的效果
2	如果机器停电应及时通知电工室
3	机器出现故障时应及时通知维护师处理

4.4.5　广播室管理及处罚规范描述

广播室管理及处罚规范描述，如表 4-4-5 所示。

表 4-4-5　广播室管理及处罚规范描述表

序号	规范内容
1	迟到、早退一次，扣 2 分
2	病假、事假一次，扣 2 分
3	未佩戴工作牌一次，扣 2 分
4	上下班不走员工通道，扣 2 分
5	不按规定在上衣左上角佩戴工牌，扣 2 分
6	仪容、仪表不整，浓妆艳抹，不化淡妆，披头散发或染异色发，扣 2 分
7	指甲过长或染异色指甲，扣 2 分
8	工作时间会客、办私事，扣 2 分
9	工作时间做与工作无关的事，扣 2 分

续表

序号	规范内容
10	工作时间内打私人电话，扣 2 分
11	工作时间出现空岗，扣 2 分
12	带外部人员进入广播室，扣 2 分
13	上班时间私自购物，扣 2 分
14	对发生、存在问题不及时上报，扣 2 分
15	不爱护公物并私自造成损坏，扣 2 分
16	与同事相处不团结、不和睦、吵架，扣 2 分
17	接听电话不注意礼貌用语，扣 2 分
18	接听电话时，铃响三声内未接听，扣 2 分
19	不服从领导安排工作，扣 2 分
20	广播室卫生不清洁，不及时做好清扫工作，扣 2 分
21	说话声音过高或大声喊叫，带情绪上岗，扣 2 分
22	泄露公司商业秘密，扣 2 分
23	不能熟练掌握岗位技能，扣 2 分
24	不熟悉稿件，播音时出错，扣 2 分
25	播放不健康音带，扣 2 分
26	设备出现问题不及时上报，扣 2 分
27	没有及时播报稿件、广告、寻人寻物、失物招领，扣 2 分
28	因使用不当，人为造成机器故障，扣 2 分
29	人为造成音带丢失和破损，扣 2 分
30	工作交接班不认真，造成工作中失误，扣 2 分

注：每 1 分扣除 10 元，每月总分不足 60 分者，不予发放当月效益工资。

4.4.6　广播室一日工作流程细节描述

广播室一日工作流程细节描述，如表 4-4-6 所示。

表 4-4-6　广播室一日工作流程细节描述表

序号	规范内容
1	8：30 前打卡、签到，换好工装
2	8：30 开早会
3	8：40 回到广播室，打开机器，准备播音
4	8：45 第一次播音，问候同事们做好营业前准备工作
5	8：50 播报运营部通知、通报批评促销信息
6	8：58 营业前准备工作，通知商场员工准备迎宾，同时播放迎宾曲
7	9：03 播商品分布、消费指南、播放背景音乐
8	10：00 播放整点音乐
9	11：00 播午餐音乐
10	11：04 歌曲欣赏
11	12：00 播放整点音乐
12	12：30 午间休闲一刻
13	13：00 生日祝福时间
14	13：30 促销信息、播放音乐、播厂家广告
15	14：00 整点音乐播放
16	14：30 交接班时间
17	15：00 播放促销信息、厂家广告、播放音乐
18	17：00 播放晚餐音乐
19	17：04 歌曲欣赏
20	18：00 播放整点音乐
21	18：30 生日祝福时间
22	19：00 播促销信息、插播厂家广告、播放音乐
23	20：00 播放整点音乐
24	20：20 第一次送宾，提醒顾客还有 10 分钟下班，照顾好自己购买的物品
25	20：25 第二次送宾，希望再次光临

序号	规范内容
26	20：27 播运营部通知、通报批评或促销信息
27	20：30 播放送宾曲，同时播送宾词，再次感谢顾客光临
28	20：35 最后一次播音，与员工互道晚安，准备下班

4.4.7　广播室空闲时间安排规范描述

广播室空闲时间安排规范描述，如表 4-4-7 所示。

表 4-4-7　广播室空闲时间安排规范描述表

项目	规范内容
广播室中的学习	遇到不同的稿件，要用不同的播音语调。 （1）促销稿件：由于是促销稿，让顾客听到之后，要让顾客有购买的欲望，必须在带感情的广播同时加上温柔的语调，要清晰地让顾客听到，使语调有致，让声音听上去时急、时缓，烘托出促销的气氛。 （2）挪车位：由于挪车位需要车主帮忙，必须让车主听清楚车牌号码，语调清晰，声音诚恳。 （3）寻人启事：用很温柔的语调告诉顾客，有人在哪里等，速去。 （4）寻物启事：由于丢失东西的顾客很着急，要耐心地告诉拾到东西的顾客把东西送到了哪里，并很诚恳地感谢拾金不昧的顾客。 （5）失物招领：需说明物品大致情况，让顾客认领
稿件的处理	（1）新来稿件，先阅读一遍，再播出。 （2）广告稿件，应尽量浓缩，在简短的语句中，让顾客认同产品。 （3）广播通知的稿件应加问候语
机器的维护及问题处理	（1）如机器停电，应及时通知电工室。 （2）机器重大故障时，应及时通知维护师
协助外场主持工作	（1）接到主持工作。 （2）明确活动主题及详细内容。 （3）确定主题后，围绕主题找相关方面的书籍、资料。 （4）把活动的暖场、开场、结尾贯穿下来。 （5）把活动的内容明确后，准备串词、衔接。 （6）看当天现场的气氛进行即兴发挥。 （7）了解详细内容，根据品牌做好分类。 （8）根据不同活动做出相应的准备工作，节假日、促销活动等。 （9）主持工作，要不断学习、不断充实

4.4.8 促销广播办理流程描述

促销广播办理流程描述，如表 4-4-8 所示。

表 4-4-8 促销广播办理流程描述表

序号	规范内容
1	商户提交促销广告内容表
2	促销管理员审批
3	主管审批
4	送达播音室

4.5 顾客服务管理

4.5.1 顾客跟踪服务细节描述

顾客跟踪服务细节描述，如表 4-5-1 所示。

表 4-5-1 顾客跟踪服务细节描述表

项目	规范内容
顾客跟踪服务	（1）顾客跟踪服务是商场遵循"忠诚服务"的经营理念，为长期支持、厚爱、惠顾公司的消费者提供长期跟踪服务的一项超值优惠服务。 （2）顾客跟踪服务是将对消费者的个人资料的分析、整理，为消费者提供商品销售之外的亲情服务。 （3）顾客跟踪服务是把现场的销售工作延伸到消费者的工作、生活中，让消费者感受到商场服务的亲情和真诚的企业文化
顾客跟踪服务的目的	（1）使消费者得到更多、更完美的服务。 （2）为消费者提供形式多样的超值跟踪服务，带给消费者诸多实惠和惊喜。 （3）提供给消费者的不仅是满意的商品，更是一种消费品位、消费文化
顾客跟踪服务的意义	（1）通过顾客跟踪服务，可以丰富商场服务内容，提升服务水平。 （2）对消费者产生吸引力和亲和力。 （3）培养商场忠诚顾客，锁定目标消费群体，提高市场占有份额。 （4）培养企业在市场的核心竞争力
顾客跟踪服务内容	（1）电话回访服务（含问候、商品信息、促销信息等） ①定期按积分排序分别进行专项回访。 ②对填写顾客建议表的所有顾客的回访（按月）。 ③对参与顾客意见调查活动顾客的阶段性回访。

项目	规范内容
顾客跟踪服务内容	④对投诉顾客的专项回访和回复。 ⑤每月对积分和累计购物排名前 100~200 名的顾客进行专项回访。 ⑥每月对达到升级标准的持卡顾客的专项回访和提示。 ⑦对往来团体、政府机构、传播媒体等人员进行节日性回访。 ⑧在节日期间对积分和累计购物排名前 100~200 名顾客进行专项回访。 ⑨对教师、护士、军人等进行节日性回访。 （2）邮寄服务 ①贺卡 a. 新年贺卡。 b. 致谢贺卡（可换取 10 元代金券）。 c. 生日贺卡（可换取 10 元代金券）。 d. 致歉贺卡（可换取 10 元代金券）。 e. 教师节贺卡（可换取 10 元代金券）。 f. 建军节贺卡（可换取 10 元代金券）。 g. 内刊。 h. 商品汇总、品牌推荐及促销信息（DM、特刊）。 ②邮寄分类 a. 新年期间所有在档顾客的新年贺卡及 DM 邮寄。 b. 每月积分及累计购物前 500 名顾客的致谢贺卡及内刊、DM 等。 c. 顾客的生日贺卡邮寄及 DM 等。 d. 对提出意见或者有投诉记录的顾客邮寄致歉卡及内刊、DM 等。 e. 按职业分类，如教师、军人、警官等特殊节日的贺卡邮寄。 f. 对提出良好建议和参与各项活动、赛事的顾客邮寄致谢卡及内刊、DM 等。 g. 对年度积分和累计购物前 1 000 名的顾客邮寄致谢卡及 DM、内刊。 （3）鲜花服务 ①每月对积分及累计购物前 10 名的顾客提供价值 30~50 元鲜花（附致谢贺卡，由花店赠送）。 ②为生日分类服务中当月积分、累计积分、累计购物前 10 名的顾客提供价值 30~50 元鲜花。 ③为职业分类服务中当月积分、累计购物及累计积分、累计购物前 10 名顾客提供价值 30~50 元鲜花。 ④新年及春节对年度累计积分及累计购物前 100 名顾客提供 30~50 元鲜花。 ⑤对部分投诉事宜及纠纷的顾客及时提供 30~50 元鲜花。 （4）积分返利及卡别升级 ①对积分返利已达返利标准的顾客及时电话回访邮寄致谢卡。 ②对已达卡别升级标准的顾客及时电话回访并邮寄致谢卡。 （5）特别邀请和提示性服务 ①返利和升级的提示性服务。 ②促销活动和商品信息服务。 ③顾客特别要求满足后的提示性服务。 ④举行各类赛事活动、恳谈会等事项的针对性提示服务。

项目	规范内容
顾客档案资料的建立	（1）公司会员卡资料转入成为会员。 ①赠送金卡。 ②金卡。 ③银卡。 ④积分卡。 （2）消费者填写"顾客档案卡"成为会员。 ①在总服务台填卡。 ②在各柜组填卡。 （3）营销活动参与者基础资料录入成为会员。 ①卡拉 OK 大赛。 ②自我风采展示大赛。 ③顾客建议和意见调查。 （4）投诉顾客资料转入成为会员。 （5）品牌商会员资料转入成为会员。 （6）其他方式成为会员。 ①公共关系单位。 ②新闻媒体。 ③政府机关

4.5.2 客服小组岗位设置细节描述

客服小组岗位设置细节描述，如表 4-5-2 所示。

表 4-5-2 客服小组岗位设置细节描述表

项目	规范内容
岗位设置原则	（1）岗位设置充分，保证顾客跟踪服务所有工作得以正常、有序开展。 （2）岗位设置合理，确保每个岗位设置都符合实际工作的需要。 （3）分工明确，确保各岗位工作人员有明确的岗位职责及工作要求。 （4）人员配置合理，确保每位工作人员在各自的岗位上都能发挥自身特长及优势
岗位设置	（1）客服小组隶属于营销策划部，共有 4 名专职工作人员。 （2）客服小组组长：1 人。 （3）电话回访客服员：2 人。 （4）录入建档及表单整理、信息反馈客服员（兼职邮寄人员）：1 人 （5）协助人员：总服务台工作人员、促销服务台促销服务员、投诉接待员

4.5.3 顾客跟踪服务系统资料完善工作细节描述

顾客跟踪服务系统资料完善工作细节描述，如表 4-5-3 所示。

表 4-5-3　顾客跟踪服务系统资料完善工作细节描述表

序号	规范内容
1	将填写"顾客档案卡"的顾客资料录入"顾客跟踪服务系统"
2	将柜组会员资料及参与合理化建议奖评选和参与各项活动的顾客名单录入"顾客跟踪服务系统"
3	有效回访顾客资料录入"顾客跟踪服务系统"中的接受服务情况程序
4	将需完善的顾客资料在修改程序中修改、完善

4.5.4　电脑录入客服员工作细节描述

电脑录入客服员工作细节描述，如表 4-5-4 所示。

表 4-5-4　电脑录入客服员工作细节描述表

序号	规范内容
1	每日早 8：30 参加早会
2	开完早会后，进入客服工作室，打扫卫生
3	9：00 从客服组长处领取当日须录入资料
4	9：00 之后进行日常录入工作，发现问题及时上报，并协助组长处理
5	11：30—13：00 午休
6	13：00 正式进入工作状态，继续完成上午未完成的工作
7	17：00 将当日工作情况向组长汇报
8	17：00—18：30 按排班表进行值班，完成组长安排的值班工作

4.5.5　调度人员工作细节描述

调度人员工作细节描述，如表 4-5-5 所示。

表 4-5-5　调度人员工作细节描述表

序号	规范内容
1	每日早 8：50 准时打出当日工作派工单，安排当日电话回访工作

序号	规范内容
2	每日早9: 00安排电脑录入员的资料录入工作，确定任务量
3	每日10: 00根据电话回访情况安排鲜花派工单，并督促花店人员前来领取派工单
4	安排贺卡邮寄事宜，并督导贺卡出入库和装封
5	填写顾客跟踪事务联系单和顾客意见反馈单，并对反馈情况与各部门协调处理
6	对所协调处理的事件进行跟踪，做到善始善终
7	遇到临时性事务及时安排和处理
8	每日17: 00对当日工作情况做出汇总报表，并上报营销总监
9	每日17: 00根据排班表安排值班人员和工作内容

4.5.6　电话回访客服员工作细节描述

电话回访客服员工作细节描述，如表4-5-6所示。

表4-5-6　电话回访客服员工作细节描述表

序号	规范内容
1	8: 30参加早会
2	开完早会后，进入客服工作室，打扫卫生
3	9: 00按照组长分配的派工单进行当日的回访工作
4	11: 30—13: 00午休
5	13: 00准时进入工作状态，继续进行上午未完成的回访工作，并将顾客反馈情况做详细记录
6	17: 00将当日工作情况向客服组长作详细汇报，并协助组长做好当日工作报表
7	17: 00—18: 30按排班表上的安排进行值班

4.5.7　顾客咨询服务管理细节描述

顾客咨询服务管理细节描述，如表4-5-7所示。

表 4-5-7 顾客咨询服务管理细节描述表

序号	规范内容
1	为了给光临商场的顾客提供便利,总服务台开展导购咨询服务
2	工作人员应熟练、准确地知道商场的商品分布、楼层布局
3	工作人员应对每一档促销活动都能准确熟练掌握
4	在顾客咨询过程中,应主动、热情、准确地回答顾客提出的问题
5	在顾客过程中,工作人员应使用礼貌、文明用语,语气要温和,声音不要过大,语速不要过快,并加入"请""谢谢""再见""对不起"等用语
6	如工作人员在咨询过程态度不好,受到顾客投诉,将给以 50~200 元罚款
7	如在咨询过程中有疑难问题,请顾客稍候,呈报促销主管或经理

4.5.8 代售服务管理细节描述

代售服务管理细节描述,如表 4-5-8 所示。

表 4-5-8 代售服务管理细节描述表

序号	规范内容
1	领取代售物品,并当面与交接人点清数额,核实单价,并做好登记,然后签字
2	在前台做好保存、整理工作,如有丢失,个人进行赔偿
3	向来前台的顾客宣传,做好解释工作,要清晰明了,并要真实,不含虚假
4	交接班时,工作人员应将代售物品及货款详细交接,如有差错,由直接责任人负全部责任,并处以 30~200 元罚款
5	如有顾客来买代售品,应说明价格,以免发生误会,发生纠纷
6	在卖代售品过程中,钱款应当面点清再把货品交给顾客

4.5.9 含赠品退货服务工作细节描述

含赠品退货服务工作细节描述,如表 4-5-9 所示。

表 4-5-9 含赠品退货服务工作细节描述表

序号	规范内容
1	顾客在购物后如有不满意不合适,可按规定退货,退货前应先到总服务台将所得赠品退还

序号	规范内容
2	工作人员应熟悉每一档内容,根据日期、金额知道顾客所得赠品,按规定退还赠品
3	工作人员应热情接待每一位退货顾客,做好售后服务,如有态度不好,受到投诉,处以50~200元罚款
4	每一笔退货都要仔细审核退货金额,做好记录,如退货出现差错或丢失赠品、赠券,由个人赔偿
5	如顾客已使用所赠赠品,须按等额现金返还
6	交接班时,工作人员应把退货记录本和退货赠品、现金详细交接,如有差错,由直接责任人负全部责任,并处以30~200元罚款
7	本商场员工不得利用退货作弊,一经发现,处以200~500元罚款

4.5.10 商品换货服务工作细节描述

商品换货服务工作细节描述,如表4-5-10所示。

表4-5-10 商品换货服务工作细节描述表

序号	规范内容
1	柜组营业员将要求换货的顾客领到投诉中心办理换货手续
2	检查顾客的有效购物凭证,确认是否是本商场所售商品
3	检查商品质量,确认是否符合换货条件
4	根据商场商品退换货管理规定作出处理意见。 (1)符合换货条件 ①营业员收回商品。 ②顾客挑选商品。 ③填写信誉卡。 ④给予换货,并重新计算"三包"有效期。 (2)不符合换货条件 ①向顾客讲明原因,取得顾客的认同。 ②与顾客产生异议时: a.质量问题可由相关行政部门鉴定,按照鉴定结果处理。 b.其他相关问题可按国家有关法律、法规和商场有关管理规定协商解决,维护顾客、品牌商和商场的合法权益

4.5.11　商品退货服务工作细节描述

商品退货服务工作细节描述，如表 4-5-11 所示。

表 4-5-11　商品退货服务工作细节描述表

序号	规范内容
1	柜组营业员将要求退货的顾客领到投诉中心办理退货手续
2	检查顾客的有效购物凭证，确认是否是本商场所售商品
3	检查商品质量，确认是否符合退货条件
4	根据商场商品退换货管理规定做出处理意见。 （1）符合退货条件 ①营业员收回商品。 ②开具冲红小票，由投诉接待员在小票上注明原因并签字。 ③营业员带顾客到前台办理相关促销礼券、赠券和礼品退还手续及 VIP 卡的使用修改。 ④顾客到指定收银台办理退款手续，收银员根据顾客购物时的付款方式予以退款。 （2）不符合退货条件 ①向顾客讲明原因，取得顾客的认同。 ②与顾客产生异议时： a. 质量问题可由相关行政部门鉴定，按照鉴定结果处理。 b. 其他相关问题可按国家有关法律、法规和商场有关管理规定协商解决，维护顾客、品牌商和商场的合法权益

4.5.12　退、换货与厂家协调工作细节描述

退、换货与厂家协调工作细节描述，如表 4-5-12 所示。

表 4-5-12　退、换货与厂家协调工作细节描述表

序号	规范内容
1	发生退、换货时，在安抚顾客的同时，还要与厂家协调
2	告知厂家所售商品产生的质量问题
3	转告厂家消费者对购买该商品的所思所想
4	同厂家共同寻求解决问题的方法，以使消费者满意
5	在厂家不配合的情况下，并且顾客有质量技术监督部门出具的该商品质量责任报告，商场将按"商品质量先行负责"的精神，给消费者予以先行处理

4.5.13 前台接待员工作细节描述

前台接待员工作细节描述，如表 4-5-13 所示。

表 4-5-13 前台接待员工作细节描述表

序号	规范内容
1	8：30 之前打卡、签到，换好工装
2	8：30 开早会，促销主管交代一些当日工作重点和注意事项，最后齐声宣读"宣示词"
3	8：45 开始打扫卫生，并做好开业前的一切准备工作
4	9：00 正常开始营业，站在迎宾位置并说迎宾词
5	11：30 前台人员轮流吃中午饭，同时给广播室打饭送去
6	（1）导购咨询 ①顾客来到前台，前台人员应该主动起立（服务员标准站姿站立），向顾客问候："您好，请问有什么事情需要帮忙吗？" ②认真倾听顾客所提出的每一个问题，并做好相应的手势引导顾客。 ③等顾客走远后才能坐下。 （2）礼品包装 ①顾客来前台包装时，要参照顾客的意见帮助顾客选择包装纸。 ②询问顾客需要包装的款式和样式。 ③进行包装时尽量认真细致，使包装后的礼品看起来更加美观、大方。 ④待得到顾客满意后，把礼品放在商场的手提袋里，并双手递交给顾客说："请慢走，欢迎您下次再来！" （3）寻人寻物 ①当顾客和亲友走散或将随身携带的物品丢失时，来到总服务台请求帮助。 ②先问明寻人寻物具体情况再以电话告知广播室人员。 ③然后安抚顾客，请他不要着急，在总服务台耐心等待。 （4）存寄服务 ①顾客来到总服务台存寄物品时，先询问是否有贵重物品，请顾客将贵重物品拿出。 ②当面和顾客确认好存放物品的件数。 ③安置好顾客存放的物品，并发放给顾客存寄牌，请他保存好。 ④顾客领取存寄物品时，请他出示存寄牌，将物品返还给顾客。 （5）租借雨伞 ①顾客有需求来租借雨伞时，先给顾客讲明雨伞租借的规定。 ②请顾客交押金并开具收据，同时提醒顾客保留好收据。 ③当顾客来返还雨伞时，根据收据核对日期后返还给押金。 ④检查雨伞是否有损坏，然后收好摆放整齐。 （6）退、换货办理 ①顾客来到总服务台退商品时，根据顾客所参加的促销活动及购物金额确认顾客应退还的赠品。

续表

序号	规范内容
6	②与顾客核对需要退还的赠品，如果赠品已使用，请顾客退还相应费用。 ③然后请顾客签名，前台服务人员也在记录本上同时签字。 ④在机制小票上加盖"已退赠品""已退券"章和前台服务人员名章，请顾客按商场退换货管理规定办理退货。 ⑤在退货登记表上做好登记，以便于月末做报表。 （7）各种投诉接待工作 ①如遇见顾客投诉时，应先倾听顾客的叙述并认真做好记录。 ②根据事情进行分析并与相关部门取得联系，请相关部门协调解决。 ③如当时无法得到处理时，请顾客留下姓名及联系方式，以便将处理意见的信息反馈给顾客。 ④取得处理意见后，将事宜写一份报告转交给回访小组，请与顾客联系，把相关的处理结果告诉顾客。 ⑤输入资料、归类、存档。 （8）负责各合作单位的合作业务联络工作
7	14：30 进行交接班时，把工作备品和收取的费用及早会内容详细交接
8	14：30 后，打卡下班
备注	前台接待员的工作分为两班，上午班是早 8：30—14：30，下午班是 14：30—20：30

4.5.14　前台接待员处罚规范描述

前台接待员处罚规范描述，如表 4-5-14 所示。

表 4-5-14　前台接待员处罚规范描述表

序号	规范内容
1	以 100 分为基准，实行倒扣，每 1 分扣除 10 元，每 2 分扣除 20 元，并交营销策划部，每月总分不足 70 分者，不予发放当月效益工资（奖金），试用期未转正的，将延长试用期
2	迟到、早退一次，扣 1 分
3	病假、事假一次，扣 1 分
4	将包带入前台内，扣 1 分
5	未佩戴工作牌一次，扣 1 分
6	不在指定地点更换制服，扣 1 分
7	上下班不走员工通道，扣 1 分

序号	规范内容
8	不按规定在上衣左上角佩戴工牌，扣1分
9	仪容、仪表不整，浓妆艳抹，不化淡妆，披头散发或染异色发，扣1分
10	指甲过长或染异色指甲，扣1分
11	不按统一要求着装，穿凉鞋或拖鞋等进入前台，扣1分
12	接待顾客或有领导、同事前来时不起立、不问候，扣1分
13	站姿、坐姿不端正，双臂抱在胸前，前趴后靠，手托腮，扣1分
14	在前台摆放与工作无关的东西，随意存放工作服、饭盒、口杯等物品，扣1分
15	在前台与亲朋好友闲聊、私自会客，办私事，扣1分
16	在前台内看书、报纸、杂志等，扣1分
17	在前台更换工作服，吃早餐或化妆、照镜子，扣1分
18	工作时间做一些与工作无关的事，扣1分
19	工作时间内打私人电话或接打手机，扣1分
20	工作时间内吃零食或口嚼物，扣1分
21	借就餐之便逛商场或办私事，就餐时间超过半小时，扣1分
22	出现空岗现象，扣1分
23	带小孩或外部人员进入前台工作区，扣1分
24	未经允许擅自离开工作岗位，扣1分
25	上班时间内私自购物，扣1分
26	使用商场的购物袋装个人物品，扣1分
27	因其他原因怠慢顾客，扣1分
28	对发生、存在的问题不及时上报，扣1分
29	不爱护公物并私自造成损坏，扣1分
30	私下对顾客品头论足，扣1分
31	对待顾客不亲切、不友善、不耐心，扣1分
32	与同事相处不团结、不和睦、吵架，扣1分
33	与顾客发生争吵一次，扣1分

续表

序号	规范内容
34	接听电话不使用礼貌用语，扣 1 分
35	接听电话时，铃响三声内未接听，扣 1 分
36	不服从领导安排工作，扣 1 分
37	前台内卫生不清洁，不及时做好清扫工作，扣 1 分
38	在工作时间内走路不规范，扣 1 分
39	接待顾客时不起立，面部表情懒洋洋，扣 1 分
40	泄露公司商业机密，扣 2 分
41	对促销内容一知半解，给顾客解答时造成不良影响，后果严重的，扣 2 分
42	不熟练掌握岗位技能，扣 2 分
43	报表和记录不及时、不准确，扣 2 分
44	顾客资料存放及录入不清楚、不准确，扣 2 分
45	发放礼品（券）过程中，有多余礼品（券）不上报、不上交，私自扣留的，扣 2 分
46	对突发事件的处理不够认真或出现问题不解决、不上报，扣 2 分
47	对包装技巧不熟练，包装工艺不精细，扣 2 分
48	对活动期备品的使用浪费，不爱惜，私自带出商场自用，扣 2 分
49	礼品、礼券不妥善保管，发放时不按活动规定乱发、私领等徇私舞弊行为，扣 2 分
50	下班后不进行汇总核对，次日不在规定时间内上报，扣 2 分
51	交接班时不认真清点柜台存放的券、卡、票据、物品等，核实后不及时做好交接班记录并签字的，扣 2 分
52	在部门会议及早会过程中，不认真听讲或不认真记录的，扣 2 分

4.5.15 会员卡（VIP 卡）发行工作细节描述

会员卡（VIP 卡）发行工作细节描述，如表 4-5-15 所示。

表 4-5-15 会员卡（VIP 卡）发行工作细节描述表

序号	规范内容
1	顾客当日在商场购物后，凭购物机制小票到总服务台办理

序号	规范内容
2	总服务台人员根据顾客的购物金额，分清顾客应该办理哪种卡
3	在顾客机制小票上盖已领卡字样章，请顾客出示有效证件
4	协助顾客填写顾客档案卡的内容，检查顾客填写的内容
5	将顾客资料输入微机，输入会员档案资料
6	告诉顾客会员卡（VIP卡）的使用方法
7	将资料输入顾客跟踪服务档案中
8	将顾客填写的顾客档案卡归档备查

4.5.16 会员卡（VIP卡）录入工作细节描述

会员卡（VIP卡）录入工作细节描述，如表4-5-16所示。

表4-5-16 会员卡（VIP卡）录入工作细节描述表

序号	规范内容
1	在会员卡（VIP卡）的档案录入之前要求顾客在填写顾客档案卡时，应填写完整
2	录入员在顾客档案卡上写清楚卡号、档案号、建档日期及录入员姓名
3	先输入会员卡管理系统，使卡能先使用，再输入顾客跟踪服务系统，建立一个顾客的完整的档案，便于查询
4	输入时要认真、仔细，不能有错误
5	手写的顾客档案卡应分类别，按日期与档案号放入档案袋里

4.5.17 会员卡（VIP卡）管理工作细节描述

会员卡（VIP卡）管理工作细节描述，如表4-5-17所示。

表4-5-17 会员卡（VIP卡）管理工作细节描述表

序号	规范内容
1	会员卡（VIP卡）是由有关厂家按照公司的要求而制作的
2	在会员卡（VIP卡）申领时，要填写申领单
3	详细记录好出入库的时间、卡类别、卡数、经手人

序号	规范内容
4	出入库时应由双方清点数量
5	经手人签名，以备出现问题时分清责任

4.5.18　商场投诉接待工作细节描述

商场投诉接待工作细节描述，如表 4-5-18 所示。

表 4-5-18　商场投诉接待工作细节描述表

项目	规范内容
倾听	耐心倾听投诉者抱怨，做到五不计较： （1）称呼不当不计较。 （2）投诉者性情暴躁，语气欠妥不计较。 （3）投诉者举止不雅不计较。 （4）投诉者提出意见不客观或要求不合理不计较。 （5）人少事多得不到谅解时不计较
交谈	心平气和地与投诉者沟通，消除顾客怨气
分析	分析事件原因，针对问题，提出处理意见
道歉	求得投诉者谅解，维护商场形象
解释	进一步与投诉者沟通，以便与投诉者达成共识
改进	对投诉问题及时清查，找出问题发生的原因和环节，加以改进，以杜绝此类事件及相关问题的再次发生

4.5.19　投诉范围制定细节描述

投诉范围制定细节描述，如表 4-5-19 所示。

表 4-5-19　投诉范围制定细节描述表

序号	规范内容
1	顾客认为所购商品存在质量问题，侵犯了自身利益
2	顾客对商场员工的服务质量不满，提出异议
3	品牌商、顾客对商场服务设施提出的意见
4	品牌商、顾客针对商场服务方式不合理的地方提出意见

续表

序号	规范内容
5	品牌商对商场管理、服务不满，提出异议
6	品牌商对商场管理人员的职业行为不满，提出异议
7	品牌商对商场作出的管理处罚有异议，提出意见
8	员工对商场的管理不满，提出意见
9	员工对商场管理人员的服务工作不满，提出意见
10	员工对商场的处罚决定有异议，提出意见

4.5.20 可受理投诉项目确认工作细节描述

可受理投诉项目确认工作细节描述，如表 4-5-20 所示。

表 4-5-20 可受理投诉项目确认工作细节描述表

序号	规范内容
1	投诉者本人是与事件有直接利害关系的当事人
2	有明确的被投诉者或投诉对象
3	有投诉的目的和事实依据
4	属于规定的投诉范围

4.5.21 纠纷投诉处理规范描述

纠纷投诉处理规范描述，如表 4-5-21 所示。

表 4-5-21 纠纷投诉处理规范描述表

项目	规范内容
有关商品质量的投诉处理流程	（1）离座相迎并问候。 （2）询问原因，登记投诉者姓名、联系方式、投诉内容。 （3）检查顾客购物的有效凭证。 （4）检查商品、确认原因。 ①商品存在质量问题。 ②商品不存在质量问题，由于顾客使用不当而使商品出现问题。 ③双方针对商品质量问题不能达成共识。

续表

项目	规范内容
有关商品质量的投诉处理流程	（5）根据有关规定作出处理意见。 ①商品自身存在质量问题，应给顾客调换或退货。 ②由于顾客使用不当而使商品出现问题，应耐心向顾客解释其正确使用方法，使顾客充分了解，达成共识。 ③双方就商品质量达不成共识，应当争取顾客支持，提请国家技术监督部门鉴定，再做处理。 （6）顾客提出意见并签字，再做出处理意见。 （7）与顾客道别。 （8）定时对顾客进行电话回访
对服务质量的投诉处理流程	（1）离座相迎并问候。 （2）询问原因，登记投诉者姓名、联系方式和投诉内容。 （3）代表商场向顾客道歉，安抚顾客。 （4）让当事的员工向其道歉，取得顾客谅解。 （5）与顾客道别。 （6）调查事件，查清责任。 （7）依照商场的有关管理规定对当事员工做出处理意见。 （8）将处理意见反馈给顾客，并请其提出意见，必要时上门致歉。 （9）定时对顾客进行电话回访
其他岗位投诉的处理流程	对于其他岗位的投诉，要及时与相关部门、人员沟通，调查情况，依据商场的管理规定做出处理意见并及时反馈给投诉者

4.5.22　商品退换货全程服务奖惩规范描述

商品退换货全程服务奖惩规范描述，如表 4-5-22 所示。

表 4-5-22　商品退换货全程服务奖惩规范描述表

项目	规范内容
奖励	在办理退换货过程中，对于能做到打不还手、骂不还口，为了公司的利益和形象忍辱负重的人员，公司将给予委屈奖 100~500 元
处罚	（1）同一品牌商品，因价格高于同城同类档次商场而引起投诉退换货或退还顾客商品差价款，全部责任由品牌商承担，并按合同规定对柜组进行处罚，处以 5 000~20 000 元罚款。 （2）在销售过程中，由于手续不规范、标识不清，而引起消费者投诉退换的，对品牌商及当值营业员处以 1 000~5 000 元罚款。 （3）在物价标签上误导消费者而引起消费者投诉退货的，对品牌商或柜组处以 1 000~5 000 元罚款。 （4）因营业员的服务引起消费者的投诉而退换货的，经查实，全部责任由营业员承担。

续表

项目	规范内容
处罚	（5）消费者退换手续不全而有关人员把关不严，导致顾客虚假退货的，由柜组长（营业员）、收银员、当值管理人员（投诉接待员、运营部经理）负连带责任，并按所退货款的 3：2：1 的比例进行处罚。 （6）品牌商或营业员进行虚假退货，由于管理人员把关不严而导致退货成功的，对管理人员处以 500 元的罚款，对品牌商处以 5 000~10 000 元的罚款，对经办的营业员予以辞退处理。 （7）公司投诉中心做出退换货处理决定，而柜组长或营业员拒不执行的，对柜组长或营业员处以 500 元的罚款；品牌商不予配合的，对品牌商处以 2 000 元罚款，并按"质量先行负责制"的原则给予消费者退换货。情节特别严重的，对营业员予以辞退处理，对品牌商给予撤柜处理。 （8）退换商品时，相关人员未按规定办理返还顾客所领用的赠券、礼券、礼品和 VIP 卡使用修改的，损失部分由责任人承担。 （9）在退换货过程中，由于有关人员服务态度不当，被顾客投诉到有关行政部门而被媒体曝光的，给予责任人 500~1 000 元的罚款。 （10）投诉接待中心、运营部定期对各商品部（楼面）、各柜组的退货率进行考核。每月退货率超过 10%，对柜组处以 1 000 元罚款，并督促品牌商调整商品品种；情节严重的，退货率超过 20% 的，对招商主管（经理）和楼面管理人员分别处以 200 元罚款。 （11）经有关行政部门鉴定商品有质量问题而退换货的，品牌商除按规定承担鉴定费及顾客往返的城市最低交通费用外，公司对品牌商处以 500 元罚款。如无质量问题，一切费用由消费者承担

4.6　售后与维修管理

4.6.1　商品维修工作细节描述

商品维修工作细节描述，如表 4-6-1 所示。

表 4-6-1　商品维修工作细节描述表

序号	规范内容
1	柜组或投诉中心接收顾客维修商品，给顾客出具收条
2	维修技术人员检查商品，询问商品故障，确定维修期和相关费用
3	及时修理
4	告知顾客领取商品或送货上门并收回费用
5	定期对顾客进行跟踪回访

4.6.2 服装类商品退换及维修工作细节描述

服装类商品退换及维修工作细节描述，如表 4-6-2 所示。

表 4-6-2 服装类商品退换及维修工作细节描述表

序号	规范内容
1	商品"三包期" （1）纺织品服装为 3 个月，皮服为半年。 （2）"三包期"的计算是商品自出售之日起到顾客投诉之日止
2	"三包"范围 （1）包退、包换 ①商品自出售之日起，无质量问题，15 天内保持原样可更换。 ②商品自出售之日起 15 天内发现确属生产者质量问题，可与顾客协商包修，如维修不能达到合格标准的，可以免费调换。 ③衬衣出售时，顾客须认准规格。包装拆损者不予退货，因大小不适要求换货时，包装损坏按原价收取 3% 折旧费方可换货。 （2）包修 ①商品出售 15 天后，非穿着不当出现质量问题免费包修，如无法维修或维修后不能保持原样，实行收费退、换。 ②收费标准：30 天以内每天收折旧费 0.5%，31~60 天每天收 1.5%，61~90 天每天收 2.5%
3	自行裁剪、修改、无法保持原样的商品，一律不予退货
4	商品标识上有洗涤、保养说明，而未按说明穿着造成商品损伤的，不予退、换

4.6.3 鞋类商品退换及维修工作细节描述

鞋类商品退换及维修工作细节描述，如表 4-6-3 所示。

表 4-6-3 鞋类商品退换及维修工作细节描述表

项目	规范内容
维修范围及 "三包"期限	（1）自出售之日起，天然革皮鞋、旅游鞋（帮面主要部位天然皮必须占 90% 以上）三月内，非天然革鞋一个月内，发现断跟、掉跟、脱线、脱胶或其他质量问题，凡可修复的，均实行免费维修。 （2）凡属质量问题，在保修期内经两次维修后仍达不到合格标准的，该商品应予退、换
更换、退货范围及期限	（1）属于消费者选择不当，但未经穿着，保持原样，不影响第二次出售的，自商品出售七天内可予免费更换，要求退货的可按商品原价收取 3% 手续费。 （2）商品在"三包期"内，因质量问题发生断底、断帮面、断帮脚、严重脱胶（10% 以上），严重掉浆（1平方厘米以上）的可予免费更换或退货。 （3）商品自出售之日起 7 天内出现断帮、断腰铁、脱浆的可予免费换货，如无同类型号给予免费退货。

项目	规范内容
更换、退货范围及期限	（4）在"三包"期内，因其他质量问题要求更换或退货的，可按规定收取折旧费后办理退、换手续。折旧费按商品的原值及以下折旧费率计收。商品售出 8~30 天每天收 1%，31~60 天每天收 2.5%，61~90 天每天收 5%
下列情况之一，不实行三包	（1）保管或使用不当而损坏的。 （2）标明"处理品"的。 （3）无发票或无信誉卡的。 （4）发票、信誉卡私自改动的。 （5）票、卡、物不相符的。 （6）超过"三包"期限的。 （7）自行维修或人为损坏的。 （8）非质量问题或在产品标准允许误差内的

4.6.4　化妆品类商品退换工作细节描述

化妆品类商品退换工作细节描述，如表 4-6-4 所示。

表 4-6-4　化妆品类商品退换及工作细节描述表

序号	规范内容
1	化妆品属于特殊商品，直接涉及人身卫生安全，一般不予退换
2	如果化妆品在使用后造成皮肤过敏现象，并经医院证明确系使用本产品造成的，予以退换
3	特殊化妆品类，如生发水等，按说明正确使用，疗程达到而未见疗效的，给予退换

4.6.5　针棉内衣类商品退换工作细节描述

针棉内衣类商品退换工作细节描述，如表 4-6-5 所示。

表 4-6-5　针棉内衣类商品退换工作细节描述表

项目	规范内容
内衣类、袜类	按照国家有关规定，内衣、袜类属涉及人身健康卫生的用品，无质量问题，原则上不予退换。 （1）出售的内衣如有质量问题，7 天内予以退换。 （2）内衣、袜类商品包装或吊牌保持原样且经证明未使用，七天内包换。 （3）内裤、文胸一律不予退换

项目	规范内容
针棉 T 恤、羊毛衫类	（1）出售的针棉 T 恤、羊毛衫如未经穿着，保持原样，包装、吊牌齐全，七天内予以退货。 （2）属于质量问题，15 天内予以退换。 （3）顾客洗涤过的商品，或不能保持原样的商品，不予退换。 （4）商品自出售之日起，一月后至三月内出现质量问题，收取折旧费退换，折旧费标准 30 天内每天收 1%，31~60 天每天收 2.5%，61~90 天每天收 5%

4.6.6　床上用品类商品退换及维修工作细节描述

床上用品类商品退换及维修工作细节描述，如表 4-6-6 所示。

表 4-6-6　床上用品类商品退换及维修工作细节描述表

序号	规范内容
1	床上用品原则上不予退货
2	床上用品无质量问题，未经使用者，七天内可以退、换货
3	如在 15 日内发现质量问题，予以换货
4	正常使用下，三个月内出现脱线、漏针等负责免费维修

4.6.7　儿童用品类商品退换及维修工作细节描述

儿童用品类商品退换及维修工作细节描述，如表 4-6-7 所示。

表 4-6-7　儿童用品类商品退换及维修工作细节描述表

项目	规范内容
童装类	参见 4.6.5 针棉内衣类商品退换工作细节描述
童鞋类	（1）维修范围及"三包"期限 　自出售之日起，天然革皮鞋、旅游鞋（帮面主要部位天然皮必须占 90% 以上）三个月内，非天然革鞋一个月内，发现断、掉跟、脱线、脱胶或其他质量问题，凡可修复的，均实行免费维修；若不能维修的，参照本细则有关条款执行。 　凡属质量问题，保修期内经两次维修后仍达不到合格标准的，该商品应予退、换，退、换时按规定适当收取折旧费。 （2）更换、退货范围及期限 　①属于消费者选择不当，但未经穿着，保持原样，不影响二次出售的，自商品出售 7 天内可予免费更换，要求退货的可按商品原价收取 3% 手续费。

续表

项目	规范内容
童鞋类	②商品在"三包"期内，因质量问题发生断底、断帮面、断帮脚、严重脱胶（10%以上的）、严重掉浆（1平方厘米以上）的可予免费更换或退货。 ③商品自出售之日起七天内出现断帮、断腰铁、脱浆的可予免费更换，如无同类型号给予免费退货。 ④在"三包"期内，因其他质量问题要求更换或退货的，可按规定收取折旧费后办理退、换手续。折旧费按商品的原值及以下折旧费率计收。商品售出8~30天每天收1%，31~60天每天收2.5%，61~90天每天收5%
下列情况之一，不实行三包	（1）保管或使用不当而损坏的。 （2）标明"处理品"的。 （3）无发票或无信誉卡的。 （4）发票、信誉卡私自改动的。 （5）票、卡、物不相符的。 （6）超过"三包"期限的。 （7）自行维修或人为损坏的。 （8）非质量问题或在产品标准允许误差内的
玩具及儿童用品类	（1）玩具及儿童用品如出现商品性能故障方面的质量问题，七天内予以退换。 （2）玩具、儿童用品若无质量问题，但未经使用，保持原样，玩具三日内予以更换，儿童用品七天内予以更换。 （3）因人为损坏或私自拆开维修的玩具，将不予退换及维修

4.6.8 钟表类商品退换及维修工作细节描述

钟表类商品退换及维修工作细节描述，如表4-6-8所示。

表4-6-8 钟表类商品退换及维修工作细节描述表

项目	规范内容
钟表类	钟表属于精密机械仪器商品，自售出之日起，无质量问题不予退换
有质量问题的退、换货及维修范围	（1）自出售之日起，七天内出现停走、脱针等故障予以换退货。 （2）经店铺校时24小时，钟表走时日差超过国家及轻工部颁发标准，未自行开启，表盖、表面、表托无损伤，售出15天内给予换货或维修。 （3）自出售之日起，一年内出现同类故障连续维修两次仍不能正常使用的，凭发票上的维修记录，根据出售时间的长短及外观损坏情况折价后予以退、换。 （4）自出售之时起七天以上，一年以内出现故障无法维修，可根据有关规定按日折旧率0.05%计算收取折旧费
维修范围及期限	凡在本商场购买的石英钟表，机械钟表由于本身质量问题出现故障均可保修，保修期限为一年，保修期和折旧费的计算时间扣除在本公司的维修占用和待修时间

4.6.9　黄金、珠宝、玉器及人造饰品类商品退换及维修工作细节描述

黄金、珠宝、玉器及人造饰品类商品退换及维修工作细节描述，如表 4-6-9 所示。

表 4-6-9　黄金、珠宝、玉器及人造饰品类商品退换及维修工作细节描述表

序号	规范内容
1	黄金饰品如无质量问题，不能退换
2	下列情况之一属质量问题，予以退换。 （1）出售的黄金饰品、K 金饰品经检验部门检测含量达不到国家规定的，无条件退货。 （2）出售的黄金饰品重量达不到商品所标重量（除计量标准允差范围 0.01 克以内），无条件退货
3	黄金饰品如在一年内发生断裂等问题，实行免费维修
4	黄金饰品以旧换新。 （1）凡本商场出售的黄金饰品，收取适当加工费后，可以以旧换新，以旧换新收费标准，按当时规定的加工费标准执行 （2）以旧换新时，只能同等或大于原重量的，以一换一
5	珠宝、玉器饰品属天然制品，无质量问题不予退、换，损坏后不予维修或改形。如商品与店铺、专柜提供的鉴定证书不符属质量问题，但其外形上的瑕疵及缺陷则不属于质量问题
6	人造饰品属一般装饰品，因此，顾客购买时，营业员应提醒其认真挑选，原则上不予退、换。特别是以下三种情况不属于质量问题，不予退换及维修： （1）因接触硬物、利物碰伤或摩擦者。 （2）因接触各种化学物品腐蚀变色者。 （3）镶嵌的宝石因人为碰撞等因素而脱落者

4.6.10　皮具、箱包类商品退换及维修工作细节描述

皮具、箱包类商品退换及维修工作细节描述，如表 4-6-10 所示。

表 4-6-10　皮具、箱包类商品退换及维修工作细节描述表

序号	规范内容
1	出售的皮具箱包若未经使用，保持原样，七天内可退可换
2	出售的皮具箱包未经使用，保持原样，一个月内包换
3	若正常使用下，三个月内出现脱线、脱胶、拉链损坏等问题，凡可修复的，实行免费维修，不能维修的收取一定比例的折旧费进行更换。折旧率为 30 天以内每天收 1%，31~60 天内每天收 2.5%，61~90 天每天收 5%

4.6.11　运动用品类商品退换及维修工作细节描述

运动用品类商品退换及维修工作细节描述，如表 4-6-11 所示。

表 4-6-11　运动用品类商品退换及维修工作细节描述表

序号	规范内容
1	运动器材在购买时应认真挑选、调试，一经出售，无质量问题或人为造成损坏不予退换
2	如出售的运动器材经市级质检机构鉴定确属质量问题，七天内保持原样，凭发票包退包换，6~15 天内进行维修或更换
3	运动服装退、换标准参见 4.6.2 服装类商品退换及维修工作细节描述
4	运动鞋类退、换标准参见 4.6.3 鞋类商品退换及维修工作细节描述

4.6.12　工艺制品类商品退换及维修工作细节描述

工艺制品类商品退换及维修工作细节描述，如表 4-6-12 所示。

表 4-6-12　工艺制品类商品退换及维修工作细节描述表

项目	规范内容
工艺品	（1）工艺品在购买时需严格检查其质量、外观，是否有破损、瑕疵，一经售出，如再出现有断裂、破损情况，概不退换。 （2）出售的工艺品如顾客不满意，营业员在仔细检查商品是否保持原样的前提下，七天内可以换货。 （3）出售的工艺品如人为损坏，半年内实行收费维修
银器、玉器	（1）银器为金属饰品，如出现接触各种化学品或因保养不当而腐蚀变色者，一律不予退换，如因款式不满意，可于七天内免费更换。 （2）玉器属天然饰品，无质量问题，概不退、换，损坏后不予维修或改形，如商品与柜台提供的鉴定证书不符属质量问题，予以退、换，如其外形上的瑕疵或缺陷则不属质量问题。 （3）商品质量争议由市级质量检验机构进行检测仲裁，检验费由责任者承担

4.7　商铺装修与业态分布管理

4.7.1　卖场布置规范描述

卖场布置规范描述，如表 4-7-1 所示。

表 4-7-1 卖场布置规范描述表

项目	规范内容
卖场入口设计要点	卖场入口一般设在顾客流量大、交通方便的一边。通常入口较宽，出口相对窄一些，入口比出口大约宽 1/3。应根据出入口的位置来设计卖场通道及顾客流向。在入口处为顾客购物配置提篮和手推车，一般按 1 辆（个）/10 人 ~3 辆（个）/10 人的标准配置
卖场出口设计要点	卖场的出口必须与入口分开，出口通道应大于 1.5 米。出口处实际收款台，按每小时通过 500~600 人为标准来设置 1 台收款台。出口附近可以设置一些单位价格不高的商品，如口香糖、图书报刊、饼干、饮料等，供排队付款的顾客选购
卖场通道的最佳宽度	一般来讲，营业面积在 600 平方米以上的卖场，卖场主通道的宽度要在两米以上，副通道的宽度在 1.2~1.5 米。最小的通道宽度不能小于 90 厘米，即两个成年人能够同向或逆向通过（成年人的平均肩宽为 45 厘米）
收款台的配置要点	收款台的数量应以满足顾客在购物高峰时能够迅速付款结算为出发点。一般而言，顾客等待付款结算的时间不能超过八分钟，否则就会产生烦躁的情绪。可设置"黄金通道"，专门为不超过三件单品的顾客服务，以加速顾客缴款的速度
卖场布置的六大要素	照明、色彩、音响、气味、通风设施、地板
装饰照明的重点	勒克斯（lx）：一平方米所照的光亮，100 瓦的白炽灯的正下方距离处的亮度为 100 lx。在设计卖场的照明时，并不是越明亮越好。 具体要求如下： （1）普通走廊、通道和仓库，照度为 100~200 lx。 （2）卖场内一般照明、一般性的展示以及商谈区，照度为 500 lx。 （3）店面和卖场内重点陈列品、POP 广告、商品广告、展示品、重点展示区、商品陈列橱柜等，照度为 2 000 lx。其中对重点商品的局部照明，照度最好为普遍照明度的 3 倍。 （4）橱窗的最重点部，即白天面向街面的橱窗，照度为 5 000 lx
暖色系	暖色系包括红色、黄色、橙色，一般用来陈列食品，以增加顾客的食欲

4.7.2 连锁卖场企业形象管理细节描述

连锁卖场企业形象管理细节描述，如表 4-7-2 所示。

表 4-7-2 连锁卖场企业形象管理细节描述表

序号	规范内容
1	清楚地表明是卖食品、日用品的卖场，而不是其他什么企业
2	给人一种高质量、可靠性、可信赖的感觉
3	形象是简洁的、合乎潮流的，因而拥有长久生命力，至少可以保证在未来 10 年内不会落伍

序号	规范内容
4	能够刺激顾客的购买欲望
5	能突出表达卖场方便、快捷、周到的宗旨
6	形象策划需包含企业标识、外观门面设计、内部空间布局设计、服装等

4.7.3　店铺入口设计规范描述

店铺入口设计规范描述，如表 4-7-3 所示。

表 4-7-3　店铺入口设计规范描述表

项目	规范内容
零售店铺的出口设计	（1）零售店铺卖场的出口必须与入口分开，出口通道宽度应大于 1.5 米。 （2）出口处设置收款台，按每小时通过 500~600 人为标准来设置 1 台收款台。 （3）出口附近可以设置一些单位价格不高的商品，如口香糖、图书报纸、饼干、饮料等，供排队付款的顾客选购。 （4）零售店铺的通道是指顾客在卖场内购物行走的路线。 （5）通道设计的好坏直接影响顾客能否顺利地进行购物，影响到零售店铺的商品销售业绩。 （6）零售店铺卖场中的通道可分为直线通道和回形通道
直线通道设计	（1）直线通道也被称为单向通道。这种通道的起点是卖场的入口，终点是零售店铺的收款台。 （2）顾客依照货架排列的方向单向购物，以商品陈列不重复、顾客不回头为设计特点，它使顾客在最短的线路内完成商品购买行为
回形通道设计	回形通道又被称为环形通道，通道布局以流畅的圆形或椭圆形按从右到左的方向环绕零售店铺的整个卖场，使顾客依次浏览商品，购买商品。在实际运用中，回形通道又分为大回形和小回形线路模型。 （1）大回形通道 这种通道适合于营业面积在 1 600 平方米以上的零售店铺。顾客进入卖场后，从一边沿四周回形浏览后再进入中间的货架，它要求卖场内部一侧的货位一通到底，中间没有穿行的路口。 （2）小回形通道 它适用于营业面积在 1 600 平方米以下的零售店铺。顾客进入零售店铺卖场，沿一侧前行，不必走到头，就可以很容易走进中间货位。 在设计零售店铺卖场的通道时，应注意通道要有一定的宽度。一般来讲，营业面积在 600 平方米以上的零售店铺，卖场主通道的宽度要在 2 米以上，副通道的宽度要在 1.2~1.5 米。最小的通道宽度不能小于 90 厘米，即 2 个成年人能够同向或逆向通过（成年人的平均肩宽为 45 厘米）。在设计通道时还应注意不能给卖场留有"死角"。

4.7.4　卖场商品色彩搭配规范描述

卖场商品色彩搭配规范描述，如表 4-7-4 所示。

表 4-7-4　卖场商品色彩搭配规范描述表

序号	规范内容
1	商品形象色是指不同大类商品上，经常使用的能促进销售和便利使用的色彩或色调。 商品色彩虽未有强制性的规定，也称不上标准色，但在零售店铺经营环境设计中也不可轻易违反
2	不同的色彩，会给人以酸、甜、苦、辣不同的味觉感受，甚至不同的嗅觉感受。 如淡红色、奶油色和橘黄色，点缀少量的绿色等，是促进食欲的颜色，因而食品类的陈列普遍采用暖色系的配色。如果硬要标新立异，用青绿色调设计饼干的陈列，用银灰色设计午餐肉的陈列，势必使人初看一下就产生误解，细看之后会产生厌恶感，食欲减退
3	产品命名的方式与商品陈列的习惯色彩 以水果命名的产品色彩：橘子色、柑橘色、李子色、桃红、苹果绿、葡萄紫、柠檬黄； 以植物命名的产品色彩：咖啡色、茶色、豆沙色、柳绿色、嫩草色、玫瑰红； 以动物命名的产品色彩：鸦色、鹦鹉色、黄鹂色、银灰色、鼠灰色； 以金属、矿物命名的产品色彩：石色、石绿、石膏、钴蓝
4	大类商品的习惯色调： （1）服装。讲求时尚与适合。除大路货和童装外，均应取高雅的色调。男性则取明快的色调，显示活力强，有气魄，粗犷有力；女性则取和谐、柔和的色调，烘衬温柔的女性美。 （2）食品。安全与营养，多采用暖色系列。 （3）化妆品。护肤美容，多用中性色调和素雅色调。例如，淡淡的桃红色，给人以健康、优雅与清香感。 （4）工矿机电产品。讲求科学、实用与效益。多用稳重、沉静、朴实的色调，稍加有活力的纯色，如用红色、黑色、蓝色，给人以坚定耐用的感觉。 （5）玩具和儿童文具。讲求兴趣与活泼感，多用鲜艳、活泼的对比色调。 （6）药品。讲求安全与健康，多采取中性色彩系列。偏冷色调给人以安宁不躁之感；蓝色、银色给人以安全感；浅红色、金红色给人以元气、健康与活力的感受

4.7.5　二次商装入场形象审核及管理流程描述

二次商装入场形象审核及管理流程描述，如表 4-7-5 所示。

表 4-7-5　二次商装入场形象审核及管理流程描述表

序号	规范内容
1	由厂商提供装修所需图纸
2	厂商将图纸交给业务部进行初审

续表

序号	规范内容
3	业务部将初审后的图纸交给营销策划部进行形象审核
4	营销策划部将符合规定的整套图纸反馈至业务部，审核后不符合规定的图纸由营销策划部签署整改意见和要求退回业务部，其后按上述程序进行二次审核
5	审核批准后，厂商应严格按"形象审核的要求和管理"进行装修，如有改动或特殊情况应及时呈报营销策划部
6	厂商在二次商装时应无条件听取营销策划部形象管理人员的意见进行整改和调整

4.7.6 商装单据传递细节描述

商装单据传递细节描述，如表 4-7-6 所示。

表 4-7-6 商装单据传递细节描述表

项目	规范内容
单据类型	单据包括合同、装修图纸及审批表、施工许可证、装修工程验收报告、上柜通知单、工作联系单等
合同	（1）业务部与品牌商在双方协商谈判达成合作意见一致时，必须按合同管理的规定签订合法有效的经营合同。 （2）在合同上明确品牌专柜的柜位号、柜位面积。 （3）合同管理员对合同进行存档备查。 （4）信息管理员编制专柜编码
装修图纸及审批	（1）图纸（一式四份）：效果图、平面图、立面图、剖面图、平面位置图、电路图。 （2）装修工程审批表 ①品牌商按公司规定的专柜装修标准提供装修图纸，交给招商主管（经理）初审。 ②招商主管（经理）初审后填写装修工程审批表，并分别转交至营销策划部、物业部审核专柜形象、装修标准、装修材料、电气安装等项目
施工许可证	（1）业务部根据营销策划部、物业部对装修图纸的审批意见，与品牌商协商整改的意见及进场装修的时间、施工要求。 （2）业务部填写内部业务联系单分别传送至物业部、运营部，办理进场施工许可证等相关手续
装修工程验收报告	（1）专柜装修完工后，由业务部、物业部、营销策划部、运营部联合对专柜装修工程进行验收，并填写装修工程验收报告。 （2）装修工程验收报告必须上报给物业部和公司主管领导审批
上柜通知单	（1）专柜装修完工并经公司验收合格后，业务招商主管（经理）填写上柜通知单分别传递给运营部和人资部，办理品牌商进场的相关手续。 （2）招商主管（经理）通知品牌商进场时间及与运营部协调，办理促销营业人员上岗及商品进场事宜

4.7.7 商装图纸要求规范描述

商装图纸要求规范描述，如表 4-7-7 所示。

表 4-7-7 商装图纸要求规范描述表

项目	规范内容
材料要求	（1）间墙材料 ①轻质不燃的石膏板。 ②难燃的木质材料或经防火处理。 ③窗帘、地毯、织物等装修材料均选用合格的阻燃产品或经防火处理。 （2）地面材料 ①合格的大理石、地砖。 ②中高档以上实木及复合木地板。 ③宽金、银压条。 （3）电器材料、设备 ①电线采用难燃双塑铜芯绝缘电线，导线截面积 ≥ 105 mm² ②套管采用金属管套或阻燃线槽、线管。 ③光管、镇流器、灯盘开关、插座及面板电器装置均采用经国家电工认证生产，消防部门认证的合格产品。 （4）形象材料 ①标志材料：PVC、亚克力、雪弗板。 ②灯箱材料：360 dpi 以上高精度写真、宽金银压条。 ③形象画：360 dpi 以上高精度写真、宽金银压条。 （5）制作要求 ①卖场内已有的固定设施，未得到公司书面批准，不得改动。 ②相邻卖区需隔背板，靠通道一侧制作通透式展柜。 （6）通道宽度 ①主通道 2 m。 ②次通道 1.4~1.6 m。 ③货区通道 0.8~1.2 m。 （7）展柜高度 ①延墙展柜高度 2.4 m，深度 0.45 m。 ②靠柱展柜高度为 2.4 m，包柱展柜深度 0.45 m，靠通道一侧深度不得超过 0.2 m。 ③试衣间尺寸为 2.4 m×0.9 m×0.9 m，门顶门底各留 0.2 m 空隙，试衣间门不得置于主通道方向及卖场通道动线一侧。 ④卖区之间展柜高度为 1.35 m。 ⑤柜台、展柜、开票台高度为 0.95 m（专柜柜台高度为 0.6 m，玻璃空间高度为 0.3 m）。 ⑥中岛两家隔离墙展柜高度 1.5 m，货区内展柜不得超过 1.35 m。 （8）消防设施 消火栓、警铃、防火卷帘、消防设施等卖场原有设施装修期间严禁遮挡。 （9）隔墙燕尾柜高度 柜组之间的隔墙燕尾柜，以前沿地线为准沿背墙或柱子向外 1.35 m 可以制作 2.4 m 高，再从 1.35 m 向外延伸，展柜高度为 1.35 m，特殊情况视图纸而定。

续表

项目	规范内容
材料要求	（10）电气标准 ①电线线路必须加套金属管或阻燃线槽、线管。 ②照明灯具高温部分靠近可燃物时，要采取隔热、散热等防火保护措施，材料要采用阻燃材料。 ③电路回路必须设漏电保护开关和短路空气开关。 （11）形象要求 ①展柜、柜台整体色彩要求鲜活、明快，富于现代感，色彩以较高亮度、暖色为主，禁止使用大面积深色（如黑色、深蓝色等），品牌自有形象须由营销策划部审批后方可施工。 ②展柜、柜台设计要符合卖场空间的合理布局，严禁遮挡，影响视觉的通透性及符合人体工程学。 ③灯光颜色用白色及暖色光源，不可使用其他颜色的光源，如红色、蓝色、绿色等，特殊情况需报营销策划部审批后方可使用
施工要求	（1）二次商装要求在夜间工作，施工时间为夏季22：00—次日8：00，冬季21：00—次日8：00，原则上要求一夜完工。 （2）品牌商根据审批后图纸的要求，安排场外制作，卖场组装。 （3）施工前要填写夜间施工申请单，经相关部门审批后方可入场施工。 （4）施工中不得用大功率电器。 （5）使用明火施工，必须填写现场动火申请单，经相关部门审批后，方可动用明火施工。 （6）运输材料应注意限高，并按指定的线路和时间进场。 （7）施工所需易燃品、材料未经公司运营部、物业部批准，不准存放在卖场内。 （8）施工中在未获得物业部书面批准情况下，不得在楼面支柱、承重墙上挖墙、切割、砍凿、钉钉或雕刻。 （9）施工人员须凭物业部保卫处签发的出入证方可进入现场施工，保安员监督检查施工的全过程。 （10）装修产生的垃圾必须及时清理，保持卖区的清洁卫生。 （11）若装修工作量较大，一夜未能完工的，经批准须按下列要求施工。 ①所有装修材料和工具放置柜位范围内，并用屏风遮挡，不得外露。 ②白天可进行无噪声、无尘土、无刺激气味的装修工作

4.7.8　商装图纸审批流程描述

商装图纸审批流程描述，如表4-7-8所示。

表 4-7-8　商装图纸审批流程描述表

序号	规范内容
1	品牌商提供装修所需图纸

续表

序号	规范内容
2	品牌商将图纸交给业务部进行初审，初审合格后，招商主管（经理）填写装修工程项目审批表
3	业务部将初审后的图纸及装修工程项目审批表交给营销策划部进行形象审核
4	营销策划将符合规定的整套图纸反馈至业务部，审核不符合规定的图纸由营销策划部签署整改意见和要求，退回至业务部，其后按上述程序进行二次审核
5	营销策划部形象审核符合规定要求后，业务部将整套图纸及《装修工程项目审批表》交给物业部进行电气安装、消防监控、通信、给排水、采暖、通风、空调等项目审核
6	物业部将符合规定的整套图纸反馈至业务部，审核不符合规定的图纸由物业部签署整改意见和要求，返回至业务部，其后按上述程序进行二次审核
7	业务部将审核符合规定的整套图纸反馈给品牌商，通知其按图纸要求，进场施工

4.7.9　商装全程管理细节描述

商装全程管理细节描述，如表 4-7-9 所示。

表 4-7-9　商装全程管理细节描述表

序号	规范内容
1	不按设计图纸施工或影响公共设施正常运用，必须马上改正
2	所有货柜、货架、试衣室、展台、道具等须在场外制作完成后，进场组装，违者勒令停工，并罚款 1 000 元
3	没有装修施工许可证私自进场施工的处以 2 000 元罚款
4	未经物业部批准而私自拉接电源者，根据情节轻重给予 1 000 元以上罚款
5	装修材料未经防火处理或未经物业部验收而使用的必须全部拆除
6	使用不合格电器设备、材料或不按规范施工的，全部拆除，并处以 1 000 元以上罚款
7	装修所用的易燃易爆材料及产生的垃圾、杂物未及时清理者，处以 200 元罚款
8	卖场的天花板、墙体、柱面、地面装饰及附属设置不得随意改动，不得在楼面、支柱、剪刀墙上挖槽、切割、砍凿、钉钉或雕刻，违者须恢复原样，并根据情节轻重处以 500~2 000 元罚款
9	施工现场禁止吸烟，违者罚款 500 元
10	现场须听从管理人员指挥，违者罚款 200 元

4.7.10 商装验收工作细节描述

商装验收工作细节描述，如表 4-7-10 所示。

表 4-7-10 商装验收工作细节描述表

序号	规范内容
1	专柜装修完工后，公司各部门根据图纸审批条件对该专柜进行验收，并填写二次商装工程验收报告
2	营销策划部进行整体形象验收
3	物业部进行以下项目验收： （1）丈量、确定专柜面积。 （2）设备处对电线线路、材料、安装、实际用电量进行检验。 （3）设备处对给水、排水、采暖、通风等特殊需求安装项目进行检验。 （4）保卫处对消防、监控、通信设备、防火处理进行验收
4	运营部、业务部对专柜所在位置、品牌进行验收
5	验收合格后，验收人、责任人签字存档，并做移交

4.7.11 卖场规划和品牌布局规范描述

卖场规划和品牌布局规范描述，如表 4-7-11 所示。

表 4-7-11 卖场规划和品牌布局规范描述表

序号	规范内容
1	让消费者容易进入，卖场空间通透宽敞，美观整齐，吸引消费者，具有时代感和艺术性
2	满足消费者需求，准确市场定位，意图明确，能让消费者了解品牌的特点和用途，帮助消费者购买
3	让消费者停留更久，营造最佳的卖场气氛，引导消费者进入商场深处
4	突出重点品牌，连带性强，能让消费者既看到重点销售的商品，又能够联想到其他相关商品
5	方便消费者购物活动和商场的销售活动，有利于品牌促销宣传
6	各类商品、品牌面积合理分配，既能满足消费购物需求，又能满足品牌形象要求，使坪效最大化，有利于品牌的开发引进
7	保证消费安全，卖场动线流畅，既能让消费者顺利地实现购物，又能满足物业消防安全的需要

4.7.12 卖区规划图纸和品牌布局图管理细节描述

卖区规划图纸和品牌布局图管理细节描述，如表 4-7-12 所示。

表 4-7-12 卖区规划图纸和品牌布局图管理细节描述表

序号	规范内容
1	卖区规划图纸和品牌布局图由业务部合同管理员负责统一保管
2	各楼层卖区规划图、品牌布局图均由合同管理员进行登记、分类、保管，并建立图纸管理档案
3	业务招商人员使用规划图、品牌布局图时需到合同管理员处借阅，并办理借阅手续，到期后应如期返还，如不能按时返还，应和合同管理员说明，并办理延期手续
4	卖区规划图和品牌布局图原则上不予借阅其他人员。如因公司整体规划调整需要借阅的，必须填写卖区规划图和品牌布局图纸借阅申请，经业务部经理批准后方可借阅
5	所有人员必须保证卖区规划图、品牌布局图的安全，不得丢失，不得随意复印，更不得泄露给竞争对手
6	因公司经营调整，卖区规划和品牌布局发生变化时，应将改动后的规划图、品牌布局图纸及时送合同管理员处存档
7	如因管理不当，造成卖区规划图和品牌布局损坏、丢失，公司将对当事人给予 50~100 元罚款。如因人为因素造成丢失或损坏者，将给予 100~200 元罚款。如将图纸机密泄露给竞争对手者，除给予 200~300 元罚款外，并给予除名

4.7.13 卖场经营方案制定细节描述

卖场经营方案制定细节描述，如表 4-7-13 所示。

表 4-7-13 卖场经营方案制定细节描述表

项目	规范内容
卖场商品定位	（1）卖场基本经营宗旨是为消费者创造并提供便利。 （2）除了时间上便利、地点上便利、一次消费的便利外，也包括经营商品的便利。 （3）卖场商品构成一般为：食品占 75%，杂志、日用品占 25%，经营品种超过 2 000 种，比较畅销的主力商品占 50%，每月可轮流推出几十个新品种
卖场目标顾客	城市中的年轻人，特别是大学生、中学生和已经进入工作岗位的年轻人。年轻人消费的特点是注重商品的品质，购物便利快捷，注重流行而不注重价格
卖场商品价格和服务功能	（1）卖场依据其目标顾客不注重价格的特点，在商品价格的定位上一般采用平价策略，毛利率一般在 20% 以上。 （2）卖场的出现正是迎合了消费者夜间购物的需求。 （3）服务功能的完善还表现在对不同的顾客需求、不同的地段、不同的季节、增加不同的服务措施

项目	规范内容
卖场后勤配送系统	（1）由于卖场小而商品品项多，单一品项的陈列面积小而周转快，卖场应实现"零库存"。 （2）也就是说所有商品都陈列在货架上，这就需要有少量、多品种、多频度的配送才能满足顾客需求。 （3）物流配送功能是否健全，将左右门店营业额的高低，健全的物流体系对门店的经营有相乘的效应。 （4）卖场发展后劲如何，关键是配送中心能否提供强有力的后勤支援。卖场配送中心应具备以下功能：供应商品齐全，订货手续简便，全天候作业。 （5）门店所需货物通过电子订货系统传到配送中心，配送中心应在24小时内将货物送达门店，由于经过配送中心组配货物，门店可以节省收货时间，将更多的时间和精力投入提高服务质量上。另外，高频度配送可以降低门店库存。将有限的空间规划为卖场，将库存调度交给配送中心，以多品种、少量、多频度的配送来完成任务。 （6）门店的存货可以大幅度地降低，同时商品的鲜度管理也容易掌握。 （7）同时配送中心还应通过订货信息等资料分析，提供商品销售动态，以帮助门店掌握畅销品，创造高业绩

第 5 章
财务部日常工作内容管理

　　财务部门是企业资金流和信息流的掌控中心和服务中心，为现代商超企业提供财务管理、财务服务、高效信息化服务与管理的部门。本章以流程化管理模式为主题，不断优化财务与信息管理工作。

5.1 财务部各岗位工作职责管理

5.1.1 财务经理工作细节描述

财务经理工作细节描述，如表 5-1-1 所示。

表 5-1-1 财务经理工作细节描述表

序号	规范内容
1	每天参加收银员早会并将在早会中发现的问题协调相关部门给予解决
2	每天不定期（次）到楼层及总收室抽查收银员的工作情况，并及时解决工作过程中存在的问题
3	解决、定夺财务人员提出的各种财务业务问题，对重大财务业务问题及时向财务部总监或总经理汇报、请示
4	每周保持与税务局（所）相关人员进行沟通及业务交流达两次以上
5	周一下午组织结算中心职员学习公司领导上周例会精神、内容，布置本周工作重点
6	每天下班时做好当天的工作日志
7	每月中旬检查财务人员上月手工及电脑账
8	每半月召开一次总收银及收银组长办公会，月末召开全体收银员大会
9	月末组织财务人员对有价券和各部门收费情况进行清理和复核
10	在每档大型企划活动结束三日后，做出该档企划案的专题财务分析
11	月末做出月度财务分析报告，年末做出年度财务分析报告和财务决算分析
12	每年 11 月开始布置、落实下年度各项费用预算
13	起草、下发结算中心的各种文件、通知及与相关部门的业务联系单

5.1.2 财务主管会计工作细节描述

财务主管会计工作细节描述，如表 5-1-2 所示。

表 5-1-2 财务主管会计工作细节描述表

项目	规范内容
每月 26 日至次月 5 日	（1）统计前一结算期内各项促销活动，根据合约计算各供应商应承担的活动抽成金额。 （2）生成供应商结算单，录入活动抽成金额。

续表

项目	规范内容
每月 26 日 至次月 5 日	（3）根据费用扣缴明细表中审核餐费、制服费、物业费、培训费、商品保证金等各项费用录入的正确性。 （4）根据合同审核联营供应商结算金额是否正确。 （5）打印供应商结算单。 （6）填写物业管理费等费用收据。 （7）发放供应商结算单，并讲解活动抽成计算方法及注意事项。 （8）统计买单供应商，发放买单款项催缴通知单。 （9）编制相关报表，例如，供应商结算明细表、供应商买单明细表、供应商罚款、缴款明细表等
每月 6 日 至 14 日	（1）按规定审核供应商的发票，不合格发票不予受理。 （2）根据"供应商结算单"收取供应商应缴纳的各项费用。 （3）及时告知并收取供应商在本结算期内应缴纳的结算单中未列扣款项目，如罚款、地板款等。 （4）根据供应商买单明细表收取买单货款
每月 15 日 至 25 日	确定供应商结算金额，经财务经理签字

5.1.3　进存销主管会计工作细节描述

进存销主管会计工作细节描述，如表 5-1-3 所示。

表 5-1-3　进存销主管会计工作细节描述表

序号	规范内容
1	每日对财务系统进行系统维护，数据备份等工作
2	会计电算化的整体培训指导、维护
3	进销存系统的日常管理、维护及推进工作
4	与其他部门的联系、处理相关事宜
5	特殊事项的处理

5.1.4　销售会计工作细节描述

销售会计工作细节描述，如表 5-1-4 所示。

表 5-1-4　销售会计工作细节描述表

项目	规范内容
款	（1）核对销售日报表与收银长短款报表是否一致，将销售数据与前日银行存款情况上报财务总监，并将该数据登记到流水账内，以便掌握销售净收入的情况。 （2）核对总收存款金额与销售日报表是否一致，是否符合财务的存款要求
卡	为了便于对账销售会计按卡的种类建立流水账，每日根据总上报的信用卡对账单登记不同卡种的入账金额，根据银行进账单收款通知联查看信用卡是否到账，如有未到账情况，则通知和督促总收查明原因进行催缴。月末与银行对账单核实信用卡的进账情况
券	（1）每日清点回收的各种有价券，核对其金额与销售日报表是否一致，按回收日期、种类和面值制成表格，对券进行统计并注明长短款情况。 （2）月末结账后，将上个月回收的作废券进行清理，向董事长提交关于销毁作废券的报告，经批准后在其他财务人员的监督下进行销毁
帐	（1）每日信息管理员将各楼层对账结果填入销售调整报表交到财务部，其中包括串柜组、不同柜组串商品编码、营业员开错销售小票以及调账需要等情况，销售会计根据该报表在后台 POS 机上进行调整，以保证各楼层、各柜组及供应商的销售与实际相符。 （2）每日按品牌统计特卖场销售收入，每期特卖结束后负责与供应商对账，当总金额不对时，还需按销售小票核对每笔交易明细。月末根据各品牌的不同扣率为财务会计提供成本数。 （3）通过进销存系统的财务接口将销售数据接入软件系统中，生成销售凭证后，对其进行增删改，包括长短款的挂账、信用卡的挂账、银行存款的进账等。 （4）款收回及信用卡到账后负责冲减以前的挂账。 （5）每日根据收到的各种罚款、POP 款、外广场租金、水电费及支出的顾客举报奖等有关营业外收（支）的票据编制相关科目的凭证。 （6）根据记账凭证登记销售收入明细账、销售折扣与折让明细账、其他业务收入明细账、营业外收（支）明细账、其他应收（付）账明细账以及在途资金明细账。 （7）月末及时结账并核对各明细账与财务软件系统中的明细账是否一致，核对各明细账与总账是否一致
表	月末结账后负责编制营业损益报表，包括销售毛利表、销售收入完成计划情况表及销售折扣与折让情况说明表

5.1.5　费用会计工作细节描述

费用会计工作细节描述，如表 5-1-5 所示。

表 5-1-5　费用会计工作细节描述表

项目	规范内容
日常工作	每日负责现金收入及现金或银行存款支出的制单工作，主要包括收付营业员的商品保证金及保证金扣款、收付供应商的履约保证金、收付租赁业主经营保证金、日常报销、结付账款、个人借款、收付供应商装修抵押金及管理费、供应商交电费、工装抵押金、工装折旧、个人往来账款、银行收费、银行计息等单据，保证处理单据要及时，以确保出纳员能够及时记账，做到日清日结

续表

项目	规范内容
报销日工作	（1）每周的周二和周五是公司的报销日，每逢这两天，公司的其他同事都会将日常工作发生的费用单据拿来报销，包括业务招待费、市内交通费、广告费、促销费、差旅费、办公费、办公耗材、邮电费、汽车耗用、工本费、物料消耗、房租水电、维修费、印刷费、清洁费、员工餐费等费用类科目，还包括材料物资、低值易耗品、固定资产等资产类科目。 （2）处理这些单据时认真检查单据粘贴是否合格（粘贴不合格会导致以后原始凭证丢失，也便于凭证装订）、票据张数是否正确、发票填开是否符合要求等
其他工作	（1）除了日常收付款、报销的制单工作外，还有其他一个月只做一次的工作。 （2）每当发放工资的时候，要检查及复核工资表是否正确，及时计提职工福利费及职工培训经费。 （3）月末计提固定资产折旧。 （4）月末进行递延资产、无形资产的摊销工作；月末按照与供应商所签订合同提广告费、促销费。 （5）月末归集分配各部门费用。 （6）月末清查个人往来。 （7）月末进行费用报表的制表工作。 （8）登记账簿、核对账簿等工作

5.1.6　凭证录入员工作细节描述

凭证录入员工作细节描述，如表 5-1-6 所示。

表 5-1-6　凭证录入员工作细节描述表

序号	规范内容
1	录入员在编制记账凭证前，必须取得外来原始凭证或自制原始凭证，各种原始凭证必须内容真实、完整、手续齐备、数字准确
2	录入员依据审核无误的原始凭证，按商品流通企业会计科目要求，编制记账
3	录入员编制记账凭证后，经打印交审核员审核

5.1.7　记账员工作细节描述

记账员工作细节描述，如表 5-1-7 所示。

表 5-1-7　记账员工作细节描述表

序号	规范内容
1	采用借贷记账法，以人民币为记账本位币，登记账簿应根据审核无误的原始凭证，记账凭证或凭证汇总表

序号	规范内容
2	各种账簿的记录，如需更正，必须严格按照公司财务制度规定办理
3	由硬盘或其他介质存储的各种数据和资料，要进行备份，并定期打印成书面形式保存
4	设置日记账、总分类账和明细分类账及必要的辅助账，账簿登记及时，内容完整，数字准确，摘要清楚

5.1.8　审计、统计员工作细节描述

审计、统计员工作细节描述，如表5-1-8所示。

表5-1-8　审计、统计员工作细节描述表

序号	规范内容
1	按公司要求进行日常审计、专项审计，并出具审计报告
2	按公司经营需要进行日常和专项经营指标统计工作
3	根据市统计局要求，每月10日前报送限额以上批发零售贸易业商品销售、库存情况（一）表
4	根据市统计局要求，每季15日前报送限额以上批发零售贸易业商品销售、库存情况（二）表限额以上批发零售贸易企业主要经济指标
5	根据市统计局要求，年末报送限额以上批发零售贸易企业财务状况表

5.1.9　现金出纳员工作细节描述

现金出纳员工作细节描述，如表5-1-9所示。

表5-1-9　现金出纳员工作细节描述表

项目	规范内容
收款	（1）租赁业户的经营保证金、租金、合同变更时的更名费、营业员的商品保证金、培训费、特卖租金等。 （2）各楼层供应商的履约保证金，装修抵押金，营业员（包括新入职与调职）的商品保证金、培训费、罚款、电话费、花车抵押金、工装抵押金、每月结算时的费用，包括各种物耗、物业管理费、广告费、场地租赁费等。 （3）督导员定期交回的各种罚款。 （4）人事处交回的工牌管理费。 （5）服务台定期交回的顾客退货返回的现金。 （6）各部门人员的冲账款。 （7）返还各类暂收款时产生的扣款，如工装折旧等。 （8）本着协作的原则，在另一名出纳不在的时候，代收取相对金额较大的购房款等

续表

项目	规范内容
付款	（1）对于上述已收取的各种抵押金的到期返款。 ①返还商品保证金时，审核是否有人事主管签字。 ②返还工装抵押金时，审核是否有客务员、行政事务部主管、库管员等的签字，并正确计算折旧额。 ③返还花车抵押金时，审核是否有物业相关人员的签字。 ④返还履约保证金时，审核是否有招商主管及业务总监的签字。 ⑤返还装修抵押金时，审核是否有招商主管、业务总监及物业经理三方签字。签字不全，不予办理。 （2）每周三、周五报销时，以现金与支票支付各种费用。 （3）每月 8 日发放工资。 （4）每周一至周五各部门的借款业务。 （5）每月 15—25 日结算期内，填开所有转账支票与进账单
其他	（1）每月整理所有会计凭证，并于结账后装订成册。 （2）每日及时登记现金日记账，及时清点库存现金，做到日清日结。 （3）随时根据现金量，提醒银行出纳员存现或提现，既保证安全，又不耽误报销。 （4）保管法人印鉴，并在所有相关票据上加盖印鉴。 （5）每日早晨，及时编制前一天的收支报表，上交主管领导。 （6）及时核对手工账与电脑账，发现漏记，随时补记

5.1.10　银行出纳员工作细节描述

银行出纳员工作细节描述，如表 5-1-10 所示。

表 5-1-10　银行出纳员工作细节描述表

序号	规范内容
1	在非结算期，每天由现金出纳员开出支票去汇款或者取款，然后去银行办理并且将各行转入公司账户的票据取回，分交给结算、销售、费用会计
2	在结算期，每天上午填开支票或汇款单，并由财务会计审核后下午去银行办理。及时为品牌商查询票据，让每位品牌商都能按时收到货款
3	在结账期，负责保存主管会计在税务局开好的税票。每天晚上记银行账号日记账，做到日清日结，月末时做到对账，账账相符，账与对账单相符。如有未达项，应及时调节并且写出银行余额调节表
4	支付基建工程款、收房款、管理售房合同，计算售楼提成款，为基建会计提供数据
5	与银行公证处联系沟通，为公司做贷款手续，并且公证，做到准时、准确、省钱，让公司银行都满意

序号	规范内容
6	每月 20 日和销售对账后去建行、工行将公司卡内公司营业款转回到公司账户内
7	每月开工资日，协助人事部将工资存入个人账户，为员工及时开工资做好保证

5.1.11　发票管理员工作细节描述

发票管理员工作细节描述，如表 5-1-11 所示。

表 5-1-11　发票管理员工作细节描述表

序号	规范内容
1	负责发票购买、保管、发放、收缴工作
2	购买发票、登记台账
3	楼面文员领用发票时，应登记楼面发票领用统计表，领用时各分管楼层文员应签字或盖章，收回发票时，应注销签字，发票的领用原则上应在回收旧发票的前提下领用新发票
4	发票领用、项目收缴：发票管理员⇄楼面文员⇄柜长
5	发票管理员应经常到各楼层、柜组了解发票使用情况，结存发票，检查有无违章使用发票的情况，发现问题及时上报，并要提醒发票使用人严格遵守发票使用管理制度
6	按月收集卖场部发票使用情况总计表，楼面发票使用情况表，楼面柜组实存发票情况汇总表，便于掌握发票使用、结存情况
7	负责纳税申报，部门物品领用及保管，管理餐券发放工作

5.1.12　工资管理员工作细节描述

工资管理员工作细节描述，如表 5-1-12 所示。

表 5-1-12　工资管理员工作细节描述表

序号	规范内容
1	每年初核定本年的工资基金基数，并及时编制本年度的工资基金使用计划
2	每月初计算、审批上月月奖，下发月奖审批表；每年末计算、审批年终奖
3	每月初审核各种工资性补贴及节日加班费等，并留存一份备案
4	建立健全各种工资账、卡，并进行检查，每年初要审核（个人工资台账）并加盖公章转档案合同管理员，存入个人档案

序号	规范内容
5	定期组织审批职工转正、定级工作，随时审批职工岗职（技）工资的变更并备案
6	经常对各基层单位的工资基金使用情况进行检查，发现问题及时纠正解决，并提出处理意见
7	每年年底进行工资基金的清算工作，并及时更换新工资手册
8	每年年终及时制定下一年度的月奖、年终奖分配办法及本年度商场增资方案，报主管领导经商场经理办公会研究后实施

5.1.13　保险索赔员工作细节描述

保险索赔员工作细节描述，如表 5-1-13 所示。

表 5-1-13　保险索赔员工作细节描述表

序号	规范内容
1	索赔员接到险情后，应积极收集第一手资料。财产损失较重的，应亲自观察并拍照、取证；损失重大的，应通知保险公司共同到现场勘察取证
2	对需索赔的险情，了解情况后，应在 24 小时内实事求是地报保险，不得弄虚作假
3	及时填写索赔申报手续，转交商品部，并收集各种有关票据和材料
4	对损坏的商品，需要降价处理的，商品部应会同保险公司有关人员共同协商，制订合理价格
5	对需索赔的险情和事项，要在三个月内索赔完毕
6	对索回金额，要于当日连同票据转交财务，并及时向主管领导汇报

5.1.14　商品编码管理员工作细节描述

商品编码管理员工作细节描述，如表 5-1-14 所示。

表 5-1-14　商品编码管理员工作细节描述表

序号	规范内容
1	凡属商场经营范围内的商品，在进货后由编码员编制统一的商品编号，做到先编号后销货。商品编码和编号的制定原则：一个单品一个编号，具有唯一性，且能有效地识别商品
2	定期组织有关人员进行政策和专业知识学习、培训，使其正确使用商品编码

5.2 财务日常工作管理

5.2.1 转账支票、汇票、信用卡结算、营业现金进账时间管理细节描述

转账支票、汇票、信用卡结算、营业现金进账时间管理细节，如表 5-2-1 所示。

表 5-2-1 转账支票、汇票、信用卡结算、营业现金进账时间管理细节描述表

项目	规范内容
转账支票	（1）正存，即在出票人开户行存入支票，该存款当日即可到账。 （2）反存，即在持票人开户行存入支票，该存款三日内即可到账
汇票	汇票分为商业汇票和银行汇票两种。商业汇票最长付款期限为六个月，银行汇票最长付款期限为一个月。我们常用的电汇到账期限为三天
信用卡	如为正常刷卡，当日到账；如为公司卡，则所刷信用卡金额均先进入公司卡内，根据用款需要再将公司卡内的存款转入账户
营业现金	营业现金只要存入开户行当日进账

5.2.2 代收、代付款项目管理细节描述

代收、代付款项目管理细节描述，如表 5-2-2 所示。

表 5-2-2 代收、代付款项目管理细节描述表

序号	规范内容
1	对于经济业务中的其他往来的款项（即代收、代付款）的管理纳入货款结算的业务中加以管理
2	在每月结算时，先清理相关部门报送的代收、代付款
3	当每月的代收、代付款清理完成后，才给予结算，否则不予结算

5.2.3 优惠让利项目管理细节描述

优惠让利项目管理细节描述，如表 5-2-3 所示。

表 5-2-3 优惠让利项目管理细节描述表

序号	规范内容
1	对品牌商、顾客的优惠及让利措施必须由公司的高层会议决定，副总经理以上人员签批，方可生效

续表

序号	规范内容
2	在相应的优惠、让利措施中应明确优惠、让利的范围、方式方法、优惠幅度、分摊发生费用的比例及优惠期间
3	财务部门根据相关的优惠、让利的措施进行账务处理

5.2.4　促销活动财务管理细节描述

促销活动财务管理细节描述，如表 5-2-4 所示。

表 5-2-4　促销活动财务管理细节描述表

序号	规范内容
1	熟悉促销活动方案
2	对于促销活动方案中涉及分担、返利的款项，加以理解、分析，并与相关部门共同确定
3	在月末结算中给予处理

5.2.5　定期财产清查细节描述

定期财产清查细节描述，如表 5-2-5 所示。

表 5-2-5　定期财产清查细节描述表

序号	规范内容
1	每季末（年末）由资产管理员去各部门盘点各部门的固定资产、低值易耗品及其他物品
2	资产管理员将盘点结果汇总报送财务部核对固定资产明细账及低值易耗品明细账。如有不符，及时查找原因。若资产盘盈（亏），报请总经理签署处理意见。财务部做资产盘盈（亏）账务处理

5.2.6　扣缴相关费用工作细节描述

扣缴相关费用工作细节描述，如表 5-2-6 所示。

表 5-2-6　扣缴相关费用工作细节描述表

项目	规范内容
费用类别	（1）租金或商场提成的利润。 （2）营业人员费用。

项目	规范内容
费用类别	（3）物业管理费用。 （4）广告费用。 （5）促销分摊费用。 （6）低值易耗品费用。 （7）水、电、气费用。 （8）装修费用。 （9）代缴税款。 （10）其他有关费用
缴费方式	（1）现金支付。 （2）货款冲减

5.2.7 账款结算审批细节描述

账款结算审批细节描述，如表 5-2-7 所示。

表 5-2-7　账款结算审批细节描述表

序号	规范内容
1	财务部办理有关结算手续，填写结算付款申请单，传递给财务经理
2	财务经理对结算单据及付款申请单进行审核，签字确认，再将单据呈送财务总监审批
3	财务总监再次对结算单据和付款申请单进行审核，签字确认后，呈送总经理审批
4	总经理对结算单据和付款申请单审批，总经理签字审批后，财务部按总经理批准的结算金额、付款方式及付款日期给品牌商结算

5.2.8 报表打印及呈送工作细节描述

报表打印及呈送工作细节描述，如表 5-2-8 所示。

表 5-2-8　报表打印及呈送工作细节描述表

序号	规范内容
1	信息技术中心可以打印经营分析报表一览表
2	报表打印周期分为日报表、周报表、旬报表、月报表及临时查询打印
3	各部门临时查询打印时，按可查询打印的适用部门，由各适用部门持部门经理签批的查询打印申请表到信息技术中心办理查询手续，若需打印数据，需信息中心经理或总经理批准，信息技术中心物管员将申请表存档

5.2.9 商品销售收入核对工作细节描述

商品销售收入核对工作细节描述，如表 5-2-9 所示。

表 5-2-9 商品销售收入核对工作细节描述表

序号	规范内容
1	每日柜组长将各柜组前日的销售收入明细报各楼层信息管理员
2	信息管理员根据进销存系统中统计的销售额核对柜组日报表与系统是否一致，根据商品编码核对各柜组明细销售额是否正确，如有串柜、串编码的，可填制销售调整报表交给销售会计进行调整

5.2.10 财务部盘点工作细节描述

财务部盘点工作细节描述，如表 5-2-10 所示。

表 5-2-10 财务部盘点工作细节描述表

项目	规范内容
财务部定期盘点	（1）每月月末前，由信息管理员打印空白盘点表。 （2）每月月末营业结束，信息管理员将空白盘点表发给柜组，由柜组长组织本柜人员做盘点。 （3）柜组长在盘点后将盘点表交给信息管理员，信息管理员输入系统，核对盘点数据。 （4）打印盘点差异表
公司组织的不定期盘点	（1）公司确定每月盘点日期。 （2）组成盘点领导小组，提前发出盘点通知，将所有正式单据录入。 （3）分柜组打印、分发空白盘点表。 （4）盘点开始时停止一切业务，电脑中账冻结。 （5）柜组盘点填实数。 （6）按页计算售价金额，并累计售价金额。 （7）收银员录入盘点单，核对售价金额。 （8）信息管理员打印错盘漏盘表，分发给各柜组。 （9）柜组根据错盘漏盘表进行盘点审核前的再次核对，盘点正常完成，财务电脑审核经代销商品盘点表或业务员审核联营商品盘点表，实存替换账存，打印盘点盈亏表。 （10）账存修改，盘点完成
盘点说明	（1）查错盘漏盘，在这一阶段，电脑系统会生成漏盘商品报表和错盘商品表辅助查漏盘、错盘的商品。 （2）生成盘点盈亏表作为柜组、财务做账的依据。 （3）空白盘点表根据不同部门，可以按供应商、种类、品牌打印。如果盘点记账之后，发现盘点有错，可通过损益单调整。 （4）盘点表的必要内容：盘点日期、柜组、盘点表编号、品名规格、实盘数、零售价、零售金额（或最后进价、进价金额）

5.2.11 财务部与其他部门间工作协调规范描述

财务部与其他部门间工作协调规范描述，如表 5-2-11 所示。

表 5-2-11 财务部与其他部门间协调规范描述表

项目	规范内容
与业务部	（1）指导、监督合同管理员对公司所有合约进行电脑管理，包括录入、监督合同执行等。 （2）协助业务部进行日常经营数据分析，运用科技手段进行信息的挖掘和再利用。 （3）按照业务部领导的要求制作和打印各种报表。 （4）业务部配合财务对供应商之间的结算往来及各种费用的收取
与运营部	（1）指导、监督信息管理员的日常信息管理方面的工作，解决系统软件运用中的项目问题。 （2）通过对销售数据的处理和分析，配合运营部进行对柜组、供应商、营业员的业绩考核。 （3）运营部负责解释公司财务与供应商之间的结算说明，使结算通畅、透明。 （4）每月运营部督促信息管理员对供应商的费用进行汇总和录入系统，以便财务会计进行生成供应商结算单，按时对供应商进行结算。 （5）督促现场受罚款的员工及时向财务部进行交款
与人力资源部	（1）与劳资管理员配合完成公司工资的发放。 （2）及时向行政事务部汇报财务部的员工考勤情况。 （3）协助行政事务部完成对员工的各项需收款的工作。 （4）协助行政事务部进行对各总部门的电话费用进行监控
与营销策划部	（1）监督营销策划部 VIP 卡管理员进行柜组 VIP 卡的设置、跟踪、监控。 （2）协助营销策划部进行促销活动的费用分摊工作。 （3）协助营销策划部进行收取供应商所需交的各项费用
与物业部	（1）协助物业部对供应商应承担的水费、电费、物业管理费等费用的收取和扣缴工作。 （2）与物业部配合对公司网络线路的正常运行进行管理和维护

5.3 供应商账款结算管理

5.3.1 供应商退场账务处理细节描述

供应商退场账务处理细节描述，如表 5-3-1 所示。

表 5-3-1 供应商退场账务处理细节描述表

序号	规范内容
1	供应商提出退场申请
2	业务部会同财务部、运营部清理其是否拖欠公司款项

序号	规范内容
3	如有拖欠公司款项，则应暂时扣留其商品
4	如无拖欠公司款项，供应商则可按公司相关规定撤场
5	财务部根据合同约定支付款项

5.3.2　供应商结算管理细节描述

供应商结算管理细节描述，如表 5-3-2 所示。

表 5-3-2　供应商结算管理细节描述表

项目	规范内容
结算原则	合同是结算的基本依据。合同包括经销合同、代销合同、联营合同、临时合约、合同变更申请、特卖合约等。在结算日前没有提供正式、有效的合同文件，一律不予结款
经营方式	（1）联营方式： ①按固定金额保底。 ②按固定比例抽成。 ③规定固定保底金额，超过部分按比例抽成。 ④规定保底金额，超出部分分段按比例抽成，达到封顶线按固定比率抽成。 （2）代销方式：供价结算，售后结款。 （3）代售方式：扣率结算，售后结款。 （4）经销方式： ①一次付清。 ②有预付款，到货付款。 ③无预付款，到货付款。 ④压批付款
合同提供	由业务部将签订的合同交财务部一份备查
结算日期及付款流程	（1）打印厂商结算清单一式三联 ①次月 9 日，由财务会计从电脑中打印出结算清单（包括根据合同审核基本销售额及提成、超基本销售额扣率及提成、特卖扣率、临时阶段性折扣等情况，计算出当月结算金额，即注明开票金额）签章后发到各楼层主管，由其发放给供应商。 ②次月 15 日前财务部结算若未接到厂商的异议（或已收到厂商寄来的无误结算用增值税专用发票）则确认厂商无异议。 ③厂商应在结款日内（每月 15—25 日）将增值税专用发票（合同规定不需提供增值税发票除外）送达或寄达财务部并将结算单中的费用以现金的方式交财务部。 ④财务部视资金情况安排付款。 （2）按期提报并录入费用扣缴明细表，一式三联

项目	规范内容
结算日期及付款流程	①每月月末前，由各收费部门填写费用扣缴汇总表（一式两联）和费用扣缴明细表（一式三联），向财务部提报费用扣缴汇总表的第二联，向各楼信息管理员提报费用扣缴明细表第二联、第三联。由信息管理员依此表录入系统，录入系统后签章，将第二联、第三联交报财务部财务会计。 ②财务部财务会计收到费用扣缴明细表后，与合同规定条款进行核对，如有误，则退回呈报部门查明原因；如无误，则开具收据，做好扣缴准备。 ③费用需要以现金方式缴纳的，要求在交送发票时交清款项。 （3）填制厂商货款结算汇总表 ①由财务会计根据供应商结算清单及费用扣缴明细表填列此表。 ②业务部因各种原因暂缓付款的，应做出书面说明。 ③每月15~25日为厂商货款付款日，财务部根据发票到达情况，安排资金，组织付款。 ④财务部财务会计收到发票后，核查发票票面填制是否有问题，如有问题及时与厂商沟通处理。若无误，附扣缴费用收据一并报总经理签批。 ⑤出纳员根据财务会计提供的合同付款方式、付款金额及账号及时付款，并做好单据传递手续

5.3.3 供应商货款结算工作细节描述

供应商货款结算工作细节描述，如表 5-3-3 所示。

表 5-3-3 供应商货款结算工作细节描述表

序号	规范内容
1	（1）结算期间为每月 1 日至当月月末。 （2）各项费用的计算期间为每月 26 日至次月 25 日
2	每月的 26—27 日，各部门将各供应商在商场发生的费用进行归集，填写费用扣缴单并汇总为费用扣缴汇总表，然后将费用扣缴单及费用扣缴汇总表交到信息管理员处
3	每月的 28—30 日，信息管理员根据费用扣缴单将各项费用录入系统，并将费用扣缴单及费用扣缴汇总表转交给财务会计
4	次月的 2—4 日，财务会计生成、打印出供应商结算单，根据合同及相关资料，审核基本销售额及抽成、超额扣率及超额抽成、特卖扣率及特卖抽成、临时阶段性折扣及降扣抽成、保底销售额及不足保底抽成等各种情况的销售额及抽成是否正确，审核 VIP 折扣的分担，计算并分摊各项活动的供应商承担部分，计算出当月结算金额（注明开票金额）
5	次月的 5—8 日，财务会计根据费用扣缴单及费用扣缴汇总表审核信息管理员已经录入的各项费用，对于出现的差错进行改正；根据供应商结算单中的物业管理费、广告促销费开具扣款收据；将各项扣款收据及供应商结算单分拣在一起

序号	规范内容
6	次月的 9 日，财务会计将供应商结算单发到各楼层信息管理员，由各楼层信息管理员直接发放给供应商
7	次月 15 日前，财务部财务会计若未接到厂商的异议（或已收到厂商的无误回复，结算用增值税专用发票），则确认厂商无异议
8	次月的 15—25 日，为商场对供应商的付款期，供应商应在结款日内（即每月 15—25 日）将增值税专用发票（合同规定不需提供增值税发票除外）送达财务部
9	财务部根据发票到达情况及公司的相关规定，准备资金，组织付款
10	财务部财务会计收到发票后，核查发票票面填制是否有问题，如有问题及时与厂商沟通处理。若无误，附扣缴费用收据一并报财务经理审核，报总经理签批
11	出纳员根据供应商结算单中的结算金额，财务会计提供的合同付款方式、银行账号等及时付款，并做好单据传递手续
12	业务部如有特殊原因需暂缓付款的，应做出书面说明

5.3.4　供应商结算单据流转项目管理细节描述

供应商结算单据流转项目管理细节描述，如表 5-3-4 所示。

表 5-3-4　供应商结算单据流转项目管理细节描述表

序号	规范内容
1	结算期间为每月 1 日至当月月末，费用计算期为每月 26 日至次月 25 日
2	各部门在 25—27 日提供各项扣款明细，如工资、餐费、广告、代垫、装修等
3	各楼层信息管理员 28—29 日录入各项扣款明细
4	（1）次月 2 日财务部生成所有结算单。 （2）在结算单上列示负库存累计金额，作为本期暂扣款，下期结算
5	财务会计次月在 5—7 日依据合同和核算数据审核扣款、成本、让利分摊等数据
6	次月 9 日财务会计将结算单发至各楼管理员处
7	次月 10 日至次月 14 日供应商取单、核对
8	次月 15—25 日为结算时间，供应商开具发票来财务部结算
9	财务部财务会计审核发票，财务经理签批结算单
10	出纳员据以付款

序号	规范内容
11	说明： （1）结算期为本月 1 日至本月月末（费用计算期为上月 26 日至本月 25 日），所以柜台手工账的结账期为每月月末，费用的截止日期为每月 25 日。 （2）营业员收到商品后一定要对进货商品验码，保证到货商品编码与原始录入单据一致。 （3）入库单要按照规定的时间内送录入室，录入室要在规定的时间内输入审核完毕。 （4）结算单上的负库存为入库单填写不及时所造成的。 （5）财务结算中心结算以电脑系统中的商品验收单为入账依据

5.3.5 经销商品货款结算日期及结算方式管理细节描述

经销商品贷款结算日期及结算方式管理细节描述，如表 5-3-5 所示。

表 5-3-5 经销商品贷款结算日期及结算方式管理细节描述表

项目	规范内容
联营、代销、租赁经营的结算日期和结算方式	（1）联营、代销、租赁经营的结算期间、结算日期由合约双方约定，结算期间为本月 1 日—月末，结算日期定为每月 15—20 日。 （2）费用结算期为上月 26 日至本月 25 日，各部门在 25—27 日向财务部提供费用扣缴明细单。 （3）商场各联营专柜每月盘点扎账日原则上为月末最后一天。 （4）次月 10 日至 14 日品牌商领取结算清单，核对并签字确认，并向财务部开具有效发票，15—20 日为品牌商结算期间。 （5）联营、代销、租赁经营均实行售后结算，即按当月实际销售金额扣减商场应得利润或租金再减去品牌商应交商场的有关费用后的余额进行结算。 （6）合同是结算的基本依据，包括联营合同、临时合约、合同变更申请、特卖合约等，在结算日前没有提供正式有效的合同文件，一律不予结款。业务部将签订的合同交财务部一份备案
经销商品的结算日期和结算方式	经销商品的结算日期和结算方式按双方所签订的合同约定的方式执行。其方式主要如下： （1）先款后货。 （2）先货后款。 （3）分批次结算。 （4）按期结算。 （5）按定额结算

5.4 收银工作管理

5.4.1 收银主管工作细节描述

收银主管工作细节描述，如表 5-4-1 所示。

表 5-4-1　收银主管工作细节描述表

序号	规范内容
1	（1）每日营业前与收银组长一起给收银员开早会。 （2）总结昨日工作中存在的问题，布置当日的工作内容，传达各种通知、企划活动等
2	处理收银员日常具体工作。及时向人事部递交收银员的打卡、病、事假和串班申请
3	清点每日营业款、券、信用卡、支票与销售日报是否相符，无误后及时送存银行
4	及时向收银室经理汇报收银工作情况，与上级领导共同商讨解决问题和困难的方法
5	检查、监督收银员的卫生、纪律，及时指出错误并加以改正
6	对新、老收银员进行业务技能培训和考核
7	积极配合解决各部门对收银员提出的问题
8	每周一督促各专业银行，及时取单、送单和 POS 机的检查维护工作
9	每月上报收银备品、收银员考勤、排班报告
10	及时领取发票，并做好保存管理工作

5.4.2　收银室员工工作细节描述

收银室员工工作细节描述，如表 5-4-2 所示。

表 5-4-2　收银室员工工作细节描述表

项目	规范内容
兑换零钞	根据商场备用金的需要量，总收每周到银行兑换一次零钞，一般定在周四，具体如下： （1）先与银行定好零钱的数量和面值，便于银行准备。 （2）总收人员带好现金。 （3）与行政事务部联系用车，并与保安联系，协助搬运并保证安全。 （4）到银行后，将要兑换的整钱交给出纳窗口，银行清点无误后兑换零钞。 （5）在保安的帮助下，把零钞运回总收室
收银员兑换零钞	（1）每天营业前，组长开完会将各款台收银员兑换零钞统计给总收人员进行兑换。由收银组长将兑换好的零钞送到各款台。 （2）换完零钞后清点大库。 （3）中午交接班时，与接班人员进行交接，清点后，由下午班的人兑换零钞。 （4）中午交接班时，由上午班收银组长交营业款时，将下午班各款台换零钞统计好，交给总收人员进行兑换。由收银组长将零钞送交各款台
发票	由总收人员到财务发票专管员处领取发票。 （1）按发票号依次登记在发票登记本中。 （2）每位收银组长领取发票时，须在发票登记本上登记发票号、领用人姓名、日期、款台号。

项目	规范内容
发票	（3）返还发票时，登记返还人姓名和返还日期，且每次只有返还一本旧的发票才能领取一本新的发票。 （4）总收人员检查发票开具情况，并查看是否有违纪开票现象。检查发票汇总金额及份数是否齐全。 （5）将开具完的发票定期返还给财务发票专管员
支票	（1）如各款台有顾客交支票的，请顾客持支票及购物小票到指定收银台交支票。 （2）收支票款台收银员根据顾客购买金额填写支票。将顾客资料按支票登记本详细登记，并为顾客开具收条，通知三天后来取货。 （3）如顾客要当日取货注意事项。 ①必须有经理人以上签字并留存身份证方可取货。 ②必须抵押购货金额一半以上及身份证可取货。 ③必须抵押全部金额方可取货。 ④必须等财务人员将支票正存以后，方可取货。 （4）支票款台电话通知总收人员收取支票。 （5）总收人员取回支票做好登记及时联系财务人员（跑外出纳），将支票正存付款银行。 （6）当财务人员将存完支票回单给总收人员后，总收人员给支票台打电话，可以通知顾客取货。 （7）总收人员将回单同销售报表中支票输机后的金额一同交财务会计。 （8）支票台通知顾客来取货时，要开证明写清明细让顾客拿证明到各楼层交款取货。 （9）收银员结账后将证明交回总收
信用卡	（1）每日工作流程。 ①各楼层上、下午的信用卡卡单按楼层分开。 ②核对各款台上交的实际卡单金额是否与汇总单金额相符。 ③核对无误后把信用卡卡单按信用卡的种类分开。 ④计算各种卡的总金额。 ⑤需存银行的压卡单填写、各行的汇总单及进账单。 ⑥登记各行的卡单。 ⑦核对日报表（注明长短款及卡种种类）。 ⑧填写一式二联的"商场信用卡对账单"（按净值填写）交给销售会计。 注：每周一给各银行打电话来取单及送单。 （2）退货处理。 ①正常退货，各行卡的退货金额为1 000元以下的可退现金。（注：3天后）如退货金额超过1 000元，以交行为例，退货项目为：交行：退货如退卡，须红字压卡。由总收开证明（写卡姓名、交易日期、金额、写明原因）到财务盖章，经理签字。如退现金，将持卡人存根每笔写一份证明，项目同上，由交行划款，将手续费部分转存基本账户。 ②非正常退货。由于POS机出现故障未刷出卡单（吃卡现象），应先查当天账是否有这笔款，再查银行对账单，如有这笔款应具体问题具体分析。情况特殊给顾客退现金，否则作退卡处理。

项目	规范内容
信用卡	③对账。及时取回财务给的 POS 机流水清单，逐笔对账，查看是否账账相符，出现未达账项及时与银行联系处理。 ④将所有银行回单交销售会计
营业款	（1）由总收人员依据缴款单进行清点。打印出前一天的收银员长短表及销售报表进行核对，按财务规定将营业款及时存入各银行。 （2）总收人员将赠券及礼券清点后与报表核对。 　中午交接班时，收银组长将已封好的上午班营业款袋和卡单，赠券、礼券交给总收人员，登记"存放登记簿"由总收人员核对无误后，进行清点，将上午营业款点完与报表核对无误后封包，放入金库中，并把现金登记在交接班日记中。 （3）营业后，收银组长将下午班营业包及备用金、卡单、赠券及退票送交总收，登记"备用金存放登记簿"。总收人员清点袋数后，全部放入金库中。 （4）总收将点款金额，银行金额及其他通知，早会内容登记在交接日记本中

5.4.3　收银组长工作细节描述

收银组长工作细节描述，如表 5-4-3 所示。

表 5-4-3　收银组长工作细节描述表

项目	规范内容
上岗前	（1）按公司上岗要求穿工装、佩戴工牌，同时检查、监督收银员上岗前的仪容、仪表。 （2）每日营业前，集中早班人员召开班前会，到总收室领取备用金，按号发给收银员。 （3）组织收银员清洁卫生。 （4）检查收银机备品是否够用，缺少时及时上报总收人员。 （5）收银组长将昨日的销售小票留存联和退货小票保存好
上岗时	（1）收银组长应与收银员一样，严格遵守上岗纪律，做到礼貌待客、规范服务，认真做好商场的收银工作。不论在何种情况下，不与顾客发生争吵，以身作则，起模范带头作用。 （2）收银组长应严格按照收银规定的操作流程进行操作，同时检查和监督收银员的操作，并及时指出错误和纠正。 （3）收银组长在严格遵守上岗纪律的同时，应检查和监督收银员的纪律，发现违纪行为应立即阻止并及时上报。 （4）收银组长熟练业务的同时，还要指导收银员的日常工作，如开发票、收取支票、解决信用卡的疑难问题，处理退、换货及维修 POS 机故障等。 （5）收银组长负责收银员与收银主管之间关系的沟通
下岗后	（1）收银组长在上班结束时，应关好自己的收银机，检查自己商场收银机是否关闭，电源是否关闭，收银台抽屉是否上锁。 （2）认真填写交接班登记，将货款、备用金、券、卡单及退换货小票送交总收室

5.4.4 收银领班工作细节描述

收银领班工作细节描述，如表 5-4-4 所示。

表 5-4-4　收银领班工作细节描述表

项目	规范内容
上班前	（1）打卡，准时到岗。 （2）打印报表送往各个部门。 （3）了解当日促销商品及促销活动的注意事项。 （4）点名，开班前会检查收银员仪容仪表，并将缺勤、迟到的收银员进行登记。 （5）帮收银员开备用金柜、收银机键盘、钱箱，并检查收银机、银行 POS 机的正常工作，如果有问题及时通知维护人员解决。 （6）检查第一批收银员在岗情况，检查卫生等一切准备工作完成。 （7）准备充足的零钞、购物袋、收银卷纸等
工作中	（1）检查所有收银员的在岗情况。 （2）检查收银员的零钞、购物袋、收银卷纸。 （3）检查前日作废小票，并登记当日作废小票。 （4）与金库清点钱袋。 （5）兑换零钞。 （6）换取发票、销售退回证明。 （7）根据客流量安排人员岗位。 （8）安排人员将顾客不要物品（生鲜）返回卖场。 （9）处理顾客投诉、解决收银区中途故障。 （10）帮助特殊购物（集团购物、支票购物、大宗购物）。 （11）帮助收银员错误更正。 （12）安排员工就餐。 （13）收取时段现金。 （14）抽点收银员营业款。 （15）高峰期后收银区的卫生清洁。 （16）高峰期后所用物品的补充。 （17）根据客流量安排连班人员休息
下班后	（1）营业款的结算、清点。 （2）收银员备用金清点，监督营业款投库。 （3）检查各个岗位的卫生情况。 （4）检查各个岗位的第二天所用物品储备情况。 （5）做每日工作记录，将当日工作总结交经理处，解决存在的问题。 （6）收集第二天商品物价信息并公布

5.4.5 收银员上岗营业前工作细节描述

收银员上岗营业前工作细节描述，如表 5-4-5 所示。

表 5-4-5　收银员上岗营业前工作细节描述表

序号	规范内容
1	到指定地点领取备用金，并在登记本上签名，兑换充足的零钞，当面点清
2	检查收银台周围的小商品及香烟柜有无异常情况，若有异常情况应立即向店长或店长助理汇报
3	取下机罩，叠好放在抽屉里
4	收银机开机：开 UPS 电源、显示屏、主机，将显示屏及客户屏调整到最佳角度
5	输入密码，进入销售状态，打开钱箱，放入备用金（面值大的放上格，面值小的零钞放下格）
6	认真检查收银机、扫描枪是否正常，如有异常立即向店长或店长助理汇报
7	将营业所需的计算器等摆放好，清洁收银台，清点办公用品是否齐全，并注意合理摆放，检查购物袋存量是否充足
8	分类整理好报刊及公司有关促销宣传单，并合理摆放，准备营业

注：（1）严禁带私人现金进入门店。

（2）严禁将营业款带出门店或收银台。

（3）上岗时严禁携带私款，严禁私换外币。

5.4.6　收银员对客服务细节描述

收银员对客服务细节描述，如表 5-4-6 所示。

表 5-4-6　收银员对客服务细节描述表

序号	规范内容
1	顾客来到收银台前，收银员应及时接待，不得以任何理由推托。入机前应根据顾客购买量的大小，选择合适的购物袋，并迅速将袋口打开，放在收银台上。然后将商品逐一入机并装袋。收银员应熟悉各种商品条码的位置
2	收银员在进行扫描时，应站姿端正，身体与收银台、收银员保持适当距离，不准靠在收银台上
3	商品输入机时要求正确、规范扫描，在扫描器最敏感的地方按扫描器箭头方向将商品划过（商品与扫描器应保持适当距离，不能将商品在扫描器上摩擦，或在扫描器上不停晃动），当听到"嘟"的响声后，核对商品与电脑显示的品名、规格、条码、数量是否一致
4	商品入电脑后要认真核对商品品名、规格、条码、数量、价格，当电脑显示的商品资料与实物不符时： （1）营业员打错价，应按低价售出，差价由负责柜组责任人赔偿（但要防止顾客有意转移价格或标价签），收银员应立即向店长或店长助理汇报。 （2）商品品名、规格、条码（编码）不符或商品无条码时，应委婉地向顾客解释并及时通知营业员更换

序号	规范内容
5	收银员应将顾客或小孩手中拿着的商品、放在收银台下面的商品及易碎的商品，先扫描入机，以避免漏输或损坏商品
6	对于以自编码销售的商品，收银员根据实际金额，先输入数量，再按设定键或用手工输入基本码的方法输入电脑
7	当扫描不出商品条码时，应将商品暂放一边，待其他商品扫描完毕后，一起改用手工输入。不得用不同条码的同价商品代替入机
8	商品全部输入电脑后，收银员要询问顾客是否还有其他商品，同时要留意顾客手上或身上是否还有商品未入机
9	在未结算前发现输入错误时应在店长或店长助理的监督下使用"更正""取消"键，并将电脑小票交店长或店长助理保留备查
10	能打开外包装的商品或封口有被开启过的商品，必须打开包装并将实物与电脑显示的品名、条码、规格进行认真核对
11	装袋要注意将前后两位顾客的商品分开。装好袋的商品要集中放在一起交给顾客，易碎商品、大件商品请顾客拿好或到指定地点进行包扎
12	装袋时要注意冷热商品分开，生熟商品分开，食品和用品分开，分量重、体积大的装下面，分量轻、体积小的商品装上面，商品装好后不能高过袋口为宜
13	挂单商品应及时放在收银台下面妥善保管，待顾客返回后，先按挂单键，将商品拿到收银台上进行操作

5.4.7 收银员收银安全工作细节描述

收银员收银安全工作细节描述，如表 5-4-7 所示。

表 5-4-7 收银员收银安全工作细节描述

项目	规范内容
防盗意识	（1）当顾客将店内同类商品带入店内时，收银员应注意顾客的购物情况。 （2）当顾客购买高价值的烟酒类商品时，收银员要拿好商品，不能松手离开商品，视线也不能离开或转身去做其他事情，如顾客有其他需要，收银员要立即请其他人员帮忙协助，以防止发生调包、被盗、被骗事件。 （3）收银员在整个收银操作过程中，眼睛余光要留意收银通道，防止商品流失。 （4）收银员台前无顾客时，要帮助留意店内其他顾客购物情况或协助店内做其他工作。 （5）所有营业款、备用金应全部放在收银机的钱箱内，不得放在其他地方。 （6）当班期间妥善保管好收银台的配套物品，离开收银台时应使用"加 / 解锁"键将键盘锁定或交接给另外的营业员后，方可离开

项目	规范内容
银行卡结算	（1）银行签购单打出后必须核对金额和银行名称无误后方可结算。 （2）如收银机上刷卡结算不成功，应马上改用手工或其他方法进行结算
信用卡结算	收银员收取信用卡时应审核以下内容：必须是本人使用，有效证件（身份证、护照、军官证、回乡证），核对左下角拼音与证件姓名是否相符，以及有效期、卡背面签名
现金结算	现金结算时，收钱、找钱都应点两遍。交易完成后主动将零钱和电脑小票双手递到顾客手中，并做到唱收唱付
突发问题	（1）商品正常折让由电脑自动执行，其他由授权人或店长参照公司规定办理。 （2）营业中遇电脑故障无法自行处理，立即通知店长或店长助理、公司信息中心解决。 （3）所有退换货按公司商品销售退换货管理规定严格执行

5.4.8　收银员交接班工作细节描述

收银员交接班工作细节描述，如表 5-4-8 所示。

表 5-4-8　收银员交接班工作细节描述表

项目	规范内容
高档烟酒收银员交接班	（1）严格按公司交接班本制度操作。 （2）交接班时两班收银员必须当面对照交接本一一清点实物，并双方签字。如发现异常现象，立即向店长或店长助理汇报并查明原因
交接班基本原则	（1）先服务完顾客后，交接人要迅速将营业款、卡等放入钱袋，退出自己的密码，接班人输入自己密码，放入备用金，核对操作员号后立即进入收银。 （2）收银台所有办公用品一一清点、交接。 （3）交接不能在客流量大的时候进行，一定要在交易完成后交接，不能在交易中途交接
交班备用金管理	（1）按公司规定的金额留存备用金。 （2）点备用金时，首先从面额最小的开始点起，点完后要复核一遍。 （3）拿好备用金、营业款到指定地点，在登记本上签名后，交店长签收。 （4）店长应将备用金、营业款有序地放入保险柜内
当班卫生	要自觉维护工作区的环境卫生，交班前要做好负责区的卫生
晚班收尾	（1）晚班收银员须待顾客全部离场后方可退出工作状态，再按规定关机，锁好收银专用章及办公用品，交出钥匙，罩好机罩，把购物袋挂满。挂购物袋时，应注意将印有"品质优良，实惠便利"的一面朝外。 （2）做好收银台及收银台架前周边商品的排面陈列及卫生清洁工作

5.4.9 收银工作管理细节描述

收银工作管理细节描述，如表5-4-9所示。

表5-4-9 收银工作细节描述表

项目	规范内容
营业前	**收银台** （1）清洁、整理收银作业区。 ①收银台、包装台。 ②收银机。 ③收银柜台四周的地板、垃圾桶。 ④收银台前头柜。 ⑤购物车（篮）放置处。 （2）整理、补充必备的物品。 ①购物袋（所有尺寸）、包装纸。 ②圆磁铁、点钞油。 ③卫生筷子、吸管、汤匙。 ④必要的各式记录本及表单。 ⑤胶带、胶台。 ⑥干净抹布。 ⑦笔、便条纸、剪刀、订书机、订书针、统一发票、空白收银条。 ⑧铃钟或警铃。 ⑨装钱布袋。 ⑩"暂停结账"牌。 （3）补充收银台前头柜的商品。 （4）准备放在收银机内的定额零用金。 ①各种币值的纸钞。 ②各种币值的硬币。 （5）检验收银机。 ①发票存根联及收执联的装置是否正确，号码是否相同。 ②日期是否正确。 ③机内的程式设定和各项统计数值是否正确或归零。 （6）收银员服装仪容的检查。 ①制服是否整洁，且合于规定。 ②是否佩戴识别证。 ③发型、仪容是否清爽、整洁。 （7）熟记并确认当日特价品、变更售价商品、促销活动，以及重要商品所在位置。 （8）早会礼仪训练。 **服务台** （1）清洁、整理服务台。 ①服务台。 ②收银机。

项目	规范内容
营业前	③服务台四周的区域。 ④服务台的商品柜。 （2）整理、补充必备的物品。（内容同收银台作业。） （3）补充服务台所销售的商品。 （4）准备放在收银机内的定额零用金。（内容同收银台作业。） （5）检验收银机。（内容同收银台作业。） （6）收银员服装仪容的检查。（内容同收银台作业。） （7）熟记并确认当日特价、变更售价商品、促销活动，以及重要商品所在位置。 （8）早会礼仪训练。 （9）打开上锁的烟酒柜。 （10）准备服务台销售的各种速食品或饮料，如可乐、爆米花。 （11）补充当期的特价单、宣传单于服务台。 （12）准备当日的广播内容稿
营业中	**收银台** （1）招呼顾客。 （2）为顾客做结账服务。 （3）为顾客做商品入袋服务。 （4）特殊收银作业处理。 ①赠品兑换或赠送。 ②现金抵用券或折价券的兑现。 ③点券或印花的赠送。 ④折扣的处理。 （5）无顾客结账时。 ①整理及补充收银台各项必备物品。 ②整理购物车（篮）。 ③整理及补充收银台前头柜的商品。 ④兑换零钱。 ⑤整理顾客的退货。 ⑥擦拭收银柜台，整理环境。 （6）收银台的抽查作业。 （7）顾客作废发票的处理。 （8）中间收款作业。 （9）保持收银台及周围环境的清洁。 （10）协助、指导新人及兼职人员。 （11）顾客询问及抱怨处理。 （12）收银员交班结算作业。 （13）单日营业总额结账作业。 **服务台** （1）招呼顾客。

项目	规范内容
营业中	（2）销售服务台陈列的商品。 （3）为顾客做结账服务。 （4）为顾客做商品入袋服务。 （5）特殊收银作业处理（内容同收银台作业）。 （6）无顾客结账时（内容同收银台作业）。 （7）服务台的抽查作业。 （8）顾客作废发票的处理。 （9）保持服务台及周围环境的清洁。 （10）中间收款作业。 （11）协助、指导新人及兼职人员。 （12）顾客询问及抱怨处理。 （13）收银员交班结算作业。 （14）单日营业总额结账作业。 （15）换货、退货处理。 （16）换发厂商识别证。 （17）店内广播。 （18）接听电话。 （19）宣导顾客寄物。 （20）留意店内出入人员，注意收银台状况，以及各收银台的购物车（篮）是否累积等。 （21）顾客遗忘寄物或未带走物品处理。 （22）发放店内的宣传单特价单。 （23）商品包装服务。 （24）资源回收作业，如宝特瓶、玻璃瓶、电池等
营业后	**收银台** （1）整理作废发票及各种点券。 （2）结算营业总额。 （3）整理收银台及周围的环境。 （4）关闭收银机电源并盖上防尘套。 （5）擦拭购物车（篮）并放于指定位置。 （6）协助现场人员处理善后工作。 **服务台** （1）整理作废发票及各种点券。 （2）结算营业总额。 （3）整理收银台及周围的环境。 （4）关闭收银机电源并盖上防尘套。 （5）擦拭购物车（篮）并放于指定位置。 （6）协助现场人员处理善后工作。 （7）清洗烹调速食的各种器具。 （8）锁上烟酒柜。 （9）关闭服务台各项电器用品的电源，如音响、麦克风等

5.4.10　收银员结账时发生错误处理细节描述

收银员结账时发生错误处理细节描述，如表 5-4-10 所示。

表 5-4-10　收银员结账时发生错误处理细节描述表

项目	规范内容
收银错误 发生的原因	（1）为顾客结账发生错误，如多打或少打价钱。 （2）顾客携带现金不足。 （3）顾客临时退货。 （4）金钱收付发生错误
处理的方法 和技巧	（1）先必须礼貌地向客人解释、致歉，并立即更正。 （2）当收银员误将商品价格多打时，可询问客人是否还要购买其他商品，如客人不需要，则应重新登录。 （3）如果发票已经给出，应立刻将打错的收银机发票收回，重新登录一张正确的发票交给顾客。 （4）礼貌地请顾客在作废发票记录本上签字。 （5）待顾客离去之后，在一定时间内将发票记录本填妥，并立即通知相关主管前往签名作证

5.4.11　顾客现金不足临时要求退货处理细节描述

顾客现金不足临时要求退货处理细节描述，如表 5-4-11 所示。

表 5-4-11　顾客现金不足临时要求退货处理细节描述表

项目	规范内容
当顾客所携带 的现金不足支 付货款时	（1）可建议顾客选择 1~2 项商品退货。 （2）若顾客因钱不足或临时决定不买，绝不能恶言相向。 （3）若顾客愿意回去拿钱时，必须保留与差额等值的商品
顾客欲退回其 中几项商品时	（1）收银员必须将已打出的发票收回，再重新打出正确的发票给顾客。 （2）礼貌地请顾客在作废发票记录本上签字。 （3）待顾客离去之后，一定时间内通知相关主管前往签名作证

5.4.12　收银稽核工作细节描述

收银稽核工作细节描述，如表 5-4-12 所示。

表 5-4-12　收银稽核工作细节描述表

项目	规范标准
收银台抽查作业	（1）检查收银机结出的总营业款与实收金额是否相符，并记录于"收银机抽查表"上。 （2）核对总营业金额，与该收银台"折扣记录单"记录的总额是否相符，以及稽核收银员是否私自给予顾客过多的折扣额。 （3）检查收银机内各项密码及程式的设定是否有变更，以免收银人员利用收银机进行舞弊。 （4）检查每个收银台的必备物品是否齐全。 （5）收银员的礼仪服务是否良好。 （6）是否遵守收银员作业守则
清点金库现金	清点金库内所有现金及准现金的总金额，与"金库现金收支本"登录的总金额是否相符，其点数的范围除了大钞之外，还应包括小额现钞及零钱袋
确认每日营业结算明细表的正确性	（1）每日结完当日营业总账后，必须将单日营业的收支情形予以记录，以作为相关部门在执行会计作业时的依据。 （2）记录表的登录是否正确，将影响到店内各项财务资料的计算及日后营业方向的参考
核对"中间收款记录本"与"金库现金收支本"	每台收银机过多的现金大钞必须依规收回金库保存，而且每次收取现金大钞的时候，必须同时登录"中间收款记录本"及"金库现金收支本"

5.4.13　收银员职业道德规范描述

收银员职业道德规范描述，如表 5-4-13 所示。

表 5-4-13　收银员职业道德规范描述表

序号	规范内容
1	热爱收银工作，熟悉电脑的基本操作，普通话标准，形象好
2	树立正确的人生观、价值观，有良好的职业道德
3	严格遵守公司的各项规章制度，不做违规操作
4	认真学习企划案，发现漏洞及时上报，真正以主人翁的态度来工作
5	工作中不斤斤计较，同事之间团结友爱，互相帮助，齐心协力做好各项工作
6	主动、热情地工作，尽职尽责不能应付了事
7	爱店如家，厉行节约，爱护公物
8	发现不良行为及时制止并上报

5.5　商超信息数据管理

5.5.1　系统维护工程师工作细节描述

系统维护工程师工作细节描述，如表 5-5-1 所示。

表 5-5-1　系统维护工程师工作细节描述表

序号	规范内容
1	根据所需系统软件、应用软件、数据流量等占用的内存，硬盘 I/O 吞吐量等指标，合理分配资源
2	及时增加所需用户注册号。在用户违规操作时，及时制止并暂停其注册号
3	系统出现问题时，要及时解决，并备有系统恢复方案。遇有疑难问题时，及时向技术支援单位求援，以保证系统正常运行

5.5.2　数据库工程师工作细节描述

数据库工程师工作细节描述，如表 5-5-2 所示。

表 5-5-2　数据库工程师工作细节描述表

序号	规范内容
1	合理安排数据库资源，使其具有安全性、合理性
2	定期维护数据库、做备份及镜像管理
3	保障数据库系统正常运行，出现问题及时解决。遇技术难题及时求援于技术支援单位

5.5.3　项目员工作细节描述

项目员工作细节描述，如表 5-5-3 所示。

表 5-5-3　项目员工作细节描述表

序号	规范内容
1	根据项目要求和实际工作需要，设计信息流、物流、业务流程图
2	根据信息流、物流业务流程图设计项目流程图
3	根据项目流程图的要求进行项目具体设计及实施
4	项目编制完成后，在交付使用前进行测试，并负责项目运行过程中的修改及编制使用说明书

序号	规范内容
5	所编制的项目需符合使用要求，项目运行占机时少，运行速度快。数据占用空间容量少，项目使用寿命期长

5.5.4　网络管理员工作细节描述

网络管理员工作细节描述，如表 5-5-4 所示。

表 5-5-4　网络管理员工作细节描述表

序号	规范内容
1	根据工作进度安排，做好商店收款机和联崩工作，确保线路畅通，发现问题及时解决
2	配合软件开发人员的工作，规划网络的整体结构，确保网络软件的有效应用，为新增节点分配 IP 地址
3	定期对设备进行检修、维护，确保其正常运行
4	通过网管软件，监视网上节点的工作情况，使网络资源得到充分合理的利用

5.5.5　计划业务科信息员工作细节描述

计划业务科信息员工作细节描述，如表 5-5-5 所示。

表 5-5-5　计划业务科信息员工作细节描述表

序号	规范内容
1	认真搜集每日报刊相关信息资料，剪辑整理有价值的信息资料
2	经常到各商品部调研进销存情况和各种经营管理动态。做好素材积累，对有影响的商品做展销，要深入了解情况，做好展销情况记录
3	及时写出符合经营管理实际，情况分析准确，富有指导意义和参考价值的调研材料
4	根据搜集和掌握的市场信息，编辑综合分析简报，每月下旬按集团的通知参加市场分析汇报会，每月下旬完成分析报告的编写工作
5	根据领导和上级主管部门提出的要求，经常开展专题市场调研工作，为经营管理提出建议
6	各种信息资料积累要系统完整

5.5.6 信息技术中心管理细节描述

信息技术中心管理细节描述，如表 5-5-6 所示。

表 5-5-6 信息技术中心管理细节描述表

项目	规范内容
信息技术中心机房	信息技术中心机房分为主机房和工作机房
人员出入	可出入主机房人员： （1）总经理、副总经理、总经理助理。 （2）信息中心经理。 （3）值班工程师。 （4）经信息中心经理批准的人员。 可出入工作机房人员： （1）总经理、副总经理、总经理助理。 （2）信息中心经理。 （3）值班工程师。 （4）信息技术中心物管员。 （5）经信息中心经理批准的人员
机房纪律	换鞋： （1）进机房必须换拖鞋。 （2）进机房时，将换下的鞋摆放整齐。 （3）出机房时，将拖鞋摆放整齐。 逗留： （1）非值班工程师不得在主机房内逗留。 （2）信息技术中心以外的人员办完事后，不得在工作机房内逗留
机房卫生	（1）不得将食物带入主机房（饮用水、药品不在此列）。 （2）机房卫生由值班工程师负责，值班工程师每日上班须提前十分钟到达机房。 （3）机房负责的卫生标准包括：电脑设备清洁要一周一次；办公用品摆放监督要随时
钥匙	（1）机房大门钥匙 3 把 信息中心经理 1 把 系统工程师 1 把 值班工程师 1 把 （2）主机房钥匙 2 套 信息中心经理 1 套 系统工程师 1 套 （3）文件柜钥匙 2 套 信息中心经理 1 套 系统工程师 1 套 （4）服务器钥匙 2 把 主任 1 把 公司 1 把

项目	规范内容
机房值班	（1）机房每日值班员两名。 （2）值班时间：8：30—20：30。 （3）值班管理员由信息技术中心工程师担任，称"值班工程师"。 （4）值班工程师具体工作如下： ①主机房电源及电脑设备启动或关闭。 ②主机房电源及电脑设备运行状况进行监控。 ③系统维护。 ④报表打印。 ⑤公司电脑系统技术支持。 ⑥填写值班日志。 ⑦填写值班工作任务一览表，留主任处存档。 （5）值班工程师每日上班应提前十分钟到达机房
值班日志	值班日志包括以下日志： 服务器运行日志　　1本 机房值班日志　　　1本 服务器运行日志内容包括： （1）操作时间。 （2）操作系统方面。 ①系统启动或关闭。 ②参数调整。 ③软件安装、撤除等。 ④硬件安装、撤除等。 ⑤用户增加、删除、权限设置等。 ⑥目录变更。 ⑦数据备份和恢复。 ⑧故障及处理。 （3）数据库方面。 ①系统启动或关闭。 ②参数调整。 ③产品安装、撤除等。 ④角色增加、删除、权限设置等。 ⑤用户增加、删除、权限设置等。 ⑥其他对象增加、删除、权限设置等。 ⑦数据备份和恢复。 ⑧故障及处理。 （4）交接班记录。 （5）临时上机记录及签名。 （6）机房值班日志内容： ①开发工作站运行情况。 ②MIS工作站运行情况。 ③文字处理微机运行情况。 ④收银机运行情况。 ⑤故障报告及处理。 ⑥参观记录

续表

项目	规范内容
机房安全	（1）个人物品 ①个人物品，未经允许，不得带入机房。公司没有义务替个人保管财物。 ②外来磁盘、硬盘、未经申报和检查，不得带入主机房。否则，一经发现，即予没收，并视情节轻重给予处罚。 ③员工办公桌的钥匙备有 2 把，1 把个人保管，1 把交物管员统一保管。 ④若有必要，在主任在场的情况下，物管员可打开每位员工的办公桌进行例行检查。 （2）介质 ①系统软件及应用软件由物管员统一保管，任何人不得带出机房。 ②私人拥有的数据流硬盘，绝对禁止带入公司，否则，一经发现，将以窃取公司机密论处。 （3）文档 ①电脑文档是公司的高级机密。 ②借阅文档，必先向物管员登记，当天借，当天还。 ③确需借出信息技术中心的文档，需经信息中心经理批准。 （4）报表 ①机房打印电脑报表，由信息技术中心物管员统一登记、统一下发，任何人不得擅自打印、留存报表；临时打印报表，需经过信息中心经理批准。 ②各楼面销售汇总及毛利。 ③各大类商品销售汇总及毛利。 ④重要大类展开到中类。 ⑤境外厂商销售日累进汇总。 ⑥优惠销售。 ⑦新厂商。 ⑧厂商销售汇总、毛利、排名（分买手、按销售额）。 ⑨审批员审批一览表 ⑩厂商销售汇总、毛利、排名（分买手、按销售额）专柜明细。 ⑪厂商销售汇总、毛利、排名（分买手、按销售额）代经销明细。 ⑫新引进厂商的效益跟踪。 （5）查询 向信息技术中心查询，需经过信息中心经理批准
系统备份	（1）操作系统备份硬盘若干个，一个全备份。 （2）操作系统备份硬盘若干个，每天一个全备份，每周每个硬盘轮流一遍。 （3）操作系统备份在每天营业时间结束后进行

5.5.7　系统设计工作细节描述

系统设计工作细节描述，如表 5-5-7 所示。

表 5-5-7　系统设计工作细节描述表

项目	规范内容
职责明确	总部、配送中心和门店分别管理自己的业务范围，工作人员分工明确，大量的信息数据在总部、配送中心和门店之间共享。系统为不同的经营管理人员设定不同的管理权限，规范每个人员的业务行为，做到过程化控制

项目	规范内容
高度模块化	系统要保证各系统及子系统中的各项功能、每一个应用项目的高度模块化,这样很容易实现对系统的自由剪裁和重新配置
满足可持续性开发需求	为了使系统的开发过程顺利进行,保持系统的可扩展性,软件提供商应依照系统要求提供完整文档
系统、数据高度集成	输入平台的数据要根据设定关系及应用规律和内在联系,传递到相关的功能模块中,达到数据的高度共享和系统的高度集成
高度可靠性和安全性	商业自动化系统均采用大规模的局域网系统、远程数据传送应用,所以需要系统具有更高的可靠性和更强的安全控制。线路故障、多用户操作冲突、共享数据的大量分发与传递,都需要管理系统有超强的稳定性,并能够对出现的各种意外情况做出正确处理。因此,需要管理系统有健全的安全防线,建立系统内部数据记录存取及删改权限的管理,用户及属性管理系统的网络安全措施
智能化数据分析功能	智能化数据分析管理系统能够自动对大量数据信息的分析结果作出判断,对于超出正常值范围的异常状况给出查询报表,给出建议及应对措施
具备可扩展的技术框架和标准的对外接口	随着百货连锁化、规模化的发展,用户需求具有变化性与多样性,系统需要不断覆盖用户的所有实际需求,因此系统平台应当有一个易于扩展的框架结构。 这种框架结构要使商业信息系统变得更容易升级和功能性业务扩展

5.5.8　系统设计原则描述

系统设计原则描述,如表 5-5-8 所示。

表 5-5-8　系统设计原则描述表

项目	规范内容
实用性原则	系统应完全适用于现今的业务需求,适应现代化商业企业管理的需要,功能强大,能为从前台、后台操作员到各级领导提供有力的支持
先进性原则	系统整体上从资源配置(包括系统架构、硬件设备、网络通信)到功能设置等均要在同业间及在未来 2~3 年间具有领先水准,五年内不落后,具有一定的超前性,具有较长的生命周期
可靠性及安全性原则	(1)可靠性是该信息系统的基本准则。 (2)系统应能满足各种业务环境和经受各种外界干扰的考验,能坚持长期稳定可靠地运行。系统的各项资源包括硬件设备、软件系统、通信等的可靠性要高,工作稳定,易于维护。在出现硬故障和软故障时,要有可靠性的恢复手段,具备强大的容错能力。 (3)系统必须要有良好的安全保密措施,具有权限控制、口令保护、信息密级制度,特别是对电脑病毒有较强的防毒和免疫能力

项目	规范内容
技术成熟性原则	系统应尽量采用当今现成的经受考验的先进、成熟的设备和软件，使之建成后就能很快地投入正常使用，提高工作效率
易扩展性原则	市场的迅速发展变化与激烈的竞争，使得公司业务的变化很多而且周期短。因此系统也应能反映这个变化并适应变化，能较好地适应随公司的业务的增长而带来的扩展，系统的模块化和参数化程度要高，能根据业务的需要，具有较好的增加和裁减能力，可按实际情况灵活地配置系统，使系统发挥出最高的效率。这种扩展不仅表现在系统的体系结构上，还表现在软件的设计上。并且这种扩展是快速的、方便的和经济的。系统的总体架构合理，设计容量适度，既可以增加资源配置、业务发展，又易于与新增门店、兄弟企业、异地、国外进行数据交换或并网
投资保护及继承性原则	系统在考虑其先进性的同时，应总体规划，精细安排，这样可充分利用前期投入的设备和软件，继承和保护以前的投资。
经济性原则	系统平台配置合理，精心安排，达到最优性能价格比。
用户友好原则	系统的用户是一般工作人员和广大用户，他们都是非计算机专业人员，因此系统还应具有友善的用户界面和联机帮助功能，便于操作和使用，真正改善工作手段，提高工作效率

5.5.9 计算机系统使用规范描述

计算机系统使用规范描述，如表 5-5-9 所示。

表 5-5-9 计算机系统使用规范描述表

项目	规范内容
订货管控	（1）系统需为商场买手及时订货，合理控制库存提供强大支持，系统遵循多批次、小批量的订货原则，自动设定安全库存，超过警戒线则自动报警，自动生成订单。 （2）彻底摆脱传统由人工根据现有库存和销售决定订货的落后状况，加强订货的准确性及合理性，使商场的现有资源得到充分合理的运用，最大限度地降低库存及其他相关费用
结算管控	系统需为商场提供经销、代销、联营及租赁四种不同的结算模式。各种结算过程全部由计算机系统自动控制，代替手工结算的任意性和不可控制性。 （1）经销结算控制：系统需对经销供应商实行预付款、货到付款、账期付款控制，付款比例事先设定，在商品到货后系统自动根据付款规则生成财务预付账款，没到付款账期的供应商只有到账期时才允许结算。 （2）代销结算控制：系统需对代销供应商的结款完全根据实际销售金额进行控制，不允许冒结。同时，结算系统将自动在结算中将供应商费用款直接扣除。 （3）联营结算控制：系统需对联营供应商的结算提供灵活的方式，支持保底抽成、超额抽成、时段抽成、分月抽成等各种结算方式，系统根据结算规则和联营厂家的实际销售额自动生成结算单据

续表

项目	规范内容
进销分离	系统需将采购和销售完全分离开来，从而解决商场部门因各自经营而带来的经营范围重叠，影响商场的整体形象问题，同时杜绝商场的人情货、人情账，使得商场在经营过程中分工更专业化
决策支持	（1）商业计划：合理安排的商业依据，控制计划进度，预测经营状况。 （2）商品配置：监控商场商品品类配置、价格定位的合理性，以利于商场的各方面条件改善经营。 （3）采购技术：通过分析指导采购员引进或者淘汰，使商场的商品更具竞争力。 （4）销售技术：通过时间、商品、促销、价格的多方位综合分析，挖掘商场的销售潜力，并给出库存管理、资金管理等依据。 （5）库存技术：提供库存合理分布的建议，从时间、数量上控制商品的进货，提供促销依据，以减少资金占用和浪费。 （6）资金分析：给予企业合理利用有限资金的依据，保证资金利用充分有效。 （7）顾客分析：提供顾客的一般规律，给予商场经营活动以依据。 （8）人员分析：挖掘自身人力资源，推介优秀人才

5.5.10 系统监控管理细节描述

系统监控管理细节描述，如表 5-5-10 所示。

表 5-5-10　系统监控管理细节描述表

序号	规范内容
1	系统能够提供对后台各操作员登录系统的监控管理
2	系统能够提供后台对前台收款机的有效监控，包括联网状况、收银状况、指定命令关机、指定上传数据、定向下发前台通知等
3	系统能够对数据实时处理进行有效控制，以解决业务量较大时数据传送的问题
4	系统能够对会员的积分返利情况、卡别升级进行监控
5	系统提供完善的操作员操作日志，为系统的安全性提供可靠保障
6	系统提供重大节日、公司庆典日等的预警提示

5.5.11 系统安全管理细节描述

系统安全管理细节描述，如表 5-5-11 所示。

表 5-5-11　系统安全管理细节描述表

项目	规范内容
系统备份	（1）系统提供安全、稳定的备份功能，保障数据的完整、安全。 （2）备份需尽量利用系统闲暇时间进行
需提供标准的 售后服务	（1）软件供应商需指派专人按商场项目的工作进展实施跟踪式服务。 （2）需提供详尽的实施计划。 （3）需进行标准的培训服务。 （4）需支持远程式在线服务，如远程进行登录式修改项目及解决问题。 （5）定期进行访问式服务。 （6）系统出现紧急情况时需在 24 小时内至现场解决问题

5.5.12　前台收银系统管理细节描述

前台收银系统管理细节描述，如表 5-5-12 所示。

表 5-5-12　前台收银系统管理细节描述表

项目	规范内容
销售收款	（1）销售收款（开业后）、练习（开业前）。 （2）退货（授权）
打印报表	（1）收款员收款汇总表。 （2）收款员收款明细表（授权）。 （3）日收款明细、汇总表。 （4）月收款明细、汇总表
收银系统维护	（1）收银员登录。 （2）收银员暂时离开。 （3）修改操作密码。 （4）安全退出关机。 （5）下载后台数据。 （6）发送销售数据
其他	挂起
缴款管理	（1）柜组销售报表（对账）。 （2）查询交易记录。 （3）查询缴款单。 （4）长短款报表。 （5）缴款汇总表。 （6）支票统计报表。 （7）信用卡统计报表。 （8）消费卡统计报表。 （9）代金券统计报表。 （10）消费券统计报表

项目	规范内容
收银管理	（1）收银机定义、修改、查询。 （2）付款方式定义。 （3）收银系统参数设置

5.5.13 进销存管理系统模块描述

进销存管理系统模块描述，如表 5-5-13 所示。

表 5-5-13 进销存管理系统模块描述表

项目	规范内容
基础资料	（1）商品分类定义。 （2）柜组定义。 （3）输入、修改、删除新商品信息。 （4）输入、修改、删除供应商信息。 （5）供应商撤柜或清还供应商全部商品。 （6）输入、修改、删除贵宾卡资料
合同管理	（1）输入、修改、删除合同。 （2）续签合同。 （3）输入、修改、删除临时合约
计划录入	（1）输入、修改、查询柜组销售额和毛利计划。 （2）输入、修改、查询商品类别销售额和毛利计划。 （3）输入、修改、查询楼层销售额和毛利计划
库存管理	（1）输入、修改、审核入库单与退厂单。 （2）输入、修改、审核进价调整单。 （3）输入、修改、审核损益单。 （4）输入、修改、审核串号单
物价管理	（1）输入、修改、审核商品调价单。 （2）输入、修改、审核柜组临时优惠单
盘点	（1）账盘。 （2）打印盘点表。 （3）输入盘点数据。 （4）输出盘点盈亏表
促销管理	（1）天气情况。 （2）节假日情况。 （3）促销费用分配。 （4）促销折扣分担

续表

项目	规范内容
供应商结算	（1）供应商结算项目设定。 （2）供应商费用输入、冲红、查询。 （3）供应商经销结算。 （4）供应商代销结算。 （5）供应商代售结算。 （6）供应商联营结算
日常处理	（1）销售冲减。 （2）销售未冲减数据处理
资料查询	（1）应付账款明细表。 （2）（联营）应付账款明细表。 （3）（代销）应付账款明细表。 （4）（代售）应付账款明细表。 （5）（经销）应付账款明细表

5.5.14　查询分析系统模块描述

查询分析系统模块描述，如表 5-5-14 所示。

表 5-5-14　查询分析系统模块描述表

项目	规范内容
销售查询 （任意时段： 年、月、 周、日）	（1）单品、品牌、柜组销售额（排序）。 （2）单品、品牌、柜组销售趋势图（期间、时段）。 （3）柜组进销存汇总表。 （4）柜组销售坪效分析表。 （5）单品库存三级账。 （6）柜组库存明细、汇总、销售汇总、流水账。 （7）类别、楼层、商场销售额（排序）。 （8）类别、楼层、商场销售趋势图（期间、时段）
销售分析 （任意时段： 年、月、 周、日）	（1）品牌、柜组结构占比。 （2）单品、柜组淘汰排名（按月处理）。 （3）大类、楼层、商场销售额（排序）。 （4）商场销售额、销售曲线、大类结构占比、客单价统计。 （5）商场支付方式分析、贵宾卡消费分析、贵宾卡积分分析
顾客分析 （时段：月）	VIP 卡消费排行、年龄段分析、品牌分析

续表

项目	规范内容
管理分析 （时段：月）	（1）商场的经营成本、经营费用、促销费用、人均劳效、坪效、商品周转率、动销率、经营结构、毛利额、毛利率、人均毛利分析。 （2）柜组单品退货率、换货率、质量投诉率、物价差错率、调货率、动销比率分析
经营决策 （时段：月）	（1）结算决策：以销售额、毛利额、坪效为要素排出综合排名，分出重点、一般和非重点结算厂商。 （2）淘汰决策：以销售排名淘汰、管理分析末位排名为要素排出综合排名，分出淘汰群和非淘汰群。 （3）调整决策：分析类别、区域、面积、品牌、价位、时期等因素与销售额的比较，为类别等要素调整提供依据

5.5.15　系统维护模块描述

系统维护模块描述，如表 5-5-15 所示。

表 5-5-15　系统维护模块描述表

项目	规范内容
用户权限维护	工号、姓名、登录名、口令、使用模块
系统管理	（1）每日数据备份。 （2）恢复备份数据。 （3）后台升级。 （4）用户口令维护。 （5）后台登录监视。 （6）前台收银监视。 （7）实时数据处理控制。 （8）收银机监控

5.5.16　进销存与财务接口菜单模块描述

进销存与财务的接口菜单模块描述，如表 5-5-16 所示。

表 5-5-16　进销存与财务的接口菜单模块描述表

项目	规范内容
文件	（1）财务软件驱动设定。 （2）刷新科目列表。 （3）打印机设置。 （4）工具条。 （5）退出

续表

项目	规范内容
映射表	（1）当前账套。 （2）制单人。 （3）商场映射表。 （4）部门映射表。 （5）供应商映射表。 （6）科目设置
自动生成凭证	（1）转成本凭证。 （2）销售凭证。 （3）经销入库凭证。 （4）代销入库凭证。 （5）代销调进价凭证。 （6）代销转应付账款凭证。 （7）商品损益凭证。 （8）内部调拨凭证。 （9）经销退厂凭证。 （10）代销退厂凭证
操作	（1）选择科目。 （2）增加。 （3）删除。 （4）查询。 （5）删除并立即提交。 （6）提交。 （7）自动生成映射关系。 （8）关闭
窗口	（1）水平排列。 （2）垂直排列。 （3）平铺。 （4）层叠。 （5）安排图标

5.5.17　进销存菜单模块描述

进销存菜单模块描述，如表 5-5-17 所示。

表 5-5-17　进销存菜单模块描述表

项目	规范内容
基本资料	（1）商品信息维护。 （2）商品分类维护。 （3）联营商品维护。 （4）商品拆分维护。 （5）条码维护。 （6）分区维护。 ①商场分区维护。 ②商品经营分区维护。 ③部门分区维护。 ④款台分区维护。 （7）厂家信息维护。 （8）付款方式维护。 （9）计划管理。 ①部门日计划。 ②部门月计划。 ③关键商品日计划。 ④关键商品月计划。 ⑤商品分类日计划。 ⑥商品分类月计划。 ⑦计划管理打印
合同	（1）合同维护。 （2）经销结算维护。 （3）结算单打印。 （4）联营结算管理。 ①联营应付账维护。 ②联营应付账打印
单据流转	（1）拟购单维护。 （2）商品验收单。 （3）商品出库单。 （4）商品返库单。 （5）商品调拨单。 （6）货品退厂单。 （7）溢余短缺进账单。 （8）零售价调整单。 （9）进货价调整单。 （10）商品拆分单。 （11）整进分出单。 （12）分进整出单。 （13）商品撤号单。 （14）账务差错调整单

续表

项目	规范内容
仓库	（1）仓库主挡维护。 （2）仓库库位维护。 （3）仓库货品损益单。 （4）仓库盘点。 ①仓库盘点。 ②打印盘点表。 ③账实核对。 （5）货品出库单查询。 （6）货品返库单查询。 （7）仓库保管账查询
销售	（1）部门销售查询。 （2）货品销售查询。 （3）退货商品查询。 （4）营业员销售查询。 （5）收款员销售查询。 （6）分区销售查询。 （7）商品品牌查询。 （8）销售收款日报。 （9）税率销售统计。 （10）供应商销售查询。 （11）销售未登账数据查询。 （12）无款台数据录入。 （13）销售差错调整。 （14）销售日（月）报。 （15）购物中心销售日报
库存	（1）动态库存查询。 （2）动态库存试算。 （3）部门库存查询。 （4）商品保质期查询。 （5）库存报警。 （6）柜组门存报警。 （7）盘点。 ①盘点表打印。 ②盘点账实核对
数据	（1）数据发送。 ①发送路径维护。 ②发送数据。

项目	规范内容
数据	（2）数据接收。 ①接收路径维护。 ②接收数据。 （3）电子秤数据维护。 （4）电子秤数据发送。 （5）销售数据对账。 （6）销售数据登账。 （7）销售数据再登账。 （8）日结盘点
账务	（1）三级明细账查询。 （2）三级明细账打印。 （3）进销存报表。 （4）综合报表。 ①货品营业日报； ②日营业预算对比。 ③年度销售或存货对比预算。 （5）物价台账查询

第 6 章
物业部日常工作内容管理

    物业部是企业运行中起到清道夫角色的重要部门，是内部关乎企业正常运转和外树企业形象的部门。如在公司的经营管理中，公司的设备、设施的完好程度和良好运行管理状况，已成为企业经营管理水平、服务质量和星级标准的重要标志之一。再如，商超卖场的销售环境决定了其对卖场的环境、治安、消防的更高标准和要求。本章以物业部流程化管理为主题，让物业部管理更高效。

6.1 物业部日常工作管理

6.1.1 物业经理工作职责细节描述

物业经理工作职责细节描述，如表 6-1-1 所示。

表 6-1-1 物业经理工作职责细节描述表

序号	规范内容
1	定期检查物业设备、设施的维护、保养情况，并根据检查结果，提出处理意见
2	每日检查公司内基本设施的运行情况，检查、指导有关人员的日常操作，发现问题及时纠正
3	督促、指导做好安全保卫、防火、防水、防盗、防暴工作
4	每周组织召开一次工作会议，检查各方面工作，提出改进的措施方案，并对各方面工作进行阶段小结，布置下周具体工作
5	做好物业工作人员的日常管理
6	组织物业人员进行业务培训，不断提高员工的管理水平和业务能力
7	负责物业人员的业绩考评，激发员工的工作积极性、创造性
8	处理突发性事件时沉着、冷静
9	恪守职业道德，保守公司秘密

6.1.2 物业部人员编制细节描述

物业部人员编制细节描述，如表 6-1-2 所示。

表 6-1-2 物业部人员编制细节描述表

序号	规范内容
1	根据公司的经营规模、物业结构、设备设施状况、营业时间、物业功能配套状况，测定各岗位的工作岗位定额和人员定额。具体方法如下： （1）根据工作量分析计算法。 （2）作业标准化程度计算法。 （3）同业比较法
2	公司的经营项目在不同阶段的工程状况（土建、装修）下所需的工程人员，可以根据情况进行调整

6.1.3　物业员工行为规范描述

物业员工行为规范描述，如表 6-1-3 所示。

表 6-1-3　物业员工行为规范描述表

序号	规范内容
1	当班时间必须佩戴工牌、保持制服整洁、仪表端庄、精神饱满
2	对待商户、客户及来访人员均应以礼相待
3	严格作息时间，不得无故迟到、早退、旷工
4	当班时间不得做职责范围以外的事
5	不得参与商铺的代租、代售
6	不得私自占有或毁坏公共财物
7	不得做有损公司信誉和不诚实的行为
8	不得向商户或与公司有业务关系的任何人收受或索取任何礼物

6.1.4　仓库管理员工作细节描述

仓库管理员工作细节描述，如表 6-1-4 所示。

表 6-1-4　仓库管理员工作细节描述表

项目	规范内容
物品入库验收工作流程	（1）物品采购人员购回物品。 （2）仓库管理员核对采购计划单与采购物品明细是否相符。 （3）验收物品。 （4）将物品实物与采购明细相对照。 （5）查验物品型号、规格、数量。 （6）抽查物品质量。 （7）填写物品入库单。 （8）采购人员签字。 （9）仓库管理员签字。 （10）物品入库。 （11）将物品分类堆放。 （12）建物品库存明细账

项目	规范内容
物品出库工作流程	（1）物品使用人填写物品领用单。 （2）领用部门经理签字、审核。 （3）物业部经理签字。 （4）总经理批准。 （5）仓库管理员签字。 （6）填写物品实际发放数量。 （7）物品出库。 （8）调整物品库存明细账

6.1.5　二次照明项目申请规范描述

二次照明项目申请规范描述，如表 6-1-5 所示。

表 6-1-5　二次照明项目申请规范描述

序号	规范内容
1	品牌商需安装二次照明
2	运营部审批
3	电气工程师审批
4	物业管理部经理审批
5	组织施工

6.1.6　仓库管理工作细节描述

仓库管理工作细节描述，如表 6-1-6 所示。

表 6-1-6　仓库管理工作细节描述表

序号	规范内容
1	检查仓库物品是否齐全，有无丢失和他人进入迹象
2	清理仓库卫生，开窗通风
3	将仓库物品分类进行堆放、整理物品
4	建立整理仓库物品进出账目，进行账、物对照

序号	规范内容
5	检查、填写物品分类标示牌
6	检查仓库内电源线路是否安全，消防设施是否完好
7	进行仓库内灭鼠防蟑，定期投放灭鼠防蟑药物
8	检查是否有隐患、有无漏水现象
9	检查门窗是否关好、上锁
10	关闭所有电源，锁好大门

6.1.7　物业部与相关部门间工作关系描述

物业部与相关部门间的工作关系描述，如表 6-1-7 所示。

表 6-1-7　物业部与相关部门间的工作关系描述表

项目	规范内容
与人力资源部	人力资源部协助物业部： （1）部门员工档案的建立、存档、保管。 （2）部门员工的招聘。 （3）员工刷卡考勤的管理、考核员工的出勤情况。 （4）员工工资的计算。 （5）监督部门员工的行为规范和职业道德。 （6）员工的绩效考核。 （7）部门日常办公用品的发放，办公设施的配置。 （8）部门文件、文本资料的复印。 物业部协助人力资源部： （1）物业物资需求计划的审批，监督物资的采购、使用及保管。 （2）监督公司固定资产的管理和使用
与营销策划部	（1）协助营销策划部进行卖场规划。 （2）协助营销策划部进行卖场形象设计及商装标准的制定。 （3）做好促销活动的后勤保障工作。 （4）做好活动中现场秩序的维护
与业务部	（1）协助卖场规划及品牌布局。 （2）协助品牌专柜装修图纸的审批及验收。 （3）品牌商进场、撤柜的协调。 （4）促销活动的后勤保障和现场秩序维护。 （5）协助专柜面积的确认

项目	规范内容
与运营部	（1）专柜的物业管理及相关的物业管理费扣缴。 （2）卖场物业设施、物业设备的维护及保养。 （3）卖场的保洁工作，安全用电及消防管理和监控。 （4）专柜商装的审核、现场管理及验收。 （5）商品进出场的检查。 （6）卖场消防安全、用电安全的培训。 （7）卖场的退场清场。 （8）营业中卖场秩序的维护和安全保卫。 （9）专柜的日常维护、维修及相关费用的扣缴。 （10）卖场突发事件的处理和处置
与财务部	（1）物业物资需求预算计划的审批及费用的报销和结算。 （2）固定资产的建账及固定资产的增加、调拨、报损、清查的账务处理。 （3）固定资产的信息档案的建立、查询、更改。 （4）收银系统的维护

6.2 商超物资管理

6.2.1 物资采购计划审批工作细节描述

物资采购计划审批工作细节描述，如表 6-2-1 所示。

表 6-2-1 物资采购计划审批工作细节描述表

序号	规范内容
1	公司设备设施维修材料、配件、固定资产配置的采购与管理由物业部负责
2	所需维护材料由需求人员做出需求计划，交部门经理审核，报分管领导审批，方可安排采购
3	固定资产配置由使用部门提出配置申请，呈报总经理、董事长批准，交物业部采购
4	日常维护消耗材料，由各需求单位按月做出材料需求计划，交部门经理审核，经总经理审批后，统一采购
5	物资采购计划的审批权限： （1）1 000 元以下的物资采购由部门经理核批申请单，分管领导审批。 （2）1 000 元以上 5 000 元以下由主管领导审批采购申请单，总经理审批借款。 （3）5 000 元以上由总经理审批采购申请，董事长审批借款

6.2.2　物资采购人员工作细节描述

物资采购人员工作细节描述，如表 6-2-2 所示。

表 6-2-2　物资采购人员的工作细节描述表

序号	规范内容
1	采购的物资材料、设备等必须是符合要求，且质优价廉的商品
2	日常消耗的材料，需选择一家品牌好、信誉好、价格优、服务优的单位合作，定点采购，统一结算
3	零星材料、物品和急需物品可随时采购，但要保证质量、价格合理
4	采购的材料、固定资产要首先验收入库
5	（1）采购人员要熟悉业务，了解市场行情，恪守职业道德。 （2）采购的物资质量低劣、价格高，不能正常使用的，责任人应承担赔偿责任。公司给予经济处罚。如给公司正常运作带来重大影响和重大经济损失的，除承担相应责任和经济处罚外，公司有权追究其法律责任

6.2.3　物资采购管理细节描述

物资采购管理细节描述，如表 6-2-3 所示。

表 6-2-3　物资采购管理细节描述表

序号	规范内容
1	确实需要，质量优先，价格合理
2	正确使用，细心保养，物尽其用，厉行节约
3	计划采购，技术先进，经济合理
4	定点采购，统一结算

6.2.4　物资验收工作细节描述

物资验收工作细节描述，如表 6-2-4 所示。

表 6-2-4　物资验收工作细节描述表

序号	规范内容
1	物资入库验收按材料采购计划、采购清单，逐一核对，账、物须相符
2	材料的规格型号、质量须符合规定要求，对不符合要求的物资有权拒收
3	材料验收合格后须填写入库单，经部门经理审批后，凭入库单到财务部结算或报销

6.2.5 物资验收入库管理流程描述

物资验收入库管理流程描述，如图 6-2-1 所示。

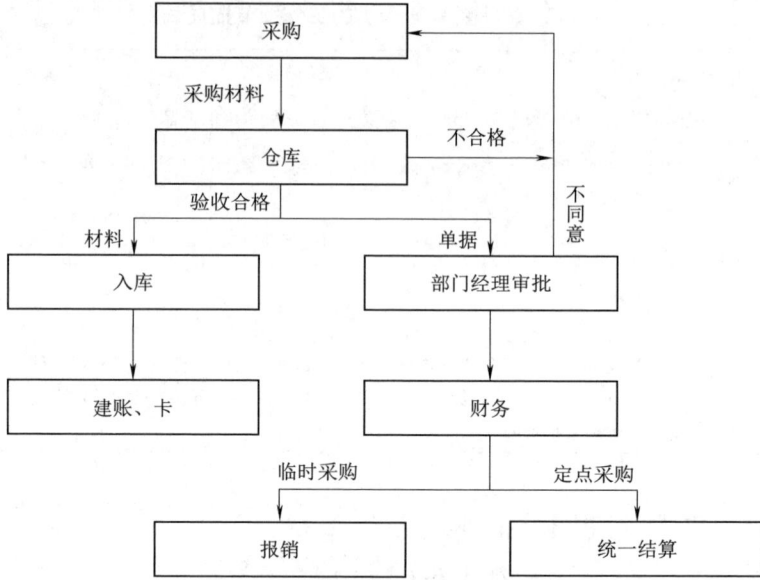

图 6-2-1 物资验收入库管理流程

6.2.6 物资出库管理细节描述

物资出库管理细节描述，如表 6-2-5 所示。

表 6-2-5 物资出库管理细节描述表

序号	规范内容
1	物品出库需填写物品领用单，并经部门经理审核、总经理或分管副总经理审批后方可发放
2	如出现突发事件可先发放物品，但事后第一时间必须补齐手续。 固定资产领用需建立固定资产使用管理登记卡，由责任人签字

6.2.7 物资出库管理流程描述

物资出库管理流程描述，如图 6-2-2 所示。

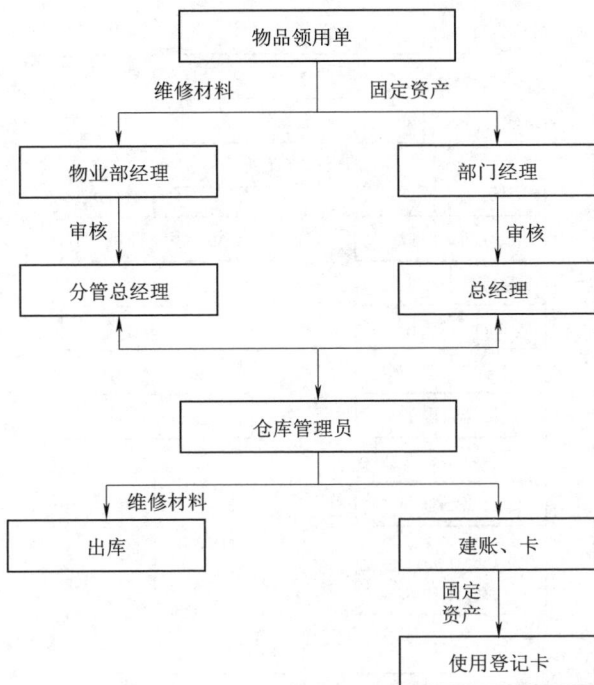

图 6-2-2　物资出库管理流程

6.2.8　物资清查盘点管理细节描述

物资清查盘点管理细节描述，如表 6-2-6 所示。

表 6-2-6　物资清查盘点管理细节描述表

序号	规范内容
1	资产清查盘点分为物品和固定资产两类
2	固定资产由资产管理人和使用人作初步盘点，资产管理员进行汇总复盘；物品由仓库管理员进行初盘、复盘，做出盈亏平衡表
3	资产管理员汇总资产盘点盈亏平衡表，并作说明，上报公司领导审批
4	财务部根据领导审批结果作资产调整。调整资产账、卡，保证账、卡、物相符

6.2.9　物资清查盘点流程描述

物资清查盘点流程描述，如图 6-2-3 所示。

```
                    ┌─────────────────┐
                    │   物业部经理     │
                    └─────────────────┘
                          │ 安排
                    ┌─────────────────┐
                    │   资产管理员     │
                    └─────────────────┘
                      清查盘点计划
        固定资产 │                    │ 物品
        ┌─────────────────┐   ┌─────────────────┐
        │   资产管理员     │   │   仓库管理员     │
        └─────────────────┘   └─────────────────┘
          │ 盘点表              │
        ┌─────────────────┐   ┌─────────────────┐
        │  各部门负责人    │   │   仓库盘点表     │
        └─────────────────┘   └─────────────────┘
          │ 查验                │ 复盘
        ┌─────────────────┐   ┌─────────────────┐
        │   资产管理员     │   │   盈亏平衡表     │
        └─────────────────┘   └─────────────────┘
          │ 汇总复盘
        ┌─────────────────┐
        │   盘点汇总表     │
        └─────────────────┘
          │
        ┌─────────────────┐
        │   盈亏平衡表     │
        └─────────────────┘
                    ┌─────────────────┐
                    │   资产管理员     │
                    └─────────────────┘
                    ┌─────────────────┐
                    │    部门经理      │
                    └─────────────────┘
                          │ 审核
                    ┌─────────────────┐
                    │    总经理        │
                    └─────────────────┘
                          │ 审批
                    ┌─────────────────┐
                    │    财务部        │
                    └─────────────────┘
                          │ 调整账、卡
                    ┌─────────────────┐
                    │     完成         │
                    └─────────────────┘
```

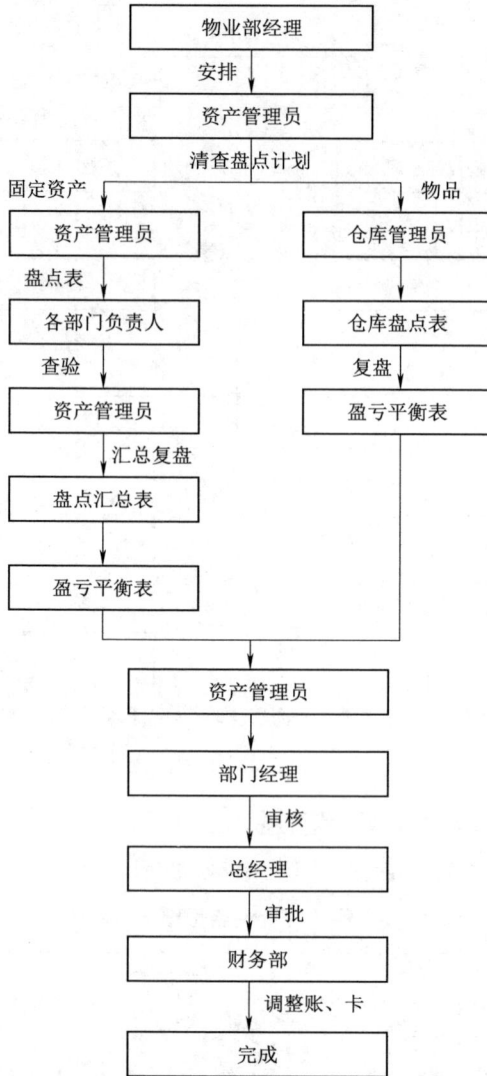

图 6-2-3　物资清查盘点流程图

6.3　商超资产管理

6.3.1　公司固定资产编号管理细节描述

公司固定资产编号管理细节描述，如表 6-3-1 所示。

表 6-3-1　公司固定资产编号管理细节描述表

序号	规范内容
1	公司购进设备经验收合格、房屋及其他建筑物竣工验收后，均是公司固定资产
2	资产管理员填写固定资产分类明细账
3	建立固定资产登记卡
4	编制固定资产编号
5	按固定资产单位制作资产编号牌或卡
6	挂编号牌、贴编号卡

6.3.2　固定资产调拨工作细节描述

固定资产调拨工作细节描述，如表 6-3-2 所示。

表 6-3-2　固定资产调拨工作细节描述表

序号	规范内容
1	资产调出或调入责任人填资产调拨表
2	资产管理员签字
3	调出部门经理签字
4	调入部门经理签字
5	公司领导签字
6	资产调出
7	资产管理员注销调出部门资产登记账、卡
8	资产管理员建立调入部门资产登记账、资产登记卡
9	资产管理员调整固定资产明细账
10	使用人或指定责任人签字
11	资产管理员调整固定资产明细账
12	报财务部

6.3.3　固定资产领用、发放工作细节描述

固定资产领用、发放工作细节描述，如表 6-3-3 所示。

表 6-3-3　固定资产领用、发放工作细节描述表

序号	规范内容
1	资产使用人或责任人填写固定资产领用单
2	使用部门经理签字
3	资产管理员签字
4	物业管理部经理签字
5	发放资产
6	资产管理员填写固定资产登记卡
7	使用人或责任人签字
8	资产管理员建立固定资产明细账
9	报财务部

6.3.4　固定资产报废、报损工作细节描述

固定资产报废、报损工作细节描述，如表 6-3-4 所示。

表 6-3-4　固定资产报废、报损工作流程描述表

序号	规范内容
1	资产管理员填写资产报废、报损物品、设施清单，审查实物实际情况，进行实物与单据对照，编制资产报废表及报损说明书
2	资产鉴定小组审查，并出具鉴定审查报告书
3	物业管理部经理签署审批意见，连同报废报损说明书及鉴定审查报告书，一并上报总经理
4	公司总经理批准
5	资产管理员注销固定资产登记卡，注销资产编号，调整固定资产明细账
6	资产管理员出具报废、报损说明书，上报财务部备案

6.3.5　固定资产清理盘点工作细节描述

固定资产清理盘点工作细节描述，如表 6-3-5 所示。

表 6-3-5 固定资产清理盘点工作细节描述

序号	规范内容
1	资产管理员编制固定资产清理盘点工作计划
2	物业管理部经理、财务部认可
3	资产管理员编制固定资产清理盘点登记表
4	各使用部门填写资产清理盘点登记表
5	资产管理员进行实物与固定资产清理盘点表明细核对
6	资产管理员编制固定资产清理盘点盈亏表
7	资产管理员分析盈亏原因
8	报物业管理部经理审核
9	公司总经理审核批准
10	资产管理员调整固定资产登记卡
11	资产使用或责任人签字
12	资产管理员调整固定资产明细账
13	资产管理员将新的固定资产明细账及登订卡报财务部备案

6.3.6 固定资产管理工作细节描述

固定资产管理工作细节描述，如表 6-3-6 所示。

表 6-3-6 固定资产管理工作细节描述表

序号	规范内容
1	资产管理员编制固定资产检查计划
2	物业部经理批准
3	资产使用单位或责任人检查、抽查固定资产使用及管理情况
4	资产管理员记录固定资产的运行、保养、完好情况
5	资产管理员提出资产管理、使用存在的问题和改进方法
6	资产管理员分析资产使用、管理、配置存在问题的原因
7	资产管理员将固定资产使用情况定期报物业部经理
8	由物业经理审核后，上报公司主管领导

6.4 商超各区域卫生管理

6.4.1 卫生清洁工作管理细节描述

卫生清洁工作管理细节描述，如表 6-4-1 所示。

表 6-4-1 卫生清洁工作管理细节描述表

序号	规范内容
1	选择正确的化学用剂，按比例进行稀释（使用防护用具）
2	按清洁的项目进行"一洗、二刷、三冲、四消毒"，洗是用专用的洗洁精清洗，刷是指刷掉器具上难以清除的污垢，冲是指用清水大力冲洗器具，消毒是指将器皿放入消毒水中或消毒柜中消毒的过程
3	将清洁池中污水放掉，清理杂物残渣，冲洗干净
4	经过消毒项目的器具，放在保洁柜中或保洁架上晾干水分，直至表面干爽
5	清洁后的标准：光洁、干爽、无油污、水渍、茶渍、血渍

6.4.2 员工食堂卫生管理细节描述

员工食堂卫生管理细节描述，如表 6-4-2 所示。

表 6-4-2 员工食堂卫生管理细节描述表

项目	规范内容
食堂大厅卫生标准	（1）大厅地面无杂物、无残渣、干净整洁。 （2）墙面整洁明亮、无尘土、无蜘蛛网。 （3）用餐后，餐桌、椅子摆放整齐，桌面、椅面上无杂物、无残渣。 （4）每日午餐后，用水冲洗一次地板，晚餐后拖地板一次。 （5）每周进行一次灭蝇、灭鼠、灭蟑螂及其他害虫，保证食堂内无蝇、无蟑螂
工作间卫生标准	（1）墙面无油垢、无蜘蛛网、无灰尘。 （2）地面干净，沟渠通畅。 （3）废弃杂物放进专用垃圾桶内并加盖。 （4）午餐、晚餐工作结束后，灶上、灶下、地面用水清扫刷干净。 （5）保持工作间内无怪味、臭味
食品加工卫生标准	（1）蔬菜按品种分别用隔水容器盛放，不能接触地面。 （2）蔬菜加工按一拣、二洁、三切、四冲洗的顺序操作，洗后无沙、无杂物、无虫、无腐烂、无干疤。 （3）熟食卤菜当日使用当日加工。

项目	规范内容
食品加工卫生标准	（4）隔顿、隔夜或外购熟食要回锅烧透后，再供应。 （5）加工熟食前必须进行刀、砧板、台面、抹布和手的清洗消毒，刀、砧板必须使用专用的刀、砧板。 （6）熟食、卤菜装盘后不许交叉重叠存放。 （7）肉类、鱼、海鲜及其他食品解冻，要有容器盛放，自然解冻，不许用热水解冻。 （8）工作结束后，各种调料、材料要加盖存放
食品贮存卫生标准	（1）肉类、鲜活、水产品等易腐食品应冷藏贮存。 （2）生熟食品分开贮存。 （3）成品与半成品分开贮存。 （4）冷库（冰箱）每月除霜一次
餐具、工具消毒卫生标准	（1）切肉、切菜、切熟食品砧板、刀具、盛放器具分开使用，不许混杂交叉使用。 （2）用具使用完毕，必须清洗干净，无油污、无残渣。 （3）盛饭、盛菜器具和用具的清洗，按一洗、二刷、三冲、四消毒的顺序操作。 （4）餐具、工具蒸汽消毒要保证十分钟。 （5）消毒后的餐具、工具存放在消毒柜中
炊事员卫生标准	（1）持健康证上岗，每半年体检一次，无健康证者，一律不许上岗。 （2）上班时必须按规定穿戴干净整洁的工作衣帽。 （3）不留长发，不留长指甲，不戴首饰、手表，不许涂抹指甲油。 （4）工作前必须洗手消毒。 （5）工作中不许吸烟

6.4.3 食堂管理员工作细节描述

食堂管理员工作细节描述，如表 6-4-3 所示。

表 6-4-3 食堂管理员工作细节描述表

序号	规范内容
1	8：25 到岗，打卡、佩戴工作牌，进入工作岗位
2	8：30 检查食堂员工的出勤情况，清点人数，做员工的考勤记录
3	8：35 召开食堂员工班前会，安排当日的工作
4	8：50 检查、督促、协助食堂员工做好卫生清洁工作。 （1）食堂大厅卫生：保证地面清洁，桌椅整齐，大厅明亮。 （2）厨房内部卫生：灶上、灶下、地面、设备清洁符合要求。 （3）食堂器具、用品的卫生：器具、用品洗刷干净、消毒，砧板清洁，熟生专用。 （4）食堂内无蝇、鼠、蟑螂等。 （5）食堂员工个人卫生：着装符合规定，无长头发、长指甲，洗手消毒

序号	规范内容
5	9：30 检查、验收采购的蔬菜、肉类、水产类等原料。 （1）肉、干鲜、水产品等质量好，无变质。 （2）蔬菜鲜嫩，无腐烂、干疤。 （3）斤两充足，价格合理
6	9：40 督促、检查、协助炊事员进行原料加工、清洗。 （1）做好肉类解冻，解冻过程要用容器盛装，不能用热水解冻。 （2）蔬菜清洗，按品种分别用隔水容器盛装。 （3）蔬菜做到一拣、二洁、三切、四冲洗，无腐烂、干疤、沙粒、杂物。 （4）用具使用完毕清洗干净，无油污或留有残渣
7	10：50 督促、检查、协助厨房进行饭菜烹调，保证色、香、味俱全。 （1）烹调时要煮（炒）熟、煮（炒）透。 （2）熟食加工用具要洗净消毒，砧板、刀具专用。 （3）分派好的菜不叠放
8	（1）11：20 为午餐开饭做好准备，将供应菜谱，加菜品种写在黑板上。 （2）督促、监督食堂员工更换专用工作服，戴口罩，洗手消毒，从消毒柜中取出用具就位
9	11：30 督促、监督食堂员工开始给公司员工打饭，加菜。 （1）保证态度和蔼，饭菜分派均匀、足量。 （2）食堂秩序井然，无喧哗、打闹
10	12：50 食堂员工就餐
11	13：00 督促、协助清扫餐厅、厨房卫生及清洗餐具
12	14：30 食堂员工休息
13	16：00 督促食堂员工准备晚餐，督促、检查晚餐准备情况，准备供应晚餐
14	17：30 开始供应晚餐
15	18：50 食堂员工就晚餐
16	19：00 督促、检查、协助进行食堂卫生清洁，餐具清洗、消毒
17	20：00 检查食堂卫生，餐具卫生，关好门窗，切断电器电源、关灯，锁门下班

6.4.4　生鲜处员工清洁卫生管理细节描述

生鲜处员工清洁卫生管理细节描述，如表 6-4-4 所示。

表 6-4-4 生鲜处员工清洁卫生管理细节描述表

项目	规范内容
资格证书	上岗须具备：健康证、食品卫生知识培训证
身体健康要求	（1）凡是患有痢疾、伤寒、病毒性肝炎、消化道传染病（含病原携带者）、活动性肺结核、化脓性或渗出性皮肤病或其他有碍食品卫生者（肝炎、腹泻、呕吐、发热、咽喉疼痛、皮疹、眼耳鼻溢液），均不能参加生鲜食品的操作。 （2）手部受伤，包括刀伤、擦伤、烫伤必须经过处理，用防水绷带包扎，完全包扎后才能接触食品。 （3）须取得区、市级以上的卫生防疫部门颁发的服务行业体检健康证
着装仪表要求	（1）衣：包括工帽、工作服装、鞋子、围裙、袜子等，总体要求是干净整洁：工帽白色，以能覆盖头发为原则；工衣白色，分上衣和裤子，长袖上衣，带衣领、松紧袖领，衣裤质地具备不脱线、不粘毛、不掉色、容易清洗、免烫快干的特点；防滑鞋为白色、长筒的防滑鞋，裤筒放入鞋里，鞋跟无污泥；围裙为防水质地、深色；袜子为吸汗、舒适、防滑的棉质袜子。 （2）身体：每天洗澡至少一次，保持干净。 （3）头发：不染发，勤理发、洗发，男士头发不过寸且不留发迹，女士头发梳理整齐，收入帽内。 （4）口罩：在所有的即食食品加工区域、销售区域工作须戴一次性口罩。 （5）手：保持干净，对于必须进行清洗、消毒项目，操作食品时必须戴一次性手套。不留长指甲，以看不见指甲白色部分为合格，即指甲没有藏污纳垢的空间，也不能涂指甲油。 （6）首饰及携带物：不能戴首饰，包括戒指、手镯、耳环、项链、腕表、易掉的头发饰物；工作服的衣兜内没有香烟、打火机、小刀、笔等易掉商品
洗手要求	（1）什么人要洗手：从事食品加工、售卖或有机会接触食品的人需要洗手。 （2）什么时候洗手：开始工作之前或中途开始工作之前；去洗手间回来以后；吃完饭、饮水后；手部弄脏后（处理垃圾，触摸脸、鼻子等，清洁工作）；不同的工作项目交叉开始前等。 （3）什么地方洗手：在规定的洗手池或洗手间洗手，绝对不能在食品操作池中或盛装食品的容器中洗手。 （4）用什么洗手：热水（43 ℃）＋杀菌香皂或洗手液。 （5）如何洗手： ①用水湿润手部。 ②擦上杀菌香皂或洗手液。 ③两只手互相摩擦，包括手背、手指相互摩擦。 ④用力搓洗两手的全部，包括手掌、手背和手腕部。 ⑤擦洗指尖，特别是指甲内的污垢。 ⑥用清水将手冲洗干净，洗手时间不少于半分钟。 ⑦用纸巾或消毒的毛巾擦干或用吹风机吹干
良好的卫生习惯	（1）工作服整洁。 （2）不随地吐痰。 （3）不乱扔垃圾、手套、口罩。 （4）加工食品前，去厕所前后要洗手。

项目	规范内容
良好的 卫生习惯	（5）营业区内不吸烟、不吃口香糖。 （6）接触生食后要洗手。 （7）不对准食品咳嗽或打喷嚏。 （8）拿取食品需用食品夹。 （9）不能将直接食用的调味品、熟食、半成品暴露在空气中。 （10）不混用食品容器、食品加工刀具，食品容器使用前须清洁、消毒。 （11）刀具使用完毕后，放回原位。 （12）不将非食品类东西与食品、食品直接加工用具混放。 （13）不将化学用剂与食品类商品临近存放。 （14）进出冷库随时关门，进出熟食加工间、净菜加工间随手关门。 （15）随时正确处理垃圾，保持加工区域的干净整洁。 （16）皮肤损伤要及时处理包扎。 （17）食品加工、包装、售卖过程中保证工作服、帽、手套、口罩符合员工着装标准。 （18）养成"四勤"的习惯：勤洗手剪指甲、勤洗澡理发、勤洗衣服被褥、勤换工作服

6.4.5　仓库清洁卫生管理细节描述

仓库清洁卫生管理细节描述，如表6-4-5所示。

表6-4-5　仓库清洁卫生管理细节描述表

项目	规范内容
仓库的范围	干货仓、湿货仓、杂货仓、冷库
仓库管理的 要求	（1）仓库管理需专人负责卫生。 （2）定期检查库存食品质量。 （3）定期记录仓库温度、湿度。 （4）对库存食品要登记入库日期，标识清楚。 （5）先进先出，易腐先出。 （6）对超过保存期和腐败变质的食品应及时处理。 （7）冷库每两周应进行一次除霜。 （8）设有进出货和食品报废记录本。 （9）各类食品存放都应分类分架，隔墙离地，架与架、堆与堆之间有一定距离并整齐存放
仓库的卫生 消毒	（1）餐具消毒的时间：初次使用和再次使用前。 （2）餐具消毒的项目：一洗，二刷，三冲，四消毒，五保洁。 （3）餐具消毒的方法。 ①物理消毒法 a.远红外线高温消毒法：120 ℃，保温15分钟；

续表

项目	规范内容
仓库的卫生消毒	b. 蒸汽消毒法：95 ℃，消毒 15 分钟； c. 煮沸消毒法：煮沸 5~15 分钟； d. 洗碗机消毒温度是 80 ℃，消毒时间是 1~2 分钟。 ②药物消毒法 a. 严格按照药物使用说明书配制； b. 忌用热开水配制消毒水； c. 消毒后餐具应放在保洁柜内； d. 隔夜未使用的餐具应重新消毒； e. 使用含氯消毒剂，有效氯浓度是 250 ppm，消毒时间是 3~5 分钟
冷库	（1）界定 冷却冷藏库：中心温度一般在 -4 ℃ ~4 ℃；用于蛋类、奶类、水果类、蔬菜类等；冷冻冷藏库：中心温度 -8 ℃ 以下，一般设在 -10 ℃ ~18 ℃，存放时间较长，用于冻肉、冻鱼等。 　　注意：因为冰箱的低温只能抑制细菌的生长繁殖速度，而不是杀灭细菌，储存时间过长，细菌还可缓慢繁殖而增多，从而引起食品腐败变质。所以，冰箱不能长期保存食品。 （2）冷库的卫生标准 ①货架：干净、无锈斑、无污垢、无冰块。 ②地板：无积水、无垃圾、无污垢、无异味、无冰块。 ③栈板：干净、不发霉、不潮湿、无冰块。 ④抽风机：运行正常，干净无尘、不漏水、无冰霜。 ⑤门帘：干净、无油渍、无水珠、无冰霜、完整不断裂。 （3）冷库的清洁方法 ①冷库：每日清洁地板至少两次，用化学清洁剂清洗后，再用清水清洗，最后用消毒水消毒 1 次。 ②货架：每日清洁至少一次，定期对生锈部分进行油漆。 ③栈板：每周清洁至少一次，潮湿生霉的要更换。 ④抽风机：每月清洗至少一次。 ⑤门帘：随时清洁，保证清洁
常温库的清洁方法	（1）货架：每日清洁一次，定期对生锈部分漆油漆。 （2）天花板：每月清洁一次。 （3）地板：每日清洁至少两次，用化学清洁剂清洗后，用清水清洗，最后用消毒水消毒一次
食品储存的卫生	（1）食品必须存放在正确的温度下，也包括湿度、通风、阳光等条件。 （2）食品的储存必须标有明确的保质期、进货日期。 （3）储存的食品须封箱封盖，食品箱不能直接放在地板上，且离墙壁至少五厘米。 （4）储存食品必须分类，以免感染、串味。 （5）生、熟商品分开存放，或熟商品放在上面，生商品放在下面。 （6）食品有专用的存放区域，与非食品类、化学用剂必须分开存放

6.4.6 卖场清洁卫生管理细节描述

卖场清洁卫生管理细节描述，如表6-4-6所示。

表6-4-6 卖场清洁卫生管理细节描述表

项目	规范内容
清洁区域	货架、商品、地面、电梯、洗手间、购物车、购物篮、价格标识、可见墙壁等
清洁标准	货架：无污迹、无灰尘、无过期的价格标签。 商品：有序整齐、无灰尘、无陈列位置不正确的商品摆放、无破包及破损（特别是流体食物）。 地面：无污迹（包括无污水、灰尘）、无垃圾（包括烟头、痰迹、纸皮）、无卡板。 样品：无灰尘、无油污、无陈旧、无部分损坏。 电梯：无垃圾、无污水、无灰尘、无油迹等。 购物车（篮）：无垃圾、无油污、无水迹。 可见墙壁：无污迹、无水迹。 洗手间：无异味、无垃圾、无污水，保持干净、通风、下水通畅
清洁措施	（1）地板上的纸皮及补货时产生的其他垃圾，由部门人员收集到指定地点。 （2）空卡板由部门人员或收货部门人员回收到指定地点。 （3）供应商由于促销活动产生的垃圾，应由其促销人员负责清理。 （4）货架灰尘、污迹须由部门主管安排人员清洁。 （5）货架上不允许厂商乱贴广告，若有粘贴者，由部门人员监督促销人员清洗。 （6）商品的破包、破损（含样品），部门人员要及时用包装机或透明胶带修复。 （7）商品的灰尘、污迹（含样品），部门人员要每日用抹布、鸡毛掸清洁。 （8）部门主管每日营业前须检查本部门卫生状况。 （9）部门主管须每日晚间补货、理货时，安排清洁工作。 （10）凡遇到地面有污迹时，要及时通知保洁人员处理

6.4.7 销售区域清洁卫生管理细节描述

销售区域清洁卫生管理细节描述，如表6-4-7所示。

表6-4-7 销售区域清洁卫生管理细节描述表

项目	规范内容
销售环境的卫生标准	（1）建筑环境 地面：无垃圾、无积水、无油渍、无杂物、无商品。 墙面：无油污、无污垢、无灰网。 天花板：无污垢、无灰网。 （2）设施、用具类 ①操作台 操作台要干净光亮，无污垢，无锈斑，无杂物，无破包散落商品。

项目	规范内容
销售环境的卫生标准	②消毒桶的使用 a.选择正确的化学用剂，按比例进行稀释。 b.器具消毒与抹布消毒必须分别使用不同的消毒桶。 c.消毒水干净、透彻，定时更换，液体淹没器具至少 2 厘米。 d.消毒桶配盖，随时处于盖盖状态，桶外有明确的标识。 ③刀具及砧板的处理 a.刀具不能生锈，砧板不能发霉。 b.刀具、砧板随时保持清洁，刀具用完后放回刀架，砧板用完后竖放。 c.刀具、砧板每日至少消毒 1 次。 d.生熟刀具、砧板分开使用。 e.不同种类的刀具用于不同的加工项目
陈列设备的清洁卫生	（1）陈列设备的卫生标准 ①陈列柜 玻璃：透亮，无污点，无水痕，无手印。 柜身：无油污，无血渍，无水痕。 风帘：干净，无油污，无水渍。 层板：干爽，无油污，无血渍，无露水。 风口：通风畅顺，无结霜，无露水，无污垢。 ②常用陈列设备 木货架：无灰尘、无污垢、表面光亮。 金属货架：无灰尘、无污垢、无锈斑。 金属篮：无灰尘、无污垢、无锈斑。 塑胶周转箱：无灰尘、无污垢、无杂物、无污水。 栈板：无灰尘、无污垢。 价格牌：无灰尘、无油污。 ③其他 冰台：无污垢、无积水、无异味，冰块新鲜干净。 （2）陈列设备的清洁方法 ①陈列柜：玻璃内外的清洁方法是用洗洁精清洗、过水、刮净，随时保持干净；柜身外用洗洁精清洗、过水、抹净；柜身内可使用专业清洗剂清洗、过水、消毒，再过水、抹干，每日至少清洁 1 次；风帘用温水清洗、抹干，每日清洁一次；层板用温水清洗、抹干，随时保持清洁；风口用热水清洗、过水，抹干水分，每周清洗一次。 ②常用陈列设备：用清水加清洁剂清洁，用抹布抹干净，每周清洁两次。 ③价格牌：与食物不接触的价格牌，用清水加清洁剂清洁，用抹布抹干净，每周一次；与食物接触的价格牌，用洗洁精清洗、过水、消毒、过水，每日至少一次。 ④其他：旧冰铲除，积水放掉，用化学用剂清洗冰台内、外表面，清水冲洗，每日一次

6.4.8 生产设备清洁卫生管理细节描述

生产设备的清洁卫生管理细节描述，如表 6-4-8 所示。

表 6-4-8　生产设备的清洁卫生管理细节描述表

项目	规范内容
生产设备的卫生标准	（1）用具类 刀具：无油渍、无残渣、无锈斑。 砧板：颜色洁白，无污水、无残渣、无霉斑。 专业用具：干净整洁，无油渍、无污点。 （2）容器类 食品容器：表面光亮，无污垢、无锈斑、无杂物。 消毒容器：干净，无污垢、无污水、无油渍。 清洁容器：干净，无污垢、无残留污水、无油渍。 （3）设施类 操作台：干净光亮，无污垢、无锈斑、无杂物。 容器架子：干净，无污垢、无油污、无锈斑。 运输车辆：无油污、无垃圾、无污垢。 （4）设备类 一般设备：无灰尘、无污垢、无油污。 专业设备：无污垢、无油污、无灰尘、无化学油渍、无锈斑
生产设备的清洁方法	（1）用具类：刀具用洗洁精清洗后，用清水冲洗，消毒后要放回刀架，刀具随时清洁；砧板用清水或洗洁精清洗后，每日工作结束时用漂白水漂白，砧板要随时保持干燥。 （2）容器类：食品容器类必须遵循"一洗、二刷、三冲、四消毒"的清洁过程，干净的容器放在保洁的架子上；消毒类容器，消毒溶液要按规定时间更换并保持干净，桶表面污垢要用洗洁精清洗后，用清水冲净；清洁容器的清洗方法同消毒类容器。 （3）设施类：用规定的化学剂清洗干净，再用清水冲洗，并用抹布抹干水渍，台面、设施每日至少清洗三次，运输车辆每日至少清洗一次。 （4）设备类：清洁专用加工设备，用沸水加化学用剂每日洗、冲三次，以免碎肉、菜渣等残留其中而腐烂衍生细菌而污染食品或按其使用说明书中方法清洗；普通常用的设备每日清洗 1 次；设备的清洗必须注意电源、插座、电线的安全，必要的设备要进行消毒处理
开放式陈列柜的维护和保养	冷冻冷藏部门应注意对设备的维护和保养，否则将造成陈列柜外观的破损和老化，机器制冷效率的降低及使用寿命的缩短

6.4.9　食品储存卫生管理细节描述

食品储存卫生管理细节描述，如表 6-4-9 所示。

表 6-4-9　食品储存卫生管理细节描述表

序号	规范内容
1	食品必须存放在正确的温度下，也包括湿度、通风、阳光等条件
2	食品的储存必须标有明确的保质期、进货日期

续表

序号	规范内容
3	储存的食品须封箱、封盖，食品箱不能直接放在地板上，且离墙壁至少 5 厘米
4	储存食品必须分类，以免感染、串味
5	生、熟商品分开存放，或熟商品放在上面，生商品放在下面
6	食品有专用的存放区域，与非食品类、化学用剂必须分开存放

6.4.10　避免交叉感染操作细节描述

避免交叉感染操作细节描述，如表 6-4-10 所示。

表 6-4-10　避免交叉感染操作细节描述表

序号	规范内容
1	不同的新鲜食品存放时必须分类封盖存放，特别是生、熟食品
2	未经清洗的食品与已经处理完毕的半成品在加工间分开存放
3	腐烂、变质的食品必须及时挑拣出来
4	不同食品在处理时，不能混合清洗，必须换水或用不同清洁容器、水池清洗
5	生、熟食品使用的容器、刀具、砧板要分开
6	由生处理项目转向熟处理项目时，手要消毒
7	处理、销售食品时，必须着干净衣服，戴口罩和一次性手套
8	清洁用的化学物品统一存放，不得与生鲜食品接触或存放在食品加工销售区域
9	清洁用具存放于清洁间内，不能存放在食品加工区域
10	食品存放、加工、销售的整个区域必须执行严格、细致的清洁消毒标准，确保卫生

6.4.11　操作区域清洁卫生管理细节描述

操作区域清洁卫生管理细节描述，如表 6-4-11 所示。

表 6-4-11　操作区域清洁卫生管理细节描述表

项目	规范内容
操作区环境的 清洁卫生标准	（1）空间环境 地板：无垃圾、无积水、无油渍、无杂物。 墙面：无油污、无污垢、无灰网。

325

项目	规范内容
操作区环境的清洁卫生标准	天花：无油污、无灰网、无烟熏痕迹。 玻璃：明亮、无油污、无指印、无水痕。 （2）操作设施 排水设施：排水设施完善，水沟无积水、堵塞、杂物，无污垢，地漏干净畅通。 通风设施：通风设施完善，空气新鲜，湿度适当，设备无油渍。 （3）操作水池 洗手池：无污垢、无杂物、无堵塞、无污水。 清洁器具池：无污垢、无杂物、无堵塞、无污水。 食品专用水池：无污垢、无杂物、无堵塞、无污水
操作区环境清洁方法	（1）空间环境 地板清洁用解脂溶油剂清洗、过水、消毒、刮干，每日清洁两次；墙面用洗洁精清洗、过水、刮干净，每日清洗一次；天花板用湿布清洁（或用清洁剂），每月一次。 （2）操作设施 水沟用解脂溶油剂清洗、消毒，随时清除杂物保持干净，每日消毒一次；地漏要随时清除杂物保持干净，每日灌水消毒一次；通风设施用解脂溶油剂清洗、消毒、过水，每周清洁两次。 （3）操作水池 洗手池用清洁剂清洗、过水，随时清除杂物，保持干净，每日清洗一次；清洁器具水池用清洁剂清洗、过水，随时清除杂物，保持干净，每日清洗两次；食品专用水池用清洁剂清洗、过水、消毒，随时清除杂物，保持干净，每日清洗两次。 （4）积水的处理 任何时候、任何时间，凡是地板积水、冷库积水必须立即处理刮净，下水道盖板上及周边区域不能有任何积水。 （5）垃圾的处理 ①各种垃圾要随时清理。 ②生物垃圾同其他垃圾分开处理，并放在指定垃圾桶内，垃圾桶必须盖盖。 ③地板、下水道、地漏、水池及工作台面是垃圾清理的重点区域。 ④垃圾桶及垃圾区域定期消毒

6.4.12 食品/非食品处员工清洁卫生管理细节描述

食品及非食品处员工清洁卫生管理细节描述，如表6-4-12所示。

表6-4-12 食品/非食品处员工清洁卫生管理细节描述表

项目	规范内容
资格证书	上岗需具备：健康证
个人卫生要求	（1）身体健康要求：须取得区、市级以上的卫生防疫部门颁发的服务行业体检健康证。 （2）着装仪表要求：着公司统一的工衣、工裤、工鞋；佩戴整洁挺括的工牌；男发不过耳、女发不过肩，长发束起；不留长指甲，不浓妆艳抹。 （3）良好的卫生习惯：工作服整洁；不随地吐痰；营业区内不吸烟、不吃口香糖；养成勤洗手剪指甲、勤洗澡理发、勤洗衣服被褥、勤换工作服的"四勤"习惯

6.4.13　有害动物防治规范描述

有害动物防治规范描述，如表 6-4-13 所示。

表 6-4-13　有害动物防治规范描述表

序号	规范内容
1	有害动物的防治主要是灭鼠、灭蟑、灭蚊、灭蝇，防止它们成为一种媒介体，传播病毒和细菌，污染食品、食品加工器具、设备等
2	防治的主要措施是设置灭蝇灯、灭鼠网、灭鼠器、灭鼠药、灭鼠胶等，设置风帘、消防门等，并定期检查清洁
3	老鼠： （1）必须有长期的、有效的、专人负责消灭老鼠的工作计划和工作内容。 （2）建筑物的洞穴、排水系统的管道、排水入口都必须有封死的金属网。 （3）无供老鼠繁殖、藏身的空纸箱及开封的食品箱等。 （4）保持加工间的清洁卫生。 （5）保持后仓的食品无散漏，特别是粮食、水果、油、食品残渣等。 （6）定期检查黑暗的角落、过道、货架底部、橱柜、仓库的死角等，重点防治老鼠经常出没的地方。 （7）设置灭鼠网、灭鼠器、灭鼠药、灭鼠胶等。 苍蝇、蚊子： （1）设置灭蝇灯、风帘、消门等灭蝇设备。 （2）定期对排水渠、下水道、地面、垃圾桶、垃圾处进行喷杀灭卵。 （3）食品销售柜、加工间保持封闭，减少食品的暴露，随手关门、盖盖子。 （4）用灭蝇拍流动灭蝇。 （5）正确、及时处理垃圾、污水。 蟑螂： （1）设置除蟑器或采用药物对蟑螂出没的地方重点喷杀。 （2）及时清除蟑螂卵，并对比较阴暗的食品加工区域做重点防治。 （3）保持整个食品加工区域的清洁卫生

6.5　商超保洁管理

6.5.1　保洁领班工作职责细节描述

保洁领班工作职责细节描述，如表 6-5-1 所示。

表 6-5-1　保洁领班工作职责细节描述表

序号	规范内容
1	检查商场保洁人员的出勤情况、仪容仪表，并做好考勤记录

续表

序号	规范内容
2	组织召开每天班前工作例会，布置工作，传达公司工作安排
3	督促、检查各楼层保洁人员做好工作区域的卫生保洁工作
4	定时巡查商场内外的卫生，如各楼层走道、卫生间、大厅、电梯前室、扶手、扶梯、电梯、外广场等卫生，并做好巡查记录
5	发现有不清洁或卫生死角，立即组织人员清理，并采取整改、防范措施，情况较严重的报上级领导
6	负责保洁物品的发放，监督保洁物品的使用，杜绝浪费，并做好记录
7	组织保洁人员进行临时性卫生清洁工作
8	负责每日保洁人员工作的临时调配、休假、值班安排

6.5.2 保洁领班卫生检查工作细节描述

保洁领班卫生检查工作细节描述，如表6-5-2所示。

表6-5-2 保洁领班卫生检查工作细节描述表

序号	规范内容
1	8：00—8：30 巡视商场外围、非营业区、员工通道的卫生状况。检查员工到岗情况，仪容仪表
2	8：30—9：00 巡视商场正门、侧门，大厅地面清洁打蜡，中庭绿化、景观
3	9：00—9：30 巡视各楼层中庭、通道的卫生及地面、垃圾箱、卫生间的卫生
4	9：30—10：00 查看前一天的交换记录，书写各个阶段的工作报告
5	10：00—11：00 各楼层卫生保洁巡视，高位抹尘，卫生死角，员工仪容仪表，劳动纪律
6	11：00—12：00 检查电梯、货梯、手扶梯及地毯的保洁、清洁情况，并处理临时出现的问题
7	12：00—12：30 午餐时间
8	12：30—13：30 检查非营业区域和办公区域的保洁
9	13：30—14：30 与主管一起对早班的保洁工作进行全面巡视，并进行考评
10	14：30—15：00 统计保洁物耗情况，并做本班的交接记录
11	15：00—15：30 检查中班人员到岗情况，根据交接班记录，对早班存在的问题，督促中班人员跟进解决

序号	规范内容
12	15：30—16：30　巡视商场外围、正门、大厅、通道、电梯、扶梯等保洁效果
13	16：30—17：30　巡视各楼层保洁情况，卫生间清洁、异味，处理应急事宜
14	17：30—18：00　晚餐时间
15	18：00—18：30　巡视非营业区域、停车场及各通道的卫生保洁情况
16	18：30—19：30　与保洁主管对中班的保洁工作情况进行全面检查，并进行考评
17	19：30—20：00　统计保洁物耗情况，并跟进核对
18	20：00—20：30　安排各楼层保洁员进行楼层卫生检查
19	20：30—21：30　填写当日工作日志，记录当天出现的情况、处理方式和未解决的问题等
20	21：00—23：00　检查地面清洗打蜡、卫生清洁达标情况等

6.5.3　保洁员工作细节描述

保洁员工作细节描述，如表 6-5-3 所示。

表 6-5-3　保洁员工作细节描述表

序号	规范内容
1	8：00　早班人员到岗、打卡、更换工作服、佩戴工牌，从员工通道进入卖场
2	8：00—8：10　参加早班班前会
3	8：10—9：00　清洁所负责的卖场内各区域卫生。 （1）大厅、中庭、各楼层通道，中庭、电梯前室地面清洁、除尘。 （2）各楼层栏杆、扶手的清扫和洗刷。 （3）手扶电梯的清洁，洗刷扶手。 （4）门厅、中庭玻璃门、窗及设备的清洁。 （5）吊顶、空调风口、灯具、墙面的清洁、除尘。 （6）各楼层垃圾箱、花槽内垃圾及外表的清洁
4	9：00—10：30　清洁公共区域卫生。 （1）卫生间内洁具、墙面、地面的清洁。 （2）各楼层疏散楼梯台阶、栏杆、扶手的清洁。 （3）楼层饮水间卫生清洁。 （4）楼层垃圾间垃圾清除、清洁。 （5）楼层通道等地面推尘

序号	规范内容
5	10：30—11：30 （1）车库内的地面、墙面的清洁。 （2）楼层公共区域地面推尘、清洁。 （3）卫生间内洁具、地面、洗手台面的清洁
6	11：30—12：30　午餐时间，轮流用餐
7	12：30—13：00　正门大厅、中庭及各楼层通道等清洁、推尘，并领用保洁物品
8	13：00—14：50　卖场内所负责区域卫生清洁、推尘
9	14：50—15：10　早、中班交接班
10	15：10—16：30　清洁所负责卖场内各区域卫生
11	16：30—17：30 （1）清洁车库卫生，各楼层地面推尘、清洁。 （2）楼层垃圾箱，花槽外表的清洁。 （3）卫生间地面、洁具、洗手台面的清洁
12	17：30—18：30　晚餐时间，轮流用餐
13	18：30—19：00　门厅、中庭、各楼层通道等清洁、推尘，并领用保洁物品
14	19：00—20：00　清洁公共区域卫生
15	20：00—21：00 （1）卖场内所负责区域卫生清洁、除尘。 （2）楼层垃圾箱、花槽内垃圾清理及外表的清洁。 （3）楼层垃圾间垃圾清除、清洁。 （4）外广场地面杂物、尘土的清洁
16	21：00—23：00 （1）大厅、中庭地面清洗、打蜡、抛光。 （2）天花板、灯具、墙面除尘。 （3）各楼通道地板清洗、打蜡。 （4）地毯清洗

6.5.4　各区域卫生保洁频率要求细节描述

各区域卫生保洁频率要求细节描述，如表 6-5-4 所示。

表 6-5-4　各区域卫生保洁频率要求细节描述表

项目	规范内容
中庭门厅	1. 清扫及洗刷中庭、门、厅、大门入口地面及梯级。（每天两次） 2. 中庭、门厅地坪、台阶推尘（每天数次） 3. 清洁门厅、中庭玻璃门、窗及装饰（每天两次） 4. 墙脚线、大理石、墙面用碧丽珠抛光（每周一次） 5. 大理石地坪清洗（每天一次）
公共区域	1. 走廊、过道尘推（每天数次） 2. 清洁门、窗、框、栏杆、扶手（每天两次） 3. 门、框、栏杆、扶手用碧丽珠抛光（每月两次） 4. 清洁空调风口、照明灯罩（每月一次） 5. 清洁垃圾箱，花槽内外表面（每天四次） 6. 收集、清理所有垃圾箱、花槽内的垃圾（每天两次）
卫生间	1. 用全能清洁剂清洗马桶（每天一次） 2. 清洁门、窗、框（每天一次） 3. 冲洗及擦净马桶（每天数次） 4. 擦净卫生间内镜面，地面及地面拖干（每天四次） 5. 天花板及灯罩表面除尘（每周一次） 6. 清理手纸篓（每天四次）
电梯	1. 清洁电梯门表面及内壁、扶梯扶手（每天两次） 2. 电梯天花板表面除尘（每天一次） 3. 清洁电梯通风口及照明罩（每天一次） 4. 电梯吸尘，扶梯清洁（每天一次） 5. 电梯门表面涂上保护膜（每周一次）
楼梯	1. 清洁各楼层楼梯（每天两次） 2. 擦洗栏杆和扶手（每天两次） 3. 扶手和栏杆抛光（每月一次）
天台	1. 清理积聚于天台的垃圾，避免渠道堵塞（每天一次） 2. 擦洗天台大门表面（每天一次）
其他	1. 大理石清洗、打蜡（每周一次） 2. 地板清洗、打蜡（每月一次） 3. 地毯清洗（每季一次）

6.5.5　商场卫生检查工作细节描述

商场卫生检查工作细节描述，如表 6-5-5 所示。

表 6-5-5　商场卫生检查工作细节描述表

项目	规范内容
门厅、中庭	（1）保持地面大理石无脚印、无污渍、无烟蒂、无痰迹、无垃圾。 （2）门厅、中庭其他部位，如柱面、墙面、台面、栏杆、椅子、沙发、灯座等，保持光亮、整洁，无灰尘。 （3）玻璃大门无手印及灰尘，保持干净、光亮，完好无损
公共区域	（1）地面保持清洁、光亮、无污迹、无水迹、无脚印。 （2）走道四角及踢脚线板保持干净、无垃圾。 （3）茶水间保持清洁、整齐，保证整个大楼所有部门的茶水供应，保证饮用水的卫生，注意安全用电，防止烫伤。 （4）楼面垃圾间内垃圾箱放置整齐，把垃圾袋套在垃圾箱上，四周无散积垃圾，无异味。 （5）墙面、走道设施，门柜、通风口及灯管，保持干净、无积灰。 （6）扶梯台阶保持清洁，无污物，无垃圾，扶手杆保持光亮，无积灰。 （7）保持电梯门光洁、明亮，轿厢的四壁、地面干净、整洁。 （8）室外场地的地面做到无垃圾、无灰尘、无烟蒂、无纸屑，使人感到宽广、舒畅
卫生间	（1）洁具做到清洁，无水迹、无头发、无异味。 （2）墙面四角保持干燥、无蛛网，地面无脚印，无杂物。 （3）镜子保持明净，无灰尘、无污痕、无手印、无水迹。 （4）金属器具保持光亮，无浮灰、无水迹、无透斑。 （5）保持卫生间内空气清新
办公区域	（1）保持室内的窗帘、窗台、窗柜等干净、整洁、无破损。 （2）保持室内墙面、天花板整洁、完好、无污渍、无浮灰、无蛛网。 （3）保持地面及地毯整洁、完好，无垃圾、无污渍、无破洞。 （4）保持室内各种家具光洁、无灰尘、放置整齐。 （5）保持室内各种灯具清洁、完好、无破损。 （6）保持室内空调出风口干净、整洁、无积灰、无霉斑。 （7）室内各种艺术装饰挂件挂放端正、清洁无损。 （8）定时喷洒空气清香剂，保持室内的空气清新
车库	（1）保持车库道路畅通，无堆积垃圾及物品。 （2）保持地面无灰尘，无垃圾。 （3）保持车库空气流畅，无异味，无霉味，定期喷洒药水
玻璃及不锈钢器具	（1）玻璃无灰尘、无水迹，保持干净、光亮。 （2）玻璃上的污斑和手印应及时清除，保持清洁。 （3）要防止玻璃因清洁不当而发考霉。 （4）不得用损坏的工具擦洗玻璃，爱护清洁工具，注意保养。 （5）不锈钢器具无灰尘，无水迹，无污迹，无手印

6.5.6　员工通道、就餐区清洁卫生管理细节描述

员工通道、就餐区清洁卫生管理细节描述，如表 6-5-6 所示。

表 6-5-6　员工通道、就餐区清洁卫生管理细节表

序号	规范内容
1	（1）公告栏由商场（卖场）经理指定专人管理。 （2）管理人员应对需张贴的通知、公告等文件资料内容进行检查、登记，不符合要求的不予张贴。 （3）员工应注意协助维护公告栏的整洁，不得拿取、损坏张贴的文件资料
2	员工通道内的卡钟、卡座应挂放在指定位置，并保持卡座上的区域标识完好无损
3	考勤卡应按区域划分放于指定位置，并注意保持整洁
4	用餐后应将垃圾扔入垃圾桶
5	茶渣等应倒在指定位置，不能倒入水池
6	当班时间不得在就餐区休息、吃食物

6.5.7　场外环境卫生要求标准描述

场外环境卫生要求标准描述，如表 6-5-7 所示。

表 6-5-7　场外环境卫生要求标准描述表

序号	规范内容
1	拉布灯箱保持清洁、明亮，无裂缝、无破损。霓虹灯无坏损灯管
2	幕墙内外玻璃每月清洗一次，保持光洁、明亮，无污渍、水迹
3	旗杆、旗台应每天清洁，保持光洁无尘
4	场外升挂的国旗、司旗每半个月清洗一次，每三个月更换一次，如有破损应立即更换
5	场外挂旗、横幅、灯笼、促销车、遮阳伞等促销展示物品应保持整洁，完好无损

6.5.8　洗手间环境卫生管理细节描述

洗手间环境卫生管理细节描述，如表 6-5-8 所示。

表 6-5-8　洗手间环境卫生管理细节描述表

序号	规范内容
1	所有清洁工序必须自上而下进行

序号	规范内容
2	放水冲入一定量的清洁剂
3	清除垃圾杂物，用清水洗净垃圾并用抹布擦干
4	用除渍剂清除地胶垫和下水道口，清洁缸圈上的污垢和渍垢
5	用清洁桶装上低浓度的碱性清洁剂彻底清洁地胶垫，不可在浴缸里或脸盆里清洗。桶里用过的水可在清洁下一个卫生间前倒入其厕内
6	在镜面上喷上玻璃清洁剂，并用抹布清洁
7	用清水洗净水箱，并用专备的抹布擦干。烟缸上如有污渍，可用海绵块蘸少许除渍剂清洁
8	用中性清洁剂清洁坐厕水箱、座沿盖子及外侧底座等
9	用坐厕刷刷洗坐厕内部并用清水冲净，确保坐厕四周及上下清洁、无污物
10	清洁洗脸台下面的水管

6.5.9 专柜柜台卫生管理细节描述

专柜柜台卫生管理细节描述，如表6-5-9所示。

表6-5-9 专柜柜台卫生管理细节描述表

序号	规范内容
1	专柜经营者不得超高超宽摆放商品
2	爱护商场内的一切设施和设备，损坏者照价赔偿
3	不得随地吐痰、乱扔杂物等
4	各专柜的经营人员必须保持自己铺位或柜台所辖区域卫生
5	经营人员不能在禁烟区内吸烟
6	晚上清场时将铺位内的垃圾放到通道上，便于清理

6.5.10 更衣室清洁卫生管理细节描述

更衣室清洁卫生管理细节描述，如表6-5-10所示。

表6-5-10 更衣室清洁卫生管理细节描述表

序号	规范内容
1	清洁地面：扫地、湿拖、擦抹墙脚、清洁卫生死角

续表

序号	规范内容
2	清洁员工洗手间
3	清洁工衣柜的柜顶、柜身
4	室内卫生清洁：用抹布清洁窗台、消防栓（箱）及消防器材；清理烟灰缸，打扫天花板，清洁空调出风口，清洁地脚线、装饰板、门、指示牌，打扫楼梯，拆洗窗帘布，清倒垃圾，做好交接班工作
5	若有拾获员工物品，应及时登记上交保安部并报告部门主管

6.5.11　办公场所环境卫生管理细节描述

办公场所环境卫生管理细节描述，如表 6-5-11 所示。

表 6-5-11　办公场所环境卫生管理细节描述表

序号	规范内容
1	确保办公场所光线适宜，窗面及照明器具应保持清洁、透亮
2	确保工作场所内空气流通
3	工作场所内地面须保持整洁卫生，不得堆放杂物，尤其可能发生发霉变质的物品
4	工作场所的走道及阶梯，至少每日清扫一次，并采用适当方法减少灰尘
5	办公废弃物应扔到指定垃圾箱内，并须下班前将垃圾箱清理一次
6	饮水机及周围环境必须特别保持清洁，排水槽内应保持清洁畅通
7	凡可能寄生传染菌的物品，在使用前加以适当的消毒

6.6　商超电气设备维修管理

6.6.1　维修领班工作细节描述

维修领班工作细节描述，如表 6-6-1 所示。

表 6-6-1　维修领班工作细节描述表

序号	规范内容
1	早班上班后或上中班交接前十分钟内，召集所属员工例会，检查前一天工作情况，安排当天维修工作，包括计划性维修、保养、巡检、故障性检修及上司临时性派遣的其他工作

序号	规范内容
2	签发计划检修、保养、巡检派工单，故障性检修单，以及需要签发的领料单、领物单，按手续分配公有工具
3	检查、督促各项维修、保养、巡检工作质量及进度，参与难度较大的工作项目，协调解决本工种工作中的实际问题
4	对所分派的人员工作进行抽查、验收、考核，并在派工单、故障检修单上签收批注，对不符合要求的项目，应进行处理并要求返工。收集每天的各种单据进行分类记录后，将单据上交工程部备案
5	在下班前十分钟，参加工作例会，汇报各工作的维修工作及存在的问题，接受第二天工作的任务，做好各工种之间的安排协调
6	做好每日工作记录，总结一天工作，并安排好第二天的工作
7	（1）每月28日之前，提交本月工作总结及下月工作计划。 （2）每月30日之前，召集下属员工月度工作例会，总结本月工作完成情况，评价下属员工的工作表现及业绩，提出下月度工作计划及重点

6.6.2　检修电工工作细节描述

检修电工工作细节描述，如表 6-6-2 所示。

表 6-6-2　检修电工工作细节描述表

序号	规范内容
1	早班人员 8：30 到岗，打卡考勤，更换工作服，佩戴工作牌
2	8：40—9：00 给楼面照明、插座送电
3	9：20 全部人员返回维修值班室
4	9：30 根据维修保养和巡检计划及维修申请单分配工作。 （1）定期对各楼层基础照明、配电井、各配电箱柜、风机房控制箱进行巡检，并填写巡检表做好记录。 （2）领班安排计划性维修保养工单。 （3）对各楼层所送维修申请单进行处理。 （4）楼面巡检应有序进行，巡检应在 1~1.5 小时内完成。 （5）维修人维修应按规定填写派工单，并注意填写清楚时间，派工完成后应立即返回维修值班室以便接收新的派工单，各楼面派工单不拖延积压。 （6）离开维修值班室工作，应在留言板上注明外出地点，工作完成返回后擦掉；如无特殊情况，维修人员不应在途中接受维修申请。 （7）维修值班室应经常保持有人员待命，维修人员不得在楼面闲逛。 （8）楼层维修时，除特殊情况，维修人员应走员工通道

续表

序号	规范内容
5	11：30—12：30 分别就餐，维修值班室必须留有人员值班
6	12：30 全部人员到岗，开始进行工作
7	15：00 之前早班人员返回维修值班室，中班人员到岗
8	15：00 领班主持早、中班人员每日工作例会
9	15：10—17：30 中班人员进行工作
10	17：30—18：30 分别就餐，维修值班室保留人员值班
11	18：30—21：30 进行工作
12	（夏制 18：50—19：00，冬制 17：00—17：10）开启正面橱窗广告及外围路灯
13	21：30—21：50 各楼面配合清场关灯（包括正面橱窗广告灯），并检查楼层夜间照明情况
14	21：30 夜班人员到岗
15	22：00—23：00 夜班值班人员对各楼面进行一次巡视，并检查特殊不停电部位
16	24：00 关外围路灯
17	注意：夜班电工应保持在维修值班室值班，如外出工作应向公司值班人员说明

6.6.3 维修工、空调工工作细节描述

维修工、空调工工作细节描述，如表 6-6-3 所示。

表 6-6-3 维修工、空调工工作细节描述表

序号	规范内容
1	早班人员 8：30 到岗，打卡，更换工作服，佩戴工作牌，根据季节要求，开启卖场内通风设备、风柜等
2	9：00 根据维修、保养及巡检计划以及楼层故障维修单分配工作。 （1）9：00—10：00 对公司卖场各楼层给排水设施，如洗手间、开水间、管道井，楼层喷淋头，及外围排水、空调效果进行巡查，并填写好巡检表做好记录。 （2）领班所安排计划性维修、保养派工单。 （3）对各楼层所送维修申请单先行处理。 （4）维修人员维修应按规定填写派工单，并注意填写清楚时间、维修项目、维修要求，派工单完成后立即返回维修值班室，各楼面派工单不得拖延积压。 （5）维修人员离开维修值班室时，应在留言板上注明外出地点，返回后擦掉。 （6）楼层维修时，除特殊情况外，维修人员应走员工通道

序号	规范内容
3	11：30—12：30 分别就餐，维修值班室必须有人值班
4	12：30 全部人员到岗进行维修、保养工作
5	15：00 领班主持早、中班全体人员工作例会
6	15：20—17：30 进行正常维修、保养工作
7	17：30—18：30 分别就餐，维修值班室必须有人值班
8	18：30—19：30 对各楼层给排水设施进行巡检
9	21：00 关闭楼层通风设备、风柜等
10	如遇大雨应加强对排水和周边相关部位的巡查

6.6.4 楼层维修泥瓦工、木工工作细节描述

楼层维修泥瓦工、木工工作细节描述，如表 6-6-4 所示。

表 6-6-4 楼层维修泥瓦工、木工工作细节描述表

序号	规范内容
1	8：30 楼层维修泥瓦工、木工到岗，8：40—9：00 领班主持工作例会
2	9：00—11：30 根据维修、保养、巡检计划及楼面维修申请单进行维修工作
3	11：30—13：30 分班就餐，维修值班室留人值班
4	13：30—17：30 进行正常维修工作
5	13：30—14：30 对楼层营业场所进行一次巡查，并填写巡查记录表
6	维修时应填写派工单，并注意填写时间、维修项目、维修要求，派工单完成后应立即返回维修值班室，各楼层维修申请单不得拖延积压
7	离开维修值班室工作时，应在留言板上注明外出地点，返回后擦掉。如无特殊情况，维修人员不应在途中接受维修申请
8	楼层维修时，除特殊情况，维修人员应走员工通道

6.6.5 电梯维修工工作细节描述

电梯维修工工作细节描述，如表 6-6-5 所示。

表 6-6-5　电梯维修工工作细节描述表

序号	规范内容
1	8：30 早班人员到岗打卡，更换工作服、佩戴工作牌
2	8：40 根据维修保养及巡检计划分配工作。 　8：40—9：00 检查所有升降电梯、步行扶手电梯，发现故障时应及时处理，不能处理的迅速通知专业维修公司，并报告上级领导，填写检查记录。 　9：00—9：20 开启所有扶梯。 　9：00—11：30 进行电梯维护、保养、工作巡检，并填写维护、巡检记录。 　离开维修值班室时，应在留言板上写明外出地点，返回值班室后擦掉
3	11：30—13：30 分班就餐，维修值班室有人值班
4	12：30—15：00 进行正常维修保养，巡检工作
5	15：00 领班主持早、中班全体人员工作例会
6	15：20—17：30 进行正常维护、保养，电梯、扶梯、机房巡视并做好巡视记录
7	17：30—18：30 分班就餐
8	18：30—20：50 进行正常维护、巡检工作
9	20：50—21：00 分别关闭所有扶梯
10	电梯发生故障时要立即到位并处理，不能立即修复的应报告上级领导，同时与专业维修公司联系处理
11	不得随意关闭电梯设备，故障检修和保养时必须事先报告上级领导并通知相关部门，立告示牌，做好记录
12	监督协助专业维修公司专业人员对电梯进行的维修

6.6.6　供配电设备维护保养细节描述

供配电设备维护保养细节描述，如表 6-6-6 所示。

表 6-6-6　供配电设备维护保养细节描述表

序号	规范内容
1	检查并及时处理供配电设备隐患，满足设备在良好的条件下运行，确保设备性能，保证安全运行
2	适用于高压配电设备、低压配电设备、变压器及附属设备的维修保养工作
3	由运行班运行技工根据检查保养表对供配电设备进行保养，高压部分的年度检测保养可委托供电主管部门或有资质的专业公司进行检测保养。由管理处的设备管理员根据相应的维护保养检查表，对保养情况进行检查跟进

6.6.7 配电室消防安全管理细节描述

配电室消防安全管理细节描述，如表 6-6-7 所示。

表 6-6-7 配电室消防安全管理细节描述表

序号	规范内容
1	配电室内不得会客、吸烟，不得动用明火，不得储存杂物和堆放商品，不得存放易燃易爆物品
2	各种电器、照明设备及线路的安装、使用及配电室的清洁维护要严格按照有关标准执行
3	当班上岗时须穿绝缘鞋，带电作业时须安排两名以上监护人，作业时挂牌操作，并有专人看管电闸箱
4	配电室要配备适量的消防器材和设施，所有人员必须经过训练，提高抢险自救能力
5	每日需有电工昼夜值班，不得在当班时饮酒、睡觉或擅离职守，对设备运行要定时巡视
6	凡安装电气设备、线路必须经工程主管同意后，由电工操作安装
7	工程部、配电室人员和安全部门每月对商场所属地区进行电气安全检查，并且认真做好记录

6.6.8 燃气安全使用规范描述

燃气安全使用规范描述，如表 6-6-8 所示。

表 6-6-8 燃气安全使用规范描述表

序号	规范内容
1	燃气使用部门定期对燃气管道及燃气具进行安全检查，杜绝因设施及设备的损坏、带故障运行造成安全隐患，发现损坏、锈蚀立即采取报修和临时有效防护措施，并及时上报安全部门直至隐患消除
2	燃气操作人员上岗前应由部门对其进行燃气安全操作培训，做到"二知三会"，即知燃气安全使用规定和燃气设备构造，会燃气安全操作使用，会保养维护燃气具和发现隐患，会处理意外险情
3	使用燃气的部门须设有当班安全员，负责燃气的当日监管工作
4	燃气具必须由专职操作人员使用，任何与燃气操作无关或与其工作无关的人员，不得操作燃气具
5	任何部门和个人不得对燃气管道、阀门、开关、计量表、灶具私自拆改，如需要必须按项目报工程部门进行改造

序号	规范内容
6	使用燃气具必须严格按照操作项目进行，特别是点火项目，应按先点火后打开开关的顺序操作
7	每日清洗燃气具，每周清洗燃气排烟道，避免因排烟道积油、积污过多而引起火灾事故
8	燃气操作间必须保持良好的通风，发现燃气外泄时，要采取应急措施，开窗、开排风扇，加大通风量
9	每日班前、班后，燃气使用部门要对燃气操作间进行安全检查、交接，并保留一个月的文字交接记录
10	对安全部门配置于燃气使用区域内的消防器材需妥善保管、安全检查，不得挪用

6.6.9 电梯安全管理细节描述

电梯安全管理细节描述，如表 6-6-9 所示。

表 6-6-9 电梯安全管理细节描述表

项目	规范内容
货梯	（1）商场内货梯由专人开启、关闭。 （2）严禁把货梯作为代步设施使用。 （3）严格按照货梯使用说明操作，不得大力敲击操作键。 （4）搬运商品进出货梯时不得碰撞货梯。 （5）货梯不得超载。 （6）货梯到达后，应立即把商品一次性卸下，不允许用物品阻挡货梯门，长时间占用货梯。 （7）发现不安全因素时应停止使用，如中途出现故障，应按铃求援，不允许乱敲操作键
自动扶梯	（1）自动扶梯由商场（卖场）管理人员统一开启、关闭。 （2）不得用自动扶梯上下搬运商品。 （3）保持扶梯清洁，不得将杂物扔在扶梯上。 （4）不可擅自按紧急停机，如发现扶梯有异常，应及时通知商场管理人员
观光电梯	（1）观光电梯由商场管理人员统一开启、关闭。 （2）不得使用观光电梯上下搬运商品。 （3）保持电梯清洁，不得将杂物扔在电梯内

6.6.10 人字梯安全管理细节描述

人字梯安全管理细节描述，如表 6-6-10 所示。

表 6-6-10　人字梯安全管理细节描述表

序号	规范内容
1	上下货架时应使用人字梯，严禁攀爬（货架本身附有梯子的除外）
2	搬梯时用单掌托起与肩同高的梯子，手背贴肩，保持梯子与身体平行，另一只手扶住梯子以防摆动，不允许横向搬梯或将梯子放在地上拖行
3	使用前应把梯子完全打开，将两梯中间的连接横条放平，保证梯子四脚完全接触地面
4	不能将未打开的人字梯斜靠在货架上当单梯使用
5	使用人字梯向货架上取（放）重物时，需有人扶稳梯子
6	从货架上下梯时要先确定梯子放稳后再下梯
7	应每周检查梯子的安全状况，梯子外借后借出人应负责收回，并检查梯子是否完好

6.6.11　电气运行电工工作细节描述

电气运行电工工作细节描述，如表 6-6-11 所示。

表 6-6-11　电气运行电工工作细节描述表

序号	规范内容
1	8：30 早班人员到岗，佩戴工作牌，打卡，更换工作服
2	8：30—8：40 早、晚班人员办理交接班手续，交代设备运行、维修、保养、设备状态等情况
3	8：40—11：30 根据设备运行、维修、保养和巡视计划进行工作。 （1）定时巡视高、低压各设备工作情况，并做好记录。 （2）巡视各设备供电情况，记录电压、电流、温度等数据，检查指示灯，电器运行声音是否正常。 （3）进行供电设备的日常维护保养和故障处理，并做好记录。 （4）认真填写运行值班日志和交接班记录
4	11：30—12：30 分班就餐，值班室必须有人值班
5	12：30—15：00 进行日常值班，设备巡视、维修工作
6	15：00—15：20 早、中班人员办理交接班手续
7	15：20—17：30 进行设备运行巡视、维修保养，做好记录
8	17：30—18：30 分班就餐，值班室有人值班
9	18：30 给外广场、室外广告照明等送电

续表

序号	规范内容
10	18：40—21：00 进行设备维修保养、巡视，做好运行记录
11	21：00—21：20 中、晚班人员进行交接班
12	21：30 切断卖场内除正常照明、消防监控外其他电源
13	21：40—24：00 进行设备日常维护、检测，并做好工作记录
14	24：00 切断外广场、室外广告照明电源
15	00：10—7：30 进行日常维护、检测和巡视工作
16	7：30—8：10 清理值班室机房卫生
17	8：20 给卖场供电
18	8：30 晚、早班人员进行交接班
19	电气运行人员要严格执行各种设备的安全操作规程
20	供电回路操作开关的标识要显著，停电拉闸、检修停电要挂标志牌，非维修人员绝不能动
21	严格保持各开关状态与模拟盘相一致，不能随意更改设备和接线的运行方式及各种开关的整定值
22	操作及检修时必须按规定使用电工绝缘工具、绝缘鞋、绝缘手套等
23	值班室、机房内照明、通风良好，室温控制在 40 ℃以下

6.6.12　停转电处理规范描述

停转电处理规范描述，如表 6-6-12 所示。

表 6-6-12　停转点处理规范描述表

序号	规范内容
1	由于供电部门的原因造成突然停电，备用柴油机组立即自动投入供电给消防系统和公共照明系统。值班人员要及时询问供电局的监察部门及可能恢复供电的时间，并上报主管
2	供电部门常规性停电，如高、低压设备的定期检修，供电局的高压维护等，在接到供电部门的通知后，立即由主管拟好停电通知及工作票，由部门主管签发停电通知后对外张贴，并将工作票交值班电工执行
3	内部检修或整改停电，尽量避开在节假日，确认无重大活动及加班后，由主管拟定停电通知，在部门主管批准后对外通知

6.6.13　专变供电管理细节描述

专变供电管理细节描述，如表 6-6-13 所示。

表 6-6-13　专变供电管理细节描述表

序号	规范内容
1	规范对各管理区域内（大厦）专变供电系统的运行管理
2	（1）属于二级用电负荷的管理区域内（大厦）实行 24 小时值班，实行交接班制度，在 8：00—23：00 进行监控，做好电站运行记录，每一小时记录一次。在 23：00—次日 8：00 值班室设值班工候命处理突发事件。 （2）属于三级用电负荷的管理区域内（大厦）的总配电房的配电设备每日至少巡视检查两次并做好记录，由运行技工负责此项工作，一般的监控时间安排在每周一至周五的 8：00—18：00。 在监控时发现问题要及时进行解决

6.6.14　发电机组操作细节描述

发电机组操作细节描述，如表 6-6-14 所示。

表 6-6-14　发电机组操作细节描述表

项目	规范内容
开机前的检查工作	（1）检查水箱是否满水。 （2）检查机油是否在规定的油面位置。 （3）检查柴油箱是否有充足柴油，供油阀门是否已打开，并确认管道内无空气。 （4）检查柴油机各部分是否正常，机械上有无妨碍运转杂物。 （5）检查电启动系统电路接线是否正常、牢固，蓄电池液面高度是否正常，是否已充足电。 （6）检查高压电房高压开关是否在分闸位置，低压电房市电进线开关是否在分闸位置。 （7）低压电房发电机进线开关以及由发电机供电的所有分路负荷是否都在分闸位置。 （8）检查柴油发电机各仪表初始值是否正常，锁匙开关转回至"运行"位置
开机步骤及运行	（1）打开送风机。 （2）顺时针旋动锁匙开关至"启动"位置，同时按绿色启动按钮，柴油机立即启动，3 秒后停止按绿色启动按钮，将锁匙开关转回至"运行"位置，机组即启动完成进入运行状态。 （3）机组启动后应即检查柴油机各仪表指示是否正常，机组运转声音、振动等情况是否正常。 （4）机组运转一切正常后即可合上发电机开关并进行带负荷操作，首先合上发电机进线开关，然后再合上各分路负荷开关。 （5）发电机带负荷后应立即检查机组运行情况，并检查各配电屏开关、仪表、信号灯、电缆、接头等是否正常，并在运行中不断进行监视。 （6）为了柴油发电机安全运行，柴油机机油压力应保持在 2.5 kg/cm^2，冷却水出水温度不得高于 95 ℃，发电机负荷电流应控制在 1 000 A 范围内运行。 （7）每隔半小时记录一次电动机的电流、电压、频率，以及柴油机的机油压力和冷却水出水温度值

续表

项目	规范内容
停机步骤	（1）当市电来电柴油发电机停车前，应首先通知各大型用电设备暂时停止工作，然后才进行机组的卸载拉闸操作，先应逐个切开发电机供电的各路负荷开关，再打开低压房发电机进线开关和发电机开关，不允许切开发电机开关或发电机进线开关后切开各分路开关，防止柴油发电机突然甩负荷可能造成的超速和飞车事故。 （2）进行恢复市电供电的操作。 （3）将柴油机的钥匙开关逆时针旋向停车位置，柴油机即停车。 （4）检查和清洁柴油发电机组，补油、补水，检查机油情况
紧急状况停机	如发电机紧急情况，而发电机的自身保护系统拒动时，应紧急停机，将柴油发电机组锁匙开关逆时针转到"关断"位置
注意事项	（1）柴油发电机组空载运行不能超过 15 分钟；市网停电，发电机投入使用停机后，要对发电机的水位、机油位、柴油位、蓄电池电压、蓄电池液位等进行一次检查，保证正常状态。 （2）如运行在半小时内不需要检查，运行在半小时以上必须进行全面检查。 （3）每次投入运行均要做好运行记录

6.6.15　高压配电房操作细节描述

高压配电房操作细节描述，如表 6-6-15 所示。

表 6-6-15　高压配电房操作细节描述表

项目	规范内容
目标	（1）保证高压配电房设备操作的安全性和正确性，保障设备完好。 （2）高压配电房配电设备的操作。各管理处可根据本管辖区的实际情况编制详细的操作细节描述
高压开关柜的操作	（1）手动操作方式：运行技工按所需往每段母线上送电，此时，母联开关必须分闸。如其中一路进线失压或缺相时，即延时跳闸，运行技工可选择退出其中失压的进线开关，再合闸母联开关，往母线上送电恢复供电。 （2）自动操作方式：当进线电源正常时，可选择自动操作，如有失压或缺电时，即先延时跳闸，再自动合闸高压母联开关，恢复供电；但当进线恢复正常供电时，母线开关需由值班人员选择手动操作，并先分母联开关，再合进线开关，恢复电源正常供电
事故处理	（1）过电流故障：若线路发生过流时（包括过流及速断），该线路开关即自动跳闸，在仪表屏上故障指示会亮灯。值班人员必须了解故障原因，将故障清除，然后手动复位按钮。 （2）接地故障：指示及处理项目与过流故障相同。 （3）变压器升温故障：指示及处理项目与过流故障相同。 （4）失压跳闸故障：指示及处理项目与过流故障相同

6.6.16 低压配电房设备操作细节描述

低压配电房设备操作细节描述，如表 6-6-16 所示。

表 6-6-16 低压配电房设备操作细节描述表

序号	规范内容
1	应密切注意网络表的读数，保证总负荷不超过单台变压器的额定容量
2	变配电设备进行保养检修时，应做好安全技术措施后方可进行
3	停电操作应先拉开低压分路开关，然后再拉低压总开关。送电操作时与停电顺序相反，并详细检查开关是否在正常的合闸位置
4	变压器停电后作业前应进行验电、放电，验电前应先在有电导体上对验电器进行鉴定良好才能使用。放电可使用地线或放电棒对地进行。电容器放电应在两极间进行
5	（1）装、拆地线必须先接接地端，后接导体端，接触须牢固，拆时顺序相反。 （2）低压出线发生故障掉闸时，应立即与维修班一起查明故障原因，故障排除后方能恢复供电，严禁强行送电

6.6.17 柴油发电机维护保养细节描述

柴油发电机维护保养细节描述，如表 6-6-17 所示。

表 6-6-17 柴油发电机维护保养细节描述表

项目	规范内容
柴油发电机组常规性保养	（1）每天检查水位、油位一次。 （2）每天清理一次机组外表面及机房环境
柴油发电机组月度保养	（1）清理机组外表面。 （2）检查调速制杆是否灵活、润滑各连接点。 （3）更换冷却水，更换前后测量 pH 值（正常值为 6.5~9），并做好测量记录，必要时投药处理。 （4）检查风扇皮带及充电机皮带的张紧度，必要时调整。 （5）配合电工做应急发电试验，检查柴油机运转时各仪表读数及温度、响度是否正常，并做好运行记录
柴油发电机组季度保养	（1）检查空气流阻指示器，显示红色时清洁空气滤清器。 （2）放出柴油积水，清洗第一级柴油过滤器。 （3）必须注意润滑风扇皮带轮及皮带张紧轮轴承。 （4）检查超速机械保护装置润滑油位，不足时加油。 （5）检查外部主要连接螺栓的紧固情况

续表

项目	规范内容
柴油发电机组年度保养	（1）配合电工进行并联带负荷运转，检查运转情况。 （2）配合电工模拟试验各安全保护装置的性能。 （3）检测轴线、开挡，并做好记录。 （4）拆检查盖，观察检查轴及缸筒情况。 （5）投药清洗冷却系统（通知水处理工配合进行）。 （6）检查机油质量，必须时更换机油。 （7）清洗第二级柴油过滤器。 （8）清洗机油过滤器。 （9）每运转 500 小时后增加如下项目。 ①更换第二级柴油过滤器滤芯。 ②更换机油。 ③检查气缸头螺栓、连杆螺栓的紧度。 ④检查校正气门间隙，喷油定时并做好记录。 ⑤喷油器试压、调校

6.6.18　冷库安全管理细节描述

冷库安全管理细节描述，如表 6-6-18 所示。

表 6-6-18　冷库安全管理细节描述表

项目	规范内容
冷库分类	冷库分为低温冷库、中温冷库和高温冷库。低温冷库库内温度为 -20 ℃～-10 ℃；中温冷库库内温度为 -10 ℃～-2 ℃；高温冷库库内温度为 -2 ℃～12 ℃
操作人员	冷库的开关由商场（卖场）指定人员负责操作，但严禁调节冷库温度；柜组使用人员禁止开关冷库
操作人员注意事项	（1）操作人员平时应及时清理冷库内的冰、霜和积水，每周对冷库进行一次全面清理，在清理卫生时，低温、中温冷库只能用干拖把和干抹布清理。 （2）严禁在冷库板和地面上进行敲打钻孔，严禁运货平板车碰冷库库板。 （3）往吊架上挂肉时要轻拿轻放，进出冷库要及时关门以免冷气外漏。 （4）应每小时检查一次温度，并在登记卡上做好记录。 （5）操作人员每天对冷库和冷库内肉类加工设备及其周边的环境进行清洗和消毒。 （6）存入冷库的商品应包装好，避免异味。 （7）食品进入冷库之前，必须进行严格的质量检查，变质的食品不能入库，以免感染其他食品。 （8）食品冷藏时，应根据不同的种类和不同的储存温度分别存放，禁止将不同种类和温度要求的商品混合存放，以免串味。 （9）营业结束后须将冷库的照明灯电源关闭，库门锁紧

6.6.19 厨房设备安全操作细节描述

厨房设备安全操作细节描述，如表 6-6-19 所示。

表 6-6-19 厨房设备安全操作细节描述表

序号	规范内容
1	设备必须按说明书规定的项目运行，严禁违章操作
2	遇到炉火意外熄灭时，应先分别关闭炉头气阀、火种气阀、排除残留气体后，重新点火
3	炉具和运水烟罩应经常清洗，防止油污沉积影响设备正常运行
4	燃气阀门的开关应按标牌指示进行，禁止用硬器敲击旋钮，以免损坏
5	蒸柜、蒸炉严禁炉胆内缺水开炉，以免烧坏炉具，经常检查排气阀是否堵塞，确保排气管畅通，同时应每周打开排污阀进行排污
6	营业结束后，关闭炉具所有阀门，切断电源

6.6.20 维修服务工作细节描述

维修服务工作细节描述，如表 6-6-20 所示。

表 6-6-20 维修服务工作细节描述表

项目	规范内容
接到任务	接到部门主管的维修指令后，维修人员根据维修内容准备好所需维修工具和维修材料后，并持维修单赶到维修地点
共区域的维修项目	（1）首先做好消防安全防范措施，如安全护栏、维修告示牌、高空作业告示牌等。 （2）做好公共场地的保护措施，将维修工具或维修材料放在旧报纸或抹布上，避免对公共场地造成损坏。 （3）维修工具及材料须安放在不影响用户使用的位置，如有用户出入必须主动礼让用户。 （4）维修结束后，立即清理维修现场，及时撤掉告示牌
室内有偿维修项目	（1）记清维修用户的房号或单元，到达维修地点并核对无误后用食（中）指关节轻声叩门。 （2）用户询问时，主动向用户问好，自报部门，说明维修内容。 （3）进入室内前必须穿上塑料鞋套，进入用户房间后，做好维修现场的保护措施。 （4）如维修中会产生较大噪声时，同时提醒客人并礼貌地向客人表示歉意。 （5）如维修中会产生较大灰尘或漏水时，须事前做好防护措施，尽量减少污染，同时提醒客人并礼貌地向客人表达歉意。 （6）维修时应尽量保持室内环境安静，严禁高声喧哗、散漫，不准随意动顾客的物品，不准在施工现场吸烟、吃东西。 （7）维修完成后，立即清理维修现场并请用户进行验收。 （8）用户验收合格后，请用户在维修单上签名确认。 （9）用户签名确认后，向用户表示谢意，与用户道别，并轻轻退出房门，轻声关闭房间。 （10）维修结束后，维修人员必须将维修单妥善保存

6.7 商超治安安全管理

6.7.1 保安主管工作职责细节描述

保安主管工作职责细节描述，如表 6-7-1 所示。

表 6-7-1 保安主管工作职责细节描述表

序号	规范内容
1	严格保安队伍建设，进行半军事化管理
2	学习法律、法规知识，依法工作，不能有超越法律的行为
3	制订班组工作计划、训练计划、培训计划并负责落实
4	加强保安队伍的思想品德教育，关心保安员的工作、生活和学习
5	制订安全保卫各种规章制度，健全安全保卫管理体系
6	每周开一次工作思想总结报告会，与员工及时沟通、交流，做好员工思想工作
7	认真做好保安员具体工作的安排和巡查落实情况

6.7.2 保安领班工作细节描述

保安领班工作细节描述，如表 6-7-2 所示。

表 6-7-2 保安领班工作细节描述表

项目	规范内容
早班	7：50 集合队员，清点人数，整理着装，做好早训前的准备工作。 7：55—8：25 组织保安人员早训。 8：25 召开班前会，交代当天工作的主要内容及注意事项，分派岗位。 8：30 督促、检查营业人员进场。 8：40 组织保安人员及营业员参加升旗仪式。 9：00 检查各岗位值勤情况，到办公室接受当天工作指令并做好记录。 9：30 检查各岗位情况，督促、协助保安人员处理有关突发事件，对不能解决和处理的事情及时报告上司，并做好工作记录。 11：30 午餐时间，安排岗上人员轮流就餐。 12：30 巡查各岗位情况，检查仪容仪表，督促各岗位做好相关工作。 14：35 检查交班物品，做好交接班的准备工作。 14：45 与晚班领班进行交接班。 15：30 集合早班队员、总结工作，指出工作中的不足及防范措施，分派队员押款和备勤人员名单

项目	规范内容
中班	14：40 到岗、打卡，更换、整理服装。 14：45 与早班领班进行交接班。 14：50 集合中班队员，清点人数，检查仪容仪表，记录考勤。召开班前会，分派岗位。 15：00 督促、监督队员与早班人员交接班，监督营业员从员工通道进、退场。 15：30 检查各岗位值勤情况，到办公室接受当天工作指令。 16：00 检查各岗位队员仪容仪表及工作情况，督促、协助处理有关工作或突发事件，接待顾客投诉，对不能解决和处理的事情，及时上报上级，并做好工作记录。 17：30 晚餐时间，安排岗位人员轮流就餐。 18：30 巡查各岗位工作情况，检查仪容仪表，督促做好本岗位相关工作。 20：55 检查各岗位的送宾工作。 21：00 组织人员准备清场，安排队员押款和备勤人员名单。 21：10 组织人员进行清场，检查门窗上锁情况，督促切断电源，楼层布防等。 21：20 与晚班领班进行交接班。 21：30 召集全体队员，总结工作，对不足处提出改进措施
晚班	21：10 到岗、打卡、更换服装，整理仪容仪表。 21：15 与中班保安领班进行交接班。 21：20 检查晚班人员考勤，仪容仪表，召开班前会，分派工作，并做好记录。 21：30 督促、检查队员与中班人员交接班。 21：40 安排晚间物业、品牌商装修施工人员进场维修、施工。分派晚间施工时卖场内值勤岗位的保安员。 22：00 检查各岗位工作情况，并做好记录。 23：00 定时巡视各岗位工作情况，卖场内各楼层情况，并做好记录，监督各岗位人员的工作状态，协助处理有关工作和突发事件，紧急情况立即上报上级，并采取应急措施。 7：30 督促、检查晚间维修，装修人员清理工作现场准备撤场。 8：00 组织人员对晚间装修、维修人员进行清场。 8：10 检查交接班物品，做好交接班记录，准备交接班。 8：20 与早班领班进行交接班。 8：25 督促、监督队员交接班。 8：30 召开班后总结会，并提出存在问题及改进方案

6.7.3　保安员职业道德规范描述

保安员职业道德规范描述，如表 6-7-3 所示。

表 6-7-3　保安员职业道德规范描述表

序号	规范内容
1	遵守国家法律、法令、法规，遵守公司各项规章制度，维护公司信誉和利益

序号	规范内容
2	工作认真负责，一丝不苟，注重工作效率，廉洁奉公，不牟私利，不利用职务之便达到个人目的
3	注重仪容仪表，讲整洁、讲卫生、讲文明、讲礼貌，严谨操守，没有任何不良嗜好或不正当行为
4	团结协作，互敬互爱，不和同事争吵等
5	爱护公司财产，讲究勤俭节约
6	不计得失，勇于奉献，严格保守公司秘密
7	忠于职守，服从上级的命令和调遣
8	行使职责时以事实为依据，依法处理
9	不得以公司名义从事未经授权的任何活动
10	勇于坚持原则，不怕打击报复

6.7.4　保安员纪律管理细节描述

保安员纪律管理细节描述，如表 6-7-4 所示。

表 6-7-4　保安员纪律管理细节描述

序号	规范内容
1	遵守国家法律、法令和政策
2	严格执行公司的各项规章制度和工作项目
3	服从领导、听从指挥
4	保守工作机密
5	依法办事，不准索贿受贿
6	不得包庇犯罪，不准陷害好人
7	不准侵犯顾客的利益
8	坚守岗位，尽职尽责
9	仪表端正，礼貌待人

6.7.5 保安员工作细节描述

保安员工作细节描述，如表 6-7-5 所示。

表 6-7-5 保安员工作细节描述表

项目	规范内容
工作原则	（1）树立"服务顾客，安全第一"的原则。 （2）树立"预防为主"的原则。 （3）坚持"谁主管谁负责"的原则
仪容仪表规范	（1）按员工手册规定执行，要求统一着装，服装整齐、干净、仪容端庄，无体臭、口臭。女保安员要化淡妆，长发要束起。 （2）站姿要规范。工作中要挺胸收腹，双臂自然下垂，双腿分开与肩同宽站立。 （3）不准弯腰驼背，不准双臂抱胸前或反背在后，不准歪站斜靠，不准身体乱晃
文明值勤规范	（1）值勤时要精神饱满，思想集中，不准衣着不整，不准披发蓄须，不准举止散漫，不准挽袖卷裤，不准看岗聊天，不准串岗脱岗。 （2）对顾客要以礼相待，无论是为顾客服务，还是制止或劝阻顾客不良的行为，都要语言亲切规范，和蔼可亲，声音大小适中。 ①常用的礼貌称谓：先生、小姐、女士、同志、老人家、小朋友等。 ②在不同的情况下常用的基本礼貌用语： 遇见顾客问声好——您好（早上好、下午好、晚上好）。 劝阻顾客"请"在前——对不起。 对顾客受损表示同情。 对顾客配合即道谢——谢谢。 对顾客称赞道声谢——谢谢，我们还要努力。 对顾客临别说再见——请慢走。 （3）为顾客指方向不可用单指。 （4）解决顾客纠纷或劝阻顾客时不能用手推拉顾客，拽住顾客，扯顾客衣物或用单指向顾客指点。 （5）制止或劝阻顾客不当行为时应先向顾客敬礼，然后再使用礼貌用语进行劝阻。 （6）在岗保安员一律使用普通话，交接班时相互间敬礼。 （7）站岗值勤中遇到公司领导及重要来宾应主动敬礼。 （8）对顾客的挑剔、牢骚要耐心忍让，控制自己的情绪。 ①坚持"顾客永远是对的"原则，骂不还口，打不还手。 ②控制情绪，合理解决矛盾，采用改变地点、人物和时间的方式解决顾客纠纷。 （9）掌握分寸，不要以对待小偷的态度检查形迹可疑的顾客。 （10）在卖场中成队行走时，须排成纵队齐步走，保持规范的走姿。 （11）文明执勤，礼貌待人，不讲脏话，不粗暴无礼，不仗势欺人，严禁打骂侮辱他人，坚持做到"五不准"，即不准违抗命令，不准仗势欺人，不准滥用防卫器具，不准介入客户的经济纠纷，不准向客户赊欠借款

续表

项目	规范内容
法纪规范	保安员要认真学习有关法律和公司有关规章制度，增强法治观念、政策观念、纪律观念，自觉遵纪守法和严格执法。 （1）严格遵守国家有关法律、法规。 （2）严格遵守公司员工手册及保安员工作管理规章制度。 （3）岗上保安员不得串岗、脱岗或会见亲友、熟人、与营业员闲聊。 （4）必须无条件服从上司的管理，听从上司的命令。 （5）严格执行交接班制度。 （6）严格遵守警具管理制度。 （7）执勤中遇有犯罪分子作案时，有抓获并扭送到公安机关的责任，但不得行使公安机关的职权
工作责任	（1）要掌握防火、防盗知识和技能。 （2）要具备发现可疑分子的能力及快速反应的能力。 （3）要具备制止斗殴、制服犯罪分子的能力。 （4）要具备化解矛盾纠纷的能力。 （5）保安员必须熟悉岗位周围的一切情况。 （6）严密观察岗上动态，时刻提高警惕，随时制止、控制突发事件并做好详细记录，及时报告领班。 （7）必须熟悉商场的经营布局，服务设施，消防设施，便民措施及近期促销活动，以便正确解答顾客询问。 （8）要有较强的应变能力，遇到自己处理不了的问题，或超过自己职责范围以外的事件要立即请示上司

6.7.6　保安员着装规范描述

保安员着装规范描述，如表 6-7-6 所示。

表 6-7-6　保安人员着装规范描述表

序号	规范内容
1	着制式服装上岗，须佩戴帽徽、臂章、各种符号
2	不准留大背头、大鬓角、胡须，不准蓄发
3	着春秋装、夏装，必须着制式衬衣、领带。不得披衣、敞怀，不得挽袖、卷裤腿，衬衣内扎
4	不得搭肩挽背，不得袖手插兜，在公共场合不得倚靠、歪坐、躺卧
5	着装巡逻、行走，执勤期间不得吸烟，吃零食

6.7.7 保安员交接班管理细节描述

保安员交接班管理细节描述，如表 6-7-7 所示。

表 6-7-7 保安员交接班管理细节描述表

序号	规范内容
1	商场保安必须严格按照交接班规范进行交接班
2	接班保安员必须按上班时间提前一刻钟接岗。由当班领班具体安排岗位，布置任务，并提出要求
3	各岗位保安在接班人员未到达岗位时，不得随意离开岗位，做到下不接、上不交
4	各岗接班员要详细了解上一班的执勤情况和当班应注意事项
5	若上一班所处理事情未完，上一班保安员不能交班，应继续跟班，接班保安协助，直到处理完毕后方能交班
6	交班保安员向接班保安员移交值班记录本，并在值班记录本上签名，并注明交班时间
7	接班员要认真、详细阅读值班记录，发现不清楚的地方，及时询问直到彻底清楚
8	交班保安员应向接班保安员，如数移交警具、消防器材等
9	接班保安员严格按照警具管理制度清查移交警具、消防器材
10	接班保安员在值班记录本上记录上班移交的工作并签名，同时注明接班时间和工作完成的措施、方法

6.7.8 稽核工作细节描述

稽核工作细节描述，如表 6-7-8 所示。

表 6-7-8 稽核工作细节描述表

序号	规范内容
1	稽核员站立自然，一手持稽核章
2	见持商品的顾客走来，讲"您好，请出示您的购物清单"
3	稽核顾客所购商品与购物清单所示商品名称、规格、数量是否相同，有无夹带其他商品
4	稽查完毕在购物清单加盖稽核章，讲"您购买的商品一共 ×× 件，请收好您的购物清单。您慢走，欢迎下次光临"。

6.7.9 防盗器报警处理规范描述

防盗器报警处理规范描述，如表 6-7-9 所示。

表 6-7-9 防盗器报警处理规范描述表

项目	规范内容
圈定目标人群	根据报警有效距离分析，报警时已在报警区内的人员可以放行，刚刚进入报警区的人员需进一步检查
对持有购物商品顾客的处理	（1）如顾客持所购商品，保安员讲"对不起，您购的商品没有处理完，麻烦到收银台再处理"，并请顾客退出报警区，保安员持顾客所购商品重新进入报警区，确定是否有商品未消磁完毕。如有商品未消磁，请顾客回到原收银台检查是否属于未消磁现象。 （2）请顾客不持所购商品再到报警区内。如顾客身上有报警发生，保安员提示："您是否有选购的商品忘记交款，如有请您到收银台交一下款。" （3）如顾客承认还有未交款商品，请其交款即可。保安员不得以任何污言和不礼貌态度使顾客处于尴尬境地，以和平解决问题为原则
对未手持商品顾客的处理	（1）请未持商品顾客再次经过报警区。 （2）若未持商品顾客再次通过报警区，机器未发生报警，保安员讲"对不起，给您带来不必要的麻烦，谢谢配合，您慢走，欢迎下次光临。" （3）如未持商品顾客再次通过报警区后仍报警，顾客在保安员反复提示下，不承认有未交款商品，保安员请其到保安部处理，讲"请您到办公室解决。" （4）解决问题的原则：避免与顾客在门口发生争执，不影响其他顾客正常通过

6.7.10 拾物处理规范描述

拾物处理规范描述，如表 6-7-10 所示。

表 6-7-10 拾物处理规范描述表

序号	规范内容
1	在公司范围内，无论任何地方拾获的任何物品，拾物者必须尽快交到物业保安处
2	保安处将拾到的物品记录在案，写清楚拾物地点、日期、时间，物品的详细情况，拾物人姓名及部门等
3	所有拾到的物品必须妥善保存，贵重物品和一般物品分开存放
4	保安处在收到拾获物品后，应通过公司服务台张贴招领告示和利用广播系统发布招领启事，寻找失主
5	失主前来认领时，须说明物品的内容及遗失地点，由保安处核准后，如数交还失主
6	物品交还失主时，请失主在登记簿上签名。如贵重物品，还请失主出示身份证明，留下失主姓名及联系地址、电话

6.7.11 保安员勤务检查规范描述

保安员勤务检查规范描述，如表 6-7-11 所示。

表 6-7-11 保安员勤务检查规范描述表

序号	规范内容
1	保安员勤务检查由保安主管、夜班领班负责
2	保安员勤务检查形式分为定时检查和抽查两种，对检查中发现的问题及时处理
3	勤务检查重点在开门营业时间和夜间，每晚抽查不少于两次，其中一次必须在深夜 12 点以后，每次勤务检查要认真如实填写检查情况记录
4	检查内容包括： （1）值班队员在位情况。 （2）各种装备的性能情况。 （3）各柜（台）安全设施、设备情况。 （4）其他主要部位的安全情况
5	勤务检查标准： （1）全面细致，不搞形式主义。 （2）坚持原则，实事求是

6.7.12 保安员备勤工作细节描述

保安员备勤工作细节描述，如表 6-7-12 所示。

表 6-7-12 保安员备勤工作细节描述表

序号	规范内容
1	保安处要保证随时有足够的力量，加强卖场管理，应对各种突发事件，将不在岗位上值勤的保安队员安排一定的数量备勤
2	备勤人员必须严格遵守商场保安人的备勤作息时间
3	严格遵守保安员住宿管理制度
4	备勤时间绝对不允许外出
5	备勤人员应随时待令，若有命令，立即执行
6	备勤人员严禁在备勤时赌博、喝酒、吸烟
7	备勤人员不得接待、留宿外来人员
8	保安人员若违反备勤制度，公司除作行政处分外，给予 50~100 元罚款

6.7.13 广场保安工作细节描述

广场保安工作细节描述，如表 6-7-13 所示。

表 6-7-13　广场保安工作细节描述表

序号	规范内容
1	保障商场周边墙面整洁及建筑物、装饰品完整无损
2	及时阻止、控制商场外围、周边，特别是正面突发事件的发生
3	控制商场周边及正面人流量，及时疏导各顾客出入口的畅通
4	提供涉及周边事件相关的急救服务
5	凡涉及以下行为，必须紧急报告当班主管或经理，主管、经理必须马上赶到现场处理，如遇重大事件必须及时上报。 （1）上级领导、新闻媒体、友好团体，来访、视察工作、摄像或照相等。 （2）顾客发生斗殴。 （3）顾客受伤。 （4）其他可能会对商场周边环境发生影响的事件

6.7.14　开闭场管理细节描述

开闭场管理细节描述，如表 6-7-14 所示。

表 6-7-14　开闭场管理细节描述表

项目	规范内容
开场管理	每天 8：30 准时开门（视情况随时调整），员工必须从员工通道进入卖场，严禁带包进入卖场。收货通道凭商场核发的证件和相关手续进入
闭场管理	每天 22：00 闭场（视各地门店的营业时间而定），员工下班必须走员工通道，如闭场后需加班，由部门负责人到保安部填写非营业时间进场作业单，进行备案。夜间巡场规定： （1）每天 18：00 商场值班经理与保安部夜间值班人员到监控室集合，由值班经理提出夜班消防安全及巡场要求，并组织指挥保安人员加强对商场的巡视（半小时一次），主要检查有无火险隐患，有无被盗情况及其他危及安全的异常情况，并认真做好登记。 （2）巡场人员严禁单独行走，人与人之间必须保持通视。 （3）待卖场人员走完后由值班经理会同保安人员组织清场，完毕后通知监控室，打开报警装置，巡场前通知监控室，并随时向监控室报告巡场的位置，巡场完毕后通知监控室恢复正常

6.7.15　对讲机使用规范描述

对讲机使用规范描述，如表 6-7-15 所示。

表 6-7-15　对讲机使用规范描述表

序号	规范内容
1	外部门借对讲机时，必须有主管签字，方可借用
2	监控室负责对讲机电池的充电和保管
3	使用对讲机时不允许聊天、说笑
4	归还对讲机时须有借用人签字并由接收人核查
5	借用对讲机者须在借用的当天将对讲机归还

6.7.16　夜班警卫工作细节描述

夜班警卫工作细节描述，如表 6-7-16 所示。

表 6-7-16　夜班警卫工作细节描述表

项目	规范内容
交接班	夜班警卫按时到岗，与白班进行交接班
准时清场	（1）夜班人员上岗后，应立即认真做好清场前的准备工作，按清场的时间和项目进行。 （2）星期一至星期五 20：40 前；星期六、星期日 22：00 前将所有无关人员清出卖场
夜间施工管理	（1）对在商场施工的人员，要依据有关规定进行严格的管理。 （2）由组长负责指定专人对其进行管理，并划定其活动范围。 （3）施工前必须持保安部签发的许可证、动火证；施工结束后，将其送出卖场以外，不得自行离场
夜间巡视	（1）夜间警卫严格按照巡场路线分组巡视，并随时与监控中心保持联系，详细记录每次巡场情况 （2）若因情况需进入卖场，须由值班经理带领，保安领班和保安员共同进入卖场处理事件，并做详细记录

6.7.17　收银台安全管理细节描述

收银台安全管理细节描述，如表 6-7-17 所示。

表 6-7-17　收银台安全管理细节描述表

序号	规范内容
1	工作期间不得在岗会客
2	建立、健全收银员交接班制度。设立交接签字登记本，随时接受保安部的查验

序号	规范内容
3	收银员要提高警惕，留意收银台周围情况，遇有可疑情况立即向保安部报告
4	商场内发生重大治安、火灾事件，各收银台内收银员要保护公司财产，不得擅自离开，由保安部安排撤离
5	保安部有权对违反规定人员给予处罚

6.7.18　进出口处管理细节描述

进出口处管理细节描述，如表 6-7-18 所示。

表 6-7-18　进出口处管理细节描述表

项目	规范内容
员工通道	（1）外出入口，负责外来人员登记，除指定财务人员，不得带包进入卖场，不得携带商品出入。员工可带包进入，出来时需主动示包，接受保安人员检查。 （2）内出入口：禁止所有人员带包和商品出入。 （3）物品携出或归还需填物品携出 / 归还申请表，保安核实后留保安联放行，登记物品归还后注清
仓库出入口	原则上货品只准入，不准出。 （1）收货部的出入口须设保安人员，尤其是收货入口处。送货员或其他部门的人员进入收货区必须佩戴工牌，否则不许进入收货区。进出所携带物品一律经保安检查。 （2）禁止部分商品卸下的送货车辆进入。 （3）进入送货区的送货车，须登记车辆牌号和订货单。 （4）车辆出场时检查是否有携带商品。 （5）收货部内应装设电子眼装置，加强收货监控管理。 （6）加强员工的法治教育及员工岗位责任制的知识教育，提高防范意识，互相监督，遵守公司的有关规定，杜绝一切不利于公司的盗窃行为。 （7）商品的进出都必须有清单同行。 （8）退货给供应商的商品应有主管或经理批准，与退货单同行方可出入。 （9）员工不能携带私人物品进入收货部，如挂包、手袋等，所有私人物品均应按公司规定存放到指定地方。 （10）员工不能在收货区域内接受供应商赠送的任何物品。 （11）不许在收货区域吃东西
顾客入口	（1）禁止员工通行。 （2）禁止穿背心、拖鞋、赤膊者入内

6.7.19　监控室保密管理细节描述

监控室保密管理细节描述，如表 6-7-19 所示。

表 6-7-19 监控室保密管理细节描述表

序号	规范内容
1	不该说的不说
2	不该问的不问
3	不该知道的不打听
4	不该议论的不议论
5	不向无关人员泄露秘密
6	不在信中涉及公司秘密
7	不在笔记本上记录秘密
8	不私自复印、摘抄、收藏初级资料、文件
9	不在非保密场所谈论秘密
10	不带初级资料、文件到公共场所或探亲访友

6.7.20 保安员礼仪规范描述

保安员礼仪规范描述，如表 6-7-20 所示。

表 6-7-20 保安员礼仪规范描述表

项目	规范内容
着装	（1）上岗时必须统一着保安员服装，服装保持整洁。禁止穿着有污渍、灰尘或缺纽扣的服装上岗。 （2）服装上的纽扣必须全部扣好，胸卡必须佩戴在左胸前上方，不得歪斜；不得在胸前戴其他饰物，口袋内严禁装过多物品。 （3）上岗时必须穿黑色皮鞋，皮鞋应保持光泽、无灰尘。 （4）在岗时禁止披衣、敞怀、挽袖、卷裤腿、穿拖鞋
形象	（1）男不准留长发、染发、蓄胡须；女不准染指甲、化浓妆、染发、留长指甲。头发要干净、整洁。 （2）工作举止文明、大方、得体、精神抖擞、振作、姿态良好，不准弯腰驼背，东倒西歪；不准手抱胸前、背手、叉腰或将手插入口袋中；做到站如松、坐如钟、动如风。 （3）在岗时不准吸烟、吃零食、嗑瓜子。 （4）在岗时不准哼歌、吹口哨、看报纸杂志、听收音机、刷手机。 （5）在岗时不准挖耳、抠鼻孔。 （6）不准敲桌椅、跺脚或玩弄其他物品。 （7）在岗时保持岗位整洁，不准随地吐痰、乱丢杂物
语言	（1）对顾客以礼相待，无论是为顾客服务还是劝阻顾客，都要语言亲切、声音大小适中。 （2）做到"微笑服务"，对待顾客友善、热忱，合理使用文明礼貌用语

6.8　突发事件应急处理

6.8.1　突发事件处理规范描述

突发事件处理规范描述，如表 6-8-1 所示。

表 6-8-1　突发事件处理规范描述表

项目	规范内容
在第一时间里	（1）能处理的及时做紧急处理。 （2）立即报告保安处保安主管或值班人员。 （3）保安值班人员立即报告主管、经理，并立即调遣人员赶赴现场。 （4）保安主管、经理接到报告后，根据事件情况立即报告分管副总经理或总经理
具体报告办法	（1）迅速拨通紧急事件联系电话。 （2）告之报告人的姓名、工号及所属楼层、部门。 （3）告之所发生的真实情况及涉及的具体方位。 （4）若有可能，讲述所造成的伤害或破坏程度。 （5）若有可能，留在电话机旁，进一步提供情况或接受指示
保安处紧急情况下的工作项目	（1）接到突发事件报告后，保安主管或领班应立即赶赴出事现场。 （2）保安员应将现场情况立即向经理或公司领导汇报。 （3）根据现场实际情况保安人员应报 110 或 119，并封锁现场或疏散人群。 （4）根据情况随时调遣人力，保安人员应阻止非授权人员靠近出事现场并保护现场。 （5）所有保安员应服从现场最高人员的指挥、调遣。 （6）若是一般性闹事或顾客斗殴，应进行妥当的干预和劝解，并疏散围观人群。 （7）如遇伤害或死亡事件，保安人员应加强警戒，将现场隔离开公共视野之外，避免拥挤和围观。 （8）阻止骚乱制造者在公共场所散布恐怖和不安言论。 （9）保安人员应在商场、广场入口指引公安机关人员从适当途径到达出事现场，避免引起恐慌。 （10）保安警戒工作应进行到警戒状态解除。 （11）保安队员全面配合公安机关进行事件的调查、取证。 （12）紧急情况结束后，保安处要向公司呈报详细事件报告，并做好总结和防范工作

6.8.2　盗抢事件处理规范描述

盗抢事件处理规范描述，如表 6-8-2 所示。

表 6-8-2　盗抢事件处理规范描述表

项目	规范内容
盗窃事件	（1）须由保安主管主持解决，两名以上人员在场。 （2）如当事人有女性，须有女保安员在场。 （3）不得打骂当事人，严禁搜身。 （4）对于偷窃商品金额 400 元以上人员，商场可送公安机关，需开具一个商品零售价和进价证明，并盖有财务专用章，将当事人、赃物、证人等材料一并上交警方处理
抢劫事件	（1）立即拨打 110 报警，由警方到场处理。 （2）保持冷静、沉着应对通知各岗位保安员疏散顾客人群，切勿轻易接近犯罪嫌疑人，确保自身安全。 （3）留存证据，可以通过手机拍照录像，对犯罪嫌疑人的外貌、衣着、特征、人数、逃跑方向等信息进行记录，为警方提供有效信息。 （4）对现场或在追捕中罪犯所留下的物品，不可自行处理，由警方取证处理，必要时，进行拍照、录像

6.8.3　群殴事件处理规范描述

群殴事件处理规范描述，如表 6-8-3 所示。

表 6-8-3　群殴事件处理规范描述表

项目	规范内容
立即报警	当商场发生群殴事件时，应立即拨打 110 报警
疏散人群	保安员要第一时间赶到现场，确保商场内的顾客和员工尽快离开事发区域，避免进一步的人身伤害
保护现场	保持现场的完整性，以便警方进行调查。确保受伤人员得到及时的医疗救治，如有必要，应拨打急救电话请求救援
协助调查	配合警方的调查工作，向警方提供事件必要的证据和信息，包括参与者的特征、人数等
商场管理	通知值班经理处理或将处理结果登记呈报总经理

6.8.4　走失儿童认领工作细节描述

走失儿童认领工作细节描述，如表 6-8-4 所示。

表 6-8-4　走失儿童认领工作细节描述表

序号	规范内容
1	物业处接到走失儿童事件报告后，立即派保安员到现场

续表

序号	规范内容
2	保安员须将走失儿童带至保安值班室，设法安定走失儿童情绪，尝试请儿童说出其姓名、年龄、电话及家长姓名，记录有关资料
3	通知服务台，尝试用广播服务联络走失儿童家长
4	当有家长认领走失儿童时： （1）让走失儿童回避，请认领者出示自己的身份证明。 （2）请其按登记表逐条陈述。 （3）若上述基本符合，请其出示进一步的证明材料（如身份证等）。 （4）经详细核对确实后，走失儿童与家长见面
5	登记家长情况及认领过程，家长签名确认
6	若下班前不能与走失儿童家长联络，保安值班室可将走失儿童送到派出所

6.8.5　意外伤害事件处理规范描述

意外伤害事件处理规范描述，如表 6-8-5 所示。

表 6-8-5　意外伤害事件处理规范描述表

项目	规范内容
事前预防	（1）考虑店内的装潢设计和各项设施是否影响顾客行动的安全，尤其是老年人、残疾人、孕妇及儿童等。 （2）电动叉车、高叉车作业一定要谨慎安全驾驶，持证操作
事中处置	（1）顾客如有晕倒或意外伤害，应立刻通知医务人员检查处理。 （2）如有突发病发生和重大伤害时，应立即通知医务人员抢救并迅速拨打急救电话，请派救护车支援，切勿搬动受伤者。 （3）顾客到医院就医必须有店内人员陪同
事后处理	（1）关心顾客，了解康复状况。 （2）善后赔偿事宜。 （3）总结教训

6.8.6　发现可疑爆炸物品或炸弹恐吓事件处理规范描述

发现可疑爆炸物品或炸弹恐吓事件处理规范描述，如表 6-8-6 所示。

表 6-8-6　发现可疑爆炸物品或炸弹恐吓事件处理规范描述表

序号	规范内容
1	立即拨打 110 报警

序号	规范内容
2	上报物业部经理，通知保安员迅速疏散顾客人群，拉起警戒线
3	警告任何人不可靠近目标物品或场所区域，直至警方到来
4	协助疏散人群，封锁现场，指挥交通，给警方及相关车辆尽速到场提供方便
5	事后填写事件报告呈交总经理

6.8.7 自杀或企图自杀事件处理规范描述

自杀或企图自杀事件处理规范描述，如表 6-8-7 所示。

表 6-8-7 自杀或企图自杀事件处理规范描述表

序号	规范内容
1	应尽快拨打 110 通知警方及上级主管
2	保护现场，避免任何人触摸现场物品，包括自杀者所用的器械、药物等
3	任何人不得开关现场各类电器，以免破坏证据或发生危险
4	如自杀者利用煤气自杀，应按泄漏气体事件予以处理
5	如自杀者尚有生还可能，应一边拨打 120 救护电话，一边由专业人员现场急救
6	当警方调查完毕后，应通知有关部门清理现场，必要时，事先做好录像、拍照取证工作
7	如遇企图自杀者，首先应稳定其情绪，根据现场条件见机行事设法救助，同时报警救援
8	记录一切有关资料，填写事件报告呈交管理处

6.8.8 发现易燃、易爆物品事件处理规范描述

发现易燃、易爆物品事件处理规范描述，如表 6-8-8 所示。

表 6-8-8 发现易燃、易爆物品事件处理规范描述表

序号	规范内容
1	先进行规劝，宣传消防管理条例，讲明携带此类危险品进入的危害性
2	如客户临时需要存放的，保安部在确认没有危害的情况下，可在检查登记后在指定地点做保护性寄存
3	如施工人员因作业需要携带入内，必须经物业部办理许可手续，并由工程部、保安部在作业区域监护的情况下，方可登记入内

续表

序号	规范内容
4	随时关注该等物品的管理情况，确保安全
5	原则上不得存放易燃、易爆物品，如私自堆放，或未经许可携带入内的，按规定严肃处理

6.8.9　发现打架事件处理规范描述

发现打架事件处理规范描述，如表 6-8-9 所示。

表 6-8-9　发现打架事件处理规范描述表

序号	规范内容
1	在值勤中（及用户投诉）发现用户之间有争吵、斗殴现象时，要及时制止
2	制止原则： （1）劝阻双方住手、住口。 （2）将双方或一方劝离现场。 （3）持有器械斗殴，则应先制止持械一方
3	如有伤情，轻伤可征求当事人意见是否报案；重伤或流血严重时应报警，等待处理；送伤员到医院去，应征求当事人意见或警方决定，费用由当事人自理，值勤人员只从社会公德角度协助
4	迅速报告主管，由主管报告管理部出面调解，如个人力量单薄，应请求增援，必要时及时拨打 110 报警
5	在制止争吵、斗殴双方时，切记不能动粗、恶语相向
6	如对物业设施的损害，应做记录，拍照备查，并由当事人签字；如有警方在场，由警方作勘察报告
7	填写事件报告上报

6.8.10　偷车事件处理规范描述

偷车事件处理规范描述，如表 6-8-10 所示。

表 6-8-10　偷车处理规范描述表

序号	规范内容
1	严格按照停车场管理规定控制车辆进入，凭证停放
2	发现可疑人员主动盘问

续表

序号	规范内容
3	记录被偷车辆车牌、颜色及型号等
4	留意窃贼人数、样貌、衣着及是否携带武器，有无驾车逃离及车牌号
5	注意逃走方向，拨打 110 报警
6	协助警方查证
7	通知车主
8	事后填写事件报告呈交管理处
9	注意事项： （1）注意安全，切勿自行拦截。 （2）勿移动现场证物及窃贼遗物。 （3）核对车主物证准确方允许车辆通行

6.8.11 跳楼事件处理规范描述

跳楼事件处理规范描述，如表 6-8-11 所示。

表 6-8-11 跳楼处理规范描述表

序号	规范内容
1	了解过程后立即拨打 110 报警
2	保安员及主管迅速到场处理
3	封锁现场直至警方到达，协助维持秩序，疏导交通
4	协助找出伤者或死者亲属或居住地址
5	协助警方寻找证人
6	通知经理，必要时调度管理处人员跟进处理
7	填写事件报告呈交管理处

6.8.12 噪声骚扰事件处理规范描述

噪声骚扰事件处理规范描述，如表 6-8-12 所示。

表 6-8-12　噪声骚扰事件处理规范描述表

序号	规范内容
1	对于施工单位可能造成噪声骚扰的，预先对施工单位讲明要求，并在条件允许的情况下预先予以客户公告施工事宜及施工计划
2	保安员应留意物业四周所产生的噪声，如机器、音响、人为喧哗等情况，均能直接影响其他客户
3	任何客户或装修、维修施工引起噪声的来源，加以说明制止，并及时向物业部通报
4	当接到客户投诉或巡检时自行发觉，均须调查噪声的来源，加以说明制止，并及时向物业部通报
5	任何客户或施工单位经多次规劝，仍拒绝停止引起噪声的工程或降低音量，应报请管理处并按规定予以处罚，必要时可报告环保监督部门
6	对外来人员故意聚集又骚扰引起噪声，严重影响客户的，经干预仍不改正，则应报警通知警方处理
7	记录一切有关资料，填写事件报告呈交管理处

6.8.13　酒醉者闹事事件处理规范描述

酒醉者闹事事件处理规范描述，如表 6-8-13 所示。

表 6-8-13　酒醉者闹事事件处理规范描述表

序号	规范内容
1	对外来人员酒醉闯入闹事的，必须全力劝阻或阻拦，让其离开商超范围
2	如外来酒醉者行凶打人或毁坏物品时，保安可果断采取约束措施，但注意约束不可过当，同时可报警求助处理
3	对客户、客人酒醉后行为失态、无法自控时，保安应设法通知让其亲友劝说带回
4	对各类酒后肇事造成人员伤害、财物损坏的情形，保安应做好拍照或录像取证工作，以便按实追回赔款及追究责任

6.8.14　突发停电事件处理规范描述

突发停电事件处理规范描述，如表 6-8-14 所示。

表 6-8-14　突发停电事件处理规范描述表

项目	规范内容
事前预防	（1）事先配置应急灯、手电筒，足量储备。 （2）安装备用发电设备。 （3）掌握供电单位的停电信息，并做好准备工作
事中处置	（1）发生停电时，行政部应立即询问停电原因及停电时间长短。 （2）启用备用发电机。 （3）保安措施。 ①立即将金库上锁。 ②收银员迅速将收银机抽屉锁好。 ③必要时疏散顾客。 ④店长要派人员到收银台附近及卖场，防止偷抢发生。 ⑤诚恳的语言，安抚顾客并请原谅。 ⑥由保安主管加强后门、侧门的管理，防止员工的不良行为发生。 ⑦如没有备用电源，则劝告、阻止顾客进入
事后处理	（1）检查场内是否有异常状况。 （2）检查生鲜冷冻食品，避免有变质发生

6.9　商超消防安全管理

6.9.1　消防班长工作职责细节描述

消防班长工作职责细节描述，如表 6-9-1 所示。

表 6-9-1　消防班长工作职责细节描述表

序号	规范内容
1	协助部门经理及主管做好安全消防工作
2	制定、部属、落实消防安全管理规定及工作计划
3	检查重点区域、重点部位的消防安全工作
4	做好各种消防设施、设备的检查，确保正常使用
5	制定全年的消防费用预算
6	做好各厂商（装修厂商）的消防安全检查工作
7	完成上级交办的其他工作

6.9.2　消防设备安全管理细节描述

消防设备安全管理细节描述，如表 6-9-2 所示。

表 6-9-2　消防设备安全管理细节描述表

序号	规范内容
1	本管理区域内消防各系统属遥控、连锁自动装置，故在操作前必须观察各个系统是否设置在自动位置
2	首先观察各系统电源信号是否正常
3	各系统的安全操作方法如下。 （1）烟感系统。当发生火情报警时，确认楼层后，首先通知保安人员到报警层观察，同时与该层人员及时取得联系。若为火险，立即按灭火作战方案处理；若为误报，请保安人员将区域报警进行复位，后将值班室内的集中报警器复位。 （2）防火卷帘门系统。当群楼发生火警时，根据失火方位及火势大小，可采取隔离法及降落相应的防火卷帘门，值班员可根据现场报告情况遥控降落，就近人员也可击碎报警按钮降落，若以上两种情况都不能降落时，可速派消防维修人员到当地打开锁匙开关强迫降落。 （3）排烟系统。发生火灾时，值班员遥控打开该层及其上下层的排烟阀。若失控时，通知人员就地打开该层的排烟阀，这时排烟风机自动启动，启动信号灯亮。若风机不能自动启动，速转手动位置启动，仍不能启动时对应速派人到风机房内强行启动。 （4）加压送风系统。根据火灾的不同方位，迅速打开相应的加压风机，启动信号灯亮，若失控时，可派人到送风机房进行手动操作。 （5）消防栓系统。该系统是救火的主要设备之一，当进行该系统操作时，时刻监视该系统的消火栓报警信号。当灭火人员打碎附近的报警设备，消防中心得到该消火栓的报警后，这时相应的消火栓泵自动启动，启泵信号灯亮。若不能自动启泵时，应立即转入手动位置启动，仍不能启动时，速与水泵房人员联系，或派人到泵房强行启动。 （6）花洒系统。当某层发生火灾时，失火部位的花洒喷淋头爆破喷水，该层的水流指示器动作，监控中心得到该层的报警信号。值班员观察水位信号，水位降到下限，花洒泵自动启动，相应的启泵信号灯亮。若不能自动启泵时，立即转入手动位置启动，仍不能启动时速派人到泵房强行启动。 （7）紧急广播遥控设备操作说明。当需要启动紧急广播时，请严格按以下步骤操作： ①将消防控制室中紧急广播设备的搬把开关置"ON"位置。 ②按下"F1"键，"叮咚"响声后便向被选定的区域播出。 ③按下"STOP"键后再按下"F2"键。当磁带机中放入有关消防疏散的磁带后，该带便将如何进行人员疏散的内容不断向预选定的区域播出。 ④按下"F3"键，此时，磁带机输出的有关人员疏散内容和消防指挥员现场指挥的信号并存，同时播出。 ⑤如认为磁带信号妨碍现场指挥，可按下"STOP"键后按两下"F4"键，于是被选定的区域中只有现场指挥员的命令可播出，其他信号一概终止，使用完毕将第①项中各开关全部复位
4	操作完毕后，时刻观察各个系统运行是否正常

序号	规范内容
5	火灾扑灭后，要进行事后工作，即所有系统要复位，对所有系统的设备进行检修
6	事故后要详细整理记录资料，总结操作经验

6.9.3　消防设施、安全标志管理细节描述

消防设施、安全标识管理细节描述，如表 6-9-3 所示。

表 6-9-3　消防设施、安全标识管理细节描述

序号	规范内容
1	按照消防规范要求，管理区域内配备各种消防设备、设施，标识安装在合适、醒目的位置上
2	各种标识不得随意挪为他用，责任部门应按月进行全面普查，保证各种标识的完好性
3	（1）公共设施的标识 ①楼层灯及楼层号码的标识，分别安装在各楼层电梯厅内，其作用是向人们提示其所在楼层。 ②应急指示灯标识，分别安装在住宅楼各层通道及楼梯内，其作用是在火灾情况下可作应急照明使用，并提示人们所在安全疏散的方向。 ③禁止吸烟标识，在管理区域内公共场所及各电梯箱内安装有禁止吸烟标识牌，其作用是提示人们在公共场所不许吸烟，做到文明办公，防止火灾发生。 ④消防器材标识，在各层指向灭火器的方向分别安装有指示牌，其作用是提示人们该方向设有灭火器材，一旦发生火灾及时使用。 ⑤火警电话标识，在各层通道内分别安装有火警电话标牌，其作用是提示大家时刻记住火警电话，发生火灾时及时报警。 （2）消防设备系统的标识 ①消防供水管道的标识，在楼内的消防供水管，按规范要求全为红色，并在管道上有明确的编号，说明该管是消火栓系统或花洒系统供水的区域范围。 ②消防栓的标识，在管理区域内所有消防栓的门上都印有消火栓的字样，提示人们该处设有消火栓。 ③高层、中高层排烟系统标识，在各层的走廊一方设有一个排烟窗，在相应的位置设有排烟窗控制装置，上面注有"发生火灾时，按下红色按钮"的字样标识。 ④加压送风系统标识，在各层的消防电梯厅、防火楼内梯设有加压送风百叶窗，发生火灾时可向该区域内送风，避免烟雾火势进入。 ⑤消防电梯标识，在每层的消防电梯厅内都标有消防电梯字样，表示该梯为消防电梯。 （3）消防机房的标识 ①消防水泵的标识，在各水泵上注有水泵编号、功率等字样标识。 ②消防水箱的标识，在供水箱上标有消防储水量限位标识。

序号	规范内容
3	③排送风机的标识,在管理区域内各消防风机上都标有风机编号及功率等字样标识。 ④监控中心的标识,摆在监控中心的门口,挂有监控中心的标牌,在值班室内的控制台上,能看到供电各系统信号指示显示、控制操作按钮等具体的字样标识。 (4)消防设施,设备管理的标识包括 ①消防设施、设备管理的标识。 ②消防设备检查保养记录标识。 ③消防设备试运行记录标识。 ④消防设备故障维修的标识。 ④监控中心有关消防的各种管理制度的标识。 ⑥灭火作战方案及灭火指挥系统图的标识。 ⑦消防管道及平面图的标识

6.9.4 消防安全检查管理细节描述

消防安全检查管理细节描述,如表 6-9-4 所示。

表 6-9-4 消防安全检查管理细节描述表

序号	规范内容
1	部门配置消防义务检查员,每天进行防火检查,发现问题及时记录上报
2	消防义务检查员要认真负责,检查中不留死角,确保不留发生火情的隐患
3	部门主管每月要进行一次消防自查,发现问题及时向安全部门汇报
4	安全部门每周定期对商场进行消防检查,主要检查防火制度措施是否落实,防火主要器材是否全部符合要求,是否有重大火险隐患,是否有完整的安全防火检查记录等
5	安全部门的消防安全检查报告,每月呈报经理和总部相关部门
6	安全部门须有专人负责政府消防安全检查部门对商场的安全检查的准备及问题的整改等事宜
7	对火险隐患,做到及时发现,登记立案,抓紧整改;限期未整改者,进行相应处罚和上报主管负责人;对因客观原因不能及时整改的,应采取应急措施确保安全
8	检查消防重点区域和重点用电设备,执行定点、定人、定措施的制度,并根据需要,设置自动报警灭火等新技术来加强商场的预防、灭火功能
9	检查防火档案、灭火作战计划、季度消防演习报告等,负责消防的安全员对相关的项目要了解,熟知在紧急情况下所应采取的切合实际的措施
10	检查消防工作,进行定期总结、评比、奖惩,特别是对事故信息的分析;宣传教育培训工作应定期、不间断执行

6.9.5 仓库消防安全管理细节描述

仓库消防安全管理细节描述，如表 6-9-5 所示。

表 6-9-5 仓库消防安全管理细节描述表

序号	规范内容
1	仓库的主通道宽度不少于 2 米，保持通畅
2	库房中不能安装电器设备，所有线路和灯头都应安装在库房通道的上方，与商品保持一定的距离
3	消防喷淋头距离商品必须大于 50 厘米
4	仓库中不能使用碘钨灯、日光灯、电熨斗、电炉、电烙铁等，使用的电灯泡不能超过 60 瓦
5	库房中所设置临时电线的存在时间不能超过两星期
6	库房中严禁使用明火，严禁吸烟
7	易燃易爆商品必须严格按规定存放，不能与其他商品混放
8	仓库必须配备消防器材，消防器材的附近不能存放商品与杂物

6.9.6 值班室消防安全管理细节描述

值班室消防安全管理细节描述，如表 6-9-6 所示。

表 6-9-6 值班室消防安全管理细节描述表

序号	规范内容
1	禁止将易燃易爆物品带入值班室
2	值班室内禁止吸烟，须贴有禁止吸烟、"110"报警电话和"119"火警电话等标志
3	值班室配有应急疏散指示图、内部消防安全指南、紧急电话簿、所在区域的派出所电话、地址等
4	人离开房间时，应将房内的电灯关掉
5	值班室内禁止使用电炉、电熨斗、电烙铁等电热工具，禁止使用射灯及动用明火

6.9.7 商场灭火方法描述

商场灭火方法描述，如表 6-9-7 所示。

表 6-9-7　商场灭火方法描述列表

项目	规范内容
冷却灭火法	冷却灭火法的原理是将灭火剂直接喷射到燃烧的物体上，以降低燃烧的温度于燃点之下，使燃烧停止。或者将灭火剂喷洒在火源附近的物质上，使其不因火焰热辐射作用而形成新的火点。冷却灭火法是灭火的一种主要方法，常用水和二氧化碳作灭火剂冷却降温灭火。灭火剂在灭火过程中不参与燃烧过程中的化学反应。这种方法属于物理灭火方法
隔离灭火法	隔离灭火法是将正在燃烧的物质和周围未燃烧的可燃物质隔离或移开，中断可燃物质的供给，使燃烧因缺少可燃物而停止。具体方法如下： （1）把火源附近的可燃、易燃、易爆和助燃物品搬走。 （2）关闭可燃气体、液体管道的阀门，以减少和阻止可燃物质进入燃烧区。 （3）设法阻拦流散的易燃、可燃液体。 （4）拆除与火源相毗邻的易燃建筑物，形成防止火势蔓延的空间地带
窒息灭火法	窒息灭火法是阻止空气流入燃烧区或用不燃物质冲淡空气，使燃烧物得不到足够的氧气而熄灭的灭火方法。具体方法如下： （1）用沙土、水泥、湿麻袋、湿棉被等不燃或难燃物质覆盖燃烧物。 （2）喷洒雾状水、干粉、泡沫等灭火剂覆盖燃烧物。 （3）用水蒸气或氮气、二氧化碳等惰性气体灌注发生火灾的容器、设备。 （4）密闭起火建筑、设备和孔洞。 （5）把不燃的气体或不燃液体喷洒到燃烧物区域内或燃烧物上

6.9.8　商场火灾逃生方法描述

商场火灾逃生方法描述，如表 6-9-8 所示。

表 6-9-8　商场火灾逃生方法描述表

项目	规范内容
利用疏散通道逃生	商场的室内楼梯、室外楼梯等都是逃生的良好通道。不要乘坐电梯逃生
自制器材逃生	如发生火灾，可将毛巾、口罩浸湿后捂住口、鼻，制成防烟工具；可利用绳索、床单、窗帘等开辟逃生通道
利用建筑物逃生	可利用落水管、房屋内外的突出部位、各种门窗及建筑物的避雷网（线）进行逃生或转移到安全区域再寻找机会逃生
寻找避难场所逃生	寻找避难处所逃生，如到室外阳台、楼层平顶等待救援

6.9.9　商场火灾危险性描述

商场的火灾危险性描述，如表 6-9-9 所示。

表 6-9-9　商场火灾危险性描述表

序号	规范内容
1	人员聚集，流动量大，疏散困难，易造成人员的重大伤亡
2	空间跨度大，上下连通，火灾蔓延快，容易造成大面积立体燃烧
3	室内装修、装饰大量使用可燃、易燃材料，使火灾燃烧速度快并产生大量有毒气体
4	可燃商品多，火灾荷载大
5	用电设备多，导致火灾的因素多，不易控制

6.9.10　商场防火工作细节描述

商场防火工作细节描述，如表 6-9-10 所示。

表 6-9-10　商场防火工作细节描述表

序号	规范内容
1	（1）保证人员通行和安全疏散通道面积。 （2）卖场营业厅作为公共场所，顾客人流所需的面积应予充分考虑。 （3）货架同人流占有的公共面积比例为综合性大型卖场或多层卖场一般不小于 1∶1.5；较小的卖场最低不小于 1∶1。 （4）人流所占公共面积，按高峰时间顾客平均流量人均占有面积不小于 0.4 平方米。 （5）柜台分组布置时，组与组之间的距离不小于三米
2	（1）卖场应按《建筑设计防火规范》和《高层民用建筑设计防火规范》的规定划分防火分区。 （2）多层卖场地上按 2 500 平方米为一个分区，地下按 500 平方米为一个防火分区。 （3）卖场装有自动喷水灭火系统时，防火分区面积可增加一倍。 （4）高层市场如果设有火灾自动报警系统和自动喷水灭火系统，并采用不燃或难燃材料装修时，地上卖场防火分区面积可扩大到 4 000 平方米，地下卖场防火分区面积可扩大到 2 000 平方米
3	卖场的小型中转仓库、服务加工及家用电器、钟表、眼镜修理部等应同营业厅分开独立设置，严格控制动用明火
4	油浸式电力变压器不宜设在地下卖场内，如果必须设置时，应避开人员密集的部位和出入口，且应用耐火极限不低于 3H 的隔墙和耐火极限不低于 2H 的楼板与其他部位隔开，墙上的门应采用甲级防火门，变压器下面应设有能储存变压器全部油量的事故储油设施
5	（1）空调机房进入防火分区的水平支管上，均应按规定设置火灾时能自动关闭的防火阀门。 （2）空调风管上所使用的保温材料、吸音材料应选用不燃或不易燃材料

6.9.11　红外线报警设备管理细节描述

红外线报警设备管理细节描述，如表 6-9-11 所示。

表 6-9-11　红外线报警设备管理细节描述表

序号	规范内容
1	红外线报警设备、设防及撤防工作必须由班长级以上人员操作
2	系统密码严格保密，每半年更换一次，如有操作人员变动应立即更换
3	对未设岗的重要场所要全天 24 小时设防
4	营业场所在夜间清场后开始设防，早上清洁工作开始之前撤防
5	如夜间卖场内有人员工作，可分区域设防
6	设防后不得擅自进入设防区域。设防后报警，应迅速查明报警原因，采取相应措施，并视情况上报
7	定期对系统进行检测，确保正常工作。出现故障应立即向主管汇报，通知有关人员维修

6.9.12　监控设备管理细节描述

监控设备管理细节描述，如表 6-9-12 所示。

表 6-9-12　监控设备管理细节描述表

序号	规范内容
1	开机前应清洁监视屏幕
2	按照正确的开机项目打开监控设备
3	已调整好角度的屏幕不得再随意调动
4	不得随意挪动监控设备位置
5	不得频繁开关设备
6	出现故障应立即汇报并通知有关人员维修

6.9.13　对讲机管理细节描述

对讲机管理细节描述，如表 6-9-13 所示。

表 6-9-13　对讲机管理细节描述表

项目	规范内容
对讲机使用范围	对讲机作为商场内部通信工具，是主管以上人员及因工作需要的特殊岗位人员（如防损员、收银监察员、服务台）使用。各商场行政部负责发放登记并落实到人，要求责任人妥善保管，按商场统一规定频率规范操作，严禁遗失、转借或用作非营业用途
对讲机使用注意事项	（1）携带对讲机应确保随叫随答，接收信息传递必须快速、准确、言辞清晰、简单扼要，说话时应与对讲机保持约 10 厘米的距离，同时应按"PTT"键进行对话。 　　（2）如对讲机讲话时间超过 10 秒或不便于在对讲机内交谈的内容（如涉及公司业务、顾客投诉、储值卡、打折等事宜）时，应联系拨打就近电话或说"请到××位置"。 　　（3）有以下情况可优先使用对讲机： 　　①级别。在使用对讲机时，职务高的有优先使用权。 　　②紧急情况。如果发生火警、盗警、汛情及其他紧急情况，有优先使用权。 　　③特殊情况。如商场（卖场）组织大型活动，接待重要人物参观，正在进行设备调试等特殊情况时有优先使用权。 　　（4）当班期间必须确保对讲机电量充足，充电时应按照使用说明操作。 　　（5）交给代班人使用时，对讲机使用人员必须明确告知指定人员操作要领及用语，同时必须告知当班经理。 　　（6）对讲机一般只限在商场范围及商场指定的防损员宿舍使用，特殊情况携带外出必须经副经理以上人员批准。 　　（7）总部每年应根据当地无线电管理委员会有关管理规定进行年审

6.9.14　电子防盗设备管理细节描述

电子防盗设备管理细节描述，如表 6-9-14 所示。

表 6-9-14　电子防盗设备管理细节描述表

序号	规范内容
1	防盗门应保持连续通电工作，严禁随意断电。特殊原因断电后必须间隔 5 分钟后再开启
2	防盗门周围 0.5 米内不能有金属物品或装有防盗标签的商品
3	软标签粘贴时尽量保证软标签的平整，禁止折叠
4	金属商品或带有铝箔纸的商品不能使用软标签
5	对于一部分为金属、一部分为其他材料的，把软标签贴在其他材料上面
6	营业前收银员应检查消磁板电源是否插好，硬标签放在上面发出响声是否正常
7	营业前商场行政人员要检查防盗门的电源是否插好，软标签通过时是否能正常报警
8	收银员收银时，首先用扫描器阅读商品条码，确认商品信息输入电脑后，再把商品放在消磁板上

6.9.15　火（水）灾事件处理规范描述

火（水）灾事件处理规范描述，如表 6-9-15 所示。

表 6-9-15　火（水）灾事件处理规范描述表

项目	规范内容
事前预防	（1）编制应变小组名单，呈送总部和营运总监处备案。 （2）由消防组定期保养和检查消防设施、器材，如有问题，及时上报，立即处理。 （3）全员每季一次消防演习，每年两次应变培训和教育。 （4）保安主管要每天检查疏散通道和安全门是否畅通，安全标示不能被遮掩。 （5）进行防火宣传，建立防火意识，绝对禁止在卖场内吸烟。 ①下班前检查电源，关闭气罐、抽风机等。 ②检查电源插座、电线是否老化、破损。如有，则及时处理。 ③防火演习在营业前进行，增加临场经验
事中处置	（1）报警 ①控制室接到消防报警信号后，应立即确认报警区域并由一名控制室人员迅速跑步赶到现场查看，同时应马上通知工程部门。 ②任何人员发现火警应及时通知消防控制室，如附近无电话等通信设备，应迅速到就近的消火栓，按动消火栓里的红色手动报警器向控制室报警，电话向控制室报警应讲清如下情况。 　a. 发生火灾的准确区域和时间； 　b. 燃烧的物质、火势大小； 　c. 报警人的姓名、身份； 　d. 是否有人员受伤。 报警后应尽可能地使用现场消防器材进行扑救，如能自救将火扑灭，应保留好现场，等候有关部门或负责人的到来，说明情况。 （2）火警的排除和确认 接到报警控制室人员应迅速到达报警区域。 ①火警的排除 误报：如系统误报，应及时做技术处理，通知控制室将机器复位。 谎报：若有人捣乱谎报火警，也应通知控制室，并报告保安部查找捣乱人员。 ②火警的确认 根据综合卖场内的实际情况，暂定三种火警级别。 一级火警：系有烟无火。 二级火警：系有明火初起。 三级火警：系火势从时间和空间上难以控制。 （3）报告制度 ①一级火警：控制室通知消防主管、内保主管、保安部经理（或主管）到达现场。 ②二级火警：控制室通知消防主管、内保主管到控制室，并通知以下部门及主要管理人员。 白天：a. 店长；b. 保安部主管；c. 行政部经理。 夜间：a. 值班经理；b. 值班主管。

项目	规范内容
事中处置	节假日：a. 值班经理；b. 保安部主管；c. 工程部经理；d. 行政部经理。 ③三级火警：控制室通知消防主管、内保主管和工程部，并通知各部门主管、医务人员，同时紧密呼叫店长、副店长或在场最高负责人。 ④报火警："119"原则上应由店长下达指令拨打，但在紧急情况下可由副店长、保安主管、办公室主任或其他在场最高负责人下达报火警"119"指令，并同时向店长汇报。 （4）灭火与疏散 ①灭火 a. 门店发生火灾，控制室为灭火指挥中心，店长、副店长或在场最高负责人在控制室掌握全局，发布指令。 b. 门店控制室确认火情后，应迅速将外部音响转换成消防广播，排烟风机开启后，根据火势大小、燃烧的物质，关闭非紧急照明和空调。 c. 内保人员接到控制室人员报警，应迅速派人员将失火区域通道门开启，并保证通道畅通无阻，其余保安员赶到现场扑救，在岗保安员在未接到通知的情况下，须坚守岗位疏散客流并防止无关人员进入火灾现场，防止失窃发生等问题。 d. 工程部水、电工及主管接到火灾报警，应迅速赶到现场，协助控制火势，控制室同工程部人员共同确保设备正常运转。 e. 门店义务消防队员听到消防警报后，应迅速赶到现场（重要岗位在岗人员要坚守岗位），听从现场指挥调派，协助扑救火灾或疏散客流。 f. 重点部位灭火主要靠自动灭火系统，当听到系统第一次响警报时，室内人员应迅速将门窗关好，撤离该室并在门口等候控制室人员到来。其他人员听到系统第二次报警后，一律不准进入。 g. 拨打"119"报警后，保安部派人员到指定地点引导消防队车辆。 h. 灭火、抢险人员进入火灾现场后，可就近走各通道。 ②疏散 人员疏散应由指挥中心统一指挥。 办公区：办公人员应立即携带重要文件和物品，根据火势，从最近的门撤出。 库区：库房办公人员应立即携带各类账目和重要物品，锁好库房，根据火情从就近的通道进行疏散。 商业区：义务消防队员先从大门将顾客、联营厂家、促销员等分别疏散，然后携带好重要物品，撤出商业区。 （5）注意事项 a. 按秩序疏散，不要拥挤，以免发生不必要的事故。 b. 安全第一。 c. 避烟，有浓烟时应爬行离开现场。 d. 避开电器设施。 e. 只许出不许进。 f. 不用电梯，由安全门和疏散通道出去

续表

项目	规范内容
事后处理	（1）各部门处置火警项目 各部门应按应变小组的编制，快速行动，各司其职。 ①控制室：坚守岗位，及时准确通知有关部门及领导，按现场指挥的指令随时做好拨打"119"报警的准备。 ②保安部：确认火灾、火场、维护秩序、疏导客流，保证通道并负责引导消防车辆进入。 ③工程部：赶赴现场进行工程抢险疏散抢救，协助认定火灾性质并配合采取有效措施。配电房、中心机房、消防泵房等重点部位值班人员应坚守岗位，在未接到撤离通知前不准私自离开工作岗位。 ④营业员：协助疏散顾客，要保证所有客人安全撤离。 ⑤财务部：应立即携带贵重物品、文件和现金撤离到安全地区，尽量避免财产的损失。 ⑥办公室：保护重要文件，迅速撤离到安全区域。 ⑦总务部：备好车辆供抢险小组用，并备好毯子、枕头等救护物品，供抢救伤员用。 （2）善后处置 ①保安部。 a. 负责保护现场不被破坏，并拍摄照片存取证据。 b. 迅速查访知情人，查找火灾起因。 c. 火灾的初报和续报。 d. 经公司领导同意，报公安机关及公司上级主管单位。 ②工程部 a. 从技术角度查找火灾起因。 b. 检讨消防系统的运行情况。 c. 对机器、数据、资料的收集。 d. 经请示，领导同意后，及时上报公司上级主管单位。 （3）协同配合 发生火灾后要迅速通知友邻单位，求得帮助。 （4）特别职责 具体规定如下。 ①坚守岗位，严禁脱岗。 ②疏导顾客，维护秩序。 ③只出不进，严格值守。 ④临危不惊，处事不慌。 ⑤英勇顽强，不误战机，处置果断。 ⑥加强请示报告（随时向最高领导汇报）。 a. 拟定对外公布的有关火灾情况的新闻稿，负责对外宣传。 b. 制定恢复营业方案。 c. 撰写正式报告。 ⑦总务部：拍摄灾后现场，估算损失并迅速与保险公司取得联系。 ⑧人事部：若有伤亡，应采取措施，妥善处理

6.9.16　火灾报警规范描述

火灾报警规范描述，如表 6-9-16 所示。

表 6-9-16　火灾报警规范描述表

项目	规范内容
报警的方法	向公安消防队报警，可根据条件采取以下方法： （1）拨打"119"火警电话报警。 （2）公安消防队有专线电话的，可用专线电话报警。 （3）公安消防队有无线报警电话的，及时用无线报警电话报警。 （4）没有电话且与公安消防队较近的，可直接前往消防队报警。 （5）通过"110"转"119"报警
报警时应说明的内容	发现起火后，应保持冷静。在拨打"119"火警电话时，听到拨通的号音后，应简练准确地讲清下列内容： （1）告知报警人姓名、住址、工作单位、联系电话。 （2）告知失火的准确地理位置。 （3）详细说明火场的基本情况，如什么时间发生火灾，烧了什么物质，火势大小，是否有重要物品，周围有什么重要建筑，消防车从哪个地方驶入比较方便等。 （4）耐心回答"119"火警台的提问。 （5）放下电话后，立即派人到可能来的各个路口迎接消防人员